领导学全书

柯维领导培训中心

LEADERSHIP CENTER

琼 仁/编

海南出版社
HAINAN PUBLISHING HOUSE

图书在版编目（CIP）数据

领导学全书 / 琼仁编 . —— 海口：海南出版社，2015.2

ISBN 978-7-5443-5846-0

Ⅰ . ①领… Ⅱ . ①琼… Ⅲ . ①领导学 Ⅳ . ① C933

中国版本图书馆 CIP 数据核字（2014）第 297367 号

领导学全书

作　　者：琼　仁

选题策划：万　胜

责任编辑：刘　铮

装帧设计：黎花莉

责任印制：杨　程

印刷装订：三河市祥达印刷包装有限公司

读者服务：蔡爱霞

海南出版社　出版发行

地址：海口市金盘开发区建设三横路 2 号

邮编：570216

电话：0898-66830929

E-mail：hnbook@263.net

经销：全国新华书店经销

出版日期：2015 年 2 月第 1 版　　2015 年 2 月第 1 次印刷

开　　本：787mm×1092mm　　1/16

印　　张：30.5

字　　数：381 千

书　　号：ISBN 978-7-5443-5846-0

定　　价：68.00 元

编者前言

迷失在荒野中的人，首要的任务就是找出方向。

柯维继《与成功有约》之后，再度在他另一部巨著《以原则为重心的领导》中提出了精辟的主张：以不变的原则应万变。原则像罗盘一样，为迷失在生活荒野中的人指引正北的方向。守住原则做人，就不会被这个花花世界所迷惑。

那么，柯维何许人也？读者或许要问。

"柯维是美国的苏格拉底，他打开世人的心灵之窗并望见永恒。"有人这样说。

还有人说："柯维一开口，所有的主管都会洗耳恭听。"（引自Dun's Business Month）

还有人说："柯维的名声如日中天，早已大大超过了卡耐基和拿破仑·希尔。"

如此崇高的评价还可以开出一大串，在此暂且打住。让我择重点简略地对柯维作一个介绍。

柯维（Stephen R. Covey）毕业于哈佛大学，获企业管理硕士学位；后又毕业于杨百翰大学，获博士学位，并当选为青年总裁协会（Young Presidents' Organization）的十大杰出人才。柯维现任柯维美国领导力中心董事长，曾经协助过100多家明星财经杂志、500家大型企业及众多中小型企业、教育单位、政府机关训练领导人才。可以说，他一直以一双无形的手在幕后引导着活跃在美国各个领域的许多著名领导人。他甚至一直担任着克林顿总统的高级策划人（用中国话说就是幕僚）。与此同时，柯维在领导理论、家庭与人际关系、个人管理等领域享有至高无上的盛名。

事有凑巧，自三联书店 1996 年 10 月出版了柯维的《与成功有约》（一版再版，印数高达三万册）以来，编者几乎同时就读到了《与成功有约》的英文原版，书名是"The seven habits of Highly Effective People"，直译应为：《高效率人士的七种习惯》。紧接着，又读了柯维另一部专谈领导学的大著："Principle-centered Leadership"，直译为《以原则为重心的领导》。随着对此书的细读与研究，编者逐步产生了一个想法，即着手编一本全面介绍柯维领导艺术的书。因此有了本书的书名：《领导学全书》。

我们都知道，古往今来，人们对领导学的探索与研究一直孜孜不倦。究其原因是人们一直想了解领导者们（包括各领域的领袖）的人格修养及掌权风格，并通过这些了解加深人们对领导者们在各个领域取得成功的深刻认识。

如今，市面上已有许多成功学方面的著作了，其中卡耐基、拿破仑·希尔更是赫然在目。然而，对于在成功学，或者应该准确地说，在领导学方面堪称美利坚顶尖人物的柯维，国内读者想必知之甚少。而柯维的领导艺术理论是任何一个当代领导人无法回避同时又必须掌握的。

那么，柯维的领导艺术理论有什么精湛与独到之处呢？这正是本书要回答的问题。在此，编者不妨再次简略地对柯维的领导艺术作一个介绍。

柯维的领导艺术理论，如果用四个字来概括，那就是"原则领导"。原则在柯维眼中是一种显而易见的自然法则，即我们中国的说法：顺其自然。本书正是以"原则"为重心将全书剖为三大部分。即：上篇，原则领导人；中篇，原则掌权术；下篇，原则人际策略。

在上篇里，柯维讨论了作为领导人的品格、修养、规范和习惯。在中篇里，柯维讨论了如何将有效的原则运用在组织和管理上。在下篇里，柯维讨论了如何以原则处理公共关系。本书正是从这三个方面全面论述了柯维领导艺术的学说。按柯维自己的话说：他的领导艺术是："以自然法则为重心的领导开辟了一种新的风范，也就是将我们的生活以及对公司和员工的领导能力，集中在某些真正的原则上。"在此书中，我们将讨论这些原则是什么，我们为何必须以这些原则为重心以及如何达到完美的效果。可以说，柯维的"原则领导"理论既是一种理论艺术也是一种实际操作艺术。一句话，它是一种治本的策略。正如柯维常说的一句名言："我给你鱼的话，是给你一天的生活；我教你如何去钓鱼，才使你受惠一生。"由此可见，柯维十分强调根本。从这句话推而广之，我们可以这样说，一个人若想永获成功，就必须从根本上做起，从根本上解决问题，而作为领导者当然对此更不应忽视。

时下，许多领导者、管理精英们常常只触及事物的表面，经常是头痛医头、脚痛医脚，没有找到解决问题的根源。

柯维的原则领导理论就是从根本着手，他讲原则而不是像卡耐基那样只讲技巧。他是在我们企业最需要新的生命力和领导人的时候，为我们提出一套生活哲学的伟人。他为我们展示的这套哲学充满智慧和实战经验，任何懂得运用的人都会成功在望。

最后，编者可以问心无愧地说：本书对于那些已在领导岗位、正在走向领导岗位以及打算走向领导岗位的读者诸君来说，必然会让你茅塞顿开。

好了，就让我们从第一页开始吧！

目　录

上篇　原则领导人

第一章　原则 3

　　顺从自然的宇宙之法 3

　　罗盘领导 7

第二章　原则领导人透视 11

　　生活是一种使命 11

　　散发积极的能量 12

　　捕捉追随者的潜力 18

　　与激情告别 19

第三章　反求诸己，全面修为 26

　　抛开男性"灰姑娘"神话 26

　　操之在我 29

　　原则领导人的目标 38

　　像高级领导人那样思考 44

第四章　品格、意志、决定 51

　　品格修为 51

　　意志与毅力 54

　　做出决定 59

第五章　念力开发 65

　　信念：内力向导 65

　　信念与形象 69

信念控制术 72

埋伏的潜意识伟力 79

第六章 原则新视野 85

远见与禅宗头脑 85

远见，新的意识焦点 89

远见之障碍 92

远见——标出范围 95

有意识的观察 96

广角镜和可变焦距镜之认识能力 98

第七章 领导者的情绪管理 100

情绪的几种形态 100

运动和音乐可扭转心情 102

自我交谈抚慰心情 102

以情绪智慧管理压力 103

情绪调整四法 104

以笑抑止压力荷尔蒙 105

松弛练习 106

催眠、发热、冥想 107

后设情绪 109

与情绪密不可分的注意力 111

一台钟与一本书 112

印度游戏 112

同时做几件事 113

不断转换的加法 114

固执与注意之动摇 115

浮动和固着 116

职业与注意 117

社会训练的注意 118

训练注意力的要点　　　　　　　　　　119

第八章　高效率与时间术　　　　　　　120

高效率策略　　　　　　　　　　　　120

几种错误的浪费时间法　　　　　　　122

工作之进度表与归类法　　　　　　　123

领导者的危机感与紧迫感　　　　　　126

人之生命是有限的时间积累　　　　　128

时间管理的四个时代　　　　　　　　129

六标准与四步骤　　　　　　　　　　130

授权——高效率之秘诀　　　　　　　133

什么事，谁来干，怎么干　　　　　　135

分派之原则、方法、麻烦和好处　　　138

两种授权类型　　　　　　　　　　　141

时间就是金钱　　　　　　　　　　　141

悬赏时间与多一小时　　　　　　　　142

忙并不意味着效率　　　　　　　　　144

利用时间的四要诀　　　　　　　　　145

洛克菲勒一生中最重要的 24 小时　　146

100 位亿万富翁的省时之法　　　　　148

哈佛学不到的"二八时间定律"　　　149

专家对节约时间的最佳建议　　　　　150

中篇　原则掌权术

第九章　正统权力　　　　　　　　　155

三种权力类型　　　　　　　　　　　155

三权冲突与抉择　　　　　　　　　　157

说服力　　　　　　　　　　　　　　159

领导者的耐性 163

领导者的风度 165

可塑性 168

接纳 169

领导者的仁慈 171

开明的心胸 172

温和的指责 173

正直的一致性 176

正统权力的原则和理想 177

第十章　影响力 179

领导才能就是影响力 179

以身作则的领导者 181

善举不为人知 183

领导者的主动性 184

相互信任与信守承诺 185

扩大影响，关心他人 186

信任 188

沟通时的"了解" 190

控制怒气 191

奖励公开意见，给予谅解回应 196

澄清冒犯、坦承错误 197

不做无谓的争议 200

具有关怀心 205

适当的教诲 207

常犯的三项错误 209

第十一章　双赢 211

鲍伯的愤怒 211

造就双赢局面 213

第十二章　幕僚工作　　217

摩西与他的岳父　　217

国务卿的做法　　220

幕僚的培养　　221

第十三章　领导模式的转移　　226

未来的权力　　226

典范转移——最伟大的突破　　229

四大典范　　231

培养冠军的人　　233

第十四章　朝自我管理迈进　　237

人性的激励　　237

双赢协议的管理　　245

自行评估绩效　　247

技巧与人格　　249

柯维亲历自述二则　　251

第十五章　价值体系与情感协调　　254

权力价值体系　　254

做一个出色的劝说者　　258

情感协调艺术　　261

平衡艺术　　265

凝聚艺术　　266

操纵与反操纵　　267

批评下级的艺术　　268

第十六章　PS 典范　　270

一段具有启发性的对话　　270

什么是 P 和 S　　271

组织内六大体制　　273

PS 典范的四大特征　　274

第十七章　内在的丰富性 276

自足心理成功法 276

内在丰富性的七大特征 278

道法自然 280

第十八章　平衡双方的期望 281

九大预期冲突 281

内心深处的期望 283

解决方案：绩效协议 283

互赢原则七条 285

授权管理之重要 286

第十九章　领导者的EQ 287

EQ在企业中的高效益 287

批评中的回馈艺术 288

宽容 290

错误的激励 291

偏见 294

组织信息沟通 297

管理艺术与团体IQ 298

人才资源 299

企业内的EQ角色 300

第二十章　最高指导原则 302

最高指导原则的神奇效力 302

共识之达成 303

企业如何才能获得成功 304

制定最高原则的四步骤 305

新陈代谢的过程 306

第二十一章　突破与创新 308

典范转移：一张新地图的诞生 308

运用新典范的领导者 309

过程中的训练设计 311

战胜怀旧感 312

领导者必须突破人为障碍 312

冲破旧习惯 314

干大事应从小事做起 315

承诺：原则中的原则 316

第二十二章 领导者的决策艺术 317

适合大多数企业的五项决策方法 317

决策中的几种习惯做法 319

定量决策法仅是一种手段 321

决策之敌 322

哈佛商学院的决策训练方法 323

"功夫在诗外" 326

第二十三章 知识与信息 328

信息网 328

图书馆之运用 329

一位企业家的精选资料书籍 331

谁跑得快谁就赢得比赛 332

第二十四章 日日新 334

个人与专业的发展 334

情感账户 336

有效性管理 336

组织的运作 338

无根就无果实 340

第二十五章 定势力量 342

旗帜、歌、定势 342

创造并利用定势 344

创造定势的四个关键 346

下篇 原则人际策略

第二十六章 感情储蓄 351

从技术管理到人性管理 351

感情存款之一：信赖与了解 359

感情存款之二：细节 364

感情存款之三：守信 367

感情存款之四：坦诚相待 367

感情存款之五：诚恳正直 369

感情存款之六：勇于道歉 371

第二十七章 从"次级的伟大"到"至上的伟大" 374

技巧与本性 374

你必须先喜欢自己，才能喜欢别人 376

柯维与弗洛姆 379

培养高尚的人格 391

第二十八章 EQ人际学 394

杰伊的人际策略 394

与情绪共舞 397

镜现术 400

润滑油：人际关系四技巧 407

不做社交变色龙 408

社交障碍 409

社交技巧的学习 411

柔道般的EQ 413

付出——重要的交际手腕 415

真心为朋友着想 416

克制不正当欲望   417

第二十九章   设身处地的聆听者   419

    沟通的形态   419

    应有的态度与行为   424

    一个奇特的处方   425

    了解与倾听   429

    透明的自我   431

    革除攻击与批评的恶习   432

    同情与认同   436

第三十章   一加一等于三   439

    不惜冒生命危险的行动   439

    赢得合作的关键   443

    集思广益，众志成城   449

    威力无比的智能坦克   454

第三十一章   做一流公关领导人   459

    要得到公认，应该做什么   459

    可创造性开拓的领域   461

    通过新闻，扩大影响   463

    运用宣传，获得效益   468

上　篇

原则领导人

第一章 原则
——跨世纪领导新概念

正确的原则如同罗盘，一定会指出一个方向。如若我们知道如何去研判，就不会迷失、困惑，或被互相冲突的声音和价值观念所误导。

原则正是显而易见的自然法则，它们不会改变。当我们摸索四周环境时，它们提供了"正北"的方向。

原则无时无地皆可运用。它们以价值、思想、规范和教义的形态出现，提升人类水准，让人类更加高贵，完成目标、充实力量并激发希望。历史给我们的教训是：只要人类掌握正确的原则，就会繁荣兴盛。

顺从自然的宇宙之法

在这个瞬息万变、纷纭复杂的现代社会里，人们总是被各式各样的问题包围着，而那些领导们则更是经常处在问题的漩涡之中。为了应付局面，每一个领导者都在寻求快速、简便、自由的解决问题方法，都盼望着领导工作得心应手、运转自如且成就显著。

美国著名领导学专家柯维，在他的领导学新著中，论述了解决复杂问题的方案和成功领导的方法，为被难题困扰的领导者指出了一条光明大道。

柯维的领导学与传统的领导学相比有重大的突破，它是二十世纪最有价值的领导学和成功学，其威力远远超过卡耐基和其他许多成功学大师的理论。

在阐述领导能力时，柯维提出了崭新而大胆的观点，柯维认为，最行之有效的领导方法是以自然法则为重心的领导——原则领导。

"原则"是柯维最为珍爱的概念，他学说的一切均从这里开始。柯维认为人性中的自然法则，如同物理界的重力法则，是真实不变的；这些原则构成文明社会不可或缺的部分，是家庭和机构绵延不绝的根源。我们或社会并未发明原则，它们是植根于人类关系和人类组织的宇宙法则，是人性、知觉和意识的一部分。若人类信守公平、公正、诚心、诚实、信任等基本原则，将确保生存与安定，否则就会走上分裂与毁灭。

一个人走在茫茫无际的旷野中或是在浩瀚的大海中航行，靠什么指引方向呢？那就是罗盘。柯维将正确的原则比喻为罗盘，将它视为使领导者摆脱困惑、走出迷惘、获得清明的最有效工具。他说正确的原则就如同罗盘，一定会指出一个方向。若我们知道如何去研判，就不会迷失、困惑，或被互相冲突的声音和价值观所误导。

社会没落的根源，就是违反了正确原则。要是社会能对正确原则有更多的信任，不知可以避免多少经济危机、文化冲突、政治革命和内战。

显然，在柯维看来原则是至关重要的，在领导方法中它处于核心和主宰的地位。一个领导者如果遵循原则行事，领导工作就会更有成效，个人和团体都会更有力量。

柯维将原则视为一个系统，它大致分为四大基本层次：安全感、指引、智慧和力量。

1. 安全感。安全感代表了价值、身份、感情寄托、自尊和个人力量。安全感有程度上的差异，一端是具有绝对自信的内在价值，另一端则是极度的不安全感，个人的生活就在两者之间摆荡挣扎。

2. 指引。指引是生活中的指示方向，主要是来自影响我们决策和行为的标准、原则或规范。这个内在的监视器，他称之为'良知'。自我中心较重的人，容易具有强烈的物欲和情感上的依赖，往往表现出自私、纵欲或好交际的生活形态。但当他们的社会良知逐渐成形，开始注重人性机能、传统和人际关系的良知。最后形成的精神良知，是启发人心的源泉，这时真正的原则已出现了罗盘式的指引。

3. 智慧。智慧代表生命中富哲理的一面，一种平衡感，一种对生命各部分和原则相互配合的深刻了解，它包括了判断、辨别和理解。它是一种统合性的整体，一端是不正确的地图，使人们的思路建构在扭曲、不和谐上，另一端则代表正确完整的生活罗盘，所有的零件都与原则配合得恰到好处。随着智慧的增长，我们对理想（事情应该如何）了解得愈多，对事实（事情的现状）也会采取更敏锐、务实的态度。智慧还包括有能力分辨真正的喜悦和短暂的乐趣。

4. 力量。力量是行动的能力，完成事情的精力和勇气，是作选择和决策的重要动能。它也代表有能力克服根深蒂固的习惯，并培养更上一层、有效的习惯。在力量的一端，我们看到了惨遭外在事物操纵、无力、缺乏安全感的人。他们必须依赖环境或其他人，只能反映他人的意见和方向，不了解真正的愉悦和幸福。在另一端，我们看到了有远见、有原则的人，他们的生活是个人决策的有效产物，而非受外在环境影响。这些人主动创造事物，对事情的反应，是以永恒的原则和宇宙的标准为基础。他们为自己的情感、态度以及思想、行动负责。

柯维反复强调，成功的领导者应将原则摆在生活的中心，一旦生活有了原则，你就会察觉，要别人如何待你，你必须先如何待人。你可以将竞争当成学习的源泉，因为竞争可以提高你的警觉，直指你的弱点。因为你有指引，不会受到他人或外在环境的威胁。即使在巨变之际，你仍保有前瞻性和判断力，力量从内部源源不绝涌出。

例如：一家公司的安全感来自它的形象、现金流量或与其他竞争者的比较、客户的看法，公司的领导人对于每日的新闻和事件就容易反应过度，或是反应迟缓。而且倾向于将生意（和生活）看成是"零和游戏"，不时受到他人成功和知名度的威胁，对竞争对手的失败又暗中窃喜。若安全感是植根于他人的弱点，那么那些弱点将更牢固地控制我们。

真正的原则是"为何要做"，也就是作法所根据的准则。不了解工作的原则，当发生变动或需要不同的做法时，就会出现不能适应的现象。训练员工时，我们通常只教导他们特定工作的特定作法与技巧。但若未同时传授原则，员工就必须依赖进一步的指示和教导。

将正确原则摆在生活的重心上，我们就会变得平衡、统一、有组织、有重心，所有行动、关系和决定都会有所依恃。生活中每件事，时间、天赋、金钱、财物、关系、家庭和身体，都能被妥善管理。柯维提出的以原则为重心的领导方法是人类领导学上的一次大突破，也将一种全新的典范引入了领导学。它要求将我们的生活，对公司员工的领导能力集中在某些真正的原则上。看重自己，又能认同更高层次的目的和原则，这是人性本质的矛盾之处，也是有效领导的基础。

培养以原则为重心的领导，必须在四个层次上由内向外地反复练习：一、个人间（我与自己的关系）；二、人际间（我与他人的相互关系）；三、管理间（与他人合作完成工作的责任）；四、组织间（组织中员工的要求——晋升、训练、酬薪、组合团队、解决问题并创造一致的结构、策略和体制）。

罗盘领导

柯维主张一个领导者应该坚持自然法则和原则，因为自然法则和原则是不可抗拒的，它们代表着生活的真理和冥冥中的主宰。柯维引用米勒的话说："我们是不可能打破原则的，如果硬是要与之对抗，我们只会撞得头破血流。"他进一步强调指出：

原则是已获确认、持久不衰的人类行为准则。原则支配着人性。全球的六大宗教全部具有同样的基本信念，如："要怎么收获先怎么栽"，"坐而言不如起而行"。我发现全球各地对于"正北"的原则，都有一致的看法。这些原则是客观、基本、不容混淆的。例如"信誉不佳，就无法获得信任""因果报应、天道不爽"。

什么是企业的最高指导原则，众人的意见也趋于一致。公正、仁慈、自尊、博爱、正直、诚实、品质、服务和耐性等，是放诸四海皆准的美德。

想想看，若企图用不公正、欺骗、卑鄙、平庸、堕落来过日子或做生意会是多么危险。相信不会有人用它们当作永恒、幸福与成功的坚固基石。

正如同物理的重力法则，原则也是永恒的。人们可能会争议它的定义解释和运用，但往往一致同意其内含的美德，即使无法完全符合它却相信它，也愿意受它管理。

既然"原则"是不可动摇的，那么唯有遵循它才会立于不败之地。然而，在实际生活中，并不是所有的人都明白这一点。有许多人他们试图超越"原则"，往往按自己的主观需要和价值观行事，这似乎能够满足一时的欲求，但最终将受到"原则"的惩罚。

在一次访谈中，主持人间柯维："希特勒是不是一个有原则的人？"柯维说："不！他深受自己价值的影响，最重要的就是统一德国。但他违背罗盘原则，才遭受自然法则的谴责。后果非常严重，使全球动荡不安了好多年。"

柯维将人们的价值观等主观企图比喻为地图，将自然法则和原则比喻为罗盘，对二者的关系他有精彩的描述："价值如同地图，原则则是疆域。地图并不代表疆域，只是想描绘疆域的主观企图。"

地图与正确原则愈相近，与疆域的实情愈相符，也就愈正确可靠。正确的地图会影响我们的行为，效果比我们改变态度和行为要来得好，具有更大效果。但当疆域不断改变时，任何地图也都失效了。

在当今世界，许多领导者的领导方式并不是罗盘式的领导，而是地图式的领导。他们经常以独断和随心所欲的姿态出现，按一时的需求和应急措施行事，这样的领导结果当然是可想而知的。

柯维认为今日世界最迫切需要的就是罗盘。罗盘上有一根自由转动的指针，永远指向正北。这是水手在海上航行时，指示方向、画图和测量的重要工具。英文中'罗盘'一词还包括其他意义，如：范围、内容、空间或时间的界限。这些含意使得罗盘一词的寓意更丰富。

在今日商场上，为何罗盘比地图的功能好？有几项有力的理由可说明罗盘对公司主管的非凡价值：

1. 罗盘提供坐标，不论在森林、沙漠、海上或未知领域中，都能指出方向和途径。

2. 疆域更动后，地图就失效了，在快速变动的时代，地图可能刚完成，就已派不上用场。

3. 错误百出的地图，对于想利用它来走路或探测未知领域的人而言，只会带来高度挫折。

4. 许多主管都具备冒险精神，愿意在未知领域中摸索，却没有这些地方的正确地图。

5. 想迅速到达目的地，需要精密的生产与配销的过程与管道。在一片混沌中找出或创造快速管道，正需要罗盘。

6. 地图提供该地区的描绘，罗盘则提供前景与方向。

7. 正确的地图是良好的管理工具，但罗盘是领导与授权的工具。

有远见的人应该了解，在目前错综复杂的管理形态中，地图可能已失去效用。我建议改用罗盘，并训练自己和手下运用永远指向正确原则和自然法则的罗盘。把以地图（价值）为主的管理方式，改为以罗盘（自然原则）为主的领导。唯有用它支配一切，企业才能成长茁壮。以原则为重心的领导，要求人们依据自然法则努力工作，并将这些原则融入生活、人际关系、承诺和管理过程中。

一个领导者如果总是试图超越"原则"，那么他的领导工作必然会走向失败。领导者高居于众人之上，他们最容易犯的一个错误就是忽视"原则"，放弃罗盘式领导。领导人免不了有自以为是的一面，好自作主张的倾向常常将他们引入歧途。他们盼望靠自己的神奇力量来创造奇迹，因而过多地关注于主观的突破、奋进和发挥，对隐藏于事件中的"法则"常常视而不见，并且总希望摆脱这些"法则"的约束而建功立业。这一主观心态导致的结果是令人遗憾的。领导们全力以赴的地方并没有打开成就之门的钥匙，成功的钥匙恰恰就在那备受冷漠的"法则"之中。主动性的发挥和对客观法则的遵循常常令人陷入两难局面。惯性经常诱使我们淡漠"法则"，然而真正成功的领导是以青睐"法则"为皈依的。日本著名企业家松下幸之助在分析西方工业衰落的原因时就敏锐地看到了这一点，他说："我们将获胜，西方工业国将溃败。问题在于：对他们而言，管理的真谛是从上司脑中取出点子，再交到员工手中。"

这段话的要义在于指出西方国家失败的原因。西方国家受限于僵化的思想，受限于依赖地图的管理方式，受限于由上层专家决定、由下层执行的陈旧领导模式。

这种策略性规划模式已经过时，因为那只是一张街道图。要求上层主管运用经验、技能、智慧和判断来制定十年的策略计划，却发现该计划在十个月后就已失去价值。

杜拉克（Peter Drucker）说过："计划本身毫无价值，但规划的过程却是无价的。"若规划的重心在全盘的目标或展望以及规划出一套原则，那么部属就可在混沌之中运用这一罗盘，再加上自己的技能和判断，做出决策并采取行动。事实上每个人都可能有自己的罗盘，每个人也都可能得到授权，自行决定目标和计划，以反映新市场的真实状况。

原则并不是作法。做法是因应特定环境的特殊活动或措施，并非放诸四海皆准。若以作法来管理，以政策来领导，员工就不需要具备专业知识。因为在管理规则与作业手册当中，已提供他们所需要的判断和智慧，他们根本不必费脑筋。

如果重心放在原则上，就等于是授权给懂得这些原则的人，他们会采取行动而不需要受定期的监督、评估、调整与控制，原则是放诸四海皆准的，当融入习惯中，就给人力量，想出应付不同状况的办法。

以原则来领导，需要不同的训练，或说是更多的训练，但会使企业各阶层具备更纯熟的技能、创造力和共同的责任感。

第二章　原则领导人透视

全力以赴的人，将生活当成是一种使命。每天早晨，他们整装待发，穿戴上服务的甲胄，心中想的只是别人。

生活是一种使命

既然坚持原则，运用罗盘式领导是领导工作成败的关键，那么，做一个坚持原则的领导人就势在必行了。原则领导人不同于一般的领导人，他们是领导群中的佼佼者，是创造辉煌伟业的勇士，也是驾驭一切的高手。柯维将这样的领导人称为全力以赴的人，对他们的特性、品质也有深入的研究和说明。这些人具有自己独特的风格、独特的气质、独特的为人处世之道，了解他们的品质和个性，对于希望成功领导的人来说是必不可少的。

知识就是力量，学习是一个人进步的动力。对于领导者来说，虽然身居高位但并不意味着在一切方面都圆满了，相反，继续学习是必不可少的。

有原则的领导人大都热衷于学习。他们眼观六路、耳听八方，寻找一切机会获取新的知识。他们不断提问，不断培养新技艺、新嗜好；他们知道，懂得愈多，就愈发现自己其实不懂，随着知识的增长，对外在事物的无知也跟着成长。这种学习与成长的精力，大多数是在自我驱策下产生的，并将日趋兴盛。

借由学习定下目标并完成目标，可以更快速地培养自己的能力。从对自己的小小期许开始，不断地实现期许，直到自己已掌握一切。然后再进展至下一阶段，定下一个期许，再去实现。如此下去，你的个人价值感就会增加，自我控制的感觉也会成长，也就更具信心去支配下一阶段。

整个过程必须全神贯注，因为若打破对自己的期许，你的自尊将会受损，定下期许与实现期许的能力也会降低。

有原则的领导人还应该具备服务意识。在生活中，他们是谦逊的、讲求奉献的。他们身上有一种为大众谋福利的气质。他们心目中想得最多的是别人而不是自己。柯维这样描述他们说："全力以赴的人，将生活当成是一种使命。每天早晨，他们整装待发，穿戴上服务的甲胄，心中想的只有别人。"

柯维特别强调服务的原则，因为他相信，没有担负责任的话，不可能成为一位有原则的人。我们可以把它当成一种知识或道德上的练习，但若没有一种责任、服务、贡献的感觉，一种需要我们去推动或追求的激励，一切终将徒劳无功。

散发积极的能量

情绪会影响心智，这是每个人都知道的。学生在焦虑、愤怒、沮丧的情况下根本无法学习，事实上任何人在这种情况下都很难有效接收或处理资讯。譬如说一个正经历离婚痛苦的人或父母正要离婚的小孩，往往难将注意力专注在日常琐事或功课上。对一个抑郁症患者而言，自怜、绝望、无助的感觉可能凌驾一切。

当情绪超越专注力时，人将失去一种科学家称之为"操作记忆"的认知能力，亦即脑部无法储存足够的资讯以应付手边的工作。操作记忆的内容可能琐碎如电话号码，也可能复杂如小说家编织的情节。任何心智活动（小至造句，大至解析复杂的逻辑命题）都要植根于操作记忆这个最基本的心智功能。职司操作记忆的是前额叶皮质，别忘了，这也是情绪与感受交集的地方。当这个部位的边缘系统受制于痛苦的情绪，操作记忆便会受影响，你将无法正常思考。

我们也可从相反的角度思索这个问题。想想看人在成就某件事时的动力，那些热忱、干劲、自信是如何激发起来的？专家研究奥运选手、著名音乐家、世界棋王，发现他们的共同特点是能激励自己接受严酷的训练。现在随着技术水准的不断提高，各类专家训练的年龄已愈来愈降低。以1992年奥运为例，平均12岁的中国跳水选手受训年限与美国队不相上下，而后者都已超过20岁，中国队自四岁开始受训。同样的，20世纪最佳小提琴手大约五岁开始习琴，世界西洋棋手平均七岁开始学棋，十岁开始的人只能达到国家级水准。愈早开始，时间上愈有优势：柏林顶尖音乐学校的顶尖小提琴学生（都仅20余岁）习琴时间已超过一万小时，次一等级的学生学琴时数平均约7500小时。

能力相当的人在同一领域的成就会有高下之别，最主要的原因似乎在于能否在早年就开始艰辛的训练，而这又与其情绪特质有关，尤其是面对挫折时的热忱与毅力。

我们在许多方面受情绪影响，在思考与计划、接受锻炼以达成某远程目标、解决问题等等，情绪代表我们发挥心灵力量的极限，也因而影响人生成就和领导质量。激发我们向前的力量源自对所做的事情的热忱与乐趣，这是毋庸置疑的。

心情愉快让人更能做弹性与复杂的思考，也就较容易解决智能或人际的问题。所以说要帮助别人解决问题，说笑话可能是不错的方法，笑和兴奋一样有助于开拓思路与自由联想，从而注意到先前未想到的方法。这个技巧不只在创造活动时很重要，也很有助于认清复杂的人际关系或预见一项决策的后果。

大笑有助于提升智能表现，尤其面对需要创意思考的问题时。不知道读者是否听过一个心理学家常用来衡量创意思考力的测验，研究人员给受测者一根蜡烛、一盒火柴及一盒大头钉，请他们将蜡烛固定在软木制的墙上，但烛油不可滴在地上。多数受测者都会落入传统思考的窠臼，研究人员请受测者分别观看滑稽影片、关于数学的影片或做运动，结果发现看过滑稽片的人最可能发挥创意，想出答案：将盒子钉在墙上作为烛台。

即使是轻微的情绪改变也会影响思考，一个人在做计划或决策时如果心情很好，想法通常较开阔乐观。一方面这是因为人的记忆跟着心理状态走，心情好时我们会记得较愉快的事。因此当我们在心情好时衡量一件事，便容易做出较大胆冒险的决定。

同样的道理，坏心情将记忆导向负面的方向，使我们容易做出退缩或过于谨慎的决定。古希腊有一则引人深思的神话，说古希腊公主潘多拉因美貌遭神嫉，神故意送给她一个神秘的盒子，叮嘱她绝不可打开。潘多拉禁不住好奇心的诱惑，掀起盒子一角偷窥，从此释出人世的一切苦难：疾病、痛苦、疯狂。所幸一个好心的神祇助她及时盖上盒子，才没有放走让人类得以忍受一切痛苦的良药：希望。

现代研究人员发现，希望不只是痛苦时的慰藉，在生活中实际扮演极重要的角色，不论是学业或事业，在各领域都能让人更占优势。希望的意义不只是乐观的心态，据史耐德的定义，希望是"相信自己具有达成目标的意志与方法，不管目标是什么"。

当然，每个人的自信程度都不相同。有些人自信总能摆脱困境、解决难题，有些人则怀疑自己没有达成目标的精力、能力或方法。史耐德发现高度乐观的人具备若干共同特质：较能自我激励，能寻求各种方法实现目标，遭遇困境时能自我安慰，知道变通，能将艰巨的任务分解成容易解决的小部分。

麦特·毕昂迪（Mart Biondi）是美国知名游泳选手，1988年代表美国参加奥运会，被认为极有希望继1972年马克·史必兹（Mark Spitz）之后夺得七项冠军，他在100米蝶式比赛中原本领先，到最后一米硬是被第二名超了过去。

各报都以为两度失金将影响毕昂迪后续的表现，没想到他在其后五项比赛中竟连连夺冠。只有宾州大学心理学教授马丁·沙里曼（Marti Seligman）对这项转变不感意外，因为他在同一年稍早曾为毕昂迪做过乐观影响的实验。实验方式是一次表演后，故意请教练告诉毕昂迪他的表现不佳（事实上很不错），接着请毕昂迪稍作休息再试一次，结果毕昂迪表现得更加出色。参与同一实验的其他队友都因此影响演出成绩。

所谓乐观是指面临挫折仍坚信情势必会好转。乐观是让困境中的人不致流于冷漠、无力、沮丧的一种心态。乐观也和自信一样使人生的旅途更顺畅（当然，你的乐观必须是务实的，太天真的乐观可能导致可悲的后果）。

对乐观的神奇效力，柯维是十分清楚的，所以，在谈到原则领导人的特质时，他毫不犹豫地将这一点加诸在这些人身上。他说："全力以赴的人每天带着欢欣、愉悦、快乐的表情。态度乐观、积极、向上、充满热心、希望与信仰。"

看来热忱的力量是不可低估的，要做一个有原则的领导人，一定少不了乐观、豁达与热忱。有原则的领导人浑身都有一种火热、欢快的劲头。他们不仅自己乐观、积极、向上，更重要的是他们能把这种情绪散发出来，像一个磁场一样，强有力地影响他们周围的人和事。

这种有原则的领导人是不会惧怕挫折和失败的。他们对失败有自己独特的看法。首先他们以为失败是可改变的，结果反而能转败为胜。悲观的人则把失败归诸个性上无力改变的恒久特质。不同的解释对人生的抉择造成深远的影响。举例来说，乐观的人在求职失败时多半会积极地拟定下一步计划或寻求协助，亦即视求职的挫折为可补救的。反之，悲观的人认为已无力回天，也就不思解决之道，亦即将挫折归咎于本身恒久的缺陷。

其次，有原则的领导人从不承认失败，他们认为，任何事情都没有失败，只有结果。很多人生来就很害怕失败这个词，但每个人都多次经历过这种事：我们想获得一件东西，但得到的却是另一件东西。我们曾有过考试不及格，有过失去爱情，有过每一步都出差错的商业计划。但对原则领导人来说，他们都采用了"结果"一词，因为这是成功者所看到的，他们看不到失败，他们不相信失败。在那些伟大人物的人格中，这一点是经常可以看到的。

人们总是成功地取得某种结果。我们这个时代最伟大的成功者并不是没有失败过，只是他们认为，如果对某件事的尝试没能获得所希望的结果，并不意味着失败，而是得到一些经验，然后用这些经验去尝试别的事。他们采取某些新行动，于是获得某些新结果。

想一想吧，你今天超过昨天的宝贵财富是什么？当然是经验！那些害怕失败的人，事先就在心里想象事情是不可能的，正是这一点限制了他们的行动，否则，他们肯定能获得他们希望的结果。你害怕失败吗？那么，你又是怎样看待学习的呢？你能从人类的每种经历中学到东西，因此，你也总是能成功地完成每一件事。

马克·吐温曾说过："悲观主义者的观点是最糟糕的。"他说的非常正确。那些相信失败的人几乎都是平庸之辈，那些伟大的成功者从来没意识到失败的存在。

让我们来看看某个人的生命历程，他：

31岁，经商失败。

32岁，竞选议员失败。

34岁，经商又一次失败。

35岁，经历恋人死亡的打击。

36岁，神经受损伤。

38岁，竞选失败。

43岁，竞选议员失败。

46 岁，竞选议员失败。

48 岁，竞选议员失败。

55 岁，竞选参议员失败。

56 岁，竞选副总统失败。

58 岁，竞选参议员失败。

60 岁，竞选为美国总统。

这个人就是亚伯拉罕·林肯。如果他把以前的竞选失利当作失败的话，他能成为总统吗？不可能。托马斯·爱迪生的故事对我们很有启发，他改进电灯泡的尝试失败了 9999 次后，有人问他："你第一万次会失败吗？"他说："我没有失败过，我只是发现了另一个制造不出电灯泡的方法。"

那些执掌各个领域大权的，有着个人力量的人——运动场上的胜利者、人群中的领导者、艺术上的大师——都明白，如果试着干某事而没取得希望的结果，那么这只是一种反馈。可以利用这种反馈的信息，更明确地知道需要干什么才能取得希望的结果。巴克明斯克·富勒曾说过："不管人们学到的是什么，都必须看作只是不断摸索的结果，人们是通过失误来学习的。"有时，我们是从自己的失误中学习，有时是从别人的失误中学习。

乐观与悲观可能部分是与生俱来的，但天性也是可以改变的。乐观与希望都可学习而得，正如绝望与无力也可能慢慢养成。乐观与希望其实都是建立在心理学家所谓的能力感（selfefficacy）上，亦即相信自己是人生的主宰，能够应付未来的挑战。任何一种能力的提升都有助于培养能力感，使你更愿意冒险与追求挑战，而一旦克服挑战便更增能力感。这样的心态能使你既有的能力得到最大的发挥，缺少的能力也会努力去培养。

相信失败是一种精神障碍，把消极情绪贮存在我们的大脑中就会影响我们的生理状态、思维过程，进而影响我们的状态。对大多数人来说，最大的限制就是他们对失败的恐惧。罗伯特·舒勒提出过一个著名的问题："如果你知道自己不会失败，那你会做些什么呢？"仔细考虑一下这个问题，你会怎样回答？如果你真相信不会失败，那么你就可能采取一些新的行动，进而获得新的、期望中的结果。因此，我建议你现在就该意识到：任何事情都不会有失败，只有结果。你每干一件事都是在产生一种结果。丢掉"失败"这个词而只看到"结果"这个词，努力从每一段经历中吸取养分，这样就会逐步成为一个有原则的领导人。

捕捉追随者的潜力

全力以赴的人对消极的行为、批评或人性弱点，不会反应过度。当发现别人的弱点时，不会趾高气扬。他们并不天真，也了解自己的弱点，但更知道行为和潜力是两回事。他们相信人都有未发掘的潜能，他们衷心感激上天赋予的一切，以怜悯之心宽恕和遗忘他人的不敬。他们不会怀恨在心，也不会对他人乱贴标签、分类或歧视。

宽恕他人的不敬和缺陷，相信人人都具有无限的潜能，用其所长、抑其所短，这是原则领导人的又一大特质。

领导者要充分发挥其下属的长处，就要善于容忍他的短处、缺点。美国南北战争时林肯任命格兰特将军为司令。有人劝林肯说："格兰特嗜酒如命，恐怕难当此任。"林肯说："他喜欢喝什么酒，我给他送几桶去。"林肯也知道贪杯会误事，但林肯更清楚格兰特运筹帷幄、决胜千里的才能。因此，林肯容忍了他的缺点，把他提拔到总司令的位置上来，从而最终促使南北战争以北方胜利而告终。一些人才由于各种原因，他们的优点没有被大多数人所认可，而他们的缺点却暴露无遗。这时，如果领导者能"慧眼识英才"，那么，被识者就会从心底产生感激之情，从而加倍努力工作来回报知遇之恩。

柯维以自己的亲身经历再次说明了这一点。柯维的儿子在某方面有缺点，一些小学生就给他的儿子取了个绰号。柯维相信自己的儿子有过人之处，绰号所代表的弱点只是局部的，于是，他和他的太太就竭力培养儿子的长处，挖掘儿子的潜能。结果，一段时间过后，儿子的才能得到了发展，弱点也就自然而然地消失了。柯维由此强调说：没错，眼见为实，但有时我们必须相信尚未发掘的潜能，创造出一种适合成长的环境。以自我为中心的人认为关键在于自己，在自己的技巧，在于将自己的东西硬塞到他人身上，但这只有短暂的效果。你若认为关键是在他人，而不在自己，就会放松、接受、肯定，并让他自然发生。这将带来自我实现。

与激情告别

在莎士比亚的名剧《哈姆雷特》中，主人公有这样一段使人深思的话：面对命运的顺逆，你同样心存感激……世上若有人能逃脱激情的桎梏，我便衷心地敬服他，就像我敬服你一样……

纵观人类的历史，自柏拉图以来，自制力一直被视为一种美德，亦即要能抵挡因命运的冲击产生的情感波涛，不可沦为激情的奴隶。古希腊文称自制力为 sophroryne，希腊文专家杜博斯解释这个字的意思是："谨慎、均衡而智慧的生活态度。"罗马与早期的基督教会则称之为节制，意指避免任何过度的情绪反应。其中的关键是均衡而不是情感的压抑，要知道任何一种情感反应都有其意义与价值。人生如果没有激情将成为荒原，失去生命本身的丰富价值。然而正如亚里士多德所说的，重要的是情感要适度，适时适所。情感太平淡，生命将枯燥无味，太极端又会成为一种病态，因此，最关键之处就在于"均衡"。

一个有原则的领导人深深懂得均衡原则的重要。在生活中他们坚持着这样的信条：远离极端，向激情告别。

他们绝不做极端分子，不要求非赢即输。不坚持二分法，硬将事情区分为好或坏、是或不是。他们以连续、先后有序和逐层分析的方式来思考问题。他们有能力分辨、察觉情况之异同。这并不是说他们随波逐流，他们完全理解事物的真相，有勇气弃恶扬善。

他们的行动与态度随各种状况而定——均衡、合宜、谦虚、明智。他们不会是工作狂、宗教狂热分子、政治极端分子、暴饮暴食者、追求享乐者或绝食的烈士。他们不会受制于自己的计划或步骤，不会因愚蠢的错误或社会上的过失而怪罪自己，不会为昨天感伤，为明天做白日梦。他们理性地活在现在，仔细盘算未来，针对变动的环境而弹性调适。

1. 家庭生活调适

为了谋生而工作，对大多数人来说是生活的一个不可缺少的组成部分。对一个精力旺盛地投身其中的领导者来说，工作是有吸引力的甚至是极为迷人的。但是，生活的非工作方面同样是重要的。对这些方面也不应忽视。

有原则的领导人是平衡各方面生活的高手，在家庭、朋友、娱乐、休闲之间，他们都能够相互关照、把握分寸、充分谐调、左右逢源。

结了婚的人，有为自己的家庭奉献出一些时间的特别义务。他们必须愿意与妻子共同度不单单是餐桌和床上的时间，否则，结婚就变得毫无意义，并将导致不和。同样，他们必须与妻子共同分担抚养孩子的责任。必须对孩子进行仪态和道德的教育，否则他们会成为自私的不合群的人，不能肩负起成年人的责任。

作为丈夫和父亲的这些家庭义务，有原则的领导人是十分看重的。他们积极地看待这些义务，勇于承担这些义务，将它们视为帮助自己自我提高的动力。

举例来说，他不可能始终用一成不变的语言来教育他的孩子。如果一个父亲想要他的孩子接受建议和劝告，他们必须用值得模仿的行动来支持他的语言。而当他用准备灌输给他孩子的德行来行动时，他会由于这一点而变得更为崇高。

一个父亲，如果无论何时都能使自己的欢乐与家庭结合起来，他同样可以使自己受益。如果他带领他的孩子们进行一次野外徒步旅行或上博物馆参观，他将学到像他们一样多的东西。全世界的教育工作者都已认识到，最好的学习方法是：在教育别人的过程中，自己受到教育。

一个为了在企业中取得成功而必须做的一些事，可能会在他的家庭里引起冲突。他可能必须延长工作时间，甚至在夜晚或周末加班。他可能被迫作公务旅行，要长时间地离开家里。所有这些不仅被妻子看作是对家庭不负责任，而且还强迫她负起她认为是不公平的责任。从实际上来说，普通领导者的妻子大都单独地管理好家务。她肩负着培育孩子的主要负担，扮演着孩子们的伙伴、公断人、"法官"、陪审团和司机的角色。她要与电工、管子工、电视机修理员、送牛奶工人、挨家挨户的推销员、垃圾收集工人、油漆工人和木工等等打交道。因此，除非丈夫曾与妻子讨论过他在事业上的抱负以及为实现这一抱负他必须做的事，否则她将会对他"额外"的工作表示不满。如果他回家之后，谈起有关他的旅行或在一家著名饭店举行鸡尾酒会的种种富有迷惑力的情况，她可能会妒忌他，认为两个人在共同生活中的地位不平等。而且，她可能会对他花在事业上的费用不满——如昂贵而时髦的衣服、企业的娱乐性交往、自我提高计划等等。

要解决由于事业需要而造成的矛盾，并且增进婚姻幸福，不存在万能的灵丹妙药。在现代社会中，一个人要谋生，他必须付出的代价之一就是工作。这不仅对一位有雄心的人来说是正确的，而且对任何人来说都是如此。毫无疑问，要实现抱负，就需要做出一定的牺牲。

在大多数情况下，如果妻子理解并赞成丈夫的目标和计划，她会作为她丈夫的合作者，甘心情愿并关怀备至地帮助他取得成功。她将会乐意做出需要她做出的牺牲。但这意味着丈夫和妻子必须在思想上进行沟通。他们必须谈论他们的婚姻以及婚姻与他的工作的关系。如果她在这方面是无知的，他必须把企业生活的实际状况向她详加解释——为什么他必须发展某种友谊，为什么他必须穿得讲究一些，为什么有时候他必须把工作带回家里，为什么他必须花钱接受更多的教育。一旦她理解了他所做的事与他所追求的目标之间的因果关系，她将会配合得更好。要在思想隔阂的鸿沟上架起桥梁，唯一的方法只能是相互理解。

对丈夫来说，他必须给妻子以精神上的支持并为此做出努力。如她不得不承担绝大部分家务，那他至少要向她表示感激。即使他是刚完成紧张的工作，极其疲惫地回到家里，他也应该花时间听取她的诉说，并在可能的情况下给她以帮助。一个在紧张工作之后回家的人，需要的无非是和睦与安静。但如果他的妻子需要他的物质和精神的安慰，或作为孩子们的一种感情上的缓冲，他应该付出努力，以报偿她为他做出的牺牲。

2. 社交生活调适

一个领导者如能在保持友好关系和结为终身朋友之间善加选择，那他将受惠无穷。在任何情况下，他都应该力争与人友好相处，但他更应该谨慎地选择永久的朋友。

有些人让自己不知不觉地陷入友情之中。他们买下一套住宅，就开始与隔壁的邻居轮流作客和喝咖啡。不久，彼此的家庭也就变得亲密异常了。野餐郊游和聚会成为他们固定的假日生活。他们结伴进行社交活动，他们甚至为了相处得更好而改变自己的习性和爱好。

这样的朋友，可以在任何人多的场合通过偶然机缘结识。他们中有同事，有高尔夫球伙伴，有同一企业俱乐部的午餐聚会同伴等。这类友谊大多具有一个共同的特点：从来不会超出友好相识的范围。

终生的友谊是极为珍贵的，不应该轻易地给予。我们中间的每一个人，只有有限的几次机会建立这样的友谊。我们在选择这种类型的朋友时，应该像选择终身配偶一样谨慎。

一个人的人品，可以通过他所结识的朋友来评价。更重要的是，一个好的朋友与一个一般的朋友比较，可以决定我们过的是一种有意义的生活，还是无意义的生活。一个好的朋友会使我们的生活更崇高，会把我们中最优秀的东西给表现出来，会鼓舞我们攀登更巨大的智力的和精神的高峰。另一种朋友，即在我们与之交往时会浪费我们时间的朋友，会使我们把精力用到不该用的地方去，使我们在取得小于我们应该取得的成就时便自鸣得意，而我们本来是可以获得更大成功的。

有原则的领导人在选择朋友时相当细心，他们往往会有以下多方面的考虑：

1. 你是否与他有某种共同的利害关系。有原则的领导人不与这样一个人成为朋友，他的利益与你尖锐地对立；带着矛盾的利害色彩的朋友要做到意见一致和互相安慰是很难的。有些人也许在其他方面都证明是合格的人，但对友谊来说，最重要莫过于兴趣和目的的一致。

2. 你是否尊重过彼此的能力。伟大的友谊是建立在相互尊重的基础上的。你不应该与一位具有使你感到不舒服的有缺点的人成为朋友。

3. 应着眼于能否继续发展。有些人之所以能吸引我们，是因为他们表面的才能。他们可能很会讲故事，对穿着很有鉴别力，会演奏某种乐器，或能熟记人名。就这些人本身而言，仅仅这些特长并不值得我们投入我们的终身友谊。相反，我们应该寻求这样一类品质：对知识的如饥似渴和对进取的永无止境的追求。随着时间的推移，具有这些品质的人，由于他们的智慧和年龄的增长，往往越老越富有魅力。

4. 讨厌的妒忌是否会在他的头脑里滋生。在寻求具有某种精神和品质的人物中，你总是要冒这样一种风险：与一个对你的成功并不感到高兴的人建立友谊。如果真是这样，抛弃他！有这样一个朋友，和敌人有什么两样？

5. 他是否是一位值得信任的知己。一个朋友，是一位必须能够信任的人，否则，就不应该授予他以"朋友"这一荣誉。缺乏信任的"友谊"，只不过是笑话而已。所以，你选择朋友就要像选择一位向他忏悔的神父一样，认真从事。

有原则的领导人在交际中的高明之处在于：他们每交一个新朋友，都会有新的发现。他们对人兴趣十足。他们问问题、实际参与。倾听时总是全神贯注，以对方为师，不以过去的成就论英雄。他们不畏惧达观显要，拒绝被纳入派系。他们遇事笃定，有能力见招拆招。

3. 休闲生活调适

有原则的领导人在工作之余是很注重休闲生活的，他们经常出入于社交界和运动场所，过着健康而丰富多彩的生活，充分享受着美好的人生。为了了解新的情势，他们也广泛阅读、随时学习，对以下几个方面的知识，他们都是格外留心的。

（1）哲学。一个人的人生哲学，是他逐渐形成的一系列原则。这些原则，可以在所遇到的生活境遇中，帮助他指导自己的行动，制约他的非理性反应。这是他为了保证自己在人生旅途上不致迷误的指南针。

哲学不同于有组织的宗教，因为哲学仅仅是以理性为基础，宗教则是信仰的传授。所以，尽管宗教是非常吸引人的——它们向其信徒提供有关生存与死亡的重要答案——但是我仍不能说："每一个人都应该有一种宗教信仰。"而我们却可以说："任何人都应该逐渐形成自己的人生哲学。"当我们遇到一位有正确人生哲学的人，就可以发现，如果他被迫面对某种危机，也不会仓皇失措。他总是镇定自如，因为他的心理和情绪的表现，是以理性为基础的，而不为外部的刺激左右。他不像动物那样只会作原始的反应。

（2）历史。对某些人来说，研究历史是生活中富有魅力的一部分。为了更好地理解现在而研究过去，是非常必要的。这种工作可以细致和有的放矢地进行。例如，一个人为了更好地了解美国当前的经济，就必须至少阅读一到两本有关以美国经济史为主题的书籍。同样，几乎任何一个学科，政治、社会学、现代戏剧、艺术、舞蹈、电影等等，都有它们的历史。每一学科的历史，都会为读者深入理解这一领域提供基础。

（3）自然科学。大学毕业 10 年以上的人，要么紧紧跟上科学的革命，要么他们就已经不能再与他们周围的世界保持一致。有关物质、太空、医学、物理和数学的知识，正以前所未有的加速度发展。要使自己的才能具有持久的竞争能力，一个领导者必须花费他的部分空闲时间，紧紧跟上科学革命的发展形势。

（4）心理学。同自然科学领域一样，心理学领域也在发生很多令人兴奋的事情。一个人应该阅读一些心理方面的书籍，以便更好地了解自己，学会尽管自己有短处，仍要承认自己，学会赢得别人的宽恕。从广义上说，凡鼓励和促进读者进一步自我认识的书籍，都属于此类。

（5）小说。大多数人看小说纯粹出于爱好。现代小说往往使人们把自己与书中角色联系起来，这给他们带来一种精神上的享受。与此同时，小说还会使他们对时代有某种"感受"，并帮助他们理解人们是如何产生动机的。

小说还能潜意识地教育读者，使他们无形中学会了怎样使文章流畅、明晰以及怎样突出重点。阅读了大量小说的人，比那些把自己的阅读领域局限于报纸、教科书之类的人，写作水平总要高一些。

第三章　反求诸己，全面修为

我们必不可停止探索，而一切探索的尽头，就是重回起点，并首次对起点有真正的了解。

抛开男性"灰姑娘"神话

很多人向往着日后能有个锦绣前程。但是，他们没有正确的思想作指导，终日幻想着，眼巴巴地期待着成功会从天而降，从而给生活带来一个戏剧性的转变。这是一个男性"灰姑娘"的神话。

……男主人公在工作中奋斗不懈，几年来准时上班、没有与别人发生纠纷……。

遗憾的是，直到现在竟没有人发现他的真正价值，因为他穿衣、吃饭、聊天，盯着手表看时间，还拿公司的邮票发私信，就像其他职员一样，没有什么特征，难以把他和别人区别开来。

其实，他与一般人是"截然不同"的。他具有领导者的一切品质：勇气、韧性、洞察力、想象力等等。一旦机遇到来，他会以聪明绝顶的方式来显示自己的这些品质，比如，他可能：

力挽狂澜，为公司挽回将要失去的最大的利润；

或者出奇制胜，为公司赢得最好的主顾，而这些主顾正是公司和它的竞争对手追逐的重要对象；

或者妙手回春，把公司混乱不堪的财务体制整顿并管理得有条不紊，使公司避免了一场破产的灭顶之灾。

本部门的主管将为他的这些非凡的成就赞叹不已。当然，为使这个故事的情节顺利展开，还需要一个配角，即公司的一个主要领导人——公正的、万能的上帝，他一挥魔杖，我们的主人公的全部梦想便都成了活生生的现实。

于是，一夜之间，我们的主人公一跃而起，成为有国际影响的企业巨头和新闻人物，从纽约到香港无人不知。他身穿高雅的卡里·格兰特便服，谈吐潇洒，像格利高里·派克一样富有感情和力量，而处理各种棘手问题时，又像杰克·莱蒙一样轻松自如，不费吹灰之力……

这个美妙的故事不无幽默感，如果不谈它的悲剧性的结局的话。许多人直到咽气的时候，还在期待上司那根神奇的魔杖。他们从未想到，正是他们自己放弃了使自己成功的机会。因为他们至死也没有朝着自我完善的方向迈出重要的第一步。

事实上，没有人能在一夜之间彻底改变自己的习性而变得面目一新。要迅速赢得一个好声誉是不可能的，评价的形成是缓慢的；而一旦形成，就会像混凝土塑像一样坚固。因此，对于一个有雄心壮志的人来说，应该尽早克服自己的缺陷，培养作为领导者必不可少的品质。

柯维在他的领导学中也谈到了这个问题，对此他提出了自己精彩的观点。他认为，一个人若想要获取成功，成为某个领域内出色的领导者，他就必须注重原则、品德以及"由内而外"的修为。

柯维认为，一个人成就的形成首先是从自身开始的，追求成功的人不应该将目光仅投之于外部世界，而应该求诸于己，关注内心，从个人内在的观念、品德与动机上做起。他说："如果你想拥有美满的婚姻，那么就作一个能产生助力而非阻力的人，不要一味强求对方。如果你希望青春期的子女更听话、更讨人喜欢，那么先作个言行一致、充满爱心且懂得体谅的父母。如果你希望在工作中享有更多的自由与自主，那么先作个更负责尽职的员工。

如果你希望获得信任，那么先作个值得信任的人。如果你希望才华不被埋没，那么先修炼自己的基本品格。"

由内而外的修为强调，先追求个人成功，才能有人际关系的成就；先信守对自己的承诺才能信守对他人的诺言。凡是以个人魅力重于品格，或者不能由个人修养做起，而希望改善人际关系，都将徒劳无功。

所以，你想要获得机会，就要在人们心目中树立自己的良好形象。否则，你将会发现，无论何时，只要一出现有利于你的机会，你周围的同事都将在你前进的道路上筑起路障。比如，你刚提出一个好的建议或实施方案，人们就倾向于贬低它，说不希望再看到这种荒谬离奇的东西。你如果被提名为较高职务的候选人，同事们对你的评价，将会使提名成为事实的可能性大打折扣，甚至会使你失去这个机会。相反，如果你在同事中留有良好的印象，他们会认为你是一个条件合格的人。

今天许多企业管理者都是凭着自己的能力和品质担任职务的。包括：

· 远见卓识

· 富有想象

· 有异常丰富的常识

· 有广博的企业基础知识

· 可以信赖

· 雄心勃勃

· 愿意接受不合口味的任务

· 善于决策

· 敢于冒险

· 热爱自己的工作

· 善于控制自己的感情

· 注意节制自己的享受

·注意身体健康

·老练持重

·有道德、有原则

任何一位成功的领导者，至少具备上述列举的品质一半以上，否则是不可思议的。

一个人如果想成为领导者，就必须专心致志地培养这些品质，使他们成为自己的习性。当然，由内而外是有一个过程的，它是遵循主宰个人成长进步的自然法则，不断精益求精的过程。久而久之它会形成良性循环，将我们提升到梦寐以求的领导者的境界。

操之在我

要成为一个有原则的、出色的领导人，在个人修为中一些行为准则是必须坚守的。坚守了这些准则个人品格就会得到迅速的提高，否则就会离原则领导人的境界越来越远。

柯维认为，成功的领导人都必须是一个有强烈自我意识、能随时采取主动的人。柯维将他们称之为"操之在我"的高效率族群。

操之在我的人即是能够自主的人，自主即为自我控制，自己决定自己的命运，对自己的感觉和行为负起责任，摒弃与实际无关或者不适当的行为方式。

每个人都有达成自主的能力。虽然这是人类的天赋能力，但是真正能做到的人仍然是极少数。拜恩说：人类虽是自由之身，但他学到的第一件事就是听别人的话。他一生就在听从别人。第一个支配他的是他父母，他遵守父母的教诲。偶尔他应用自己的方法，妄想自己是个自主的人。

一个人也许认为他改变了生活脚本，但实际上他改变的可能只是戏剧的布景、角色、服装，而不是戏剧的重心；这个人即是妄想自主。例如，一个女人自认只要和现在这个丈夫离婚，或者再嫁，就能摆脱目前的不幸，但实际上，她仍然不自觉地和同样类型的人来往，再度造成不幸。

拜恩认为真正自主的人必须是"拥有三种能力的人：觉识，自发，亲密"。

1. 觉识性

觉识（awareness）就是知道现在发生的事。一个自主的人是具有觉识力的。他剥开污染成人的层层影响，他独立地听、看、嗅、触、尝、研究及评价。他排除曲解真实的偏见。他从实际经验中理解世界，他是独立的个体。

他知道自己是个"现代"人，他了解现世的情况。他明白自己是世界的一部分，他也承担这个世界的部分不幸。他倚湖而立，他研究一个陶杯，他感受拂面的轻风，他体验敬畏的庄严，他也赞叹落日的艳丽。

一个具有觉识力的人，当他紧张、松弛、开放或封闭自己的时候，他敏锐地察觉自己的行为表露的含义。他了解自己的感觉和幻想的内在世界，他不畏惧它们，也不感到羞愧。

一个具有觉识力的人也懂得倾听别人说话。他不但听，也积极地把感觉反馈给对方。他绝不难为别人、反击别人或攻击别人。他应用谈话和倾听的技巧真诚地与人交往。

一个具有觉识力的人是充分具体的，而且能觉察各种情况。他的思想和行为配合实际，而且一致；他绝不可能在做一件事的时候，心里想着别的事。

他不可能带着微笑说出愤怒的话。

他绝不在该大笑的时候皱着眉头。

他绝不会同意办个郊游后，又改变主意去做另一件更要紧的事。

当他在娱乐身心时，绝不会在心里盘算着一件重要的商业事务。

他在办公室处理公事时，绝不会受昨晚的事情影响。

他绝不会戴着有色眼镜，否认实际发生的事。

一个具有觉识力的人，知道自己在哪里，在做什么，自己的感觉是什么。林肯说："我们知道现在何处、将往何处，我们就更能判断出：我们该做什么、该怎么做。"

2. 自发性

自发（spontaneity）即一个人从父母、成人和儿童等行为和感觉中自由选择适当表现的特性。一个自主的人是具有自发性的。他的表现是有伸缩性的，而不是愚昧地冲动。他看清许多条途径，最后他选择一条最适合自己情况和目标的路径。

一个自发的人是不被拘束的。他担当自己行为的责任。他并不强迫自己生活在一个模式里，反之，他迎视新的情况，探索新的思考、感觉和反应的方式。他不断地增强、改进自己的行为。

自发的人拥有自我认定的能力。他接受父母和儿童，但他不被左右，他自己做决定。一个人必须由自我认定中，学会操纵自己的能力、稳固自己的道德观。布伯（M. Buber）说："不做认定是一种罪恶。它混乱一个人的潜在能力，使他一事无成，而且曲解事实。"因此，一个自主的人自做决定、引导潜力、发挥才能。在某种极限之下，他了解命运，也承担命运。

富兰克（V. Frank）说，当然每个人都具有本能，但本能并不能完全左右我们。我们无法抗拒本能，也无法抗拒"人必须接受本能"的事实。但是，我们接受本能的前提是，我们也能拒绝它。换句话说，我们有抉择的自由。至于先天遗传的问题，我们从研究中知道人类在遗传限制下自由发展的能力也相当大。例如，双胞胎虽然承继完全相同的遗传特质，但能发展成全然不同的两个个体——一个是精明的罪犯，另一个是杰出的犯罪学者。

至于环境的影响。我们知道任何一件事情都必须由我们的态度来决定它的影响力。它处在被操纵的地位。

柯维以法兰柯的感人事迹为例，说明了人具有战胜环境、自由选择的能力：

法兰柯是一位受过弗洛伊德（Sigmund Freud）心理学派洗礼的决定论者。这个学派认为一个人的性情在幼年时期即已定形，而且会左右其一生，日后改变的可能性微乎其微。

法兰柯由于身为犹太裔心理学家，二次大战期间被关进纳粹（Nazi）死亡营，遭遇极其悲惨。父母、妻子与兄弟都死于纳粹魔掌，只剩下唯一的亲人——一个妹妹。他本人受到严刑拷打，朝不保夕。

有一天，他赤身独处于囚室，忽然之间顿悟，产生了一种全新的感受，日后命名为"人类终极的自由"（the last of the human freedoms），当时他只知晓这种自由是纳粹军人永远无法剥夺的。在客观环境上，他完全受制于人，但自我意识却是独立的，超脱于肉体束缚之外。他可以自行决定外界的刺激对本身的影响程度。换句话说，在刺激与反应之间，他发现自己还有选择如何反应的自由与能力。

他在脑海中设想各式各样的状况。譬如说，获释后将如何站在讲台上，把在这段痛苦折磨中学得的宝贵经验，传授给学生。

凭着想象与记忆，他不断锻炼自己的意志，直到心灵的自由终于超越了纳粹的禁锢。这种超越也感召了其他的囚犯，甚至狱卒。他协助狱友在苦难中找到意义，寻回自尊。

处在最恶劣的环境中，法兰柯运用难得的自我意识天赋，发掘人性最可贵的一面，那就是人有"选择的自由"（the freedom to choose）。这种自由来自人类特有的四种天赋。除自我意识外，我们还拥有"想象力"（imagination），能超出现实之外；有"良知"（conscience），能明辨是非善恶；更有"独立意志"（independent will），能够不受外力影响，自行其是。

3. 亲密性

亲密（intimacy）是对他人表现自然的温暖、亲切及密切的感觉。许多人因为不具有表达亲密的能力，而引以为苦。马斯洛（A. H. Maslow）发现美国人特别有这种现象：

美国人民比世界其他各国人民更需要接受这方面的治疗，因为他们根本不知道怎样与人保持亲近的关系。他们没有亲密的朋友来分摊自己身上的重担。

一个自主的人，当他觉得必要时，他会尽最大的努力争取友谊和亲密的关系。这对于一个吝于放出感情的人来说，是件非常困难的事。事实上，当他第一次尝试要这么做时，他可能感到不安，甚至于害怕。

一个人在发展亲密能力的过程中，逐渐变得开放。他学会"放开感情"，表露自己。他也逐渐地摘下自己的面具，但他理智地应用成人自我状态觉察一切情况。他不再和那些避免和别人亲近的人来往。他不再使用漠视、交错沟通或心理游戏。他不强迫别人或操纵别人扮演迫害者、救援者或受害者的角色，他也不居留在恒久父母、恒久成人、恒久儿童的地位。反之，他愿意成为一个开放的、真实的人，实际地生活在现状中。他也希望放弃过去的经验，以新的眼光欣赏别人的独特性。他不再使用下列的指责：

你就像你妈一样唠叨！

我爸爸什么东西都会修理，为什么你连个水龙头都修不好？

你就像我哥哥，一天到晚发牢骚！

你就像我妹妹——样样要顺她的意！

一个人若不具有觉识、自发和亲密的能力，将无法负起生命的责任。不管他认为自己是幸运的人或倒霉的人，他都毫不怀疑地相信：

事情注定如此，无法改变。

事情注定如此，根本不应该改变它。

事情注定如此，只有……能改变它。

相反地，自主的人关心目前的问题。他发挥自己的能力，也鼓励别人这么做。他把自己的潜能完全投置在未来——具有确切的目标的未来。他依照自己的价值系统，把牺牲的标准定在换取更大价值的代价上。他并不关心获取更多的外在物质，他关心的是增进更多的内在价值。

"操之在我"这个英文字现在经常出现在管理方面的著作中，但大部分字典都查不到它。它的涵义不仅止于采取主动，还代表人必须为自己负责。个人行为取决于本身，而非外在环境；理智可以战胜感情；人有能力也有责任创造有利的外在环境。

责任感是一个很重要的观念，能够操之在我的人深谙其理，因此不会把自己的行为归咎于环境或他人。他们待人接物是根据本身价值观作有意识的抉择，而非全凭对外界环境的感觉来行事。

操之在我是人类的天性，如若不然，那就表示一个人在有意无意间选择受制于人。

受制于人者易为自然环境所左右，在秋高气爽的时节里，兴高采烈；在阴霾晦暗的日子，就没精打采。操之在我的人，心中自有一片天地，天气的变化不会产生太大的作用，本身的价值观才是关键。这类人如果认定工作品质第一，即使天气再坏，依然不改敬业精神。

受制于人者，同样也受制于社会"天气"的阴晴圆缺。如果受到礼遇，就愉快积极，反之则退缩逃避。心情好坏建立在他人的行为上，别人不成熟的人格反而是控制他们的利器。

理智重于情感的人，则经过审慎思考，选定自己的价值观，作为行为的原动力。他们与感情用事、陷溺于环境而无法自拔的人截然不同。

不过，这并不表示操之在我者对外来的刺激无动于衷。他们对外界的物质、精神与社会刺激仍会有所反应，只是如何反应完全掌握在自己手中。

小罗斯福总统夫人（Eleanor Roosevelt）曾说："除非你同意，任何人都不能伤害你。"以圣雄甘地（Gandhi）的话来说就是："若非拱手让人，任何人无法剥夺我们的自尊。"令人受害最深的不是悲惨的遭遇，而是"默许"那些遭遇发生在自己身上。

人类认为不可能的事情，在经过一段时间后，往往会变成可能和理所当然的事，一切都不是固定不变的。在莱特兄弟发明飞机的一百年前，有谁曾料想过人类竟然可以翱翔天空。在阿波罗登上月球之前，"月世界"对人类而言，只不过是梦中幻境罢了。

这个道理不光只限于飞机和火箭，其他诸如事业、运动记录、学问研究等都是一样的。它的关键在于"化不可能为可能"。

"操之在我"的人尤其具有这方面的决心，不受客观环境的制约，不为逆境所困，善于化不可能为可能，化消极为积极。

柯维曾参加过某行业的一次业绩检讨会，当时正值景气落入谷底，那一行所受的打击尤大。因此会议一开始，各厂商的士气都很低落。

第一天的会议主题是该行业的现况。许多业者表示，不得不裁掉熟识的员工，以维持企业的生存。结果会后，每个人都比会前还要灰心。

第二天讨论该行业的未来，主题围绕着日后左右其发展的因素。议程结束时，沮丧的气氛又深一层，人人都认为景气还会更加恶化。

到了第三天，大家决定换个角度，着重于操之在我的做法："我们将如何应付？有何策略与计划？如何主动出击？"于是早上商讨加强管理与降低成本，下午则筹划如何开拓市场。以脑力激荡的方式，找出若干实际可行的途径，再认真讨论。结果为期三天的会议结束时，人人都士气高昂、信心十足。

这次会议的结论是：

一、本行业目前的情况并不好，未来的趋势显示短期内还会更恶化。

二、但我们采取正确的对策，改进管理、降低成本，并提高市场占有率。

三、因此，这个行业的景气会比过去都好。

从一个人对周遭事务关切范围的大小以及发挥影响力的意志强弱，也能判断态度是否积极。每个人都有一些关切的问题，包括健康、子女、事业、经济状况或世界局势，这些可归入"关切范围"。其中，有些是个人可以掌握的，有些则无能为力。把个人可以控制的事圈起来，就形成"影响范围"。

着重于"影响范围"的人，脚踏实地、不好高骛远，把心力投注于自己能有所作为的事情，所获成就将使影响范围逐步扩大。

反之，受制于人者全神贯注在"关切范围"，时刻不忘环境的种种限制、他人的种种缺失，徒然为无法改变的状况担忧。结果是怨天尤人、畏畏缩缩，受迫害的感觉日益强烈。由于着力方向错误及由此而生的副作用，影响范围便会缩小。

下面这些例子非常具有启发性，柯维以生动的事件说明了如何扩大影响力、发挥主动性。他说：

我曾经与一家公司合作过，该公司总裁精力旺盛，而且对流行趋势反应极其敏锐。他才华横溢、精明干练，但是管理风格却十分独裁。对部属总是颐指气使，从不给他们独当一面的机会，人人都只是奉命行事的小角色，连主管也不例外。

这种作风几乎使所有主管离心离德，大伙一有机会便聚集在走廊上大发牢骚。乍听之下，不但言之成理而且用心良苦，仿佛全心全意为公司着想。只可惜他们光说不练，以上司的缺失作为坐而言却不起而行的借口。

例如一位主管说："你绝对不会相信。那天我把所有事情都安排好了，他却突然跑来指示一番。就凭一句话，把我几个月来的努力一笔勾销，我真不知道怎样再做下去。他还有多久才退休？"

有人答道："他才五十九岁，你想你还能熬六年吗？"

"不知道，反正公司大概也不会让他这种人退休。"

然而，有一位主管却不愿意向环境低头。他并非不了解顶头上司的缺点，但他的反应不是批评，而是设法弥补这些缺失。上司颐指气使，他就加以缓冲，减轻属下的压力。又设法配合上司的长处，把努力的重点放在能够着力的范围内。

受差遣时，他总尽量多做一步，设身处地体会上司的需要与心意。假定奉命提供资料，他就附上资料分析，并根据分析结果提出建议。

有一天，我以顾问的身份与该公司总裁交谈，他大为夸赞这位主管。以后再开会时，其他主管依然接到各种指示，唯有那位操之在我的主管，受到总裁征询意见，他的影响范围因此而扩大。

这在办公室造成不小的震撼，那些只知抱怨的人又找到了新的攻击目标。对他们而言，唯有推卸责任才能立于不败之地，因为肯负责，就得不怕失败，为了免于为自己的错误负责，有人干脆把责任推得一干二净。这种人以尽量挑别人的错误为能事，借此证明"错不在我"。

幸好这位主管对同事的批评不以为意，仍以平常心待之。久而久之，他对同僚的影响力也增加了。后来，公司里任何重大决策必经他的参与及认可，总裁对他也极为倚重，并未感受到威胁。因为他们两人正可截长补短、相辅相成，产生相乘的效果。

这位主管并非依恃客观的条件而成功，是正确的抉择造就了他。有许多人与他处境相同，但未必人人都会注重扩大个人的影响范围。

"外在环境是造成问题的症结所在"，这种想法不但错误，而且正是问题的根源。假使不能反求诸己，一味希望外在环境改变来达成个人的愿望，何异于任凭别人摆布。

正确的做法应该是，先改变个人气质，做个更充实、更勤奋、更具创意、更能合作的人，然后再去影响环境。

我最欣赏《旧约》里约瑟夫的故事，约瑟夫便是一个尽其操之在我的人。他年方十七就被亲生手足卖至埃及，任何人处在同样的境遇下，都难免自怨自艾，并对出卖及奴役他的人愤愤不平。但约瑟夫不作此想，他专注于修养自己，不久便成了主人家的总管，掌理所有的产业，极获倚重。

后来他遭到诬陷，冤枉坐牢十三年，可是依然不改其志，化怨愤为上进的动力。没有多久，整座监狱便在他的管理之下。到最后，更管理了整个埃及，成为法老之下、万人之上的大人物。

这种修为的确非一般人所能企及，可是人人均可为自己的生命负责，为自己开创有利的环境，而不是坐等好运或厄运的降临。

原则领导人的目标

当某人达成不寻常或似乎不可能的目标，常有些人会说他"运气好"、"占了天时地利"或"上天眷顾"。然而，纵观各界众多的成功人士之后，就会发现一个很有意思的现象，那就是他们之所以有如此大的成就，全在于这相同的第一步：设定一个企望的目标。

譬如说，当人问起 NBA 职篮高手"飞人"迈克·乔丹，是什么因素造就他不同于其他职篮运动员的表现，而能多次赢得个人或球队的胜利？是天分吗？是球技吗？或是策略？他说："NBA 里有不少有天分的球员，我也可算是其中之一，造成我跟其他球员截然不同的原因是，你绝不可能在 NBA 里再找到像我这么拼命的人。我只要第一，不要第二。"

你或许会感到不解，到底迈克·乔丹拼命不懈的动力何来？发生于他高中一年级时一次在篮球上的挫败，激起他决心不断向更高的目标挑战。就在这个目标的推动下，飞人乔丹一步步成为全州、全美国大学乃至于 NBA 职篮历史上最伟大的球员之一，他的事迹改写了篮球比赛的纪录。

那天，乔丹被学校篮球校队退训，回到家哭了一个下午。在那个重大打击下，他原可能就此决定不再打篮球了，可是没有，他反而把这个教训转化为热望：为自己订立一个更高的追求标准，更高的达成目标。他的决定出自内心且很坚决，结果改变了自己的命运，也让篮球比赛的发展为之改观。他不仅要重新成为球队的一员，并且还要成为最棒的。

为了达成这份雄心壮志，他循着每位成功人士的轨迹：设定目标，随即付诸实现的行动。在升高二之前的暑假中，他找到校队教练克里夫顿·贺林帮助自己，每天清晨六点便在教练的指导下进行密集训练。在此期间，这位崭露头角的伟大球员长到六英尺二英寸，全是因为他迫切想要早日达成心愿，因而每日在学校的攀爬架上勤练，企图使自己身高增加，以求在球场上比赛更占优势。

乔丹每天勤练不辍，当时机到来，他终于被选入校队参加比赛。十年之后，他更证明了 NBA 芝加哥公牛队教练道格·柯林斯（Doung Collins）的见解：当准备得越充足，幸运就越会跟着来。经常很多人不愿意给自己订目标，因为害怕失败所引致的失望，然而他们却不晓得"设定目标乃是成功的基石"。之所以如此说，是因为设定目标可以锁定我们的意志，朝着希望的目标前行。

设定目标对你人生方向的影响，一开始可能不是很大。那就像航行在大海上的巨轮，虽然航向只偏了一点点，一时很难注意，可是几个小时或几天之后，便可能发现船会抵达完全不同的目的地。

柯维认为，有原则的领导人必须具有明确的人生目标。这个目标不是一时的、短暂的计划或目的，它应该是人生的终极目标。

柯维以生动的比喻说明，这个目标就是一个人在盖棺定论时，他希望获得的评价，这便是人生的终极目标。

对于一个原则领导人来说，确立自己的人生终极目标是必不可少的。因为有了这样的目标，他的一举一动、一切价值标准，都必须以此为依据；也就是由个人最重视的观念或价值来决定一切。我们应该时刻牢记人生目标，每一天都朝此迈进，不作丝毫的违背。

认定了目标也意味在着手做任何一件事前，已认清了方向。这样一来，不但可对目前所处的状况了解得更透彻，而且在追求目标的过程中，也不致误入歧途、白费工夫。

以下是一位企业主管的人生目标。

我的使命是正正当当地生活，并且对社会有所贡献。为达成这一使命：

我有慈悲心——拥抱人群，不分贵贱，热爱每一个人。

我愿牺牲——为人生使命奉献时间、精力、金钱及才华。

我以身作则——以身教教导孩子，人为万物之灵，可以克服一切困难。

我有影响力——所作所为会使他人的生活改善。

以下是达成人生使命的重要角色：

丈夫——老伴是我这一生中最重要的人，我们同甘共苦、携手前行。

父亲——我要帮助子女体验乐趣无穷的人生。

儿子与兄弟——我不忘父母、手足的亲情，随时对他们伸出援手。

基督徒——我信守对上帝的誓言，并为他的子民服务。

邻居——我要发挥基督之爱来对待他人。

鼓舞人心者——我是激发群体优异表现的触媒。

学者——我每日求取新知。

一旦确定主要的人生角色，你就能清楚地掌握全局。接着，还要订立每个角色的长期目标，这些目标必须反映你真正的价值观、独特的才能与使命感。

认定目标与领导有关，但领导不同于管理。管理的层次比领导低。

领导与管理的差异就仿佛思想与行为。管理是有效地把事情做好，领导则是确定所做的事是否正确；管理是在成功的梯子上努力向上爬；领导则指出所爬的梯子是否靠在正确的墙上。

在这日新月异的世界中，有效的领导比以往更加重要。我们需要方针，需要指引。面对纷扰不已的世局，谁也难以预料未来的发展，唯有依恃自己的判断行事。而这时目标——也就是心中的罗盘——能使你判断正确。

成功——甚至可说求生存的关键——并不完全取决于流了多少血汗，而在于努力是否得法。因此对各行各业而言，领导都重于管理。

一次在西雅图，柯维曾为一家石油公司主持为期一年的主管进修课程。在最后一堂课上，该公司总裁跟柯维谈到他个人的上课心得：

> 史蒂芬，你在第二个月指出领导与管理的不同之后，我立即检讨了自己的角色，结果发现我根本不曾领导。每天忙着应付管理问题，已令人焦头烂额。于是我决定退出管理工作，留给别人去负责，我希望好好为公司确定大方向。
>
> 这实在不容易啊！要放手不管眼前急迫的公务，牺牲唾手可得的成就，令我十分痛苦。苦思如何领导公司，如何建立企业文化，如何掌握先机以及深入分析一些问题，更让我头痛不已。手下的管理人员也适应不良，他们

无法再把难题推给我解决，日子比以前难过。

不过我决心坚持到底，因为我认定自己必须做个领导者。现在我已确定做到，整个公司也仿佛脱胎换骨。如今，我们更能适应环境的变化，公司营业额加倍，利润也成长了三倍。我真正发挥了领导力。

在家庭中，为人父母者难免也会落入类似的管理陷阱，只重规矩、效率与控制，忽略了管教的目的、方向与亲情。至于个人的生活，可能就更缺乏主导了。终日汲汲营营，却像没头苍蝇般漫无目的。

任何一位企业领导的主要任务之一，就是协助企业订立可行的长远目标。这种目标必须由所有成员共同拟定，不可仅取决于少数高高在上的决策者。

每次到 IBM 参观员工训练，柯维都感触良多。IBM 主管总不忘向员工耳提面命该公司的三大原则，个人尊严、卓越与服务。

不论世事如何变化，IBM 始终坚守这三大原则。而且从上到下，人人奉行不渝，就仿佛水的渗透，无处不在。

记得有一次在纽约训练一批 IBM 员工，班上人数不多，约二十人左右。不幸有位来自加州的学员生病，需要特殊治疗。主办训练的 IBM 人员，原想安排他就近住院治疗，但为体谅他妻子的心情，便决定送他回家由家庭医师诊治。为了争取时间，无法等待普通班机，公司居然租直升机送他到机场。还包专机，千里迢迢送他回加州。

虽然确切的金额不详，但这笔开支至少数千美元。为了秉持个人尊严的原则，IBM 宁愿付出这些代价。这对在场的每一个人都是最好的教育机会，给人留下了深刻的印象。

另一家连锁旅馆的服务态度，同样令人难以忘怀。那绝非表面工夫，而是全体员工自动自发的表现。

当时柯维因为主持一项讲习会而住进这家旅馆，由于到得太迟，已无餐点可用，柜台人员却主动表示，可以到厨房跑一趟，还殷勤地问："您要不要先看看会议厅？有没有需要我效劳的地方？您还需要其他东西吗？"当时并无主管在旁监督。

第二天讲习开始，柯维发现所带的彩色笔不够，便趁空抓住一名侍者，说明困难。

他马上就说："柯维先生，我会解决这个问题。"

他并未推脱："叫我到哪儿去找？"或是："请你问柜台。"他一口承担下来，而且表现出为客人服务深感荣幸的样子。

事后柯维又观察到不少员工热心服务的实例，这引起了柯维的好奇心。为什么这个机构能够彻底奉行顾客至上的原则？接着柯维访问了各阶层的员工，发现人人士气高昂、态度积极。于是他请教经理秘诀何在。

经理取出整个连锁网的共同使命宣言给柯维看。

柯维看过以后说："这的确不同凡响，很多公司都订有崇高的目标，却不见得能够实践。"

这位经理接着又提到专属于这家旅馆的经营目标："这是根据总公司的大原则，并针对你们的特殊需要而拟定的。"

"是谁订立的呢？"

"全体员工。"

"清洁工、女侍、文书职员都包括在内？"

"是的。"

这两份宣言代表整个旅馆的中心思想，无怪乎营运成绩斐然。它既有助于员工与顾客、员工与员工之间的关系，也左右了主管的领导方式，甚至影响到人员的招募、训练与薪资福利。

后来，柯维住过同一连锁店的另一家旅馆，那里的服务水准也毫不逊色。当柯维问侍者饮水机在何处时，侍者亲自领他到饮水机前。

更令人印象深刻的是，那里的职员居然向主管主动承认错误。当柯维住进旅馆的第二天，客房部经理打电话来为服务不周表示歉意，并招待他们用早餐。只因为一位服务生送饮料到柯维的房间时，迟了十五分钟，虽然柯维并不在乎。这名服务生若不主动报告，没有人会知道，但是他承认错误，使顾客获得更好的服务。

许多组织——包括家庭，都有一个最根本的问题，就是成员并不认同集体的大目标，反而常有个人目标与企业目标背道而驰的情形。另一方面，不少企业的薪金制度与其标榜的理想不相符合。

所以在检讨企业的使命宣言时，柯维一定要调查有多少人参与制定，又有多少人知道它的存在，并且真正认同与奉行。唯有参与，才有认同，这个原则值得强调再强调。

幼儿或新进人员很容易接受父母与企业加诸其上的观念，但长大成人或熟悉环境后，就会产生独立意志，要求参与。假使没有全体成员参与，实在难以激发向心力与热忱。这便是为什么柯维要一再强调，组织应开诚布公、不厌其烦地广纳意见，订立全体共有的使命宣言。换句话说，就是共同的目标。

像高级领导人那样思考

很难使人们不从自身利益的角度去观察问题、考虑工作。这就使公司的主要领导者和其他人之间，经常发生争执。总经理感兴趣的是公司的利润，而其他雇员则有自己的兴趣范围，包括确保自己的工作或管好自己的一个部门或科室。

要使自己像高级领导者那样思考问题，主要是在面临每一个问题时，都要敏锐地考虑到它对公司利润带来的影响。

由于公司的目标常常与公司中个人的目标发生冲突，总经理必须建立一套有效的检查制度，以及时了解公司在运转中出现的

"打滑"现象。他不能依赖主观臆断，他需要事实。

为了帮助主要领导，保证他的公司朝着自己希望的方向发展，多年来，公司内部已经建立了许多检查制度，其中包括成本核算、总体预算等措施。

成本核算和预算，都是有价值的管理手段。但是，它们也都有缺点。如果总经理过分地依靠它们，那么他的公司永远也不会取得应有的成功。这些手段，有如下明显的不足：

1. 标准不可靠。成本核算和总体预算的目的是建立一个标准，以便使管理部门通过这一途径，及时了解实际收入和支出是否偏离预测。但实际上，已确定的标准，并没有告诉管理部门如何进行活动和工作，及其经济效益是否良好，甚至他们进行的活动和工作是否必要。

2. 估算是任意的。许多预算简直是公司里各类工程师对可能会发生的收入和支出的估算的组合。这些估算虽然可以通过修正以适应公司的财政现实，但他们无法避免那种任意、专断的估算。有些经理虚报他们的预算以夸大他们的重要性；有些则故意低估收入、高估支出，以便在年终结算时显示自己成绩的优异；有些甚至把每一分钱都放在预算里，而其中有些是明显不会被批准的开销。

3. 这些手段都建立在这样一种基础上，即假定过去的手段是正确的。成本估算和预算检查，在很大程度上都是根据过去的资料。而实际上，过去在某种情况下采取的方法是成功的，并不意味着不能采取更好的或更经济的方法。随着企业的迅速变革和发展，没有哪个公司能过多地依赖它的过去以取得某种启发：它将来该如何做。

很明显，管理检查的标准方法并不是完全成功的，对一个有责任心的主要领导来说尤其是如此。他需要的是一种这样的手段：它可以检查出全部存在的故障，无论这种故障是由于兴趣矛盾引起的，还是错误方法引起的。达到这一目的的最好途径是建立系统的抽查制度，对公司的判断、业务、工艺方法和工作进程进行广泛的检查。无论在什么地方，只要在抽查中暴露出薄弱环节，都可以进行深入的追究，直到满意为止。或者查明这一故障是一种假象；或者将故障排除。

无论采取什么抽查方法，主要领导者都必须像母亲对待孩子一样，照管好这一活动。他不能将这项工作委派给这样一种人：此人的兴趣和责任感可能与公司目标发生冲突。当然，主要领导者不需要亲自进行这类抽查，他可以通过顾问、调查表、受过特殊训练的小组、公司的审计员等来做这项工作。他的角色是：准确地讲清楚自己需要知道什么，并且在调查过程中发现问题时要求如何做。

在这里使用的"抽查"这一术语，是指对关键性活动的任意检查，其目的是了解当前事态发展的状况。这种抽查不是事先确定的，也不遵照可以预测的方式。实际上，它是针对下列现象而设计的：问题突出的区域，兴趣冲突、返工、浪费、库存积压或不足、闲置设备以及其他任何阻碍公司目标、提高成本、降低利润的现象。

进行抽查的关键区域，往往是以一个企业组织的正常部门为基础的。这些部门有销售、生产、财务、行政和设计等。在一个现代企业中，它们一般都非常庞大，以至有时这种检查必须在国际范围内进行。

整个抽查工作，是为帮助身居公司最高职位的总经理设计的，所以总经理必须确定哪些检查项目能向他提供他所要想知道的情况。

他要根据他的公司的特殊政策和目的来确定这些项目。在公司与公司之间，这些项目会有相当大的差别。但是，他可以确定某些基本原则，以便发现故障之所在。这些原则包括：

1. 删除并非必要的工作。无论何时，主要领导者在确定一项抽查时，必须问自己一个基本问题：这项工作是完全必要的呢，还是只有某些部分是必要的？必须取消那些可能提高成本的活动。到目前为止，还没有谁找到比这更有效的降低成本的办法。

2. 简化工作步骤。这是生活中一个不可思议的事实：用简便的方法做一件工作，要比用煞费苦心的、复杂的方法更需要想象力和创造力。人们在完成某项任务时，总倾向于采取更多的步骤、进行更多的活动、消耗更多的精力，总之，比所需要的多得多。用企业的术语来说，这种倾向是对公司资金的浪费。因此，对工作方法和实施过程，都要进行严格的检查，以使它们简捷而有成效。

3. 使产品、部件、类型标准化。标准化可以使库存量、资料记载、采购机具的品种数量、停工时间和非生产性劳动等等大大减少。只要可能，公司就应该做好这项工作。

4. 估量各项设备是否还有价值。任何产品和设备，都有一定的自然使用寿命。正常使用期限一过去，就不可能继续维持有利可图的状况。这就等于总经理发出了指令：应该叫这些将要完结的"收入发生器"让位。而操作它们的雇员则会倾向于保留它们，强迫它们艰难地、高成本地运行。

5. 对宠爱的项目持怀疑态度。一个企业家看重自己脑力劳动的产物，往往会像对待亲生子女一样，将自己的感情倾注在它的身上。这样，他就不可能对它做出冷静的决策。作为总经理，要避免卷入自己的项目。他的注意力应该放在另一方面，即搜索从别人的项目发出的信号。

6. 停止勉强的生产。所有新产品、新设备的引进，包括优质产品和先进设备在内，都要经过一个非盈利时期。大多数是逐渐达到无亏损阶段，继而产生利润并使利润递增，直到他们的使用寿命的终结。但是，有些设备被公司安装使用后，却成了勉强的生产机器，它们带来的收入仅够维持直接和间接的成本，不能产生利润。

在某些情况下，一个公司如果不淘汰这种勉强运转的设备，实际上是一种损失，特别是它明显成为无法降低成本的因素时，尤其如此。但是，继续维持勉强的运转，常常被认为是暂时的短期的决策。

7. 进行间接成本研究。除研究精简工作方法之外，总经理还应该制定系统的间接成本研究方案。对租金以及热能、照明、运输等各方面的开支，通常人们程度不同地存在这种看法：这些都是固定费用，无法改变。实际上，它们只是在我们没有采用可以取代的方法之前才是固定的。

8. 考虑采取激进方法的可能性。公司之所以要聘请外界的管理顾问，原因之一就是为了得到新鲜的观点。长时期用一定的方法从事某项工作的人，会丧失对其他可能性的正确观察能力。但如果使自己进入正确的思维状态，总经理可以进行一次内部审查，以判断在不牺牲质量的前提下，工作是否能做得更好或更为经济。这种想法越激进，发现的可选择方法就越有趣。例如，下面是一些公司提出的问题，这些问题的解决，曾收到出乎意外的效果。

（1）如果淘汰私人秘书，将会发生什么情况？一位著名的公司的总经理，在摆脱他的私人秘书之后，他发现自己与雇员、供应厂商、普通公民之间的关系，立即得到了改善。

（2）如果我们停止送货上门，将会发生什么情况？在第二次世界大战之后，有些零售商提出了这个问题，从而使当时的这一行业发生了一场革命。

（3）如果我们取消某些管理人员，将会发生什么情况？计算机革命，满足了许多工作的需要，如采购，库存控制等。

（4）如果我们将高度技术性的工作委托给他人做，将会发生什么情况？许多高度技术性工作是一时性的，为它使用专职人员是很不经济的。如果因某一工作临时雇用人员，而不是雇用终身专职人员，即使代价昂贵，一个公司也应乐于负担。

很清楚，摆在一位主要领导者面前的重大问题，是随时把握他的公司的动向。要做到这一点，并不总是那么容易。许多现代化的企业组织，具有难以想象的复杂性，不但包含着众多的产品，而且还有众多的行业。

更为复杂的是，大公司的组织机构是按作用分成许多组成部分的，没有谁能单独管理好所有这些组成部分。例如，前面所说的总经理的抽查，应从这些关键区域开始，像销售、生产、行政、金融、统计等等。而每一关键区域本身，又是错综复杂的。我们不妨看看销售这一区域。

销售包括的内容有：销售管理、市场研究、广告、公共关系、销售宣传、销售管理，它包含有：招收和培训推销员、安排洽谈会、实施销售竞赛和销售公约、监督销售补偿计划、调节销售定量、控制销售人员的开支以及维持销售记录等等。在一个复杂的产品或复杂的行业环境中，即使在同一公司要发挥上述功能也会有种种不同的方式。

那么，在实际抽查工作中，总经理的工作应该深入到什么程度呢？他可以深入到他在其他管理活动中同样深入的程度。他应该根据自己要完成的公司目标，来计划抽查中需要做哪些工作。他应该决定用什么样的方式方法来做好这些工作。他应该详尽精确地布置这一工作，以使负责贯彻执行的工作人员，具体地了解要做什么和怎么做。他应该建立无懈可击的控制措施，以确定这一工作是否已按命令贯彻。然后，他可以去处理特殊情况。

所谓处理特殊情况，是指管理者需要密切关注这样一些实施上的问题：政策问题以及偏离了计划、标准或程序方面的问题。如果发现一个问题没有按照自己倡导的方法解决，这可能说明公司的目标需要调整，或者是公司的政策需要有新的形式重新陈述。他听取有关这一问题的意见，然后做出必要的决策，采取必要的行动。

当一位地位较低的职员经过总经理的办公室时，会看到一个坐在红木椅上的人，他的手放在脑袋背后，凝视着空荡荡的墙壁。那位每分钟都为工作烦恼的普通职员，不禁感到怀疑：总经理是凭什么赚取他那丰厚的报酬的？

是不是任何一个总经理，都值得付给像一般总经理所赚取的同样薪水呢？答案是：对，应该付给。但如果他没有取得成果，他就会很快地被解职。

这是一副沉重的担子：一个人要控制一个现代企业组织，并使它朝着最大利润目标迈进，而这个企业组织是由数以百计甚至是数以千计的人组成的，他们的兴趣又和企业的兴趣发生冲突。总经理就是肩负这一重担的人，他每个工作日都要做出许多困难的决策。当这种"赌注"一下，他就处于孤独的境地。

哈里·杜鲁门曾在他的白宫办公桌子上放着一块牌子："勉力行事，责无旁贷。"类似这样的用以自勉的牌子，也适宜放在任何一个现代企业、公司总经理的桌子上。

第四章 品格、意志、决定

一位领导人品格之高低可以形成他在部下或群众中的威信之高低。一位具有高尚品格的领导人必定赢得周围人士的爱戴和追随。

纵观所有事业上有成的领导者，他们无不具有高尚的个人品格，同时还具有坚强的意志。他们敢作敢为，有一股不达目的誓不罢休的决心、勇气和闯劲。

人类的一切进步都始于一个新的决定。一位优秀的领导者做出的优秀业绩，也可以说全在于他在关键时刻做出的不凡而正确的决定。

品格修为

柯维认为真正的领导能力来自让人钦佩的人格，在原则领导人的个人修为中，品格的修为也是极其重要的。

领导者手中的权力既可以成为报效国家、为国家和人民谋利益的工具，也可以成为以权谋私的手段。如何使用手中的权力，会对群众的心理造成不同的影响。领导者从上任之日起就要摆正个人、集体和国家的关系。首先要考虑到国家和人民的利益，而不是把自己的岗位当作谋求个人利益的跳板，如果忘记了这一点，以权谋私，在群众中绝不会有威信。

华盛顿一生都位居高职，从大陆军总司令到第一任美国总统。

但他对权力和金钱看得很淡，以一种超然态度处之，这也是他魅力所在。他出身豪门，拥有万贯家财，他为国效劳时拒绝接受报偿，因此，别人不能指责他想利用独立战争发财致富，从而给人以依赖感。独立战争胜利之后，他放弃了高官厚禄，退隐回家。换了别人，也许会向国家索取一笔金钱以满足贪欲，华盛顿却认为人民的满意和钟爱是他获得的最大报酬。这并不奇怪，他的一生便是这种高风亮节的最好证明。

在他的政治生涯中，有好几次退隐的经历。第一次是在他当选为弗吉尼亚州的议员后，他便辞去军职，过起乡绅生活。但当独立的风潮席卷英属殖民地各州的时候，为了民族的利益，他再度出山，出任大陆军总司令。他自己写道："宁静的北美沃原，要么血迹四溅，要么奴隶安居乐业，一个正直的人难道不应该果断地做出自己的选择吗？"而当美国的独立战争结束，他认为自己的使命已完成，又二度退隐，回到了他的弗农山庄。这位大陆军总司令八年置私事于不顾，得到的只是一片好名声，而在公众心目中享有这种好名声正是他竭力企求又最为珍惜的东西。为此他极力避开政治论争，他在一封信中说："我将在平静的哲学光辉中，用安详的心情注视着忙忙碌碌的世界。这些是追逐荣誉的军人和热衷名望的政客所无法享受到的。"在另一封信中他更是充满了激情："对谁也不嫉妒，我决心对一切感到满意，而这，亲爱的朋友，就将成为我的进军令，我就这样慢慢地沿着生活的溪流走下去，直走到和家父一道躺下为止。"

对于华盛顿来说，出任公职只是出于公心，出于爱国之心，是为国家尽义务，并非寻机向上爬，他胸襟坦荡因而不怕别人对他的非议攻击，更不像普通人那样处事不择手段、喜欢报复。大敌当前时，他把国家利益放在首位，不去计较个人得失，别人攻击他时，他从大局考虑，竭力为自己辩护，以熄灭内部纷争，他的高尚品德使得他后来当之无愧地当选为美国第一位总统。

历史选择了华盛顿，而华盛顿的领导魅力长存人心。

肯尼迪总统有句至理名言：“不要问国家给了你什么，而要问你为国家做了些什么！”

印度是世界四大文明古国之一，它的历史源远流长，文化成就灿烂辉煌。但它历经坎坷、屈辱，从十七世纪起一度沦为英国的殖民地，受尽掠夺和压迫。印度人民从未甘心忍受异族的统治，印度历史上民族起义、民族自决运动此起彼伏、风起云涌，莫汉达斯·卡拉姆昌德·甘地便是十九世纪末二十世纪初印度民族解放运动中最有权威的领导者，他为印度的民族独立做出了巨大贡献，被印度人民称为“圣雄”、“国父”。

甘地创造了一个历史上的奇迹，“他让那些失去了一切的人们又恢复了尊严；沉默寡言者又发出了呼声；胆战心惊、畏缩不前的人们现在高高地昂起了头；被解除武装的人们锻造出一种使大英帝国的刺刀丧失功能的武器”。目的是只为一个——印度的独立，人民的自由。如果认为是甘地只身一人带来了这种变化，似乎言过其实。因为任何个人，无论他具有何种才能，都不可能享有历史的唯一创造者的盛誉。但如果没有甘地的领导，印度也不可能主宰自己的命运。

甘地获得印度人民的爱戴与其说是凭他的成就，不如说是因为他的人品。他的人品比成就要伟大得多。甘地是一个追求永恒真理与道德完美的多才多艺的人。他非常虔诚并忠于自己的信仰，毫无畏惧地摒弃任何他所否认的普遍道德与博爱法则。但他绝非生来如此，他早期所显示的才能与普通人并无差异。他像大多数人一样，只是个普普通通的人。他胆小羞怯、外表简朴，并无任何天才的表象，甚至连一点隐约的激情都没有。如果说他确实与别人有所不同的话，那就是他的坚韧不拔、英勇无畏、孜孜不倦，为遵循永无休止的道德欲望而费尽苦心。从一个普通印度青年到成为圣雄甘地，他经历了一个缓慢的发展过程。他以常人的步伐，一步步地攀登着，当他到达顶点时，我们看到他已超越常人。

尼赫鲁说："甘地能够支配国大党和整个国家，并不完全因为他所主张的意见……而是他的独特人格。"

甘地的品格激励了印度人民的民族自信心和自尊心。他在斗争中表现出坚韧不拔的顽强精神与爱国热情，培养了印度人民的品格和骨气，而且在这方面获得惊人的成功。甘地人格的神奇魅力，抓住了印度人民的心，给人们以希望和力量，使一个长期萎靡不振、人心涣散的民族振作起来，为民族独立而斗争。

甘地的品格带动了印度人民不畏强暴的斗争精神。他在领导每次不合作运动时，不仅运筹帷幄、指挥全局，而且在实际斗争中身先士卒，以他大无畏的具体行动带领群众勇往直前。

纵观甘地的一生，他信念顽强、对真理不懈追求、与民同乐、与民同苦，以自己的人格与坚韧不拔的毅力赢得了人民的爱戴。

意志与毅力

一个领导者一旦有了必要的目标之后就要为之进行奋斗。时代的变迁、宦海的沉浮、政坛的角逐、战争的浩劫、经济的衰败以及世俗的偏见，他可能遭受一次次失败的打击，这时他若没有坚强的意志和毅力坚持到底，美好的理想、远大的目标会付之东流，已建立的信心和信念顷刻就被推翻。

意志和毅力不是一种抽象的、看不见的、感受不到的东西，它通过领导者的活动体现出来。它是蕴藏于领导者的内心而直接体现在行动中的心理素质。它具体体现在顽强性、果断性、忍耐性三个方面。

意志的顽强性，它表现在领导者在遇到困难和挫折时，能够迎难而上。困难越大、挫折越多，斗志越旺盛、干劲越足，有一种不达目的誓不罢休的决心、勇气和闯劲。

美国历史上出过三位杰出的总统，他们是独立战争时期的华盛顿、南北战争时期的林肯和反法西斯战争时期的罗斯福。这三位总统在有胆有识方面不相上下，但离我们最近、对世界影响最大的恐怕要数罗斯福了。富兰克林·罗斯福出身豪门，与美国历史上另一位总统西奥多·罗斯福同属一族，但他的声望远在西奥多之上。

　　罗斯福打破华盛顿开创的不连任三次的传统，连续四次登上美国总统的宝座。任总统期间，他大刀阔斧实行新政，缓和了美国的经济危机，拯救了美国的经济。第二次世界大战爆发后，他不顾美国的孤立主义传统，使美国与英国、苏联结成联盟，为争取反法西斯战争的胜利做出了重要贡献。

　　纵观罗斯福从政历史，他是美国历史上的一位有远见、重实际、精于政治策略的政治家。"没有哪一个美国总统能那样有效地集政治家、政客、鼓动者和导师的品质于一身，而这些品质是伟大人物所需要的。"他初登政坛便显得与众不同，引起了许多人的注意。有人对当时的他评价道："第二个罗斯福走上了三十多年前西奥多·罗斯福就已赢得声誉的舞台，这是不能等闲视之的事情。"的确，他那贵族的气质和从容不迫的举止首先便征服了很多人，但是真正让他出人头地的却是他果敢的开创精神和顽强的意志。

　　罗斯福在美国政治圈内很快就赢得了他的前辈们的器重，威尔逊入主白宫后，任命他担任海军部助理部长。正当罗斯福的事业蒸蒸日上之时，厄运却接连向他袭来。1920年他和詹姆斯·考克斯搭档代表民主党竞选副总统和总统惨遭失败，之后他暂时退出政坛，回家休养。但不幸又一次降到他身上：在芬迪湾的一次游泳后，他的双腿突然麻痹。罗斯福经受着身体上的痛苦和精神上的折磨：一个有着光辉前程的硬汉子一下子变成了一个卧床不起、什么事都需要别人照顾的残疾人是多么痛苦的事。起初他几乎绝望了，认为上帝把他抛弃了。但是奋力向上的精神和顽强的意志并没有使他放弃希望。治病期间他仍然不停地看书，不停地思考问题，勇敢地面对自己的疾病，积极配合医生进行治疗，这需要非凡的勇气和毅力。但对罗斯福而言，这也是天降大任之前对他意志的一次重大考验。因为锻炼意志的最有效的办法是感受痛苦。世界上的每一个伟大人物都是意志力很强的人，查阅他们的历史档案就会发现，他们都有一部苦难史。虽然他们的遭遇不同，但都在感受痛苦的过程中使意志得到锻炼。痛苦是对信念、信仰的残酷考验，经受住了这考验，人的信念、信仰就比常人坚定十倍。事实也如此，经过疾病的折磨，罗斯福变得比过去更加坚毅老练了。小儿麻痹症使他从一个轻浮的年轻贵族变为一个同情并能理解下层的人道主义者，而正是这一点使他最终入主白宫。

总体来说，罗斯福是精于政治策略的，他在用权术与计谋来达到自己的政治目的方面可谓技艺高超。所以马基雅维利关于狮子与狐狸的比喻用在罗斯福头上颇为贴切。除此之外，罗斯福还以有胆有识著称。他在首次就职演说中提出了"无所畏惧"的战斗口号："我们唯一值得恐惧的就是恐惧本身。"他不怕失败，勇于尝试、勇于创新、有魄力、有远见，把美国引上了一条新的发展道路。罗斯福作为一位杰出的领导人，集权术、胆识和实用主义于一身，他与丘吉尔、斯大林并称"二次大战三巨头"，与华盛顿、林肯齐名，流传青史是当之无愧的。

意志的果断性。就是一个领导者善于当机立断，下决心做出决断的能力。在决策和处理问题时，善于选择时机；在时机成熟时，能立即做出决定、采取行动。在紧急情况下，能迅速做出应付紧急情况的决定；当情况发生变化时，或发现自己的决策失败时，能够立即停止行动，改变已做出的决定，而不是优柔寡断或武断。领导者具有意志的果断性，在进行决策和处理问题时，思想高度集中、反应极为敏锐，对信息的消化和吸收、对经验的综合运用、对未来的估计和推算，都能在瞬间完成，凝成明确的指令立刻执行。

温斯顿·丘吉尔，是英国著名的政治家、保守党领袖，世界反法西斯战争"三巨头"之一。他受命于危难之际，领导英国人民取得了抗击德国法西斯战争的胜利。

丘吉尔一生抱着一个信念，就是英雄创造了历史，而他自己正是创造历史的英雄，命里注定要发挥杰出人物的作用。丘吉尔实现了这个信念，他的一生正是叱咤风云的一生。因为他挽救了大英帝国的命运，也可以说改变了世界的时局。他以其远见卓识、深刻的分析判断力、坚韧不拔的意志、决胜千里的政治魄力和雄辩的演说，在世界政治舞台上留下了永不磨灭的魅力；他以其为英国、为世界做出的伟大贡献留下了千古的英名。

丘吉尔爱好军事和政治，他毕生的精力都献给了军事和政治。他生性执拗，相当自信。他谋求权力，因为确实认为自己比别人更善于掌权。由于这种自信，他具有坚韧不拔的意志。在政治生涯中，他几起几落。早在1906年，丘吉尔就入阁，先后担任殖民副大臣、商务大臣、内政大臣。在第一次世界大战前夕担任至关重要的海军大臣。然而，也是由于他的自信或者说执拗，在一战中，他几次没有经上司同意，采取轻率的军事行动，终于使海军惨败于攻打土耳其西要塞的战役中，因此他不得不辞去海军大臣职务。1917年，丘吉尔又被劳合·乔治首相任命为军需大臣。但是1929年大选，保守党失利，他不得不离开政府。直到第二次世界大战爆发，他度过了十年的"政治上的荒漠状态"。1940年丘吉尔受命于危难之际，出任首相，但1945年大选，他又被迫下野，直到1951年，77岁高龄的丘吉尔再度出任首相。他坚韧不拔的意志使他在政治的风浪中取得了胜利。

获得政治上的成功，只有聪明才智、反应敏捷、个人品德以及伟大事业的信念是不够的，还需要有为取得重大成就而敢冒一切风险的品质。丘吉尔是具有这种品质的，他是敢作敢为的。他在为自己的理想和事业追求的过程中，不惜一切代价，他从不说"不行"或"失败"。

丘吉尔为实现政治抱负，迫不及待地想成为任何事件的核心人物。1904 年他因保守党在组织的新政府中没有给他一个大臣职位而在下院倒戈，退出保守党加入自由党。他冒了极大的政治风险，这个赌注说多高便有多高。丘吉尔改变党属关系造成了巨大的冲击波，许多朋友指责他忘恩负义。因为倒戈，丘吉尔由被捧为前途巨大的青年人而被称为"布伦海姆变节分子"，直到十一年后，保守党人还提出将丘吉尔排除于内阁之外。但也因为倒戈，他当上海军大臣。在二十年后，他又回到了保守党，当上了财政大臣。

丘吉尔是在张伯伦绥靖政策破产，英国遭到德国攻击的危急的形势下担任首相的。他以其远见卓识、正确的判断能力、坚毅的战斗决心得到英国人民的信任。

张伯伦为首的绥靖派，相信希特勒德国的"德国对英国没有敌意"的谎言，一味地对纳粹德国妥协退让，并支持德国进攻苏联。而丘吉尔对战争的形势进行分析，指出"德国正以历史上前所未有的规模扩充军备"，准备发动一场使欧洲"德意志化"的战争。他到处发表演说，力主对德进行积极有力的战争。

他以其远见卓识主张同苏联化宿敌为盟友，争取美苏和其他同盟者。他说："我们大英帝国只有一个目的，就是决心消灭希特勒和纳粹制度的一切痕迹。我们要给苏联和苏联人以一切可能的援助。"

艾森豪威尔十分尊敬地赞扬丘吉尔的雄才大略说："通过战时与他交往，我发现，对他来说整个地球就像是一位智者的操练场地，这位智者可以力图解决海陆空部队部署这样的紧迫问题，而几乎在同一瞬间，又能探索到遥远的未来，仔细考虑参战国在今后和平时期的作用，为他的听众设计着世界的命运。"

做出决定

　　每个人身上都蕴藏着一股力量，能改变人生的每一个层面。然而那股力量何在？我们要如何去运用？我们都晓得，唯有采取新的行动，才会产生新的结果，而在采取任何行动之前，我们必得做出一个决定：改变的力量源自于决定。再一次强调的是，虽然我们无法完全掌控人生中发生的各种事，但却可决定要怎么去想、去相信、去感受和去面对。我们都知道，生活中每一刻里所做的决定，都会带出新的选择、新的行动乃至于新的结果，可是为何大多数人却忘了自己拥有这样的决定能力？简言之，不是我们所处的环境，而是所做的决定，注定了我们的命运。你今天过着什么样的日子，全是先前的决定所致。你决定要学什么或不学什么、要相信或不相信什么、要放弃或坚持什么、要和什么样的人结婚、要有几个孩子、要吃什么食物、要不要抽烟或喝酒、要成为什么样的人或做什么样的事，这一切的决定都自然会掌控和主导你的人生。如果你确定想改变自己的人生，那么就必须对自己的现状和未来做出企望和决定，同时还得促其实现。

　　当我们在使用"决定"这个字眼时，那可是抱着认真的念头，不少人会这么说，"我决定要减掉些体重"，可是口气却那么稀松平常，一点都不当回事。那不是决定，只是一种心愿，换句话说也只是想瘦一点。一个真正的决定，除了要这么做之外，不再有第二种想法，更不会有半途而废的念头。

　　让我们再举个例子，这个人才明白决定的真正意义，当他一旦做出决定就会锲而不舍，不达目的誓不罢休。他的名字叫本田宗一郎，是本田汽车及摩托车公司的创办人。本田先生从不让困难、问题、挑战、挫折挡住他前进的路，更不会因此而退缩，事实上，他往往把一些重大困难视为田径赛里的高栏，是迈向终点线不可避免的障碍。

本田先生于1938年时还是一位穷学生，当时他梦想设计一个活塞环，然后卖给丰田汽车制造公司。白天上学，晚上他就孜孜不倦地忙于这个设计，经常弄得满手油污。为了实现这个梦想，他竭尽手头上所有的钱，可是依然未完成，最后不得不变卖妻子陪嫁来的首饰。

经过数年的努力，他终于设计出那个活塞环，并且信心十足地认为丰田公司一定会采用，未料竟然被打了回票。当他回到学校，老师和同学都极尽嘲弄，笑他是个白痴，居然会设计出那么可笑玩意。

他沮丧吗？当然，他没钱了吧？的确。他放弃了先前的念头吗？丝毫没有。

相反的，在随后的两年时间里他继续努力，大大地改进了那个活塞环。他成功的秘诀就在于以下几点：

1. 他决定出所企望的目标。

2. 他拿出了行动。

3. 他密切留意做法是否管用，如果效果不彰的话，他就改变做法。绝不顽固地蛮干、硬干。

在历经两年时光的再努力后，他把产品改善得更好，而丰田也终于买下来了。

为了建立属于自己的活塞环工厂，本田先生需要水泥，可是当时正处于二次世界大战期间，一切物资都受日本政府管制，要取得水泥极为不易。再一次，本田先生的梦想可能中途夭折，似乎没有人能够帮得上忙。然而，他是否就气馁了呢？全然没有，他还是鼓足劲要建成这座工厂。在这种坚强毅力下，他召集了各方朋友一同研究，试图找出制造水泥的新方法。在几个星期夜以继日的努力下，他终于成功，从而建成工厂，生产起自己的活塞环了。

故事到此尚未完结，就在大战期间，美国飞机轰炸了本田先生的工厂，摧毁了大部分设备。可是他并未因此被击倒，反而立即召集所有员工，告诉他们："赶快到外头去！望着天空，那些飞机此刻正在抛弃用尽汽油的油箱，看看它们被丢在何处，然后捡回来，因为那是我们产品所需要的制造材料。"当时这些材料在日本很难买到，而本田先生就是有能力，懂得善用人生给予他的一切。后来他的工厂又被地震夷为平地，不得已只有把制造活塞环的技术卖给了丰田公司。

上帝对待每一个人，不会关了一扇门而不开启另一扇门，我们所需要的就是张大眼睛等候，看看人生会有何种新的机会。

当战争结束，日本遍地满目疮痍，到处都物资短缺，汽油得配给，甚至于有时候还买不到。本田先生就经常因汽车加不到油，而无法上街买家中所需的食物，可是他并不懊恼和气馁，反倒又做了个新决定。不向现实低头的个性，促使他提问自己以下的问题："我要怎样才能养活这个家？我要怎样利用目前所有而开创出另一番天地？"他发现自己还有一台除草机所使用的小马达，这让他想出个点子，把小马达跟所骑的脚踏车结合了起来，发明了第一辆机车。他就骑着这辆机车上市场买菜，没多久便为一些朋友发现，也央求他为他们装配一辆。很快的，他就生产出不少机车。由于市面上的引擎严重缺货，于是他又决定自行设厂生产引擎，可是手头上没钱，再加上国内经济萎缩，怎么办呢？

"人生就注定于你作决定的那一刻。"

——安东尼·罗宾

本田先生不但没丧气退缩，反倒又想出一个好点子，就是写一封信给全日本每家脚踏车店的店主，告诉他们他拥有使日本再"动起来"的法子，只要他们敢投资，就能生产出廉价的机车，把日本人民送到任何想去的地方。

这封信总共寄了一万八千多份，其中有三千位店主愿意投资，就靠着这些钱，本田先生开起了他的机车工厂。到此他算是成功了，是吧？错！由于他所生产的机车既庞大又笨重，很少有顾客愿意买。本田先生再一次面临困境，可是他还是不放弃，埋头研究改进，一心想给机车减肥，让它变得更小更轻。当产品再上市便形成热卖，后来还获得至高荣誉的"天皇赏"，很多人都认为他很"幸运"，竟然能想出那么好的点子。

他真的是"幸运"吗？如果你是把幸运（luck）拆解成"正确知识指引下的努力"（labor under correct knowledge），那么我会接受这种说法。今天，本田公司是世界上经营最成功的企业之一，旗下员工超过十万人，在美国的汽车销售量仅次于丰田，是排名第二位的外国进口车霸主。这全因本田先生"永不放弃"的个性使然，他从不让问题或环境挡住他的去路，因为他相信凡事只要坚持下去，就必然能寻找到通往成功的路。

你我都知道，有些人一出生就占有先天优势，拥有富裕的家庭、优良的环境、强壮且健康的身体，凡是你想得到的，似乎他们一点都不缺。然而你我也都知道，上述这些人最终多沦为身材臃肿、自甘堕落乃至于吸毒成瘾的人。

同样的情形，我们经常也会遇上、读到和听到一些感人的故事，他们有悲惨的遭遇，却不甘于向命运低头，因而下定决心勇敢面对，结果克服各种艰难，写下辉煌的人生。这些人是人类精神文明的楷模，充分释放出强大的内心力量。

这些人物是怎样做出那些伟大的事迹呢？全在于人生的关键时刻做出不凡的决定，不再向现实低头，而要作第一等人。这个发自内心的由衷决定，改变了他们的一生。

既然作决定是如此容易，却又那么有威力，何以多数人不肯下定决心做出决定呢？只因为他们不明白由衷决定的意义，以为决定就像是许愿一样：我希望能戒烟或我希望能戒酒。就因为大多数人鲜少做出由衷的决定，长久下来，就根本忘了做出由衷决定是怎么回事。

当你要做出个由衷决定，那就像是在水泥地上刻出一道痕，可不是在沙地上画一条丝。这道明显的刻痕会带给你力量，不达成所认定的目标绝不终止。

那些克服了生命障碍的人，之所以能扭转人生逆境，凭藉的就是每天做出三个有威力的决定。

1. 应该专注于哪些事。

2. 那些事具有何种意义。

3. 到底要怎样去做。

另一则例子，就是有关艾德·罗伯兹（ED Roberts）的故事。他是个终身得坐在轮椅上的"平凡人"，只因为决心不让人生为这张椅子所限，他做出了不平凡的事迹。他十四岁时得了一种怪病，造成自颈部以下瘫痪．从此就每天离不开呼吸设备。为了尽可能过正常人的生活，他不顾身子的不便，每晚就住在铁肺当中。有好几次差点死掉，可是他依然不顾身体的疼痛，决心要为其他同患解除痛苦。

他是怎么做的呢？在过去的十五年间，他决心要跟这个不重视残障人士的世界对抗，务期能改善他们的生活品质。艾德·罗伯兹不断教育社会大众，发起重视残障人士的活动空间的活动，从轮椅的上下坡道、专用的停车位到扶手装置，这一切都使残障人士行动起来更便利。他是第一位患有颈部以下瘫痪而毕业于加州大学柏克莱分校的高才生，随后又任职加州州政府复健部门的主管，全力帮助那些行动不便的残障人士。

很明显的，这个人把目光投注于大部分相同患者所未留意之处，全力改造所处的不良环境。他不把肉体的残障视为不便，反倒视为一项"挑战"，决心为同患创造出更舒适的生活品质，结果他如愿以偿。

　　艾德·罗伯兹的故事有力地说明了一点，那就是人生并非取决于你所处的环境，而是你是否做出要改变的决定。他的一切作为都出于那个有力且由衷的决定，当你明白了这个道理，请问你要为自己的人生做出何种由衷的决定呢？

　　人类的一切进步都始于一个崭新的决定，因此，你有哪些事一直耽延未做呢？有哪些对你好而应该做的事呢？或许你该作个戒烟或戒酒的决定，并以慢跑或读书来取代；或许你该作个这样的决定，每天早点起床并充满活力；或许你得决定不责怪他人，于每天拿出新的行动，让自己的人生变得更好。现在就做出决定吧。

第五章　念力开发

如果这世界上只存在着一种魔力的话，那么不是别的，它就叫信念。著名的美国哲人爱默生曾说过："你，正如你所思。"

我们所作的一切决定都受控于某个力量，它不仅时时影响我们的思考和感受，也主宰我们是否会拿出行动。这个力量就是信念。

信念：内力向导

信心与信念是成就伟业的基础，是一个领导者必备的心理素质。一个领导者只有充满必胜的信念，对自己的事业确信无疑，他才能迈出坚定的步伐，产生克服万难的雄才大略，并随时能迎接来自各个方面的挑战。相反，一个怀疑自己能力，对未来失去信心的人必然不会取得成就，走向成功。

拿破仑在其《成功的哲学》一书中这样写着：

"所谓信念就是根据自我暗示，在潜在意识中被宣布或反复指点所产生的一种精神状态。"

"在把你的愿望反复地告知潜在意识的过程中，你就变成了有信念的人。"

这就是，要将确定了的目标写在纸上，每天早晚大声朗读两遍。或者，吹牛之后，要请人监督。还要想象自己成功之后的形象。——这样，应该是将一切都经过自我暗示，刺激潜在意识，从而产生信念的最简便的一种方法。

但是，光有这些还不能产生真正的信念。即使信念之类的东西萌生了，也不会牢靠。因此，必须用彻底的行动使刚萌生的信念得到巩固。要想不顾一切地去确信，就得不顾一切地去行动。

愿望或目标，必须通过立即行动和全力以赴的努力，才能变为信念，若没有行动这一努力则不会产生信念。

一旦确定目标，就要抱着"必胜"的信心去拼命努力。要不顾一切地去行动，专心致志地、全力以赴地工作，就会产生"行得通"这种感觉。这个感觉才是信念。

人们都称野口英世和林肯是有信念的人，不就是因为他们朝着自己的理想和目标，付诸彻底行动的缘故吗？自古以来，凡是可以称得上有信念的人，都具有超人的实践能力。可以说，有信念的人和彻底行动的人是可以画等号的。

在这个意义上讲，刺激潜在意识，在人们的心里形成信念的最有效的方法，就是坚信"事在人为"，专心致志地付诸行动。

我们常常把信念看作是一种教义，多数信念确实如此。不过，从最基本的意义上看，信念就是能给生命提供意义与方向的指导原则。信念是有组织的，是我们选择对世界看法的过滤器。当我们确信某件事时，信念就会给我们的大脑发一项命令，告诉我们如何对已发生的一切做出想象。

约翰·斯图尔特·米尔曾经写道："一个有信念的人的力量相当于99个只有兴趣的人的力量。"这准确地描述了为什么说信念打开了通向成功的大门。信念直接给你的神经系统传送指令。当你相信某事时，你就会进入这种状态。如果进行有效控制，信念可能成为你达到最终目的的巨大力量。反之，限制你行动和思想的信念也可能使人遭到损害。从历史上看，宗教使千百万人拥有力量，促使他们去做那些他们认为不可能做到的事。信念能帮助我们挖掘潜藏在体内的力是潜力还是障碍？一般情况下，大多数人都把目光集中在消极的一面，而不是积极的一面。改变这种状况的第一步就是意识到这一点。有限的信念造就有限的人。关键是抛弃这种限制，以最大的努力采取行动。我们时代的带头人都能看到可能实现的东西，即使在沙漠里也能看到绿洲。如果你坚定地相信某事能做成，你就很可能做成这件事。

信念是引导我们向最终目的努力的向导和指南，并能随时告诉我们努力的程度。没有信念，人们就会完全失去力量，就像一条机动船没有马达和舵一样。有了信念，你就有力量去创造你所希望的世界。信念使你明白你需要什么，并且给你力量去得到它。

事实上，在人类行为中没有什么能比信念具有更大的引导力量了。从本质上说，人类历史就是人类信念发展的历程，那些改变了历史的人——无论是克赖斯特、穆罕默德、科帕尼卡斯、爱迪生还是爱因斯坦——都改变了我们的信念。要改变人们的行为，必须从改变人们的信念开始。如果我们要模仿别人的成功，就必须学会模仿他们的信念。

我们对人类行为了解得越多，就对信念控制我们生命的巨大力量了解得越多。这种力量以多种方式促使大多数人的传统模式失去作用。即使在生理状态方面，信念也能起控制作用。前不久，有人做了一个有关精神分裂症方面的著名实验，对象是一位有分裂性格的妇女，一般情况下，她的血糖处于完全正常水平，但当她认为自己患了糖尿病时，她的整个生理状况就变成了她患了糖尿病的状态。她的信念变成了现实。

大多数人都知道宽慰剂的作用。某人被告知一种药具有某种效力，那么即使将没有这种效力的药给他，他也能体验到这种效力。罗曼·卡辛斯在治病过程中曾亲身体验到这种信念的力量。他说："在康复过程中，药并不总是必需的，而信念却是必需的。"有人在一些病人身上做了著名的安慰药试验。这些病人被分为两组，第一组的人被告知，他们将服用一种新药，肯定能缓解他们的病痛。第二组的人被告知，他们将服用一种试用药，是否能减轻病痛还不知道。结果，第一组有75%的人体验到明显的减缓病痛的感觉，第二组只有25%的人有同样的感觉。实际上，这两组人服用的是同一种毫无医疗价值的药。不同之处是他们的信念系统不同。

在所有这些例子中，有一点是不变的，那就是，对结果影响最大的是信念，是持续不断地传送给大脑和神经系统的信号。信号不是别的东西，它是一种状态，一种引导行为的内部想象。信念可以使人充满力量——相信我们能在某事上成功或完成某事；它也可能使人泄气——相信我们不能成功，相信有很多限制性的障碍是无法克服的。如果你相信自己会失败，那么这种信号就会导致你体验到失败的感觉。记住，不论你相信自己能做某事或不能做某事，你都是对的。这两种信念都有巨大的力量。问题是哪些信念是应该有的，我们如何培养这样的信念？

信念是一种选择，尽管我们不以为然，但确确实实是一种有意识的选择。你可以选择对你进行限制的信念，也可以选择支持你行动的信念。成功的诀窍就是选择那些有益于你的成功和促使你达到目的的信念，摒弃那些有碍于你行动的信念。

人们对信念最大的误解是，认为信念是一种静止的、关于智能方面的概念，是与行为和结果不相干的概念。信念所以是通向成功的大门，就是因为它不是静止的、孤立的概念。

以信念坚强著称于世的南非黑人的领袖曼德拉，曾被南非当局监禁28年，对理想的追求矢志不移。他以非凡的经历、传奇的色彩、顽强的意志、超人的魅力，成为南非黑人民族解放的象征，为全世界瞩目和尊敬。

曼德拉出身于滕希人王族。他的父亲是滕希人大酋长的首席顾问，按照他父亲和大酋长的意愿，是要把他培养成酋长的。在他22岁时，他认识到自己要被培养成酋长，而他却已下决心绝不做统治、压迫民族的事。他逃跑了，他以逃跑来拒绝将来担任酋长，他梦想成为一名律师。

对他的政治态度影响极深的是他在约翰内斯堡的日子，在这个城市生存的熔炉里，他看到了白人和黑人生活的鲜明对照。白人生活在宽阔的市郊，到处是繁荣兴盛的景象。可是非洲人——"土著人"——却被限制在许多"郊区土著人乡镇"和城市贫民窟里，这里居民拥挤、条件极差，还不断地受到警察的抄查。黑人严峻的生活环境和被曼德拉称为"疯狂的政策"的种族隔离制度，使曼德拉开始了为黑人解放而进行斗争的一生。

曼德拉参与"青年联盟"，领导全国蔑视运动，组织黑人进行对白人的斗争。1952 年，曼德拉因领导全国蔑视种族隔离制度而被捕入狱，获释后，他继续坚持斗争。他多次被捕，遭到南非当局的通缉。他的斗争使他妻离子散，他多年都未能与妻子、女儿团聚，而他的妻子也多次被捕。1962 年，他以莫须有的"叛国罪"而被判终身监禁。面对监禁，他说："在监狱中受煎熬与监狱之外比算不了什么。我们的人民在监狱内外正受难，但是光受苦还不够，我们必须斗争。"他没有妥协，没有退缩，在狱中坚持斗争。他拒绝南非当局提出的释放条件——只要放弃斗争就给他自由，他说："我的自由同南非人的自由在一起。"

信念与形象

一个人的行为，是受自己的信念支配的。因为无论是谁，在做每一种工作的时候，都不知不觉地尽力同自己的信念保持一致。弄清了这一点，我们就可以解释，为什么有些人具备了成功所需要的一切外观属性，却仍然碌碌无为；而另外一些人，似乎并没有什么突出的特点，竟取得了引人瞩目的成就。

那么，信念究竟是怎样产生的呢？人不是生来就有信念的。人们接受信念就像接受催眠师的暗示一样。一些人——家长、教师、神父、邻居、朋友——曾在我们生活的许多时刻向我们提出建议：这样做才是正确的。无论这些建议是否合理，只要我们自己认为是对的，我们就会将它铸成一尊成熟的信念塑像，并在潜意识中将它贮存起来。这样，它便迫使我们的一切行为都要照它的要求行事，直到我们认识到必须舍弃它，并用另一个信念塑像代替它为止。

一种未经实践检验的能力，或者自以为不足之处，也是形成自我信念的因素。例如，一位企业家由于计算错误而遭受过一次挫折，于是他开始怀疑自己领导企业的才能。如果再出现几次类似的失误，就会使他的怀疑螺旋式地上升，以致产生一种对事业来说是毁灭性的信念。当这种现象果真发生时，他也的确只能走上一条平庸之路了。这时，在他面前即使有一次极好的机会，一次可以使他取得杰出成就的机会，他也会把它丢掉。

因此，有些人尽管受过良好的教育，又有相当的能力，却一事无成。与此相反，有一些企业家就像信鸽那样准确地飞向成功的目标。他们做任何事情都是朝着目标前进。他们去冒险，那种危险往往使一般人望而生畏，然而他们却总是获得成功。他们似乎具有一种神秘的诀窍，能把障碍和灾难都变为成功的机会。

在每一期《幸福》和《福布斯》杂志上，都可以找到企业家的传略，那些企业家都是达到了成功顶峰的人。从字里行间你会发现，自我信念驾驭着这些胜利者。在他们当中，许多人实际上是有不少缺点的，这些缺点理应成为，也确曾成为他们成功道路上的沟壑。埃尔默·列特曼就是一个很好的例证。

埃尔默在他写的《推销术》一书中列举了许多理由，说明他过去为什么是个失败者。他说，他小学没读完就退学了，接着就开始劳动，每周只挣8美元。他做了一辈子马戏表演主持人与推销员，却从未学会控制自己对观众的畏惧情绪。他是个不可造就的缺乏魅力的人，生来就又矮又胖，还养成了许多不良习惯，这对于他的职业来说，是极为不利的。

但尽管埃尔默自认有那么多短处，他还是成了世界上最著名的保险推销员，他推销出的普通保险金额在1亿美元以上，团体保险金额超过4亿美元。他的创造性的推销技术，被写成了许多文章和书籍，风行于世。他自己也写了一本关于推销的书，叫《推销在顾客说"不"的时候开始》，是这类书中最为著名的。

所以我们说，很少有人能知道他们对自己的认识，这话听起来似乎荒唐可笑。但是，凡是读过心理学，特别是心理分析学著作的人都知道，自我信念多半被浸没在潜意识之中，而且支配着人们的生活，而人们甚至没有意识到它们的存在。

人们一旦认识到自我信念的重要性，就很容易发现自我信念。更重要的是，他可以改变自我形象。这一新的自我形象，会把他从平凡的桎梏中解脱出来，并将他推向更大的成功。让我们回到前面谈到的那个推销员的例子上来。他认为根据自己的平凡的素质，每年最多只能挣1万美元。一旦他意识到这一自我信念是最有害的，就会像一个狂饮过度而终于醒来的人，承认自己生病了，这样他就已经走上了自我治疗的道路。自我认识只是第一步。接下去是摆脱有害的自我信念，代之以建设性的自我信念。

这个推销员必须做到的是，通过积极的思考，强迫他的潜意识接受自己有关推销成功的回忆，这些成功正是有能力的表现。他每天要在这上面花尽可能多的时间，在头脑里涌现成功的推销情节，并坚信这些情节才反映出他的真实的自我。不管什么时候，只要脑子里一显现对自己推销能力的怀疑，都必须以一次成功的推销过程来否定它。

先把回忆限制在成功上，接着，当他经过努力，有足够的自信承认自己偶然会有失误时（谁没有失误？），就可以有意识地回忆那些不成功的推销事例，以找出失败的原因。这样一来，可以导致潜意识发生剧变。一组新的认识将取代原先的认识。那位被自己的自我形象束缚多年的推销员，在经历了这一过程以后，他将自觉或不自觉地承认他的新的认识，他的潜意识也将随之改变。

这时，如果他有意识地使用新的方法，在记忆中反复强调成功之处，不久他将发现，他有一个新的自我形象，他将考虑突破原来每年挣 1 万美元的限制。

只要你每天花 15 分钟时间，专门向你的大脑输入自己成功行为的生动情节，你就有更大的可能达到自己想象的成功目标。我们国家一些有显著成就的人，都证实了这个方法。

信念控制术

我们所作的一切决定都受控于某个力量，它不仅时时影响你的思考和感受，也主宰你是否会拿出行动。这个力量就是你的信念。它是从内到外控制我们的大力。

当你相信了什么事，就无异于给自己的脑袋下了道不容置疑的指令，且得依循这道指令去行事。譬如说，你是否曾有过这种经验，被人问道："可否去拿盐给我？"随之便走进厨房去找盐，可是怎么找也找不着，最后只得回报说："我不知道盐到底搁在何处。"没办法，那位要盐的仁兄只有自己去拿了。当他从厨房拿了盐回来，举着盐瓶当着你的面说："这不是盐是什么？"的确，那是盐，难道它一直就搁在厨房？没错，可是为何你没看见呢？只因为你根本不相信那里有盐。

只要你有了什么样的信念，那么它便会控制你的所见和所感，这一点不假。根据《爱、医药和奇迹》（love, Mcdicine, and Miracles）这本书的作者柏尼·席格（Bernie Siegcl）博士所言，另外还包括一些有关身心互动的书籍所述，处处都说明了那些具有多重"人格"之人的特别事迹。例如当这些人认定自己是某种身份时，他们的脑子就会下指令改变身体的生化反应。

信念甚至会影响我们的心跳。那些信仰"巫毒教"的人，当相信有人在他们身上"下虫"，往往因此死去。其实并不是真有人下了虫，而是他们的脑子下了一个停止心跳的指令。

信念也影响你个人或周遭之人的人生，你相信吗？这可是千真万确的事，就因为信念极具威力，因此你要特别留意，好好选择对你有帮助的信念才是。

信念长久以来一直主导着我们的思想，也主导着我们的行为。它不仅帮助我们扭转困境，也帮助我们建立起成功的人生。

　　"信心就是眼睛尚未看见便相信，最终它会让你真正看见以为回报。"

　　　　　　　　　　　　　　　——圣·奥古斯汀（St. Augustine）

然而，信念又是什么呢？许多事情我们经常搞不清楚，就像大部分人把信念当成是件活生生的东西，却不想它其实什么都不是，只是你的一种感受，对事情的确切把握。如果你相信自己很聪明，那意味着你对自己的聪明才智很有把握，这种把握就能使你的潜能释放，做出所企望的结果。差不多任何事我们心中都有答案，即使不然，至少也能从他人那里得到答案。然而由于欠缺信念——欠缺把握——结果就让我们无以运用蕴藏在身上的各种能力。

要了解信念有个简单的方法，那就是从它组成的基本单位谈起，这个基本单位就是念头（idea）。你可以有很多念头，但这都不足成为信念，譬如说，当你兴起"我很讨人喜欢"的念头时，到底是你胡思乱想还是确有其事，这就全看你是否有足够的把握。如果你没什么把握，那么就只能算是一个念头，还不足以称之为信念。

然而，我们要如何才能把念头化为信念呢？这儿有一个隐喻，用以说明这个转化的过程。如果你把念头想成是张只有一条腿或两条腿的桌子，那就很容易明白念头与信念的差别，因为前者不如后者那么牢靠。一张桌子若是没有腿，那根本称不上是桌子，相反的，信念乃是有足够牢靠桌腿的桌子。如果你真相信自己很讨人喜欢，那么请问你是怎么知道的？是不是有足够支持你这么想的依据呢？或是有什么样的经验可以证明？就是那些"桌腿"、才使你的"桌子"牢靠，也就是那些依据和经验，才使你的信念有了把握。

到底是哪些参考经验，让你对自己在谈恋爱时产生了把握呢？或许是某个人对你说你很讨人喜欢，或许是人家觉得跟你相处起来每天都感到愉快、高兴，也或许是你觉得对别人好就意味着会讨人喜欢。可是你知道吗？除非你充分相信上述这一切可以证明你很讨人喜欢，否则它们一点都不管用。当你真的相信了，这个念头就变成有了牢靠桌腿的桌子，而信念也就开始形成。

一旦你明白信念有如桌子的比喻后，就可以进一步去了解信念是如何形成的，也可以学会怎样去改变它。首先，你必须记住的一点是，任何事情都可以变成信念，只要你能找出足够支持它的桌腿。

总之，信念是巨大的能力供应站，你选择了什么样的信念，它就会主宰你采取什么样的行动。

释迦牟尼佛云："万象唯心所造。"耶稣基督告诫我们："你们祈求，就给你们。"这两句话正阐述了念力的真谛。

此时此刻的你正是由你过去所思所想累积而成，而你现在思考的总体表征，乃以你为化身。如果能正确地运用念力法，说得夸张一点，"不可能"三个字将在世上消失无踪，让你过心想事成的人生更是理所当然。

那么，怎么做才能开发念力呢？你敢大言不惭地说，人生就是我实现梦想的仙境吗？

据说人类的脑细胞全部加起来超过一百四十亿个，可是，通常发挥作用的只不过是微乎其微的一小部分。以下要介绍的念力法则，就是为了开发前面所提到的未被使用的脑细胞。

从瑜伽的观点来说，运动身体的右半部将刺激大脑的左半部；相反地，运动身体的左半部将刺激大脑的右半部。念力法的最大特征在此，让平时控制我们意识和行动的脑部得到充分休息，而使潜意识自由自在地完全活动。

你未来的目标是什么呢？别墅、名贵轿车？环游世界？成为语文专家？目标虽然各有不同，念力法的运用法则是大同小异。我们就从日常生活中可以简单活用而且从比较具体的念力法则开始介绍。

从开始执行到实现为止，有人得花上一年半载，有的人却只要三天即可。不是单纯地增加念力次数就可以早日实现愿望，关键在于是不是能够"切实感觉"到自己的理想情境，与其量多不如质精。愈能在脑中清晰地刻画出实际影像的人，愈容易早日实现梦想。因此，观看电影、电视可以说是一种有用的念力法则练习。

接下来，将具体地介绍三种日常生活中谁都能做得到的念力法则。

1. 言灵法

不断地把自己的愿望经用嘴巴念出声音来。为了让潜意识有效活动，必须反复口诵其词。不管是行走中也好，洗澡时也好，在房内也好，一有空就要念诵。

如果想成为人生的成功者，就要口诵"我是成功者"、"永远成功"等较短的词句。刚开始或许会格格不入，但在反复练习之中，总有一天你会发现自己已渐渐具备成功者的架势了。

自古以来，人们总认为语言背后隐含着灵魂。从潜意识的观点来说丝毫没错。除了用语言之外，人们也可以用文字来表达意思。把你现在想要的东西、地位全部写在笔记本上看看。为了增添乐趣，把想要得到的东西——例如轿车等的照片、目录准备好。接下来把它们的优先顺序排好。有了这些准备工作之后，配合言灵法、冥想法、视觉法持续几个月或几年看看。虽然实现的时间取决于信念的程度，但可以想象得到，你将会体验到原本写在笔记上的东西已全部得到手的奇迹。

为了提高言灵法的效果，只把愿望念出声音来是不够的，重要的是要沉浸在那种亲临其境的真实感中。比如这里有一张属于你的两百万元支票，在你去银行把它兑换成现金，用来购买自己想要的东西之前，它充其量只不过是一张薄纸而已。可是，在你把它兑换成现金之前，你确实已充满着富裕的感觉吧！这是因为在你去银行之前，你已感受到两百万元是"囊中之物"的真实感。

因此，当你喃喃口诵"我是成功者"的时候，重要的是同时要想象着自己已经成功，身心轻松、叼着雪茄吞云吐雾的景象。除了口诵之外，再加上"真实感"、"信念"的言灵法，必定会使你的愿望早日达成。

你的愿望是什么呢？"住大洋房"、"赚大钱"、"成为名人"、"有理想的异性朋友"，不管是哪一个愿望，只要你深信它一定会达成的话，必然可以实现。千万要记住，把愿望当作是既成的事实，以"过去式"或"进行式"来念诵效果最佳。例如："我想成为一个成功者"就不好，最好是像"我永远成功"或"我是成功者"之类。

虽说潜意识二十四小时不眠不休地活动，但它在心情轻松时候比紧张时容易发挥效果。入浴中、睡眠前、坐车时训练潜意识是最适当不过的。

当你深信你必然会达成愿望时，你便已是一个成功者了。

2. 视觉化

笔记簿、笔、茶杯、桌椅，在你身旁四周所看到的东西，大多是由人类制造出来的。虽然表面上称之为物质文明，但不可否认的，这些全部是由人类智慧累积所创造出来的东西。例如，计划在河川上架桥，桥并不是马上就呈现在我们的眼前，而是要先设计蓝图，也就是说要先在脑中描绘之后，才能做出实际的物体。飞机、船舶、火箭、太空船全都一样。这就是思想先于物质（只限于人造物）的道理。

为了达成愿望，利用照片和目录增进视觉化效果的方法是很重要的。

如果你想在异国过一段浪漫的生活，多看一些满是这种景象的电影和电视节目是很有助益的。这可以称得上是为了开发潜意识而做的积极性娱乐。从这个观点来说，一味地拼命、卖力地工作也未必会有很好的结果出现；而保持轻松，以愉快地心情观赏电影、电视节目的人反而容易达到成功。如同某成功人士所说："不好游者，不得其食也。"也就是说愈懂得玩的人愈有可能成功，这一点我是完全赞同的。

但是，那和只是空想、做白日梦是不一样的，那也和成天想着"如果能那样就好了"是完全不一样的。最大的相异之处是"真实感"的有无和"信念"的有无。

拿破仑已获得成功的最大理由，是因为他积极开朗的个性。在他人生的大半辈子中，他只说一些积极肯定的言词。同样一件事情如果出自失败者的嘴巴，多半变成消极悲观的言词。在日常生活中只要你刻意地说出一些积极肯定的言词，你将过着更有意义、愉快的人生。

积极肯定的言词，带给你积极正面的效果。

3. 冥想法

我们举开车的例子来说明潜意识，不会开车的人用"走路"的例子也可以理解。

刚开始学开车的人，通常需以意识、头脑去理解变速器、离合器的操作方法，然后反复练习。在反复练习中，最后将可超越意识达到人车一体的境界。而走路呢？除了婴儿大概不会有人刻意背诵"左脚、右脚"来走吧！而是很自然地用身体的感觉来走。但其实身体并不是记忆的地方，我们是用脑做记忆的。

这里指的"脑"不是日常所说的脑筋，而是无意识的部分，它叫作潜意识。如果把这视为严格的定义，一定会有很多人持反对的意见。笼统地说就是这么一回事。

为了使愿望的讯息传达给潜意识，反复练习是有必要且很重要的。虽然也有人只以一次念力而实现他的愿望的，但毕竟是少数。

一般的冥想法大都必须先学习打坐，而我介绍的冥想法其最大的特色是在日常生活中，随时随地都能轻易活用。只要放松身心就行，倒立、横卧都没关系。再配合视觉化、影像化，确实的实行就一切 OK。与其说因冥想而悟到了什么，倒不如说冥想本身就是目的，是为了冥想而冥想，并没有得到真正的乐趣。有很多人为了过着愉快的人生，而把瑜伽的学习当作是目的，殊不知冥想、瑜伽本身只不过是为了让你达成人生愿望，过着快快乐乐生活的手段而已。

在深知瑜伽只是一种方法，手段，而且你也认同人生充满各种可能性的前提之下，我接着介绍冥想法。

把身体保持在最舒适的姿势上，在身心达到放松之后，轻轻地闭上双眼，接下来在自己脑中描绘理想境界中的各种影像。比如受众人尊敬仰慕、地位崇高的自己。如果浮现在脑海中的影像跟现实状况一样清晰可见，表示潜意识已接收到你的讯息。你应该感到高兴才是。

如果你觉得这么做还放心不下，非得要有隆重盛大的仪式不可，那么你可以去参考有关冥想的专门书籍，学习打坐方法，遵守其规定事项，按照上述方法施行也未尝不可。

重要的是把自己的愿望确实地传达给潜在意识。

你，就是你现在所思所想的化身。既然如此，日复一日、时时刻刻的想法不能不谨慎。我深信你必然能达成你的愿望。

埋伏的潜意识伟力

一般的说法是努力然后才能成功，人们非常偏重"勤勉"这两个字。可是，如果你懂得发挥尚未被活用的潜意识力量，一分努力可换来二分收获。不用满头大汗同样可以达成愿望。

也就是把"自然而然"的境界变成一种常态。自然而然地成为千万富翁、自然而然地过着理想的生活、自然而然地达到成功。世上公认的好人，在社会地位、经济面上未必得到对等的回报，这是为什么呢？

那是因为他虽然被人称赞为"好人"，而在他内心却充满了否定意识。

当凡事顺利、轻易地达到成功的时候，他内心总是耿耿于怀满是"不好意思"的想法。

"人生是多么奇妙啊！活用潜意识，轻松地哼着歌竟也能成功。"

像这种积极、乐观的人，做什么事都能顺利无阻，成为不断进步的人。

松下幸之助之所以一直能够扮演一个成功者，最大的原因在于他充满了积极、肯定的思想。也就是因为他的开朗乐观才导致他的成功。

开朗乐观并不是指看开一切，而是指抱持有益于潜意识运作的正向思考而言。

从他抱持的繁荣、健康、和平理念中，大概可以看出他之所以成功的原因。

繁荣、健康、和平。全都是积极肯定的字眼。由于一直抱持实现这三个理念的愿望，实在没有不成功的道理。完全是自然而然地达成。特别要注意的是，在他的理念中，"我"这个主语并不存在，其好处是用不着"羡慕别人的成功"。人之所以在意别人，总归一句话，是相对于"自我"而来。因为他没有自私、自我的意识，自然而然地涌现积极、正面的效果且没有任何不良的副作用。

繁荣、健康、和平、爱、成功、进步、发展、向上等等。经常想着积极肯定事物的人，必然会成功。

不过在求得成功之前，需要运用一些技巧，我来介绍其中的一个方法——分段征服·各个击破法。

有一次，恺撒的军队受到敌人的袭击，部下急忙飞奔前来报告军情："恺撒大人，四面八方都是敌军，该如何是好?"

部下虽急，恺撒却安如泰山、不为所动地说："各个击破!"

为了实现你的愿望，你应该采用这个方法。再怎么难于实现的愿望，只要把它细分成小部分，达成便易如反掌。对于细分过的小目标，在心中诵念着"我一定可以做到"，按部就班地各个击破即可。

在不知不觉中你已完成了整个大目标。

我们几乎可以断定说："古今中外被称为一流人物者，不曾活用潜意识力量而成功的人，可以说没有。"

有一阵子，日本流行以家康的人生哲学作为经营指针的"德川家康热潮"，至今还令人记忆犹新。他是指望达成长期经营目标的人们崇拜的偶像。光以掌权时间的长短来看，德川幕府十五代将军大约把持三百年的长期安定政权，这可不简单。应用到现代社会，如果你把"统一天下"换成别的愿望来想，要怎么做才能实现呢? 接下来我们将以潜意识的观点来探讨二位名将成功、失败的原因。

1. 织田信长

从他生活的枝节中，我们列举两则有关潜意识力量在他身上发挥作用的事实：

"每天反复不断地诵念暗示的话，将使潜意识力量发挥作用。"

"潜意识就是一只录音机。不管你是诵念着积极肯定或消极否定的事物，它都将为你忠实地记录，并付诸实现。"

这可以从他喜爱吟诵歌谣"敦盛"一事中，得到证实。"人生五十载……"，正如谣曲暗示的内容一般，五十载失去了性命。还有一则是和他的死因有关的事。据说他常以"诅咒"、"批评"等恶劣的口气责骂明智光秀，因而在本能寺被光秀所杀。消极、否定的言语、果真导致思想负面、不良的效果。

不过，在他遇害之前，他早已做好了统一天下的布局。之所以能够如此，是因为他"统一天下"的念力甚强。从这个观点来看，他确实已活用了潜意识力量。

因为他反复诵念着人生五十年，果真五十岁（虚岁）一命呜呼；因为经常口出消极否定的言语而在本能寺遇害；因为抱有统一天下的强烈信念而完成了统一天下的格局。这个说明够简单明了吧！

对照经营面来说，在企业中有一些颇富有企业家冒险精神的公司，他们打破既有概念、冒险激进的表现不得不令人尊敬。三位名将之中，以"信长式"的经营手法与之最为相近。信长式的特色是合理主义，在当时算是少见。虽然很多人指责他缺乏"人情味"，而事实上需要讲人情的是一些既已经历过创业时向，较为"安定"的企业。开拓者最需要的是"合理化"，彻彻底底的合理主义。

就性格来说，他和现代的小型企业老板比较类似吧！对员工比较严厉，而自始至终只相信自己的力量。其优点是，经常口出"必胜"的断定语句，促使潜意识发挥出正面的效果。

织田信长能在桶狭间以闪电式攻击打败今川义元，就当时敌我悬殊的情形来看，似乎可以说是"奇迹"。不过就潜意识的法则来说，其结果又似乎是理所当然的。如果能善加利用念力法则，像信长一样势力薄弱且富冒险精神的中小企业，在竞争中打败大企业，并不是不可能的。

草创阶段的企业或跨出既有体制的创新行业、产业，特别是在瞬息万变的现代社会中，"信长式的经营方式，可以发挥很大的力量。从瑜伽呼吸方式的角度分析起来，信长的呼气一定又长又强而且数倍于常人。

吸气时应很自然地从鼻孔吸入。刚开始练习呼气时应经由嘴巴，同时大"哈"一声吐掉；习惯了之后，则要比平常更长更强几倍由鼻孔吐掉。有节奏地练习呼吸的话，只要花你三分钟，体内就可充满活力。除了能吸收氧气之外，也能吸收大量的生命能源，同时使腹压增强、全身血液循环顺畅。这个呼吸法很重要，这是信长能以二十七岁的年纪打败今川义元的秘密之一。

宫本武藏虽敬鬼神，但更相信自己的一己之力。信长更有甚于他。他认为世上纵使有神有鬼，自己便是神便是鬼。他让民众享有信奉宗教的自由，并不是出自于任何的宗教心，而是为了便利于"统治"而已。虽然不曾经由仙人指点，但缘自其与生俱来的"合理"判断事物的思考，竟然拥有把自己当作神鬼的"自信"，完全自我信赖。这正是潜意识力量。意图在事业上有一番作为的人，不能缺少。

信长和潜意识

不断诵念人生五十年——果真成为如此（潜意识不会判断善恶，只会按照指示产生现象）。

不断以消极否定的言语、行动处世——引起负面的结果，被明智光秀所杀（想着消极否定的事物然后行动，将产生负面的结果)。

　　断定的口气（潜意识将产生正面的结果)。

　　呼吸（强而有力）——活力的根源。

　　统一天下的强烈信念——完成统一天下的布局（二十七岁击败今川义元，象征其信念之强。虽未统一天下，周遭已自然形成如其所愿的格局)。

2. 丰臣秀吉

在那个时代，因为秀吉拥有比谁都强烈的统一天下之信念，所以能实现他的愿望。另外一个原因是，他为人积极乐观，详细内容已如前节所述。"积极乐观将引发正面肯定的结果"，秀吉便是一个最佳的例子。从经营管理的观点来看，好不容易熬过草创时期，企业渐渐安定。然而在不景气的冲击之下，仍然经不起考验。像这种历史不长的企业，该怎么办呢？信长奠定了根基，秀吉必须在这上面盖好建筑物，这个时候，什么事最重要呢？

是"人情"、"人际关系"。大致已奠定基础的企业，如果继续以信长式手法经营将产生不良的结果，小企业老板的经营方式，再怎么说只适用于草创时期。重视用人的经营方式，没有比秀吉成功的。

秀吉是一个由各方面处于恶劣条件下出发，而达到权势金字塔顶端的一代名将。如果你是一个充满自卑感或者处于恶劣环境下的人，希望你能把"我一定征服天下，等着瞧吧!"这样的讯息传达给潜意识，你必然像秀吉一样获得成功。"秀吉式"的经营方式，不仅能活用在企业经营上，对于个人的前途发展也有很大的帮助。

秀吉从小接触各行各业的人，并和他们有深入的交往，虽然出身卑微，但在各种恶劣环境的磨炼之下，形成了有助于其一生的为人处世风格。从秀吉的故事中，我们得到了一个启示："潜意识必然替你达成愿望，不然就是补偿你未达成的愿望，别灰心。"

秀吉虽然对信长的胞妹——以美丽闻名于世的市方夫人，心存爱慕，但并未能如愿以偿。这是因为他对这件事的信念不如统一天下那样强烈之故，不过最后秀吉终究得到了市方夫人的女儿茶茶，她和其母亲长得如出一辙。

秀吉虽未能如愿以偿获得市方夫人，但潜意识已暗中补偿了他的愿望，也就是娶得其女儿茶茶。

绝不要因为你的愿望尚未实现而灰心丧气，得到类似的结果是很有可能的。你的愿望是一亿元，能得到五千万也不错吧！天性积极、乐观的秀吉，他所持有的是"笑容可掬"、"讲真话"、"亲情关系"、"奖偿"、"替对方着想"、"满足对方的自尊心"等现代人际关系学上强调的所有优点。在战国时代他早已懂得这套学问了。

在安国寺惠琼（原为临济宗的僧人）寄给毛利辉元（武将）的信上有这样的一段话"信长之世，当有三五年，来年前后其将成为公卿，号令天下。尔后倾覆，乃为丰臣秀吉之时代也"。九年之后，信长在本能寺为乱军所杀，不幸被言中。信长式经营适用期限大约是五年。完成奠基工作之后，应该转换成秀吉式经营。也就是配合时代潮流和产业景气，采取随机应变的管理方式。

秀吉和潜意识

潜意识必然达成你的愿望，不然就是替你未达成的愿望做补偿，别灰心——市方夫人、茶茶公主的例子。

积极乐观的人必能成功——笑脸迎人、替对方着想，奖偿等都是有益的要素。

处于恶劣状况，也一样可以成功——置之死地而后生，乃是促进潜意识活动的原动力。

和信长、家康一样，秀吉也同样强烈地抱持着"我必然统一天下"的信念。

第六章　原则新视野

　　按照柯维对原则新视野的定义，就是准确的展望。优秀的领导者必然是那些具有远见卓识的人。换句话说，伟人的远见有多广，他的世界就有多大。

　　的确，人越有远见，就越有潜能。正如作家乔治·巴纳所说："远见是在心中浮现的，将来的事物可能或者应该是什么样子的图画。"

远见与禅宗头脑

　　《韦氏新世界英语词典》给"远见"一词下的定义是："被认为并非用眼睛看见的东西……感知到肉眼看不见的东西的能力（例如通过敏锐的头脑，先见之明等）……想象的力量或本领。"

　　从字面上说，"见"是看到物体的能力。我们说一个人视力好，是说他把眼前的物体看得清楚。如果他视力超常，就能看见远距离的东西。

　　当我们用比喻的方式谈到"远见"时，意思就不一样了。"远见"是看到并非摆在眼前的东西的能力。远见指看到了别人未看到的重大意义的能力，是看到机会的能力。

　　远见也指看到将来的能力。它不是神秘或预言方面的，而是想象方面的东西。作家乔治·巴纳说："远见是在心中浮现的，将来的事物可能或者应该是什么样子的图画。"

比如，沃尔特·迪士尼有远见。他想象出一个这样的地方：那里想象力比一切都重要，孩子们欢天喜地，全家人可以一起在新世界探险，小说中的人和故事在生活中出现，触摸得到。这个远见后来成为事实，首先在美国加州迪士尼乐园，后来又扩展到美国的另一个迪士尼乐园，还有一个在日本，一个在法国。

没有远见的人只看到眼前的、摸得着的、手边的东西。相反，有远见的人心中装着整个世界。远见跟一个人的职业无关，他可以是个货车司机、银行家、大学校长、职员、农民。世界上最穷的人并非是身无分文者，而是没有远见的人。

看出别人未看出的事物包含想出难以想象的事物，来探测和创造未来。观察家们对沃尔特·迪士尼的"看透表面"和设想可能发生的事物的能力惊叹不已。他描绘了在未开发的佛罗里达州中部的沼泽地的富有魅力而又壮观的迪士尼乐园。

看出别人未看出的事物具有巨大的影响。在《危机年代》一书中，迈克尔·比奇洛斯描述了发生在1962年古巴导弹危机期间的一件事。在高度紧张的时刻，肯尼迪总统收到了苏联总理赫鲁晓夫的一封信，该信以一种调解的口气强烈要求和平解决。赫鲁晓夫似乎说，苏联会无条件地满足总统提出的撤走美国间谍飞机所发现的在古巴的攻击性导弹的要求。肯尼迪得意扬扬——直到12小时以后收到第二封似乎比较好战的信。赫鲁晓夫提出了美国做出让步的要求：作为从古巴撤出导弹的回报，美国必须拆除它在土耳其的导弹基地。

肯尼迪恼怒之极，又惶惑不解。为什么有第二封信？它表示什么意思呢？他和他的顾问们对此疑虑重重，苦恼万分，因为第二封信的措辞看起来不像是赫鲁晓夫的。克里姆林宫到底发生了什么事情？苏维埃中央委员会罢免了它的总理吗？军队现在严阵以待了吗？美国对这两封截然不同的信作何反应呢？

在肯尼迪和他的亲密顾问们焦急地考虑他们的困境时，肯尼迪紧攥着这两封信。麦克乔治·本迪认识到了一种惊人的简单却又巧妙的解决办法：不理第二封信，只对第一封信做出反应。本迪推理道，第一封信提供了总统能接受的提议。肯尼迪惊讶地停在原地。这个想法非常妙，可行。他马上指示本迪、司法部长罗伯特·肯尼迪以及重要的顾问特德·索伦森起草对第一封信的复函。

这项决策果然奏效。赫鲁晓夫命令前往古巴的苏联舰艇返回。他下令撤除已经就位的那些导弹基地，并从古巴运回一切攻击性导弹。古巴导弹危机结束了。

让我们再来看一件预见性的例子。

朗·菲希尔走出宾馆，踏进达拉斯炽热的阳光中。他需要片刻时间，全面彻底地考虑上午会议期间听到的所有信息。这是1990年3月，菲希尔作为美国交通部的一名资深研究员正在参加由联邦公路管理机构发起的全国性的研讨会。由产业、政府和学校专家组成的小组非正式地称这次研讨会为"流动的2000年"，集中讨论通过飞速发展的电子学和通信技术来改善公路运输的问题。

当菲希尔漫步时，太阳的光辉似乎帮他看出了与会者正在忽视一个关键性问题。研讨会几乎完全集中于方法，即先进的信息技术能够改善私人汽车运输。但是，菲希尔认为，更多地使用私人汽车，不管技术上有多先进，私人汽车都会增加污染，不断消耗能量资源，并且可能会引起更多的公路堵塞。他认识到，拟议中的"流动的2000年"这一会议主题必须包括另外一项工作，即改善公共运输，增加各种公共汽车设计方案的选择。

当菲希尔回到华盛顿，他使机构的主管布赖恩·克莱默确信，他的看法是值得支持的。5月份，在检查"流动的2000年"计划执行情况的全国性会议上，菲希尔使克莱默制订计划，把公共运输列入"流动的2000年"议事日程中，并获得一致的支持。由于这次高级会谈，美国智能型机动车公路协会（IVHS）成立了。在克莱默支持的基础上，菲希尔说服了主要领导者，在 IVHS 中增设了一个新的委员会，即先进公共运输系统委员会。公共运输系统现在已完全纳入全国 IVHS 计划中的主干项目。

优秀领导者们具有禅宗领袖所描述的"创始人的头脑"，这是与机会相通的而不是与充满着限制的信念的认识、限制性偏见和错误的假设相通的头脑。优秀领导者的意识倾向于分辨更深层次的秩序和机会，而其他人从那里只观察到混乱或认识不到新的选择事例。

优秀领导者们知道，预见某物就产生该物。朗·菲希尔预见到把公共运输作为联邦改善运输计划的一部分的需要；结果是，先进的公共交通系统就产生了。

见识方面的坐井观天、因循守旧、优柔寡断、模棱两可，往往会导致领导工作坐失良机，导致失败。这一点不仅对一些小企业是如此，就是对那些现代化程度较高的大型企业（公司）同样也是如此。例如：世界上闻名的美国克莱斯勒汽车公司，是仅次于通用和福特两家汽车公司的大型企业，该公司生产的汽车，在技术质量上一向是享有很高声望的，然而，在 1979 年前 9 个月中，该公司却出乎意料地亏损了 7 亿美元。失败的原因究竟何在呢？经过分析，原来就在于企业的领导者在经营决策上缺乏远见卓识。1973年，当世界上出现了石油危机，严重冲击了依赖石油的汽车制造业时，通用和福特两家汽车公司的领导者，都富有见识地改变经营方针，让企业开始设计和制造耗油量少的小型汽车，唯独克莱斯勒汽车公司的领导者，对未来的汽车销售形势缺乏预见，仍然成批生产耗油量大的大型汽车。结果，当 1978 年世界再次出现石油危机时，该公司生产的大型汽车质量再好，也只能存货堆积，无人问津，使企业濒临破产的边缘。由此可见，远见卓识在领导人的决策中起着多么重要的作用。

缺乏远见的人可能会被等待着他们的未来弄得目瞪口呆。变化之风会把他们刮得满天飞。他们不知道会落在哪个角落，等待他们的又是什么东西。人生是个机会，这些人希望他们的机会不错。

如果你有远见，又勤奋努力，你将来就更有可能实现你的目标。诚然，未来是无法保证的，任何人都一样。但你能大大增加成功的机会。

人们早就知道远见对于成功的重要性。据《圣经》箴言篇29章18节记载，大约3000年前就有人说过："没有远见，民就放肆。"尽管远见向来都那么有价值，但今天有远见的人看来并不多。

远见，新的意识焦点

远见也许是今天在讨论领导能力和管理时最常听到的时髦词语。在我的咨询工作中，当经理们描述什么可以使人成为领导者时，我经常听到这样一句话："领导者必须有远见。"

远见是领导者的认识所独有的广角透镜和远程透镜。远见使领导者看到未来，领悟大量的机会。具有这种意识的焦点，领导者能看出有吸引力的、可信的未来情况。

其一，正确识别各类人才和周围的环境：

由于领导者是管理和组织人才的人，这一特殊的领导地位和职业特性，决定领导人必须有识别人才的真知灼见。只有识人不迷，才可能用人不疑，将各类人才安排在适当的位置上。这样不仅对于各类人才的成长是十分重要的，而且对于领导者自身获得事业上的成功也是至关重要的。

正确识别自己周围的人才环境，是领导行为顺利展开的重要外在因素。领导者要正确识别，善于处置。对于人才环境的正确识别主要应考虑以下因素：1. 上级领导在事业上对自己是否同情、理解、支持、帮助；2. 下属智能素质是否足以完成自己交办的一切任务；3. 自己在领导班子里是否处于最佳位置；4. 从整体上看，自己所处的人才环境是否有助于自己获得事业上的成功。

其二，善于选择薄弱环节为突破口：

短暂的人生，有限的领导生涯，不允许你在地层最厚、水位最低的某一点上打持久战、消耗战。作为一流的领导人，必须选择水位最高、地质条件最好的某一点，作为打井的"突破口"。在这方面，各类领导人才，都积累了不少成功的经验。军事领导人才，往往先打分散、弱小之敌；政治领导，往往先采取代价最小、影响最大、遇到阻力最弱的政治行动；企业领导，往往先上成本最低、获利最高、原材料来源最充足的"拳头"产品。

其三，认清大形势，顺应时代潮流：

认识的最重要一条，就是要看清大势所趋、人心所向，顺应历史发展，适应时代潮流需要。

俗话说"机不可失，失不再来"、"时势造英雄"、"三分人才，七分机遇"。能够顺应历史潮流、具有战略目光、善抓机遇，这是第一流的领导人获得成功的关键因素。领导人只有捕捉到机遇，被时代潮流推上各个最能施展艺术的位置上，才能成就一番事业。相反，如果缺乏远见卓识，尽管你具有突出的才学水平，也会误入歧途，最后落个一无是处的下场。古今中外，此类例子不胜枚举。楚汉相争时期的项羽、三国时期的吕布，都具有一流的军事才能，由于逆时代潮流而动，缺乏清醒的"卓识"，最终都逃脱不了彻底失败的结局。

日本松下电器公司有一条成功的领导艺术是说"领导者要有认清时代潮流的眼光和预知环境变迁的能力，才能想出因势利导的方法，有先声夺人的气势"。对于领导者而言，有没有先见之明是影响极大的因素。时代不断地变迁，所有昨天认为正确的事，也许已经不适合今天的潮流了。领导者要是没有展望未来的眼光，就没有资格当别人的指挥者。他必须认清潮流的方向，预知环境的变迁，并想好应采取的对策。因为多少人的命运全交在他的手中，所以他对未来的判断正确与否，牵涉到太多人的幸福与不幸。为了国泰民安、事业有成，"看清方向，顺应潮流，具有远见卓识"，这是领导者必备的条件。

过去的历史一再证明，一国的繁荣，必定有先知先觉的领导者。再看看今天昌盛成长的企业，也都是因为经营者有先见之明才得以缔造。所以在当今这种社会主义市场经济条件下，竞争局势动荡，市场千变万化，作为领导者更应该从速培养先见之明的胆识。

然而有限的远见会排斥可能性。1895年，皇家学会的会长凯尔文勋爵说："重于空气的飞行器是不可能的。"1899年，美国专利局的局长宣称："凡能被发明的东西都已被发明了。"1927年，沃纳·布罗斯图片制作公司的主任哈里·沃纳对有声电影的到来做出了反应，他厉声说："究竟会有谁想听演员说话？"

有限的远见可以预测公司的严重问题。IBM公司当它选定在个人电脑上安装英特尔公司的集成电路和使用微型软件公司的操作软件时，并没有看得很远。IBM公司这着棋使这两家公司成为产业巨头，并使每个人对电脑业务发生兴趣并改制IBM机器。如果IBM公司的经理们具有较广的视角、较远的眼光就可以看出，他们本该从这些公司购买技术。知觉障碍物还会使数字显示设备失去作用。1975年，数字显示动力的智能型设备创造者肯·奥尔森说："没有人想在家里放置一台电脑。"所以，他决定忽视嗷嗷待放的个人电脑市场而偏爱主机。结果使数字显示器公司经济上损失惨重。

没有远见可能正好说明了为何在20世纪90年代初期出现许多组织机构解雇总经理的事情：詹姆斯·罗宾逊三世已不受美国捷运公司信任；汤姆·巴雷特被好运年公司挤出；詹姆斯·克特尔

森被坦内科公司开除；罗德·卡尼恩被康柏克公司解职。在各个例子中，董事会都意识到，需要一种新的眼光来看公司的未来。当伊斯门·柯达公司的总经理凯·R. 惠特莫尔于 1993 年 8 月被挤出公司之时，公司宣布要外聘一名局外人取代他。这个宣布传递了一条明明白白的信息：需要一个全新的视角。只有新的意识焦点才能看出应付正在不断变化着的环境的方法。

远见之障碍

凯瑟琳·罗甘说："远见告诉我们可能会得到什么东西。远见召唤我们去行动。心中有了一幅宏图，我们就从一个成就走向另一个成就，把身边的物质条件作为跳板，跳向更高、更好、更令人欣慰的境界。这样，我们就拥有了无可衡量的永恒价值。"

远见带来巨大的利益，打开不可思议的机会之门。远见增强一个人的潜力。人越有远见，就越有潜能。

然而远见就跟正确的思维方式一样，不是天生的，你也无须生下来就具备看到机会和光明的未来的能力。远见是一种可以培养出来的本领。这种本领也可能被压抑。下面是远见受到限制的几种情况：

1. 过去的经历限制了远见

过去的经历比任何其他因素都更可能限制我们的远见。我们常常以过去的成败来看将来的机会。如果你的过去特别艰难、困苦、不成功，你大概得加倍努力，才可以看到将来的前途。

从大自然中可以找到一个极好的例子，说明过去是怎样影响一个人的。这个例子就在跳蚤马戏团里。你从前在狂欢节或马戏团里可能看过，这些极小的昆虫能跳得很高，但不会超出一个预定的限度。每只跳蚤似乎都默认一个看不见的最高限度。你知道这些跳蚤为什么会限制自己跳的高度吗？

开始受训练时，跳蚤被放在一个有一定高度的玻璃罩下。开头，这些跳蚤试图跳出去，但撞在玻璃罩上。这样跳了几下之后，它们就不再尝试跳出去了。即使拿走玻璃罩，它们也不会跳出去，因为过去的经验使跳蚤们懂得，它们是跳不出去的。

人也能变成这样。如果你认定自己不能成功，你就局限了自己的远见。要开动脑筋，要敢于有伟大的理想，试一试你的最大能力，不要关闭你自己的潜能。

2. 当前的压力限制了远见

有个故事说的是父子俩赶着驴子去集市买食品。起初父亲骑驴，儿子走路。路人看见他们经过，就说："真狠心哪，一个强壮的汉子坐在驴背上，那可怜的小家伙却要步行。"

于是父亲下来，儿子上去。可是人们又说："真不孝顺呀！父亲走路，儿子骑驴。"

于是父子两人一齐骑上去。这时路人说："真残忍啊！两个人骑在那可怜的驴身上。"

于是两人都下来走路。路人说："真愚蠢呀！这两个人步行，那只壮实的驴却没有驮东西。"

他们最后到达集市时整整迟到了一天。人们惊讶地发现，那人同他儿子一起抬着那只驴来集市！

像这个赶驴子的人一样，我们也会因为过分担心所受的压力而看不清方向，忘记了自己的目标。

小事和空洞批评能占据我们的头脑，使我们无法有远见。不要让这种情况发生在你身上。

3. 各种问题限制了远见

要敢于梦想——不管有什么问题、逆境和障碍。历史上有无数杰出的男女都曾面对问题但取得成功。

例如，古时候最伟大的演说家狄摩西尼就有口吃的毛病！他第一次发表演说时，被听众的哄笑声轰下了台。但他预见到自己能成为伟大的演说家。据说，他常常把鹅卵石放进嘴里，在海边对着拍岸的浪花演说。

还有其他人努力实现自己的理想。恺撒患癫痫病，但他当上了将军，后来又成为皇帝。贝多芬聋了以后还继续创作交响乐，他把自己对音乐的理想变成现实。狄更斯受理想鼓舞而成了英国维多利亚时代最伟大的小说家，尽管他是个瘸子，一生贫困。

人人都有各自的问题。有些是生来就有的缺点，也有些问题是我们自己招来的。无论你是什么人，都不要让这些问题毁掉了你的远见。

4. 缺乏洞察力限制了远见

洞察力对于远见是至关重要的。说到底，远见就是在人生的巨大画卷中看到当前的情景与未来的前景。

我听说过英国伦敦《泰晤士报》老板兼主笔诺斯克利夫勋爵的故事。他曾受到完全失明的威胁。可是当眼科专家给他检查时，却没有发现任何问题。弄清楚他的工作方式之后，专家认为他要改变一下视角，多看远处的物体。他阅读细小的印刷字样和看近距离的东西太多了。

专家建议诺斯克利夫勋爵离开他的工作环境，到乡间去活动一下，在那里可以看到广阔的大自然。这个简单的疗法矫正了他的视力。

缺乏洞察力是十分不利的。你听说过吗？在19世纪，美国专利局里有人建议关闭专利局，因为他觉得不会再有人能发明什么有价值的东西了。想一想自1900年以来的科技进步，我们会明白，有人竟提出那样一个建议，真是令人难以置信。

如果你的洞察力不行，请试试从另一个角度看问题。研究历史，研究其他民族的文化。然后在分析当前的事物时留意将来。正如弗兰克·盖恩所说："只有看到别人看不见的事物的人，才能做到别人做不到的事情。"

5. 当前的地位限制了远见

奥利弗·温德尔·霍姆斯说："人生在世，最紧要的不是我们所处的位置，而是我们活动的方向。"何时、何地以何种方式开始我们的一生，这是无法选择的。我们生下来就处于一种身不由己的环境中。但随着年岁增长，我们的选择就越来越多。我们可以选择在哪里居住，跟谁结婚，干什么工作。我们可以选择人生的方向，年纪越大的人，就做出越多的人生选择，就越应该为自己的处境负责。

许多人不是这样想的，他们认为目前的处境决定了他们的命运。他们向环境屈服，觉得没有别的选择。

别掉进这个陷阱里。几百年前，这种观点也许是对的，现在不对了。如果我们有要做成一件事的强烈的愿望，并乐意为之付出代价的话，几乎没有事情是不可能的。无论你目前的地位多么卑微，别让它剥夺了你的远见。要有伟大的理想。谨小慎微者是不会取得成功的。

远见——标出范围

肯·奥莱塔在《纽约》杂志 1993 年的一篇文章中，描述了巴里·迪勒的远见卓识。领导电视直销网络的 QVC 公司的迪勒，由于他的远见卓识，现在有了探访大多数家庭起居室的惯例。1992 年，迪勒退出了福克斯有限公司，即他帮助建立的第四个大电视机功率的网络，并且通过研究主要通讯业——电视网络、电报公司、电话公司、电脑公司、消费者电子公司和出版公司，开始调查全球通讯领域。

几个月来，迪勒标出范围，把注意力集中到他以前不知道的领域的组成部分。他研究了数字压缩技术、光纤电缆、电脑设备以及一些奇妙的东西和对话式电视一样的电脑服务。而且他遇到的一切新生事物使他以新的方式进行思考。他领悟了一种"可交流装置"，它可放在电视机旁，并能提供一种人机对话的制式，向顾客提供任何人们需要的信息和娱乐节目。电视转换成一种输入输出装置，附有一种像电脑定位器一样的电脑遥控器。迪勒感觉到，有线电视系统会引导信息业的未来。他已经获悉63%的美国家庭已经接通了有线电视。而且当迪勒会见有线电视工作人员时，他对他们敏锐、好问的性格以及他们把技术视为助手的做法留下了深刻的印象。

迪勒想到了QVC，即家庭直销网络。他把它视为未来的动力室，实现他在人机对话媒介领域的远见。在运作的头20个月中，QVC赢得了约5600万美元的收入。迪勒把QVC视为一种工具——通向电视频道有限的领域之外的宇宙跳板，是一种人机对话的信息服务媒介。他成了QVC的合伙人兼总经理。

有远见地标出范围，展示了一个极为广阔的不可预知的未来的情景。领导者们作为认识者，然后引导自己的意识来图解路线，确定或重新确定如何到达他们想要到达的地方。

有意识的观察

一位朋友曾对我说："上帝是具体的。"我也听到别的什么人说："魔鬼是具体的。"我不能肯定哪种说法是对的，但两种说法都说明了有意识地去认识具体细节对一些相当强大的人来说是重要的。

正如IBM公司的创办人汤姆·沃森所描述的，有意识的观察者"着眼于公司，而不是着眼于文件"。他们亲临现场研究、视察和检查公司正在经营的情况。1970年，罗伯特·汤森德解释了走出办公室，视察公司运作情况的需要。作为阿维斯出租汽车公司的经理，汤森德经过一年的努力，使公司扭亏为盈。在《组织发展》一书中，汤森德把他大部分的成功归功于把花在管理人员身上的时间倾注到第一线的雇员和顾客身上。

威廉·马莱克是田纳西河流域管理局（简称 TVA）的财务主管。他每个月有一天把时间用在做 TVA 雇员们做的工作上，进行有意识的观察。马莱克可能在半夜擦洗卫生间，早上 5 点拣信，为采购人员打印数据，或者从事分布在马斯克尔·舒尔斯、阿拉巴马、诺克斯维尔或者田纳西州的查塔诺加的 TVA 机构中 2000 名雇员所从事的任何一项工作。马莱克向《福布斯》杂志解释他的动机道："当你认真对待雇员们的工作时，他们会告诉你按正规渠道听不到的事。"

可口可乐公司的第 2 号瓶装公司查特诺加约翰斯顿可口可乐瓶装集团的总裁兼业务总管亨利·斯钦伯格，也是一名敏锐的有意识的观察者。斯钦伯格用他 80% 的时间来到第一线，会见零售商，参观约翰斯顿的 65 家工厂以及分布在美国中西部的各个销售中心。斯钦伯格如饥似渴地吸收他办公桌上的电脑终端输出的各种细节材料。正如他向《财富》杂志的作家帕特丽夏·塞勒斯所说的："我能够告诉你昨天在任何城市所销售的每种牌子可乐的销售量以及平均贴现率和利润率。"

英王亨利五世在阿金库特战役前夜从一堆簿火走向另一堆篝火，与士兵们交谈。通用电气公司的总经理杰克·韦尔奇每月安排时间到通用电气公司的管理发展中心克罗顿维尔，直接会见听课的经理们，并回答他们的问题。

有意识的观察是注意力升高到一种领导能力的表现。它是那些有领导意向的各种组织的人员所需要的。有意识的观察似乎是一种常规行为，但是，许多组织在意识没能升华以及未对关键的细节材料做出反应时就受到损害。考虑一下美国首家私人侦探事务所平克顿私人侦探事务所。平克顿的不眨眼睛的标语及其格言——"我们从不睡着"帮助它成为全国最大的、最受人尊敬的保安公司。但是在 1988 年，平克顿绝好的信誉受到严重的败坏，而且公司大大赔钱，单单核保安分部一年就亏损 200 万美元。有些地区性的事务所只需要两名成员，却雇用了 20 名成员。其他分部被认为拥有整个汽车车队，但是没人能确定车子的位置。还有其他分部持有期限为 120 天的应收账款，却没人去收账。这用不着夏洛克·福尔摩斯来分辨由 S. 格林加德在《美国的道路》杂志中所描述的这些基本的线索。平克顿事务所中的有些人肯定睡着了，无视这些问题。

领导者们依据有意识的观察来标出范围，明确更接近的、更局部的机会和问题。

比如观看信息牌。假设你的组织机构是一块信息牌，上面不停地闪烁着人们可能常常忽略的机会和问题解决方法。"观看信息牌"意味着每天花时间在有意识地注意任何信号或暗示，然后运用你的鉴别力来确定它们的意图。你已经对信息牌的反应有了丰富的经验。考虑一下你如何对电话、电子信箱、回电器上显示灯的闪烁，或者微波炉上的嘟嘟声做出反应。大多数人会跳起来去理会这些信息，但是他们对周围正在闪烁、鸣叫、闪亮以及响铃的无数条其他信息却置若罔闻，关闭了他们的意识的自动引导装置。当你把整个组织机构看作是一块信息牌时，行使与传统信息指示器同样的接受能力。

广角镜和可变焦距镜之认识能力

未来学家阿尔文·托夫勒曾经说："在做小事时，你必须思考大事，这样小事会沿着正确的方向前进。"理想的领导者们要把远见与有意识的观察结合起来认识事物。他们使用远距广角镜识别展现在他们的组织机构面前的路；他们移步向前，受尽日夜颠簸之苦，历经迷途错综困惑，沿着这条道路开拓前进。

微软公司的比尔·盖茨显示了领导者的这种双重行动的能力。他评论模糊不清的长期的市场战略时就像检查宣传材料和高射幻灯片中的数学上的错误。麦当劳餐厅的创办人雷·克罗克看问题，总是把长远观点和近期观点两者结合起来。在克罗克多次视察麦当劳在世界各地的经销店时，他对每一个细节都进行检查，诸如法式油炸食品有多烫，同时也牢记自己的总的主张："质量、干净和服务。"巴里·迪勒凭借有意识的观察为 QVC 公司提供他的远见的证据。他停下自己正做的工作来观看 QVC 规划，或者注意竞争的家庭直销网络（简称 HSN）。如果他注意到 HSN 销售大量枕芯的话，他可以建议 QVC 也出售枕芯。

同时，具体广角镜和可变焦距镜的认识能力，可能需要异乎寻常的感知能力。但是，我们都有那种意识能力。请想一下驾车。我们既要在几百码以外识别正在变动的交通灯，又要观察在两英尺以内速度表上指针移动的变化。当你认识的某个要素集中于单词时，你能同时意识到如何在你的办公室应用某种行动意见。意识是一种量子现象。它是无限的、流动的信息能量，不像固体物质那样坚硬和固定不变。

第七章　领导者的情绪管理

一位优秀领导者并不需要高智商（IQ），而是需要高情商（EQ）。为什么呢？因为 IQ 高的人一般来说都是专家；而 EQ 高的人却具备一种综合平衡的才能，可以成为领导者。按照中华古训的话来解释一下，那就是领导者应该是一个人情练达者，而人情练达者必定具有高 EQ，当然也就必定能妥善管理自己的情绪。其中对注意力的训练也是情绪管理中的一个重点。

柯维也同样认为，一位领导者如能将自己的情绪"握在手中"，即掌握和协调好自己的情绪，则将具有特别的智慧。的确，一个人的情绪管理是对于一个人的人生成就、健康和满足感是相当重要的。

情绪的几种形态

美国心理学家约翰·迈尔（John Mayer）于其研究中发现并描写了人类三种不同的情绪基本特征：

——注意型：这类型的人时时察觉自己的心情，并且不断地修炼以处理自己的感觉。对于自己情绪的明了，可以支持其他的个性特征；这种人是自主的，而且知道自己的极限，心灵健康而且大部分都有正面的生活准则。注意力帮助他们控制其情绪。

——被征服型：这类型的人经常觉得被自己的情绪所征服，或是陷入情绪中而感到很无助；因此，他们会被突发的、强烈的心情转变所击倒。由于他们并未特别注意自己的感觉，因而无法保持明白的概观，而迷失其中。之后，他们并不采取任何行动以抗拒恶劣的心情，因为他们相信，那对他们的感受不会有任何的影响。

——接纳型：这类型的人对自己的感觉大多很清楚。他们也倾向于接受自己的心情，并且察觉之后并不试着去改变它。接纳型又可分为两种不同的典型：一种大多心情很好，而且很少有什么动机想要去思索自己的心情问题；另一种则为恶劣的心情所击倒，虽然他们深受其苦，可是却接受了它。例如忧郁的人，甘于和其所处的情境妥协。

劳克斯强调，这四个领域并非彼此无关，而是彼此不断地相互信赖。甚至从中推论出，人类于其战胜情绪的行为中试着达到许多目的，所有的四个领域于其中皆扮演重要的角色。

压力和情绪研究者韦伯和劳克斯，密集地研究克服气愤和恐惧的例子，找出哪些方式可以于战胜情绪时采用。从中他们特别发现反应的三种等级：有表现力的反应……关系到感觉的表达和自己的感觉状态有关的反应或是关系到行为的反应。行为研究者可以获得以下的情绪克服反应：

——社会的支援（"我向我认识的人求助，并和他说，这件事让我多么不愉快。"）

——自我评价之提升（"我不需要因这种批评而受影响。"）

——开放的表达感觉

——自我控告（"我要是没接受这个邀请，那一切就不会发生了。"）

——正面的重新评价（"我一定可以再办得到的。"）

——社会性的比较（"其他人可能也不确定。"）

——退却

——感觉的压抑

——敌意的反应

——感觉的预设（"我这么做，一定会令自己高兴。"）

——感觉的隐藏

——感觉的暗示（"我得做一些批评，以表现出我生气了。"）

——幽默感

——简约（"我对一切并不觉得特别重要。"）

——转移目标（"我试着把话题转到其他的方面。"）

——喝酒

运动和音乐可扭转心情

谁要是心情不好，应该尝试做做运动或是舒松一下筋骨：运动的结果对一向没有运动习惯的当代人，会有意想不到的正面效果：一如美国加州大学心理学家们的报告显示，经试验证明，运动乃是去除烦恼和恶劣心情最好的办法。很显然的，经常用来抗拒压力和低潮的看电视行为，其实是一点帮助也没有，反而会使得心情更糟糕。和自然的扭转心情妙方——活力充沛的运动相较之下，其他日常用于管理压力的王牌，像嗜好、写东西、阅读或是逛街采购，其效果也会因而相形见绌。

研究显示，除了运动性的活动外，首推听音乐为个人心情管理的良好方法。不管是听莫扎特或是迈尔斯·达维斯（Miles Davis），摇滚乐或是流行音乐，谁要是能发现最能让自己平静下来或是鼓舞心情的旋律，那么他就发掘了最充沛的泉源：音乐会使许多事物变得更好。

自我交谈抚慰心情

如果有人和自己谈话，别人就会觉得那个人有点不太平常。其实，自我交谈可以是一种管理心情的有效方式，亦是一种塑造良性心情的技术。我们的行为和感觉经常是由一种"内心的对话"所营造，即使我们自己并未察觉。尤其是在压力颇大的状况下，负面的想法就会浮现，诸如"这一定成不了的"之类。有意识的正面自我交谈，像是"你一定办得到的"之类的自我交谈，可与负面的想法相对抗。

以情绪智慧管理压力

新的情绪健康心理学之发现显示，今日情绪上最有智慧的行为乃是以聪明地和压力打交道作为前提："这很早就很明显了，"心理学教授欧透·柯鲁色得出如此的结论，"压力的概念于情绪观念中是可证实的。"

其中的关联性比假设的还深远。越来越多的人于情绪上受苦，感到恐惧或是精疲力竭而容易病倒，因为他们工作关系复杂或是缺乏社会的安全感，而使他们感到沉重的压力。举例来说，根据最新的数据显示，在德国境内有500万人感到无比地寂寞，每两个人中就有一个人在情绪上觉得受到工作条件的压榨。由此，对许多人而言，处理不断蔓延的刺激潮流乃是一种苛求。

时间压力、工作、关系和休闲时间的压力，会对身体机能产生负面的影响。这将会减弱免疫系统，并导致天生贮能的滥用。结果是：睡不安稳、胃有毛病、血压过高、肌肉紧绷、过敏、心情沮丧，最糟糕的是造成心肌梗死、精力耗尽或是严重的心理疾病，像忧郁症。

以往，压力病理学长长的单子经常都是因为对于"慢性疲劳并发症"（CFS）的论断而加长。这些疾病图表的特征是：长久的虚弱造成明显的体力不足。医师估计，25～40岁之间约有5%的人罹患慢性疲劳并发症；根据颇具代表性的亚伦斯巴哈（Allensbach）问卷调查显示，目前超过三分之一的德国人定期感到疲倦和精疲力竭。

情绪上的长期压力和危害健康的负担过重，两者之一，并非形成于功能抗拒或是"内在中止"。相反地，长期下来，如此缺乏注意的结果会导致对心理及生理的健康要求过低。现代压力医学的神奇咒语叫作"平衡"：于紧张和恢复之间找到毫无压力的健康尺度是很重要的。

为了情绪的健康，人类也需要压力以及有意义的任务、挑战和目标。压力研究者谈到耗尽精力、令人生病的"恶性压力"和正面的"良性压力"时并不相同。自良性压力之中，体验到的是满足或是幸福等愉快的感觉。

比较自己情绪的能源收支以及经由放松、休闲和冷静一再获得力量的能力，无论如何，那是一种人们必须再度学习的艺术。

情绪调整四法

人类不仅是有感觉或是被动地承受痛苦，而是与之打交道并主动影响感觉。以上的确认似乎很多余，但是，情绪专家郭尔曼强调，和我们的情绪打交道可是一种"全天候的活动"，因为许多事（连在休闲期间所做的事）都会左右我们的心情："所有的事，从看一本小说到看电视以致决定和各种朋友交往，都可理解为一种改善心情的努力。"在社交生活中，自我平静下来的艺术，是一种最重要的心理能力。长期以来，战胜情绪实际上并未在研究中扮演任何重要角色。直到前几年，情况才有所改变。社会心理学家和情绪研究者汉纳罗乐·韦伯（Hannelore Weber）和萝塔·劳克斯，研究出与情绪的克服和调整关系密切的四个领域。

1. 情绪的调整

调整主观的感受（我想要让自己再次觉得愉快）、感觉压力的调整、心理冲动的调整、认知评价的调整以及行为动力的调整。

2. 情况或是问题的调整

对情绪负担沉重的情况，不是改变它就是自己要能适应。如此才有可能重造以往的状况（我要一切像以前一样）。

3. 自我调整

遭受到伤害的自我评价或是受到攻击的自我概念；保护并防御自我评价的感觉和自我概念（"我要证明自我的安全"）或是提升自我评价的感觉以及扩展自我概念（"等着瞧，看我到底有多少能耐"）。

4. 相互作用的调整

给予回音并回应你的感觉；告知相关的自我画像；带领其他人达到希冀的行为（"他不应该来烦我"）；对相互作用提出疑问（"我要结束这份关系"）或者保护之（"我不要让她感到负担"）。

以笑抑止压力荷尔蒙

民间俚语中早已流传，"笑是健康的"。笑疗学说（一种笑的科学）和现代心理学于过去几年证明这古老的智慧很有道理：懂得自嘲的人，对其感觉的收支情况和其整体的健康皆有正面的作用。适时的幽默和微笑，可以解除挫折感或是将感觉压力上的芒刺拔掉。

笑会改善身体健康，促进呼吸和血液循环，并会抑止压力荷尔蒙的制造。美国一份长期对约300名受试者所做的研究显示，那些有良好幽默感的人更易克服压力，且一般都活得较健康。

情绪研究者汉纳罗乐·韦柏自其研究中得出简洁的结论："幽默感乃是无须争议的理想典型。"尤其于压力负担沉重的情况，例如人际间的冲突，它可解除彼此间的对立，并避免冲突发生。幽默感不会造成任何损失，不会伤害任何人、事，尤其不会阻碍自己对事物的积极参与。

其间，越来越多的治疗师发现，笑和幽默乃是健康的源泉。举例而言，幽默于法兰克·法瑞里（Frank Farrelly）所谓的挑衅治疗或是理智动机治疗中所扮演的角色越来越重要。

为了发展情绪放松的修炼，其中具有不同的技巧。于此，个性发展和展现的观点所扮演的角色越来越重要。学会在生活中将自己的情绪处理得更好的人，同时也将经验到正面的个性改变。尤其是他们使得自己的社会关系更加满意，于工作和私人生活中，他们发展更强烈的兴趣而且比从前更有动力。长久以来，情绪预兆就和现代心理卫生学有关。现代心理学则牵涉到生活的每个层面，身体的健美、心理的负荷力、敏捷的思想、满意的社会关系、正面的工作调整和环境的协调等等。

松弛练习

今日的压力研究认为，身体的放松以及营养和规律的身体活动，皆是人类健康行为中最重要的元素。

原则上，所有放松的方法将导致降低身体和心理的活跃程度。身体内部组织于负担和压力中，乃处于能源消耗的状态。相反地，放松和睡眠时则转换到再生的、能量建设的反应位置。为了身体和灵魂，我们无论如何太少利用天生的、自然的"抗压步骤"。夜晚的"活动"（睡眠）例外。

于"放松的反应"中，具有以下的身体特征：呼吸频率、松弛的肌肉组织、较少的材料转换以及脑波模式的平静。于此，原则上可区分两个不同的时期。第一个时期，压力反应阻碍平衡。第二时期，压力反应减轻并要求一般身体和心理的建设。主观地，于放松反应之后总是会产生身体健美和精神清爽的愉快感觉。

由于放松并非技术，而是自然的状态，所有为了有助于达到自然的松弛反应的放松方法，和是否以冥思或者以自行发热的训练、渐进式的肌肉放松,(自我)催眠或是其他方法无关。

关于所有的松弛方法,都有很多的咨询资料和自行学习的入门书。尽管如此,最好还是先跟受过专业训练的治疗师或是老师彻底地学习最新的方法,然后每天再自行做一些固定的练习。谁要是能够广泛地掌握当时的方法,对于克服情绪的压力就可以使用浓缩的简短练习作为"立即见效的帮助",例如于开始发作的恐惧状态、生气或是大怒的时候。

压力专家推荐,每天做 1 ~ 2 次、每次 10 ~ 20 分钟的松弛练习,所谓的"迷你小冥想":于害怕、紧张或是有压力时,应该因此多次深深地吸气,然后再慢慢地分为多次把气吐出来。科学所研究出来最好的放松方法,乃是渐进式的放松、催眠、自行发热的训练和冥想练习。

渐进式放松或是渐进式肌肉松弛关系到特定的肌肉束进行的增加意志的控制。基本的方式是渐进式放松,在于一个接一个的上身个别肌肉部分(上臂、下臂、前额、脸颊、嘴、颚、颈背、胸部、肩膀),和腹肌、大腿、小腿以及足部,短时间故意地紧绷,然后紧接着就马上放松。

渐进式放松,是属于最简单而且最有效的松弛方法。由于其松弛的正面效果也具科学上广泛的文件证明,此方法被完全推荐为个人的压力管理。

催眠、发热、冥想

催眠原文出自希腊文的"hypnos",是"睡觉"的意思。乃是最古老的医学方法。作为所谓的"神奇治疗",催眠于自然民族之中早已相当有名。催眠于今日不再被视为人为状态,而是除了睡觉、清醒和做梦之外,鲜明的自然意义阶段。于临床诊断领域,催眠亦用于医学、心理学、精神病学、心理治疗。在牙医或是运动等广泛的范围里，也一直受到更广泛的应用。

自行发热训练（AT），乃是由德国医师 J. H. 舒尔兹（Schultz）于 30 年代发展出来的。基本上建立于自我或是自动催眠的关联上。例如，佛教僧侣或是印度瑜伽师令人印象深刻的例子显示，原则上，人类可对身体的功能，像心跳、体温或是对痛的察觉，可以有意识地加以影响。练习亦于自行发热训练中，试着利用这种身体和精神的结合：于较少外界干扰的地方及以较轻松的姿势，可借着一再重复的公式化的意图（"我很平静"、"手臂好沉重"、"身体惬意而且温热"），逐渐引出心理的和精神的松弛。自行发热训练于临床诊断中，乃是最受重视而且推行最广的松弛方法，并且也适合日常的情绪管理。

冥想于东方文化的发展中，毫无例外地皆被视为"追求内心之道"：经由缄默和"内心的倾听"（引自克劳斯·克罗，Klaus Grawe），而达成的入定状态。这些不同的冥想方法，具有其共同性：注意力集中（注意力之道）于单调或是韵律相同而一再重复的吸引力之源，像念经、呼吸、数字、语音、概念等等。古典的冥想，不管是禅坐、超验的冥想或是瑜伽，其目的皆不仅是身体的松弛，也是精神的增长和内心的平静。由于冥想身体和情绪导向深入的松弛状态，冥想的运用可以由宗教和哲学的前后关系来解决。作为松弛的方式，冥想建立了日常情绪上的压力管理之有效方法。除此之外，冥想对压力治疗的效果可能意想不到得大。美国波士顿压力医院著名的行为医师琼·卡巴特—琴（Jon Kabat-Zinn），当他以冥想的对抗压力治疗于重病病人身上起到重大的疗效时，激起了国际专业界的兴趣。

撇开这些流传广泛和科学上良好的研究松弛的方法不谈，还有许多其他的技巧。除了不同的呼吸练习，尤其可以尝试出自身体治疗的广大领域之方法，像气功、太极和许多其他方法等等，放松亦可经由韵律柔和的运动而达成。反正，定期的运动应该属于健康意识行为中完全理所当然的组成部分。

后设情绪

第一眼，我们的感觉看起来像是有些显而易见。但是事实上，我们经常丝毫未曾注意到，什么是我们当时真正感受到的，或是到了后来才真正察觉到这份感觉。为了改善这情况，应该注意并集中精神去和自己的感觉打交道。

这种后设情绪的概念，心理学家描述这种关系到感觉、认识、保持或者改变感觉的能力，并非只是去感觉，而是同时处于感觉之中。例如在日常生活中，如果不只是纯粹地感觉到愤怒的袭来，而是亦理智地理解到，那就非常有意义了。后设情绪对于情绪反射深具意义。为了改善反射的能力，需要发展良好的注意力使精神集中。

如同新的情绪心理学所示，特别的"无纪律"和缺乏对挫折的宽容，应该对我们情绪反射和情绪修炼的不足或是恶劣的情绪排列负起责任。对挫折缺乏宽容、需求的控制或是不平静，乃是情绪修炼之发展中最重要和可怕的枷锁。很多时候，那是与精神缺乏集中有关，因而无法集中精神于心灵上出现的事物。关于个人的情绪智慧，精神集中于倾听的态度上具有非常重要的意义。

如同精神集中和情绪经历具有深远的影响，其中亦阐明了流水引人深思的现象。那是行为中完全的、暂时并且忘我的提升。例如跳舞、执行手术、下棋、玩音乐、指挥、攀岩等等。美国社会心理学家米哈依·西克斯禅特米哈依（Mihalyi Csikszentmihalyi），对这方面颇有研究。流水对西克斯禅特米哈依而言，乃是特别用来作为"安全精神集中状态"的特征，更明确地说，乃是情绪的"安排良好、安全作用的、动力的意识状态之流水经验"。

人们亦应将情绪上要求的注意力和集中精神训练，视为个人特别的训练。慕尼黑的心理学家莱哈特·修伯（Reinhard Schober），确认这是现时研究最重要的成果：集中精神并不应该被理解为孤立的心理功能，更确切地说，应该是一种"个性和性格明确的现象"。他特别强调"集中精神者"的能力，可以自"行动为导向"、纯然对成功采取目的论的行为观点，转换至情绪集中而且"以存在为取向"的行为。于后者，快乐回到自己的能力和以过程取向的兴趣、乐趣和鼓舞为中心。

修伯将其重要研究成果整理出精神集中的人生形态之各种概念：

——以伤痛为前导：于尚未完全调整好之前，不应采取任何行动；动力应出自内心，遵循"内心的引力"。

——运动于西方早已被认定是通往成功的重要钥匙的例子是，足球教练歇普·黑尔柏格（Sepp Herberger）的行为。他对他的球员说得很清楚："燃烧，你们必须燃烧起来，燃烧！"

——创造性的控制力：原则性的开放和可变化的行为将能导致，不仅可以看清目标，而且亦可看清通往目标之路。基本上，应该任何时间都可以因突发的改革而调整。

——结构之强化：自己的生活中，对自我纪律、可负荷力、快乐的品质和自我幽默等要求精神集中以及精神集中的确定方向。

总而言之，精神集中将会产生"情绪的包含性"。精神集中所在的事物，情绪也应是站在中心位置。

精神集中的生活状态对发展的情绪修炼之意义，明显地乃是自流水得到启示；一如西克斯禅特米哈依所表示的，一个人若是放弃其每天的流水经验，而无法成为"流水式精神集中者"，其反应情绪则明显地出现负面特征：他们很快就累了，比一般人更昏昏欲睡，觉得自己更不健康并且更紧张或是容易头痛。同时，他们的创造力降低，而且心情沮丧，好像深受打击似的。

与情绪密不可分的注意力

注意力意味着固定于现时的注意力。它于日常生活中具有深远的意义，因为，它可实际地应用于各方面；在走路时、站立时、聆听时、说话时、吃饭时还有工作时。"你无须为了之后的任何事情，而随随便便地赶快把碗洗掉。"美国的行为医师琼·卡巴特—琴强调，"或是为了把时间留给生活上其他更重要或更有趣的事物而潦草完事。因为，每一个时刻都是同样的，就连你在洗碗时，都是你生活的一部分。现在，眼前的时刻，是你的生活，于现在的这一分钟，现在的这一天，而不是明天。我们挥霍了太多宝贵的时间，如果我们无法理解，我们的生活乃是由无数现在的瞬间组成。我们必须注意现在，不能者是在现在想到别的事物上。"这不仅是说洗碗要如此，爬楼梯时也不应出神。卡巴特—琴建议一个不无琐碎的公式："我现在爬楼，我知道，我正在爬楼梯。"注意力意味着去看、去知道自己正在看、正在听、正在了解；去感觉，爬楼梯的感觉如何，去知道，自己正在爬楼梯。其意义是，"瞬间与瞬间地察觉爬楼梯的经验"。

注意力和精神集中如此的实践方式，可能打破了既有的行为自主习惯和无思想状况的惯常工作。可以在现时越来越好，并且以自己感受到的为中心，因此，情绪能源将能更好地利用所拥有的一切。

除了西方式的精神集中特性之外，于基本意义可比较的情况之下，东方的"注意力"乃是自己内心状况特别的察觉，这对于情绪智慧的发展和修炼相当重要。举例来说，哈佛的心理学家丹尼尔·郭尔曼强调，必须将注意力理解为一种意识，和情绪密不可分，对察觉的事物不反应过度亦不强化。注意力乃是中性的看法，于喧嚷的情况下亦可保护自我的反射。

一台钟与一本书

如果在你房间里有一台钟，你通常不会听到它的嘀嗒嘀嗒的声音，因为这种单调的声音引不起你的注意。

请试一试，当你正在阅读一本书时，把一台钟放在书旁，并且分配你的注意力，使你同时既注意钟的嘀嗒声又在继续阅读书。你能在短暂的时间内能做到这一点，但不久你就会不是中断阅读而去倾听钟声，就是被书本所吸引而把钟声"忘记"。我把忘记这个词放在引号中，因为这不是记忆的问题，而是注意的问题。

注意就是把意识集中在某个对象上，同时离开了其他事物的心理现象。也就是说，它是意识指向特殊对象的一种活动。注意也表明了意识的选择性。

吸引注意的事物就变成"对象"，而所有其余的事物就成了"背景"。"在专心致志的思维中或者是在被某种事物所吸引的感知过程中，我们就既看不见也听不到在我们周围所发生的其他任何事情，这是一种明显的负诱导事例。"巴甫洛夫谈到注意的生理机制时曾这样说。我们在同时阅读和倾听钟的嘀嗒声的实验中，正是重演了这种现象。

让我们来回忆巴甫洛夫的一段名言：假如你的头盖骨是透明的话，那我们在这个实验的过程中，就能够观察到"优势兴奋中心"是怎样时而移动到控制阅读的部位，时而又移动到那些决定倾听钟的嘀嗒声的部位。

印度游戏

打猎部落喜欢玩下面的游戏：两个或几个竞赛者，先把某种物体观察若干时间，然后把他们所看到的东西告诉裁判，每一个人都要试图尽可能多地列举详情细节。对这种部落来说，高度发展的注意能力具有生命攸关的重要性。

一个节日，柯维在俱乐部里遇到许多青年，向他们说明了这个游戏，并在散步的时候开始玩它。

他们分成两队，把一打左右的物体摆在每队面前所铺的床单或大手帕上。这些物体通常是铅笔、梳子、小刀、纽扣、小石子、花、念珠以及若干片纸张。它们排列得全都能很清楚地被看到。裁判检查完两组的物体之后，就把它们盖起来。

然后每队的队员一个挨一个地走到另一队的物体前面，裁判数着"一、二"就把物体上的覆盖物拿开，让竞赛者们看到它们之后再重新盖上。每个竞赛者必须说出他所看到的各种物体，并要尽可能详细地描述每一件物体，包括它的大小、颜色等等。这个游戏结束时揭开两组物体的覆盖物，并且比较个人和全队的结果。

在下雨天，他们就在室内玩，而且有时用骨牌代替上述的物体以改变这个游戏。

在他们散步经过城镇时，他们往商店橱窗里看一眼，但要试图尽可能多地记住，并在以后详细描述所看到的东西。他们特别津津有味地玩着这种游戏。柯维还告诉青年朋友们，读者早已熟悉的英国心理学家卡朋特，曾经描述过一个变戏法的人的情况。这个扮演"千里眼"的变戏法的人，把自己训练得当经过一家商店的橱窗时，竟能注意和描述出多达40件的物体。

在一个月内，他们就发现这种游戏已经改善了所有参加者的注意能力，虽然改善的情况各个人是不一样的。

同时做几件事

据说拿破仑能够同时做七件事，这是难以置信的。但是，1887年法国心理学家庞尔汉，证明他有在朗读一首诗的同时又能写下另一首诗的能力。他还能在朗读一首诗的同时笔算复杂的乘法。这是真实的情况。

当叫飞行员起飞时，教练必须把他的注意力分配在许多有关飞行的项目上：决定离地面的距离，消除偏倾和航差，保持方位以及用耳朵判断发动机的工作情况等等。如果教练和学飞行的学生一齐起飞的话，他还必须另外评价学生执行起飞的每一因素的情况。

当一个人同时做几件事时，就必须分配他的注意力。巴甫洛夫在分析这种心理现象的生理基础时，写道："难道这不是常有的事吗？当我们思考或者做着某件事时，我们能够同时去做另外某种习惯了的事情。那也就是说，我们能够用我们的大脑两个半球的那些部分来工作，这些部分根据外抑制的原理是在一定的程度上受到抑制的，因为大脑两个半球和我们所从事的主要的工作相联系的那一点，当然是处于强烈的兴奋状态的。"

不断转换的加法

写两个数，一个在另一个的下边，例如下面所表示的 4 和 2。然后把他们加起来，将和数写在上面那个数 "4" 的旁边，并把原来上面那个数 "4" 写在下面那个数 "2" 的旁边。按照与此相同的方法继续做下去。

4606628

246066

这就是作业的第一种方法。按照第二种方法，把总和写在下面的一行 "2" 的旁边，把下面的数 "2" 转换在上面的一行 "4" 的旁边，按照与此相同的方法，继续做下去。即：

426842

268426

如果你的数目继续循环（这种情况很少发生），就把它们的一个数加上"1"。

练习一会儿后，请另外一个人，每30秒钟向你发出这样的命令："第一"，"第二"，"第一"，"第二"，这样把两种方法转换地练习使用几次。当你听到命令时，就画一条垂直线，并迅速改变为另一种方法。你要努力尽可能精确地和迅速地去完成这种作业。

核对你已做完的作业，就会发现你的错误主要是从一种方法转换为另一种方法时发生的。

你用不同的人来完成这个实验时，就会发现其结果是不相同的。因为完成这个作业有赖于神经过程的灵活性，缺乏这种神经过程的灵活性，就会表现出较坏的结果。

注意的转换，就是注意的重新组织，也就是和它的活动目标的改变相联系地从一个对象转移到另一个对象的能力。

固执与注意之动摇

如果在良好睡眠之后的早晨，要你迅速地画一些时而顶点向上，时而顶点又向下的三角形，或者时而书写字母"Z"时而又照描它在镜中反映的影像。你不会觉得这个作业有任何困难。

但是，若在晚上当你很疲倦时再试做这个练习，你就会开始三番五次地重画同样的图形。这就是所谓注意的固执性，这是同上面我们曾经讨论过的与注意转换的困难相联系的一种现象。固执性和一个人转换注意困难的生理机制，是大脑皮质内兴奋过程和抑制过程的交替作用的减慢，或者用生理学的语言来说，就是神经过程及皮层神经动力学方面的惰性。

注意力可以在或长或短的时期内减弱，在所有的人身上，都可以毫无例外地观察到注意力动摇的现象。

尽量集中你的随意注意，试把前面所示的双关图像观看几分钟。先把图中的两个影像轮流地看几次，然后就试行只看它们之中的一个影像。由于注意力的动摇性，你就不可能办到这一点。

每次当另外一个图形闯进你的心灵时，你就用手指敲一下桌子，并且请另外的人用秒表把你敲桌子时的秒数记录下来。这样你就能够测量到你的注意力动摇的情况。若请其他的人用其他的双关图像去做这个实验时，你就会发现并非所有人的注意力总是同样动摇的。

如果在确定听觉阈限后（我已经告诉过你们怎样去确定）。你把表保持在同样的位置，它的嘀嗒声也由于注意的动摇性，似乎时而消失时而出现。当飞机对地面的观察者来说飞到了"阈限"的高度时，防空阵地上的岗哨也能观察到这种现象。在晴朗的天空翱翔的云雀也会被我们视察为或隐或现的现象。这些都是注意动摇的事例。

浮动和固着

"一个非常好动和易受外界影响的学生，在上课时总是动来动去，并不断注视他的同学们，而不听我讲课。我对他说：'你是很不注意的。'另一个学生在出神沉思他新近读过的一本书，他也没有听我讲课，我也对他说，'你是很不注意的。'但是他们两人不注意的情况是不相同的。我对他们该怎么办呢？"一个青年女教师这样问道。

她是正确的，的确有两种彼此相反的心不在焉的现象。前者被称为"浮动的注意"，它是一种不稳定的和指向外部的不随意注意，而且也是容易转移的注意，这种注意特别有儿童的特色。

另外一种心不在焉，可恰当地称为"固着的"注意。它的特点是非常强烈的和稳定的，通常绝大多数是指向内部而又很不容易加以转移的。许多关于科学家们把注意力集中于他们自己的思想上的笑话，正表明了这种心不在焉的情况。

然而，这两种心不在焉的情况，不仅可能表现在儿童和科学家身上，而且也可能表现在我们之中的每一个人身上。

这两种心不在焉之中的哪一种更坏些呢?

这完全要看是在什么样的条件下和在什么人的身上表现出来的。对汽车司机、电车驾驶员、机器操纵者和飞行员来说，"固着的注意"不仅可以产生误差，而且可能造成事故。然而在某些情况下，这种注意却是有用的。而且那时就不把它称之为"固着的"注意。下述事实可以作为一个例证。

牛顿想煮鸡蛋，他拿着一只表来看他煮的时间。过了一会儿，他发现在他的手里拿着的是鸡蛋，而正在煮着的却是表。但是，有一次当有人问这个科学家他如何发现引力定律时，他说："因为我在全部时间内，都把思想不断集中在这件事上。"

伟大的法国自然主义学者库伟尔，根据牛顿前面的话，把"天才"解说为持续不断的注意。

职业与注意

不同的职业要求不同的注意力。一个钟表工人的注意力是集中的。在大雾中航行的现代船只上监视雷达荧光屏的船员的注意力，还需要更加集中。

一个机器操纵者、汽车司机、飞行员、警察和管弦乐队指挥者的注意力，能迅速地从一件事物转移到另一件事物。列宁号原子动力破冰船的控制板，包含250个以上的仪表和信号器，值班的船员不仅必须不断地把他的注意力从一个仪表转移到另一个仪表，而且还必须广泛地分配他的注意力。一个检查病人的医生的注意力或者一个上课的教师的注意力，虽然不必如此频繁地从一个对象转移到另一个对象，但是他们的注意力的转移却必须是彻底的。

社会训练的注意

一个人缺乏控制自己注意力的能力，会被证明是有害的。

一个人被汽车撞倒了，在几分钟之内他就被一群游手好闲的人密密地包围了起来。这些人并不能对他有所帮助，只会用他们的非社会训练的注意妨碍受害者以及阻碍医生的工作。这个医生年轻而又易于激动，这群人阻碍了他的工作，但他试图尽量不去注意这些人，以便尽他的最大可能去进行初步的处置。受害者的生活常常有赖于医生的社会训练的注意力。

这儿是另一种情况。一个人因某事而生气，既厉害而又正当。他的全部注意力都集中在生气这件事上。他绝没有产生过他也可能有错误的想法。他20次甚至100次地回忆惹他生气的情况，并且有增无减地发现足以表明他是正确的新论据。这样，他的朋友逐渐成了他的敌人。由于不能控制自己的注意力，难以把自己的思想暂时转换到其他的对象之上，以前所喜爱的人就变成了讨厌的人。但是，如果生气的人能够控制自己的注意力，并能有意地把它转移到其他的问题上，他就会立刻用一种不同的眼光来看待这个事件，他就会和朋友继续保持友谊，他所喜爱的人就会继续受他喜爱。

控制自己的注意力不仅意味着把注意指向某种应该指向的事物，而且也意味着把注意力避开不应该注意的事物。

必须或不必须，是对他人，还是对自己？

是的，有时是要对自己，但是普遍的情况是既要对自己也要对其他的人。只有在后一种情况下，一个人的注意力才被称之为社会训练的注意。

训练注意力的要点

训练自己的注意力唯一正确方法，是约束自己的注意力去做每一件事情。

一个人必须学会随意地把他的注意力指向确定的对象，而不让任何其他的刺激去分散它。人的注意稳定性的发展是和人的意志品质的发展相联系着的。所以一个人必须训练自己成为自己一切活动的最小细节的主宰者。

有组织地练习同时去做几件不同的事情是很有益的。但是，应该这样做，即对每件事物的一般知觉要保持足够长的时间；又要突出知觉主要的事物，并把注意力集中于它。

在"印度游戏"的故事中，我曾告诉读者怎样去发展注意的范围。

训练一个人的注意，从一个对象转移到另一个对象，必须沿着三方面来进行：

一是训练迅速地把注意力从一件事物转移到另一件事物上的能力；

二是训练在这种转移期间对"知觉路线"的精心推敲；

三是训练从那些次要的事物中突出最重要的事物的能力。

但是，培养注意力的最好的方法，是决不允许自己漫不经心地去做任何一件事情。

第八章　高效率与时间术

　　能否驾驭时间，成为时间的主人，这对任何一位领导者来说都是一种考验。善于掌握时间的领导人就能掌握每一分钟来推动工作的进程，他们能准确而轻松地将时间转化成金钱；而不善于管理时间的人，终日忙碌无为，消耗掉宝贵的时间。

　　对于时间之管理，柯维有一套自己的理论。他提出了抓住重点、发挥独立意志、建立以原则为重心的时间管理办法，并以此来提高工作效率。

高效率策略

　　现在，我们应该意识到落在企业领导者肩上的任务是多么繁重，多方面的管理活动，往往需要相当好的体力和高于一般水平的智力，因此，企业家的身体和大脑的工作负担是十分繁重的。

　　为了满足这些需要，为了实现企业的目标，一个企业家必须学会保持身体、大脑和精神的健康，将自己的大脑和身体铸成实现自己和公司目标的可靠的工具。他的体力、智力、文化修养诸方面品质的总和，应该融合成一个坚强的、合乎要求的个性，使他能够显现出第一流领导人的卓越才能和恢宏气度。

　　这看上去似乎是很难办到的事，但却是任何一个希望取得成功的人必须做到的。

　　有些人从一开始就具备良好的优势，如遗传特征、幸福的童年、良好的教育等等。他们具备的这些最初的有利条件，通常能使他们迅速地形成坚强的个性。在其他条件相同的情况下，他们为自己成长和发展所做的努力，要比别人少得多。

有些人抱着随波逐流或者"终于对付过去了"的生活态度，也可能在企业中取得了一定程度的成功，然而，他们不过是些利用了某一瞬间的机会主义者。

从长远的观点看，一些人之所以能够取得显著的成功，是因为他们以极大的努力去提高效率的缘故。他们达到这一目标，并不是天赐的，或借助于机会，而是他们具有把需要做的事坚决做好的决心。

他们懂得，只要他们一动手，就会有很多事情要做，但他们非常聪明地将任务分解为若干部分，每次都精力充沛地完成一个部分。"分隔和征服"是恺撒征服高卢人的办法，在今天它仍然是高明的战略。

有许多方面会浪费一个人的精力。专心、计划性、思考或记忆，都是思维过程，如果这些过程不完善，会消耗大量的时间和精力。

从身体的角度说，劳动工具和日常工作缺乏条理，会浪费有价值的时间和精力。一张乱七八糟的办公桌，就会降低一个领导者的效率。无条件的、重复活动的工作惯例，对整个企业的职员来说都将是浪费时间。

效率是一种节约形式，因为它的本质是保存精力、时间和空间。效率这个单词来源于拉丁语"efficio"，原意是"我详尽地、完满地、成功地行动"。如果我们把一个人想象为一定的能量，能量的消耗服从时间和空间定律，那么，要得到最高限度的效率，就必须聪明地使用给定数量的能量：以最少的合理的时间，在最小的合理的空间内完成任务。

合理的组织，对整个公司和公司中的每个部门都是必不可少的。分配工作和工作范围如果组织得好，会使每个人都清楚哪些是属于自己的职责，哪些是属于本部门的职责，他的部门是怎样与其他部门发生联系的，企业中上级领导的职权行使线路如何，等等。

但是，组织和效率，必须从自身做起。一个有雄心的企业家，必须经常进行自我检查，看一看自己是否以 100% 的效率计划和安排了自己的工作？如果不是，就应该重新调整自己的活动，直到对结果感到满意为止。

几种错误的浪费时间法

应该清楚地认识到，有一些工作方法会浪费一个人的时间和精力。下面是这些浪费时间和精力的方法中的几种：

1. 频繁地从一项工作转移到另一项工作上。人的身体器官像其他装置一样，一旦停止运转就失去了动量。在间歇一段时间之后再去启动时，就得花时间恢复失去的动量。基于这个道理，一个领导者在工作日中应该避免不必要的工作转换。如果他能做出适当的计划，就可以把一天或一个星期的主要工作集中分类，以避免走回头路和不必要的重复。

2. 首先着手解决最不重要的工作。许多人错误地认为，他们可能通过首先处理极次要的项目来活跃他们的思想，这是一种不经济的精力耗损。他们这样做，实际上是回避创造性的工作。他们还把重要的工作拖到一天中最忙的时刻来干，而这时已很难有足够的精力来考虑它，身体已觉得疲劳不堪。次要的工作应摆在第二位，可放在精神最涣散的时候，或工作最忙的时候来处理。

3. 把一天的时间表排得满满的。个人计划的另一个错误，是用各种活动把一天的时间表排得满满的，以致没有一点机动时间处理可能出现的突发事件。这样，如果出现意外情况，领导者就得被迫放弃计划中的工作；而今日未完成的工作，就必须加进明日的进度表中。如此顺延下去，未结束的工作就会在他的办公桌上堆积如山，使他感到心神不宁。于是他觉得必须进行突击，以完成积累的工作。这就使他很难对自己的工作和效率进行严格评价。

工作之进度表与归类法

一个领导者，应该在他的工作日程表中留下一些空余时间。这样，他将不仅有时间处理突发性问题，而且还有时间应付一些较次要的问题（如某一雇员的个人问题、一次事先未曾料到的讨论、一次计划外的电话等）。

一个企业家，要制定一张可靠的工作进度表，必须对自己的本职工作进行分析。他应该将一周，最好是几周工作日所做的每一件事做出记录，还应该把想做而找不到时间去做的工作包括在内。

接下来，他应该研究这一记录，找出哪些工作在有规律地重复和哪些工作可以集中起来。记录中呈规律性出现的程度如何，从一定的意义上说，取决于他的职务和工作性质。有些人的工作，很自然地会形成一种惯例，而对另一些人来说，他们工作的仅有的特点，就是无规律性。然而，只要稍微做点研究就会发现，任何一个领导者每天或每星期的活动，都或多或少地显示了一种模式。

即使是一位地位较低的领导者，一天中几乎每一个小时都要受上级支配，他也可以运用时间表原则。例如，他可以根据不同种类的电话做出安排：在什么时间、需要准备什么情况、向上级领导部门提供什么材料、怎样才能节约时间。对这类领导者来说，应记住的重要的一点是：一个召集电话，并不是对进度安排的打断，而是其中必不可少的组成部分。

如果一个领导者的例行职责，使他必须走出办公室，那么，如何节约往返时间应列入工作进度表。如果外出往返频繁，他的进度表就得建立在交通路线合理的基础上。对一个在执行例行职责时必须在外兜圈子的领导者来说，这是使他的计划更为经济的一个最重要的方面。而且，假如他是一批工作流动性很大的人的领导者，那他甚至应更加坚定、更加认真地按时间进度表安排好自己的工作。

下面是某些领导者常用的三种工作归类方法：

1. 需要做出决策的问题。这是一些必须经过深入细致地分析研究才能做出解答的问题。他们当然是领导者应做的最重要的一类工作。

2. 监督和控制工作。对下级工作的监督，是一个领导者的日常工作之一。它包括这样一些内容：对报告的最后核准，通过电话了解各厂的进展情况，巡视办公室或下厂检查工作，检查设备、提出意见等等。

3. 咨询和讨论。对一个领导者的工作时间表来说，咨询和讨论之频繁，应足以形成第三类活动安排。在许多公司里，部门会议的召开都有一定的规律，所以也应该列入企业家的日程表中。

当一位领导者对自己的活动做了研究和分类之后，接下来就应该确定：哪些活动必须放在表中固定位置上，哪些活动可以安排在空暇时间里。对每项任务所规定的时间必须恰如其分，既不多，也不少。

一旦无价值的事情侵占他的时间，在工作进度表中就会显示出来，并会强迫他把重要的事情放在首位。

企业的领导者，通常在每天早上查阅一张放在办公桌上的一览表，开始他一天的工作。这张表上写的是今天要做的 10 件最重要的事情。这种习惯做法是可行的，甚至对那种其主要工作是"检查并排除故障"或其时间无法安排的领导者也是很有意义的。

西奥多·罗斯福，在他那个时代是著名的奋斗终生的改革家。

可是，几乎没有人知道，他之所以能精力旺盛地处理总统事务，并不仅仅是精力问题。这一切都是基于他对工作进行了奇迹般的安排。

一位曾有机会接触白宫办公室的观察者，对罗斯福的工作曾作过这样的描述：

"每天早上，秘书洛伯将一天的约会打印在一张一览表中，放在他的桌上。有时两次约会之间的空暇不过5分钟。没有哪位火车司机比他更为正点地按时间表连续运行。他的表露在衣袋外面，他会准时地赶上一次会议，或批阅一份文件，然后立即按他的时间表进行下一次约会。

"如果有一点剩余时间，他会阅读一段历史书籍，这类书他是随身携带的；或者写几句有关爱尔兰民间传说的论述。总之，他像部机器从未停止运转，甚至在给炉火添燃料时，发动机也始终在满负荷蒸汽压力下转动。"

这样严格而细致地遵守时间表，必然会导致异乎寻常的效果。与此相反，有些人走的是另一个极端，他们忽视计划，或者不是按照计划的顺序，而是以头痛医头、脚痛医脚的方法去完成计划。如处理大量的来往信件，发出催促号令，或匆匆闯进一个会场去结束一次会议等等，以使他的工作进度突飞猛进。这种人，确实是在"独自累死累活地工作"，而就其付出的全部精力而言，他比那些能计划自己的工作，并按自己的计划进行工作的人，所做的事情要少。任何一个没有很好地组织自己的工作或不能按计划去做的人，都不可能真正地专心致志，也不可能得到什么进展。至于工作效果，对他们来说只能是偶然的、不稳定的。

一个布置得很有条理的办公室或办公桌，对执行日程表有重要的帮助，它能使一个领导者养成有效率的工作习惯。实际上，办公室就是他的车间，而办公桌就是他的工作台。任何一个希望节约时间和力量的领导者，都应该研究他的工作环境和他的工具的效能，它们是有利于工作还是妨碍工作？增加了环节还是减少了环节？节约了时间还是浪费了时间？从而布置一个很有成效的办公室。

把办公桌当作文件和记录保存处，是弄错了它的实际用途。只有每天工作所需要的直接文件，可以暂时地放在桌子上。除此之外，就是各种迅速处理工作所必需的工具：钢笔、铅笔、橡皮图章和办公仪器。放置永久性和半永久性文件的，应该是贮存柜之类，而不是办公桌。

一张安排细致的工作进度表，一个规划合理的办公室，一张布置有条有理的办公桌，显然是有益的。但它们本身并不能使效率提高，效率取决于一个人内在的意志力。除非一个人的精神闪耀着意志的火花，否则，一切为提高效率而设计的体系，都将是徒劳无益的。

缺乏意志力的人，就像一辆没有蓄电池点火起动装置的汽车一样，毫无价值。这种人几乎创造不了什么永久性的价值，他们的效率接近于零。看上去他们倒很忙，但他们的活动就像蹦跳嬉戏的狗一样，因为没有目的而一事无成。

如果一个人想具有高效率，他首先必须树立一个明确的生活目的，这会给他带来必需的意志力去改变自己的生活。

领导者的危机感与紧迫感

作为一个领导者，要负责部门的全局运行。而部门运行的过程要受到来自两方面的挑战，一是内部出现的危机，二是大环境大形势的变化。至于内部危机的出现也许对于领导者来说是较有信心克服的，因为毕竟他有决策权，可以按照自己的理解去进行尝试并最终解决。但是大环境的变化，则远远超出了领导者的调控能力及范围，况且其影响不仅涉及领导者本人，还涉及整个部门的生存发展问题。来自这两方面的挑战对于领导者来说就没有一个安逸的机会，必须随时都要有紧迫感和危机感。尤其是在当今变化节奏加快，关系益发复杂、竞争加剧的情况下。就如体育运动是激烈的竞争，比赛的结果非胜即负，而战争是更加激烈的有关生死的竞争，这两者容易唤起人的紧迫感和危机感。所有工业发达国家，都不约而同地在此危机感下去奋斗、竞争，去开拓民族、企业、国家的发展道路。

美国无论是在经济实力上，还是在科技能力上在世界上都是首屈一指的。在研究能力、费用人员及成果的数量上都占有很大优势。但是人们常常发现，美国人老是强调自己在某某方面又落后了，强调什么什么威胁，不断发表警告性文章，如《幸福》杂志就曾分析过20世纪80年代的美国，机器设备老化，加上劳动力成本提高等因素，使得美国产品竞争不过日本、德国，结果很多美国资本家不愿在国内投资，把钱花到国外去，于是形成了老化的机器越发不能更新换代的恶性循环。《幸福》杂志惊呼，美国正在发生"空心病"，再找不到行之有效的措施，就有沦为二等强国的危险。美国的古德基金会也大声疾呼："美国是敢作敢为地去占领新技术革命新沿，还是心甘情愿地维持旧有阵地而眼看日本人表演、欧洲人复兴。现在是该做出回答的时候了。"美国如此，西欧更是感到岌岌可危，到处惊呼西欧后退，提出了很多有警告性的报告，这些加剧了人们的危机感，纷纷成立"欧洲冒险资本协会"、"技术冒险公司"。并协调各国的高技术研究工作，提出了尤里卡计划，摆出了重振昔日雄风、在世界舞台上再决雌雄的架势。日本深深懂得自己缺少资源的劣势，可以说日本是危机感最强烈的国家，这也正是日本经济发展迅速，在竞争中不断取胜的原因。他们把技术和贸易的争夺称为"智战"、"商战"。像真正打仗一样，用破釜沉舟、鱼死网破的气势去拼搏。日本精工商社即使在自己领先的情况下也不放松研究对手。它给科技情报部门规定的任务，就是要如实反映情况。要制造危机感，使整个公司在危机中像一个上紧了发条的钟表。

除此之外新技术革命的浪潮猛烈地冲击着世界，新的观念、做法、科技发现更加迅速的出现着，并很快转化为生产力。这场革命以新时空观突破了国家、民族、政治的界限，具有空前的世界性。这种时空观的特点是：空间在不断贬值，时间在不断增值。空间的贬值，是指由于人对空间的开发，空间对人的限制越来越小。同样的土地可生产出更多的粮食或建造更多的房屋，人可以登上36万公里外的月球，可以随时与万里之外的朋友谈天说地。时间的升值，是指由于时间的一维性和连续性。既不能贮存亦不能中断，它永远是有限的。为解决空间的无限性与时间的有限性的矛盾，人们提高了速度，但速度的提高是有限的。随着现代科技的发展，不断开拓新的领域时间上所受的限制越突出。技术越先进，单位时间的工作成果就越大，时间也就越宝贵，所以"时间就是金钱，效率就是生命"的口号，被越来越多的人接受。

人的生命是有限的时间积累

时间是物质运动的顺序性的持续，其特点是一维性，既不能逆转，也不能贮存，是一种不能再生的、特殊的资源。

时间有一个特性，它只按照由过去到现在、由现在到将来的方向前进，它不能停顿、不能间断、不能回复。它无声无息、无休无止，永不停顿地向前。它对任何人、任何事都是毫不留情的，是专制的。时间可以毫无顾忌地被浪费，也可以被有效地利用。有效地利用时间，便是一个效率问题。也可以说，效率就是单位时间的利用价值。人的生命是有限时间的积累。以人的一生来计算，假如以八十高龄来算，大约是七十万个小时，其中能有比较充沛的精力进行工作的时间只有四十年，大约一万五千个工作日，三十五万个小时，除去睡眠休息，大概还剩两万个小时。生命的有效价值就靠在这些有限的时间里发挥作用。提高这段时间里的工作效率就等于延长寿命。显然，"效率就是生命"也是无可非议。与此同时，我们还得充分认识到，历史已经进入了信息时代。我们必须根据社会的发展趋势转变观念，确立新的时效观。《第三次浪潮》的作者托夫勒把信息时代的时间观念概括为多样化和非群体化。他说："新的时间支配方式，将影响我们家庭日常生活的节奏，影响我们的艺术，影响我们的生活。因为一旦涉及时间问题，也就涉及到整个人类的生活。"

时间管理的四个时代

对于时间之管理，柯维颇有独创性的慧眼。他提出了"抓住重点，发挥独立意志，建立从原则到重心"的时间管理办法。这无疑对我们有巨大的启发性。同时，柯维还回顾了人类研究时间管理的历史。

他科学地指出：有关时间管理的研究已有相当历史。犹如人类社会从农业革命演进到工业革命，再到资讯革命，时间管理理论也可分为四代。

第一代理论着重利用便条与备忘录，在忙碌中调整分配时间与精力。

第二代理论强调行事历与日程表，反映出时间管理已注意到规划未来的重要。

第三代是目前正流行、讲求优先顺序的观念。也就是依据轻重缓急设定短、中、长程目标，再逐日订定实现目标的计划，将有限的时间、精力加以分配，争取最高的效率。这种做法有可取之处。但也有人发现，过分强调效率，把时间绷得死死的，反而会产生反效果，使人失去增进感情、满足个人需要以及享受意外之喜的机会。于是许多人放弃这种过于死板拘束的时间管理法，回复到前两代的做法，以维护生活品质。

现在，又有第四代理论出现。与以往截然不同之处在于，它根本否定"时间管理"这个名词，主张关键不在于时间管理，而在于个人管理。与其着重于时间与事务的安排，不如把重心放在维持产品与产能的平衡上。

接下来，柯维还对不同的时间理论（即"四代理论"）作了画龙点睛般地议论。他认为：

第一代的时间管理理论丝毫没有"优先"的观念。固然每做完备忘录上的一件事，就会带给人成就感，可是这种成就不一定符合人生的大目标。因此，所完成的只是必要而非重要之事。

然而好此道者不在少数，因为阻力最少，痛苦与压力也最少。更何况，根据外在要求与规律行事，容易推卸责任。这类经理人缺乏效率、自制力与自尊。

第二代经理人自制力增强了，能够未雨绸缪，不只是随波逐流，但对事情仍没有轻重缓急之分。

第三代经理人则大有进步，讲究理清价值观与认定目标。可惜，拘泥于逐日规划行事，视野不够广阔，难免因小失大。这是第三代理论最严重的缺点。不过以上三代理论的演进，仍有可资借鉴之处。第四代理论便在旧有基础上，开创新局面。以原则为重心，配合个人对使命的认知，兼顾重要性与急迫性；强调产品与产能齐头并进。

六标准与四步骤

柯维不仅提出了令人耳目一新的时间管理方法，而且还就他那十分著名的管理方法的六标准与四步骤也作了详细的说明。

柯维认为，有效的个人管理方法须符合以下标准：

1. 一致：个人的理想与使命、角色与目标、工作重点与计划、欲望与自制之间，应和谐一致。

2. 平衡：管理方法应有助于生活平衡发展，提醒我们扮演不同的角色，以免忽略了健康、家庭、个人发展等重要的人生层面。有人以为某方面的成功可补偿其他方面的遗憾，那终非长久之计，难道成功的事业可以弥补破碎的婚姻、孱弱的身体或性格上的缺失？

3. 有重心：理想的管理方法会鼓励并协助你，着重虽不紧迫却极重要的事。我认为，最有效的方法是以星期为单位订计划。一周七天中，每天各有不同的优先标的，但基本上七日一体，相互呼应。如此安排人生，秘诀在于勿就日程表订定优先顺序，应就事件本身的重要性来安排行事历。

4. 重人性：个人管理的重点在人，不在事。行事固然要讲求效率，但以原则为重心者更重视人际关系的得失。因此有效的个人管理偶尔须牺牲效率，迁就人的因素。毕竟日程表的目的在协助工作推行，并非让我们为进度落后而产生罪恶感。

5. 能变通：管理方法应为人所用，不可一成不变，须视个人作风与需要而调整。

6. 携带方便：管理工具必须便于携带，随时可供参考修正。

其实，许多优秀的第三代管理工具，也值得采用，只是个人运用巧妙不同而已。以下举实例说明如何以原则为重心，建立起充分掌握重点的一周行事历。

有效的个人管理可分为四个步骤：

1. 确定角色——首先，写下个人认为重要的角色。假若以往不曾认真考虑这个问题，就把此时闪过脑海的角色逐一写下。除了"个人"以外，父母、儿女、职员、老师……凡是你愿意定期投入时间精力的，均可纳入其中。

不必想得太严肃，仿佛立下终身职志，只需考虑未来一周中应该扮演的角色即可。请看以下两例：

（1）个人　　　　　　　　（1）个人发展

（2）丈夫/父亲　　　　　　（2）妻子

（3）新产品经理　　　　　　（3）母亲

（4）研究经理　　　　　　　（4）不动产业务员

（5）人事经理　　　　　　　（5）主日学老师

（6）行政经理　　　　　　　（6）交响乐团董事

（7）公司董事长

2. 选择目标——其次，为每个角色订定未来一周欲达成的二至三个重要成果。

这些短程目标应与使命宣言中的终极目标有所关联，至少有一部分如此。即使不曾写过使命宣言，也可以自己设想每种角色及重要目标。在未来一周的目标中，务必有一些真正重要但不急迫之事。

3. 安排进度——现在，根据上面所列目标，安排未来七天的行程。比方说，目标之一是完成个人使命宣言初稿，那么不妨在周日抽出连续两小时完成此事。通常星期日（或一周中对你最有意义或最特殊的一天），正是思考如何提升自我及规划一周行事的最佳时刻。

再比方，锻炼身体是你的目标，那么不妨安排三至四天，每天运动一小时。

有些目标可能必须在办公时间完成，有些得在全家共聚一堂时实现。

每个目标都可当作某一天的第一要务，更理想的是当作特殊的约会，全力以赴。对本年度或一个月内已定的约会则一一检讨，凡合于个人目标的加以保留，否则便取消或更改时间。

4. 逐日调整——每日早晨依据行事历，安排一天的大小事务。第三代理论强调的逐日计划行事，在此可以派上用场，使事情井然有序，不致因小失大。

授权——高效率之秘诀

授权是提高效率或效能的秘诀之一，可惜一般人多吝于授权，总觉得不如靠自己更省时省事。

其实，把责任分配给其他成熟老练的员工，才有余力从事更高层次的活动。因此，授权代表成长，不但是个人，也是团体的成长。已故著名企业家潘尼（J. C. Penncy）曾表示，他这一生中最明智的决定就是"放手"。在发现独力难撑大局之后，他毅然决然放手让别人去作，结果造就了无数商店、个人的成长与发展。

授权是事必躬亲与管理之间的最大分野。事必躬亲者凡事不假外求，不放心子女宁可自己洗碗的父母、自绘蓝图的建筑师或自己打字的秘书，都属于这一类。

反之，管理者注重建立制度，然后汇集群力共同完成工作。比如分派子女洗碗的父母，领导一群设计人员的建筑师，或监督其他秘书与行政人员的执行秘书。

假定事必躬亲者花一小时可产生一单位的成果，那么管理者经由有效的授权，每投入一小时便可产生十倍、五十倍，甚至一百倍的成果，其中诀窍不过是将杠杆支点向右移而已。

众所周知，一个电话公司的主管是不会坐在总机旁边的，他只负责回答他员工们的具体问题，又或者，如果他愿意的话，也可以充当15到25分钟的接线员。在电话公司里，有一条常规，就是，主管一般不会坐在总机旁做接线工作，除非情况十分特殊和紧急。在别的地方，如工厂，主管也许有时候会希望插手具体的工具和仪器的操作，有时候也许他们不得不这么做，但是，无论如何，对他们来说，最重要的是要弄清楚，如果他们的全职工作就是"管理"的话，动手操作就只是作一种示范而已，偶尔为之就可以了。

分派工作就是把一项工作托付给另一个人去做。这并不是把一些令人不快的工作指派给别人去做，而是下放一些权力，让别人来做些决定，或是给别人一些机会来试试像你一样做事。当然了，尽管有些工作不那么让人乐意去做，这时候，也许你就该把这些任务分一分，并且承认它们或许有那么一点令人不快，但是，无论如何，工作总得完成。在这种时候，千万别装得好像给了那些分派到这些工作的人莫大的机会。一旦他们发现事实并非如此的时候，也许会更厌恶去做这件事，这样一来，想想看，工作还能干得好吗？

但是，为什么对某些人来说把工作派给别人去做是件如此困难的事呢？下面就是些可能的原因。

1. 如果你把一件你可以干得好的工作派给别人做了，也许就达不到你可以达到的水平了，或者不如你做得那么快，或者做得不如你精细。——所以你求全求美的思想一作祟，你就以为派给别人做，不会做得像你自己做的那般好。这时候，你就要问问你自己：尽管别人不如你做得好，但是不是也能达到目的了呢？如果不是，你能不能教教他，让他把工作做好呢？

2. 如果让别人来做你的工作，也许你会担心他们做得比你好，而最终会取代了你的工作。但是，如果你把那些常规性的工作派给别人去做，你自己就可以腾出时间来做一些更富有创造性的工作；而且，如果你能让你培植的人才取代你的工作，你也就能让你自己再升一级。你应该把工作派给别人去做，教给你手下一些东西，也给自己腾出时间来从事更为重要，更为紧急或更具创造性的工作。

3. 如果你放弃了你的职责，你将无事可干。因为害怕把工作派给别人做了之后就无事可干了，所以那些握有些小权的人哪怕是芝麻绿豆点大的小事也不愿放手让别人去干。然而，你应该认识到，放手让别人去干一些小事只会有助于你提高处理更大的管理性工作的能力，也会增加你分担你老板工作的机会。

4. 你没有时间教别人如何接手工作。在这一点上，你得明白，你越是没空训练别人接手工作，你自己要干的就越多。事情总要分个先后，教会别人干了，你就多出时间来可以干别的更为重要的事情了。也许在你的潜意识里，因为前三个原因，你仍不愿意让人接手干你的工作。

5. 没有可以托付工作的合适人选。这是主管们为不分派工作而找的最为常见的理由。这并不是说没有这样一个人可以来承担这项工作，而是这个人要不是太忙，就是不愿意干分配给他的那件工作，再就是别人认为他能力不够。如果你确确实实想要把工作派下去让别人来干，那么，在你花一番时间作一番努力之后，所有上述的这些困难都是可以克服的。你要对付的第一件事也许就是你自己对此事所持的抵制心态。你到底在担心些什么？如果你确实有理由担心，在你的一个下属在工作上出了差错之后，你就会失掉你的工作；或者，在你工作的地方，工作氛围相当糟糕，你担心工作不会有什么起色，这时候，你就得和你的上司谈谈这些情况，从而在分派工作这件事情上得到他的支持。如果确实没有可以托付工作的人选，而你自己又已经超负荷运转了，那么，也许你就该考虑一下是不是该再雇用一个人。

什么事，谁来干，怎么干

分派工作的三个主要组成部分就是什么事、让谁来干和怎么干。什么事：你要找出什么是需要干的，并看它是不是完成了。让谁来干：这牵涉到谁能干什么这个问题。在你决定了让谁干什么之后，你就要有意识地培养他们的工作能力了。怎么干：这就得看你如何运用你处理人与人之间关系的艺术去创造一个融洽且富有效率的工作氛围了。

在你分派一件工作之前，你应该：1. 分析一下你自己的工作担子有多重。2. 分析一下你这部分里你可以利用的资源（人力和物力）有多少。3. 考虑、分析一下你所有的可能做的选择。4. 挑出那些你直觉上感觉不错的、逻辑上也行得通的选择来。5. 开始做它们，而且，当一项工作完成了之后，找出结果来。

在工作分配中，有关什么事的这一部分，你应该把你所有的事情——要做的工作、承担的义务、要采取的行动以及职责，都列在一张表上，并把它们分成四类：

1. 只能由你这个主管来做的事情。这些事情不能分配给别人来做，比如：对工作的回顾。

2. 马上就可以分派给某一个受过这方面训练的人来做的工作。

3. 只要你花上一点时间来训练一下某个人，就可以分派下去的工作。

4. 应该分配给别人去做的工作，但手边却没有合适的人可以来做它。

在工作分配中有关让谁来做的这个方面，如果你自觉你自己是你周围的人中唯一一个有能力担负这项工作的人，那么，你就该检视一下自己的心态了。过去是未来的一面镜子，从过去你可以预见未来。所以想一想，不论原因如何，这是不是你过去做事的一贯模式？虽然，你可能比任何人都要干得好或干得快，但问题是，在完成公司所要求的结果这一点上，别人做的是不是已经够好或够快了呢？"我自己来做它更容易些"这个想法并非长久之计。这么说的人往往会变成一个消防队员，忙着到处扑火，挽救接连不断的危机，忙得焦头烂额。这类人总是事事亲力亲为，而不会花时间去做一些计划以及把工作分派给别人去做。

如果你有一个能力不错的下属可以来托付工作，但是他也许并不想承担额外的负担，那么，你就应该向他解释明白你的意思——你要给他们更多的职责以及自主权，以表示你对他们的信任。然后，你的下属也许就会被你打动，这会促使他们主动地承担一些额外的工作，这是为了提高他们自己的能力，甚至是一个升职的机会。在这一点上，你也要做好接受别人不同于你的工作方式的准备。尽管你认为你自己的方式是最佳的（最有效、最简捷），但你所要评价的所有内容就只是他们的工作成果。一个有自信的主管能够认知一件工作干得好还是不好，并且，在他的下属达到或超出所要求的标准时，向他们表示祝贺。

如果你不得不训练一个人手来接手做某一项特定的工作，那么，你应该认识到训练人手需要时间和耐心。尽管工作当中难免会出些错，但你们必须认为你们付出的那些努力是值得的。你能容忍多大的错误？你的公司呢？如果一点错误也不犯，那么没有人能学到些什么，也没有人能够进步。期望事情从一开始就不出差错或者希望一个新手从一开始就像一个老手那样干得有效、迅速、有条有理的这些想法都是不切实际的。

那么，你怎样才能知道哪个人可以被训练来承担工作呢？仔细观察一下你的下属。谁能起头干一项工作？谁能独立地进行工作？谁看上去对工作很感兴趣？谁工作干得好？谁善于帮助别人？谁深受别人的喜爱？还有些别的线索也会对你有所帮助。谁看上去对工作很厌烦？谁应该多干一些？谁需要在工作中多注入一些挑战性？谁看上去不满意？通过提问和聆听他们自己对自己能干些什么的看法，来找出这些问题的答案。也许女性会明显地比男性少一些动力，因为他们所受的教育（有形的或无形的）就要让他们保持低姿态。也许受传统思想的影响，人们会认为毛遂自荐是比较无礼的事，或者会认为这么做很不好意思。也许还有些人出于对"枪打出头鸟"的恐惧心理，不敢主动请缨。所以你要好好地问一问你的下属，你们的理想是什么？在事业上想要达到什么样的成就？然后，你得想想办法来帮助他们克服一下心理的障碍。

　　至于在分派工作中，怎么干这个问题，你则应该在教授别人新的技能这一点上体现出你的热情来。毕竟，别人学会了新技能，不仅对他们自己有好处，对你自己也有好处。在这儿，你要注意的就是，对别人的理解上的缓慢要有耐心。也许你们之间会有些语言上的不便，下属讲的方言你听不太明白；或者你的语言受方言影响太重，下属不太听得懂你讲的话。这时候，你该学一些下属所讲的方言或者改进一下你的说话方式，以便于你们之间的沟通。这种语言上的障碍需要双方的共同努力来克服。一句话，千万不要让语言成为一种障碍横亘在你和你的员工之间。

　　对你想托付工作的人来说，让他们视这项工作是一种机会而不是你急于抛开的烫手山芋是相当重要的。有些人出于偏见，认为你才不会有这么好心把这种机会让给他们呢。他们会怀疑、不安、不断地猜测你的动机，这时候，你就得花些时间来向他们解释清楚你的动机和这么做的原因，以获得他们的信心和支持。

分派之原则、方法、麻烦和好处

　　你既可以把工作同时分给几个人做，也可以让某人单独来做，这都和你与你员工之间的关系有关。下面所列出的，是一些在工作分派中通常用得到的指导原则：

　　1. 以你所希望的成果为基础分派工作，有些人需要你告知他们工作的程序并详细解释每一个步骤；而另一些人只需你告诉他们，什么是你要他们做的，然后，他们自己会知道要怎样去做。比方说吧，如果你让一个员工核对一下你们竞争对手的产品价值，对某些人来说，这信息已经足够了，他会知道该怎么做的；但对有些人来说，你也许不得不交代他们打电话给五个超级市场以及要和供应商们谈一谈。你要确定，你没有对那些不需要的人做过多的说明，同时，你也要确定，你给了那些需要的人足够的信息。

2. 设立一些衡量工作好坏的标准。人们需要知道你对成功地完成一件工作的标准是什么。

3. 在必要的时候控制一下正在进行当中的工作。一些员工的进度也许需要进行定期的检查。你得在事先召集他们的时候就和他们讲清楚，这种检查只是出于整个计划的需要，而不是什么有关信任的问题，有的员工并不喜欢有人中途来检视他们的工作，而喜欢由他们自己来完成整项工作，因而，你需要给他们一个机会让他们来证明他们的能力。

在你分配工作的时候，有这些方法可供参考：

1. 让你的员工们去做调查，然后向你报告结果，你则参照这些调查结果做出决定并采取适当的行动。

2. 你的员工们做调查，并提出一些行动方案，然后你对这些方案进行一番推敲评测，继而做出决定、采取行动。

3. 你的员工们做了调查后，提出一个行动方案，而你则负责对此方案进行评审，同意或是否决掉它。

4. 让你的员工做调查并采取行动，然后将他所采取的行动告知你。在这儿，要充分显示你对员工能力的信任，并要告诉他和你随时保持接触，以便你及时了解事情的进展。

当你分派一项工作时，你应该：1. 讲清楚所要的结果是什么。2. 制定工作评估的标准。3. 给出所有相关的信息。4. 只把工作分派给那些素质好、能力强的人。5. 在质量及时间上进行控制。

还记得我们在前面曾经讲到过，人们更倾向于信任那些与他们相像的人这一点吗？看一看你最信任的人是不是在工作风格、价值观以及生活背景方面与你十分相似。你要注意不要自觉不自觉地把工作分派给那些和你相像的人去做，因为，对那些具有相当的能力却不与你相像的人而言，这并不公平。而且，有可能这些人的能力比你信任的人还要强得多。

下面所列的是你在分派工作时可能遇上的一些麻烦：

1. 你下属出了差错。因为你得为你部门所出的差错对你的公司负责，所以，你下属所犯的错误不仅会令你看起来缺乏判断力，而且还会使你的公司损失钱财。当然，一个好的老板会明白，你的冒险是必要的，他并不会为你的错误而苛责你。

2. 你的下属干得比你出色，这对你的公司而言是有利的，但对你而言则是不利的。你可以向你的老板指出，你下属之所以干得如此出色是得益于你行之有效的训练方式。

3. 你的下属并不想担负额外的职责，对派给他做的那些额外的工作大加抱怨。这个问题，你其实应该在分配一件工作之前就加以解决。但是，如果你没有那么做或者你的下属并不明白他所担负的工作的重要性的话，你可以有两种选择：把这件工作交给别人去完成；或者坚持让他把它作为他工作的一部分来完成，并向他解释清楚你要这样做的原因。

4. 别的员工们感到妒忌并且出声抱怨。把你的下属确切的新担负的职责向大伙宣布一下，这一点十分重要，而且，在他们干得好的时候，不忘及时地表扬。

下面所列的是在你分派一件工作之后，会出现的有益之处。

1. 现在主管有时间可以集中精力处理别的事务了。

2. 下属的能力在行动和经历中得到了锻炼。不论他是成功了或是失败了，他都可以从中学到许多东西，从而不断完善自己。

3. 主管现在成了教师和教练。

4. 在目标和成果方面必要的双向讨论，增加了人与人之间的交流。

5. 下属有了展示他们能力的机会，这增加了他们的自信，同时也让他们的自尊得到了满足。

6. 在长时间的接触中，彼此增加了信任，增强了信心。

两种授权类型

1. 下达指令型

放不开手脚的领导者（这里主要指管理者）坚持一人独挑大梁，属下唯命是从，并不作任何决策、负任何责任。这种授权方式是低效率的。它导致在工作中，领导者只能亦步亦趋地监督。

2. 充分信任型

这种授权才是正确而有效的管理之道。此种方式注重的是结果，而不是过程。获得权利者可以自行决定如何完成任务，并对结果负责。这种授权方式起初或许比较费时，但值得。

时间就是金钱

这是一个真实的故事。

在富兰克林报社前面的商店里，一位犹豫了将近一个小时的男人终于开口问店员了："这本书多少钱？"

店员回答："一美元。"

顾问又问："一美元！你能不能少要点？"

店员冷冰冰地说："这它的价格，就是一美元。"

这位顾客又看了一会儿，然后问："富兰克林先生在吗？"

"在，"店员回答，"他在印刷室忙着呢。"

"那好，我要见见他。"

这个人坚持一定要见富兰克林。于是，富兰克林就被找了出来。

这人问："富兰克林先生，这本书的最低价格是多少？"

"一美元二十五美分。"富兰克林不加思索地回答。

"一美元二十五美分？"

"这没错，"富兰克林说，"但是，我情愿给你一美元也不愿离开我的工作。"

这位顾客惊异了。他心想，算了，结束这场自己引起的争论吧，他说："好，这样，你说这本书最少要多少钱吧。"

"一美元五十美分。"

"又变成一美元五十美分？你刚才不是还说一美元二十五美分吗？"

"对，"富兰克林冷冷地说，"我现在能出的最好价钱就是一美元五十美分。"

这人默默地把钱放在柜台上，拿起书出去了。富兰克林给他上了终生难忘的一课，对于有志气要干一番大事业的人来说，时间就是金钱。

下面让我们再来看一段富兰克林的名言，它依然通俗易懂地阐明了这样一个深刻道理，作为一名优秀的领导者，必须重视时间的价值。

"记住，时间就金钱。假如说，一个每天能挣 10 个先令的人，玩了半天，或躺在沙发上消费了 6 个便士。他还失掉了他本可以挣得的 5 个先令。……记住，金钱就其本性来说，绝不是不能生殖的。钱能生钱，而且它的子孙还会有更多的子孙。……谁杀死一头生仔的猪，那就是消灭了它的一切后裔，甚至它的子孙万代，如果谁毁掉了 5 先令的钱，那就是毁掉了它所能产生的一切，也就是说，毁掉了一座英镑之山。"

悬赏时间与多一小时

在时间面前是否能驾驭它，作时间的主宰，这的确大有学问。

会控制时间的人，能掌握每一秒钟来做推动式进行，为自己赚取金钱，而不善于管理时间的人，工作起来总会不断被员工或琐事所干扰，在忙碌无为、浑浑噩噩中消耗掉最宝贵的时间。但亿万富翁却决不会这样。

美国成功学大王卡耐基曾悬赏，谁能教他"节约时间"的方法，他就给予2.5万美元的奖金。出谋划策的人众多，然而得奖者教他的方法非常简单：只要求该公司的主管在每天快下班时，将明天要做的6件最要紧的工作列在一份表上，同时还要按照重要性编写，次日每完成一件工作就将它剔除，直到所有工作都做完为止，倘若仍有些工作尚未完成，就将它们列入次日工作列表之中，继续执行下去，结果成效显著。

后来，卡耐基在他那本风靡全球的《卡耐基成功之道》中写道："事实上，我们每个人都有一大笔钱。把我们的生命按小时计算，再按每小时一美元计算，我们的平均寿命是70岁左右，大约60万个小时，也就是说每个人都有六十万个小时，也就是说每个人都拥有六十万美元。这种财富是所有财富中最珍贵的。已经逝去的时间绝不可能挽回，这是任何人也改变不了的。"

休息并不是浪费生命，它能够让你在清醒的时候做更多清醒、有效率的事。

在那本名叫《为什么要疲倦？》的好书里，丹尼尔·何西林说："休息并不是绝对什么事都不做；休息就是修补。"在短短的一点休息时间里，能有很强的修补效果，即使只打五分钟的瞌睡，也有助于防止疲劳。棒球名将康黎·马克曾说，每次出赛之前如果他不睡一个午觉的话，到第五局就会觉得筋疲力尽了。可是如果他睡午觉的话，哪怕只睡五分钟，也能够赛完全场，一点也不感到疲劳。

爱迪生认为他无穷的精力和耐力，都来自他能随时想睡就睡的习惯。

亨利·福特过八十岁大寿之前不久，记者去访问过他。实在猜不透他为什么看起来那样有精神，那样健康。记者问秘诀是什么？他说："能坐下的时候我绝不站着，能躺下的时候我绝不坐着。"

让我们再重复一遍：照美国陆军的办法去做——常常休息，照你自己心脏做事的办法去做——在你感到疲劳之前先休息，然后你每天清醒的时间，就可以多增加一小时。

要防止疲劳和忧虑，第一条规则就是：常常休息，在你感到疲倦以前就休息。

忙并不意味着效率

有些人成天忙得团团转，但他是否真的很勤快呢？到了下班时间，还有一大堆事情尚待处理，这是否意味着他的忙碌是没有意义的呢？或许你会发现，像这种成天忙碌的人，工作是很不具效率的。

有些人整天踱来踱去、骂这骂那，书桌上的公文及资料文件堆积如山，似乎有忙不完的工作，我将他们称为"无事忙"。

若是你有事请教，他会很不耐烦地转头说："我很忙。"在你的问题未说出前，就来个下马威。的确，他是很忙，但这种忙碌是否具有实质意义呢？相反的，有的人对每件事都处理得井然有序，不管公司内外大大小小的事，他都能迅速地亲自处理，并且让人一目了然，甚至有时还悠闲地表现出一些幽默和情趣。这到底是怎么回事呢？有人曾对公司内那些"无事忙"的主管作过心理分析，很不幸地，发现他们忙碌的理由都是可笑的，有的甚至只是为了要将自己的能力表现给他人看，却完完全全地与效率和合理脱了节。

在我们做一件工作前，应当考虑如何用最节省的方法去获得最佳的成效，拟定一个周密的计划，再着手去做。若只是因一时兴起而从事工作，不但事倍功半，而且也不易成功。如果只是要将自己的忙碌告诉他人，我们可以断定他所忙的都只是一些无聊的事，因为一个工作有计划的人，是不会那么忙碌的。我认识一位公司的高级主管，他是个笑脸迎人、优哉自若却非常有效率的人。当你和他一见面，他就会直截了当地告诉你："今天我只有三十分钟能和你谈。"或是"今天我的时间较充裕，我们可以慢慢谈"。有一次我为一件重要的事情去拜访他，他立刻就将事务科长叫到办公室，第二天，这件事情就解决了。因为他冷静，所以能很快地下决断。成天无事忙的人，是绝对没有这种"当机立断"的能力的。

无论是高层主管还是员工，若能在一天规定的八小时工作时间内将预定工作做完，才是一个有效率的人。我常看到有些人，要在下班铃响后，才开始紧张忙碌的工作。如果有这样的员工，必定也有这样的主管，因为他的无能，双方才能臭味相投。若是一个主管认为员工如此工作是没有效率的，相信员工也不会有如此恶劣的表现。

利用时间的四要诀

想在事业上有所成就的人，都会感到时间的宝贵和短暂，都会因时间限制而苦恼，因此学会有效地利用时间就显得十分迫切和必要。善于利用时间的人，能够在相同的时间内做更多的事情，也可以在较短的时间内完成一件别人需要很长时间才能完成的工作。有效利用时间的唯一方法，便是妥善地安排工作，使它组织化、计划化，这里介绍一些成就大业者有效利用时间的方法：

1. 日记式备忘录的活用

备一本日记本，然后在每个星期六计划下周要做的事。除了有系统地计划工作外，还依晨、午、晚、把预定的社交时间和业余生活安排妥当，也可把每月该做的事情一一列入。时间表一经定妥，就不要轻易变更。这样做有三个好处：

第一，因为脑中清晰地刻画了下周的计划，精神上就有了充分的准备。

第二，因为事先了解活动计划，容易掌握事情的重点，分辨事情的先后及轻重。

第三，正确拟定每天的预定工作，可以养成把琐事迅速处理掉的习惯。按着时间表做事，事情可一一解决而不拖延。

2. 早晨到来时立刻思考工作

每天起床后，应立刻思考当天的计划，在刷牙、刮胡子、穿着打扮时，就可以计划当天的活动，以便使精神及早集中在工作上，使尚未清醒的脑子开始活动，及早进入工作状态。

3. 类似的工作要同时进行

效率差的人，往往一件事还没做完，又去着手另一件事，结果常常是半途而废、一事无成。要使事情办得顺当，就应该发挥头脑的韵律感，同一类的工作最好一次做完。

4. 不要把等待的时间白白浪费掉

善于利用工作间隙的一些时间如等待东西送达、等待顾客会面等，把它们化为有效的时间，例如可以用来考虑一些问题，读几页书等。

洛克菲勒一生中最重要的 24 小时

洛克菲勒是"洛克菲勒王朝"的创建者，是美国企业界的拿破仑。

1855 年，洛克菲勒中学毕业后，在休伊特——塔特尔商行找到了一份工作。到 1858 年，他已能挣到年薪 600 美元。然而，他知道自己对这家商行的贡献远不止于此，因此，要求加薪。这一要求被拒绝了。洛克菲勒一气之下，找到克拉克，两人决定合办企业。洛克菲勒当时仅有 800 美元，于是就到他父亲那里借了 1000

美元。此后，为了扩大自己初创的企业，他一再到父亲那里告贷，借钱的利息总是100%。在第一个年头里，他们的代理商号经销了45万美元的货物，从中赚取了4000美元，第二年盈利上升到1.7万美元。

1863年，克拉克的一个朋友塞缪尔·安德鲁斯加入了克拉克——洛克菲勒商号的合股经营，并建议进入炼油业。这一建议得到了克洛克菲勒的同意。

但是，到1865年，兴旺发达的公司由于合伙人意见上的分歧而分裂了。洛克菲勒对于克拉克在扩大业务方面所表现的畏畏缩缩的态度愈来愈恼火。这时商行已负债10万美元，而洛克菲勒还想进一步扩大企业。双方僵持不下，于是大家同意将企业出售给出价最高的人。

拍卖是1865年2月2日进行的。洛克菲勒代表安德鲁斯和自己为一方，克拉克为另一方。克拉克开始喊价500美元，洛克菲勒加到1000美元。喊价扶摇直上，从4万美元升到5万美元，又升到6万美元。最后，克拉克挣扎着说："7.2万美元。"洛克菲勒立即接口说："7.25万美元。"克拉克有气无力地摊开双手说："这个生意归你了。"

洛克菲勒当时是初出茅庐，自然没有这么多钱，他从银行中借出7.25万美元给了克拉克。

洛克菲勒后来和一位友人叙旧时说，那一天是"我一生中最重要的24小时，这一天决定了我的事业"。

自身的经济实力不足，又要发展自己，有时可以负债经营，借得钱来组织生产，以求赚回更多的钱，壮大自己的实力。洛克菲勒从开创小商行到买下这家小公司，无一不是负债经营，然而他却成功了，由此足见其过人的胆识与智慧。

100 位亿万富翁的省时之法

美国亿万富翁戴维·西尔弗，曾担任美国国会的经济顾问，他创办了加利福尼亚州最大的独立经营计算机零售的连锁公司。他曾对美国 100 名最伟大的企业家、亿万富翁作过调查和研究。

他发现，亿万富翁、企业家比其他人更会利用时间，这些人开车快、说话快、行走快。企业家极少体重过重，因为他们并不多吃。

这些策略也许每天仅能节约几分钟，但加起来就能以小时计。如果每周工作 80 小时是企业家的典型时间表，那么在适当地方累计增加 10 小时，就意味着资产增加了 12.5%。对企业家来说，时间是唯一重要的资产。

戴维·西尔弗将 100 名亿万富翁节省时间的方法制定出了一份极有价值的表格。

白天：少睡、少吃、从不生病、讲话快、留短发、不修面、留胡子、不理发、留长发、穿着衣服的件数减少到最小（12 件或更少）、不戴珠宝、不主动引起无聊的交谈。

使用汽车的原则：开快车、拥有两只雷达探测器（一只也许被人偷掉）、买极少需要维修的汽车、买操纵性能良好的汽车、车内要装电话。

机场和飞机原则：不托运行李、不携带或佩戴会被金属探测器发现的金属物品、走进金属探测器之前避免排在穿好看的厚底鞋的人后面，因为他们会触发蜂鸣器。在飞机上坐在无烟舱的任何座位上，便于快速离机。避免与邻座目光相对，这可能会使他主动与你交谈。乘最早的航班去赴约会后预订最晚的航班离开，以避开地面和空中交通高峰造成的延误。带大量工作在途中处理。快步走向租车柜台，以赶在那些喜欢了解车费、里程、发票、号码和字母含义的人们之前租到汽车。不与出租汽车司机交谈，他或她可能会放慢车速以延长谈话时间……

哈佛学不到的"二八时间定律"

巴莱多定律是十九世纪末二十世纪初的意大利经济学家、社会学家巴莱多提出的。他认为，在任何一组东西中，最重要的只占其中一小部分，约为百分之二十，其余百分之八十尽管是多数，却是次要的。因此这条定律又称二八定律。有人也将其称为"重要的少数"、"微不足道的多数"原则。

以这条定律进行分析，在讨论会中，百分之二十的人通常发表占百分之八十时间的谈话；在一间教室里，百分之二十的学生利用了老师百分之八十的时间；销售公司里，大约百分之二十的推销员带回百分之八十的新生意，如此等等。这条定律可以运用于生活的各个方面。

当我们面对一大堆纷繁复杂的工作时，难免心存畏惧。有的人工作还未开始做就泄气了，也有的人先做容易的，结果永远也完不成最困难的。这时，你运用二八定律，从中找出两三项最重要的，分配时间集中精力完成。那么，就在你选择的两三项事情完成后，你将获得成功。

美国 IMG 集团老板马克·麦考马克是美国最成功的企业家之一，在他的《哈佛商学院学不到的经营之道》一书中，他介绍了自己是如何运用著名的"二八原则"的。他的做法是：

同 20% 的客户做 80% 的生意，即把五分之四的时间和工作集中起来，用来熟悉占总数五分之一的对自己最重要的那部分客户。

花 80% 的时间精心研究占总数 20% 的最重要的客户的兴趣、嗜好，还要花时间判断出能做些什么来把他们吸引住。

这原则的贯彻，显然得大于失，因为如果拿出 80% 的精力去做只占收益总数 20% 的顾客的工作，是划不算的。把精力集中在能做 80% 生意的 20% 的顾客上，既省力又省时赚钱又多。美国的保险业巨头法兰克·毕吉尔曾用实践证实了这一点。他在推销保险业务时，有 70% 是第一次见面就成交的，23% 是第二次见面成交的，7% 是第三、四、五次才成交的。他把几乎一半的时间花费在 7% 成交的业务上，人累得要死不活的，弄到"非常气馁，几乎想辞职"的地步。后来他采取"二八原则"，在推销保险时，停止第二次以后的访问，把这些时间用来寻找新的顾客，结果推销额直线上升，每年收进的保险业务费在 100 万美元以上。

当然，麦考马克的 IMG 集团也得到"二八原则"的好处。它们创业时不足 500 美元的资本，在 20 多年时间里，一下子发展成为年收入高达数亿美元的跨国公司，很大程度上是得益于"二八原则"的。

专家对节约时间的最佳建议

在时间管理上花的时间更多。你和你的最富裕、最强大的竞争者一样都能节约时间。通观一生，在你坐在汽车里的时候，你可以节约多少时间，可以获取多少利益，简直难以置信。例如：

1. 在你的汽车里装一部电话机。

2. 当你拜访顾客或者拜访将成为你的顾客的人时，你总要先打电话。

3. 总是把你的汽车停放在易于驶出的位置上。

4. 使用汽车上的收音机，收听那些能教你一些东西的电台。

5. 外出旅行时，身边始终备有录音磁带和录音机，这样你可以在驾车时录下摘记。

6. 把上述的录音机放在你的外衣口袋里，并放在你的床边，你就有双倍的时间走在你的竞争者前面。

7. 随身总带些有用的读物。

8. 不要在星期五午餐时间去银行办事。

9. 不要和销售员一起喝咖啡，只和顾客一起喝咖啡。

10. 整整一周里，仅仅为了取乐，去阅读一份商业刊物，而不要翻阅报纸上的体育或其他娱乐版。

11. 参加一个快速阅读班。

12. 使用自动答话机，剔除浪费时间的电话，即使你在家里也一样。

13. 尽量召开电话会议，少开面对面的会议。对于前一种会议要和对后种会议一样的迅速果断和专心致志。

14. 当你对提供的服务或产品表示不满时，总要记下与你谈话的人的名字。这样可以少打电话去询问结果，工作进程就可加快。当人们知道你在"记笔记"，他们会加以重视的。

15. 总是要求你的属下，先用两句话汇报他们的总结和建议，然后你再决定是否真要他们作详细的解释。

16. 利用你散步和锻炼身体的时间，听商业磁带或无线电广播。

17. 每天中午重新排列你的工作重点并修正你的工作时间表。

18. 如果有个推销员开始向你推销他的产品，但你并不需要这些东西，那么打断他的话，说："对不起！我珍惜你的时间，也珍惜我的时间，我知道我不可能用这些东西，愿你的下一个顾客令你走运，再见。"

19. 表扬能与你迅速处理业务的下属，批评那些工作迟缓的人员。很多人以为和老板在一起的时间长能显示他们的重要。别加强这个想法。

20. 避开浪费时间的人。

21. 把和浪费时间者的会议安排在他们必须离开大楼前的短时间内。

22. 观看商业早新闻，而不看早新闻。商业报道一般总也播送主要新闻。

23. 在你决定去食品杂货店购货之前，一定要先看一下出口处排的队伍。

中　篇

原则掌权术

第九章　正统权力

如果用四个字来概括柯维领导艺术的中心，那就是"原则理论"。

柯维在评价领导者的权力运作时曾提出过三种权力类型的说法，第一种为"强制权力"，第二种为"功利权力"，第三种为"正统权力"。

这里我们首先要重点讨论柯维的正统权力说。谈到正统权力依然离不开柯维的原则理论。具有正统权力的领导人受到人们的信任、敬重和尊崇。人们追随他是因为他们发自内心的自觉自愿。而具有正统权力的领导人是值得人们信赖的。

真正的领导能力是来自让人钦佩的人格。循着这一观点出发，柯维慧眼独具，以具体的方法去观察追随者，而不是领导者，并询问追随者为何追随，从而来评估领导者的领导才能。

三种权力类型

英国前首相玛格丽特·撒切尔说："做掌权人就跟做女人一样。如果你要告诉别人你是，那你就不是。"做领导者也一样。如果你要告诉身边的人，你是他们的领袖，那你就不是领袖。你要逐渐培养起自己的领导才能，并获得人们的信赖。这样，你的下属到时就会承认你是他们的领袖。你对他们的影响力就是明证。

美国历史上最杰出的商界领袖是安德鲁·卡内基。19 世纪末

20世纪初，这个潦倒的苏格兰移民建立起一个亿万元的钢铁公司，后来又创建了2500多个图书馆和许多慈善机构，例如匹兹堡卡内基学院、华盛顿的卡内基研究所、卡内基教育促进基金、卡内基国际和平赠款基金和纽约的卡内基公司。据估计，他到1919年逝世为止共捐赠了3.5亿美元。

大家都知道卡内基是个发现和提携其他领袖人物的人。他身边集合着一班成功人士，他把自己的成功归功于这一点。卡内基曾经说："希望单干或把功劳全部归于自己的人，是当不了杰出领导的。"

你也是这样，你不能靠单干成功。要取得巨大成功，就要有别人的帮助。要别人帮助你，你就要成为领袖。

追随者跟从领袖的原因很多，大略可分为三个方面，每一方面都有不同的动机和心理。

第一是出于害怕，担心若不照要求去做，会招致不利的后果。这可称为"强制的权力"。例如有些领导人物，威胁要对追随者施加暴力，或夺去他身边美好的事物，而让他心生畏惧。由于担心潜在的威胁，许多人也就屈服了，至少在表面上会平静地服从或曲意奉承，但他们的作为并不实在，当没有人监视或摆脱威胁时，他们会很快地变成破坏的力量。一个著名的实例是，有位心存不满的航空公司职员，认为自己所受的待遇不公，在辞职当晚，巧妙地将电脑中储存的飞航资料全部洗掉。这种强迫服从的代价有多高？百万美元，加上数千个工作小时以及乘客的抱怨和抵制。

第二个原因是言听计从就能获利。这可称为"功利的权力"。双方的关系，是建立在有实用价值的财物和服务的交换上。追随者拥有领导者所需要的时间、金钱、精力、个人资源、利益、天赋、支持等；而领导者也有追随者梦寐以求的资讯、金钱、升迁、同僚爱、归属感、安全、机会等。追随者相信，听从领导者的指示，领导者将会给予回报。从资本额数十亿的公司到日常的家居生活，所有组织内的正常运作，都是受到这一效用的鼓舞。

在类别和程度上，第三种原因却和前两者大不相同。因为他们愿意相信领导者以及领导者的计划，使领导者拥有指挥其他人的权力。这些领导人受到信任、敬重与尊崇。人们追随只是因为心中愿意这么做，愿意相信领袖以及领袖的动机。这不是盲信、无意识的服从或机械式的服务，这是有知识、全心全意的承诺，被称为"正统的权力"。

在与老师、雇主、家人或与具影响力的朋友的来往关系中，几乎每个人都经历过这种权力的熏陶。这可能是对方给我们表现的机会，或在不顺遂时鼓励我们，或必要时出现在我们身旁。对方之所以如此做，是因为信任我们，我们则报之以尊敬、忠实、承诺、追随，而且几乎是毫无条件的。

这三种权力形态的基础各有不同，因此也导致不同的结果。

三权冲突与抉择

强制权力植根于领导者与追随者的恐惧。当领导者担心下属不顺从时，就会倾向使用强制力。公开赞同这种方法的人很少，但偶尔也会派上用场，领导人感受到极大外力的威胁时，强制权力在当时或许是有效的权宜之计。但它的有效性仍值得怀疑。

以恐惧控制他人的领导者，将发现这种控制力量会招致反弹，而且效果非常短暂，当领导者消失或控制体制瓦解时，这种权力也就烟消云散。追随者会团结在一起全力抵抗，因此强制的权力对领导者和追随者，都会造成分裂。俄国诗人和哲学家索仁尼琴提到："只要你不掠夺人民，就拥有人民的力量。若你夺走他的一切，他就不在你的控制之下，他又重获自由。"

多数企业是因功利权力而结合在一起，这些功利权力是建立在公平、公正的基础上，只要追随者觉得得到相当的回报，关系就能持续下去。在功利权力的基础下，追随者是因领导者的影响力而顺从。以功利权力为基础的顺从，仍会有反弹，但这种反弹基本上是正面而非负面的。

以功利权力为基础的关系，个人意识会随着自己的前景与欲望而日渐增强，通常会造就个人主义，而非团队合作。劳动人口的结构改变指出，长期的忠实关系（无论是领导者还是追随者）已是个异数。从高级主管（如苹果电脑公司换老板）到小职员（注意看看便利商店中，店员面孔转换的速度），职员流动率极高，角色变换迅速，但在市场上却引不起一点波澜。这正意味着，我们都是顾客，只往能迎合自己需要的地方钻营。

另一种工作伦理也应运而生，就是当共同的企业价值不存在时，个人会不断地自行决定什么是正确与公平。最糟的是，功利权力会成为兴讼的借口，就是由法庭来决定离婚、倒闭、并购等行为的公正性。最好的情况是，只要双方都得到好处，功利权力仍可维系商业或个人的某种关系。

正统的权力则较少见。这是所有关系中品质卓越的象征。它以荣誉为基础，领导者看重追随者，追随者也因领导人值得尊敬，而愿意奉献。正统权力的特征是：持续而积极的影响力。权力之所以能持续，是因为它不因追随者得到什么好处而产生。积极则指的是，以共同的内在价值为基础所产生的巨大影响力。当追随者的价值与领导人的价值重叠时，正统权力就产生了。正统权力就形成了。《没有痛苦的压力》一书的作者赛利说过："唯有得到追随者的尊敬与忠心，领袖才是领袖。"

因正统力量而产生的控制很明显，但这种控制不是外在的，而是自我控制。追随者认为他们的领袖值得尊敬时，权力就产生了。他们信任他，受他的启示，深信他所传达的目标，愿意接受他的领导。由于领导人物的动机、视野、天性、特质及所象征的意义，伦理开始生根发芽并茁壮成长。

当产生问题或机会，需要他人参与时，领导者必须就强制、功利或正统等三种权力作一决定。这个抉择会受到领导者人格（真实本性和历练后的现状）和他的交际手腕、能力与资历的影响。领导者受到压力时，很容易利用地位、资历、阶级等，强迫他人顺从。当领导者处于危急存亡之秋，若缺少完善的人际关系和交际手腕，或缺少不屈服于压力的能力，或无法与他人互信互谅时，想要不诉诸强制力量，恐怕都不可能。

面临抉择的领导者，可利用各种方式增加选择的可能性。例如：培养多方面的技能，追求晋升的机会，累积资讯和消息来源。并且降低标准以吸引追随者，将政策和过程简单化，以创造追随者与领导之间功利性的关系，或让追随者能以更低的代价与领导者结合，这些都可增加领导者运用功利权力的机会。

希望增加正统权力的领导者，则需培养长期承诺。信任是正统权力的基础，不是一蹴可就的，伪装者终将自暴其短。姑且不谈领导者能为追随者做些什么，领导者的人性本质将决定能拥有多少正统权力。

说服力

有时，领导者发现自己明白什么东西对组织和对下属都是最有利的，但下属并不认同他的观点。耐心说服的领导风格这时就能大显身手。一个耐心说服人的领导者，能运用积极的语言使别人产生与他相似的感觉。

说服别人不只是使他同意你的观点，光是这一点还不足以使人改变自己。说服的过程应该是很讲究策略的，而且动机和态度必须正确。以下是供你在说服别人时应用的六项指导原则：

1. 热情是根本。只有自己深信不疑，才能说服别人。热情是内心信仰的外在表现。

2. 信心必不可少。领导人的信心能使下属相信他的主意。即使主意很好，如果在表达时缺乏信心，也没有多大说服力。

3. 明察秋毫。如果你不了解人们的信仰和感情，你无法使他们接受你的观点，你必须知道从何处入手。

4. 理由的作用很明显。你知道人们的背景之后，就要举出充分的理由使他们改变自己。

5. 讲道德。亚里士多德在谈到说服别人时提到三个要素：逻辑，这诉诸人的理智；同情，这诉诸人的感情；道德，这涉及可信赖性。有无可信赖性是以理服人的领导者和操纵别人的机会主义者之间的重要区别。

6. 爱心。你希望说服别人，就必须把他的最大利益放在心上，必须使他们明白你是这样做的。正如我多次说过的，人们在知道你如何关心他们之后，才在乎你了解他们多少。

领导人要有说服力，最关键的是要有理想，能与人沟通，能调动别人的积极性。如果你有一个对组织、对别人都有利的好理想，能使别人明白你的这个理想，又能动员别人为此行动起来，你就能成功。

长期采取居高临下领导方式的人，常常令人生畏。他们要求下属盲目服从；他们的交谈方式是单向的；他们常常要操纵一切，作风往往消极。好的一面是，他们想做的事情通常很快就能做成，而且是按他们的意思办；坏的一面是，他们的下属渐渐讨厌他们。在他们的领导之下，整个气氛令人提心吊胆，他的下属经常流失、换人。虽然，居高临下的领导作风不是好领导人应该经常采用的，更不能作为一贯的领导作风。但有时候这种作风挺有效。例如，在处理危机时，居高临下的作风是必需的。这就是军队中常采用这种作风的原因之一。士兵在战争中，必须随时立刻行动，不能问为什么，因为那是危机时刻。

领导经验不足的人以为领导就是下命令。他们以为不下死命令，就会导致无效果或打折扣，这根本不对。第二次世界大战时的将军，后来当上美国总统的德怀特·D. 艾森豪威尔说："领导别人不是靠打人家的头来实现的——那是攻击，不是领导。"最有效的领导风格是了解下属的感情和思想，运用与人沟通的熟练技巧。

有些领导人不喜欢与人商量。他们觉得"商量"这个词意味着不能接受的妥协，意味着他们要放弃不想失去的东西。但是与人商量的领导风格并不是一种失败的风格，而是一种自己胜利又帮助别人胜利的风格。

成功的商量型领导者在领导别人时总是希望创造一种三方共赢的局面。他希望他的机构、他的下属和他本人都获益。如果他能判断他的机构需要什么，看清他的下属想得到什么，又能把自己的想法传达给下属，他就能做到使三方均获利。

下面是七条谈判原则，可使你通过商量来成功地领导别人：

1. 确认你的目标是三方都赢。如果一个领导者在谈判过程中总是制造输家和赢家，他是无法运用好自己的谈判风格的。使别人在谈判过程中利益受到损失的领导，会令别人讨厌他、不信任他。如果一个领导人以使别人得益而闻名，那么别人会唯恐不及地紧跟他。如果必须确定哪一方先得益，善于商量的领导人会按下面的顺序办：组织第一，下属第二，最后是自己。

2. 谈判一开始就充满信心。一项任务开始时，你抱什么态度，这比任何别的因素更能影响任务的结果。如果你深信能创造出三方共赢的局面，你大概就能做到，如果你不相信，很可能就做不到。

3. 事前确定在什么情况下你要放弃谈判。没有任何一种谈判是要"不惜一切代价"进行的。只要你不认为你要放弃谈判，那么创造三方共赢的局面的可能性就会大大增加。

要防止谈判破裂，就要事先确定你在何种情况下才能终止谈判。从以下列出的几种情况中，你可参照这个表列出你自己的情况：

（1）态度不好。

（2）缺乏信任。

（3）一方赢，另一方输。

（4）只有付出，没有收获。

（5）受到威胁。

（6）一方有秘密不可告人。

（7）人身攻击或批评。

（8）无法沟通。

4. 对事不对人。围绕人而不是事进行的谈判，要么会破裂，要么造成有人赢有人输的局面。千万别让人身攻击成为谈判的内容。

5. 事前弄清对方想得到什么。因为你的目标是使人人获益，所以最好弄清每个人想要什么。谈判之前花点时间了解对方想得到什么，这样各方都会觉得容易谈，谈判进度也能快很多。谈判一开始，就让对方知道，所有问题都可以摊开在桌面上谈。如果一方面你努力使人人得益，另一方面新问题又不断地在谈判过程中被加进去，那么谈判是可能顺利进行的。

6. 提供多种可能的选择，然后才作决定。用商量的风格来领导下属，最大的优点是可以有多种选择，也能表现出灵活性。如果你带着预定的日程走向谈判桌，不愿意探讨多种选择，那么谈判往往会破裂，或产生输家。相反寻求多种选择的态度能增加灵活性和使每个人都成功的可能性。

7. 不要以一对一的让步做交易。有些谈判者出于公平的考虑而以一对一的让步做交易。就是说，他们认为如果你在某点上作了让步，对方就应在另一点上作让步。如果全部争议点都是对等的，这也许会有用，问题是它们不是对等的。你所做的一个让步可能等于对方做出的八个让步。正因为这样，最好不要每次给一方记一分。相反，各人为了当"赢家"需要得到什么，就给他什么，他也应做出他能接受的让步。用这种方法来创造人人得益的局面。为自己的立场和欲望做强力的注解，同时还要真心尊重追随者的意见和现实。要说明"为什么"以及"如何"，并且保证除非双方都获利，否则将继续谈判、继续说服。

领导者的耐性

领导者必须具有一流的耐性。他对人对事都应如此，即使追随者有许多缺点、麻烦不断，领导者也应克制，在面对暂时的障碍与阻力下，仍要保持前瞻性。总之，领导者应有耐性，同时还应坚守自己的目标。

美国杰出的领袖林肯就是一个很有耐性的人。这里让我们来看一个生动的例子。

美国南北战争的头几周，年轻俊美的麦克里兰将军带着二十门大炮和一架手提印刷机开入西维吉尼亚，打败了几名南军。这只是几场小仗罢了，但却是北方第一次打胜仗，所以显得意义非凡。麦克里兰更特意造成这种声势，他以手提印刷机发出几十份精彩又夸张的快报，向国民宣布他的成果。

再过几年也许他的荒唐行径会被人耻笑，不过在当时，战争是一件新鲜事，人民心慌意乱，渴望领袖人物的出现，所以他们十分听信这位青年军官对自己夸张的评价。国会决议感谢他，人民称他为"小拿破仑"。"牛径溪"之役惨败后，林肯把他请到华盛顿，担任"波多马克军"司令。

他天生是个领袖人物。兵士们看见他骑着白色战马奔驰而来，总会鼓掌叫好。何况他勇敢地接下"牛径溪"的败兵残将，加以训练，恢复其信心，建立其士气。这种事没有人干得比他好。到了十月，军队的规模已在西方世界数一数二。他手下的将士们个个斗志昂扬，渴望一搏。

　　人人都嚷着作战——只有麦克里兰例外。林肯一再催他出击，但是他不肯。他举办游行，大谈未来的计划，可是仅止于此——只是空谈而已。

　　他拖延、耽搁、找各种借口，硬是不肯前进。

　　有一次，他说军队正在休息，不能进攻。林肯问他军队到底做了什么事，会累得需要休息。

　　安蒂坦战役之后，李氏战败，麦克里兰手下的军队远比李将军的部队多得多。如果麦克里兰肯追击，也许就能够俘虏李氏的军队，结束战争。林肯一连几星期催他追击李氏——写信催、打电报催、派特使去催，最后麦克里兰竟说马儿累了，舌头疼，他无法行动。

　　半岛战役中，马格鲁德将军仅以五千兵力阻挡麦克里兰的十万大军。麦克里兰不往前攻击，只是筑起城垛工事，一再要求林肯加派人手。

　　林肯说："如果我真的派十万人去增援，他就答应明天开向李其蒙；等明天到了，他又拍电报说他探知敌军多达四十万人，没有后援他无法进攻。"

　　战争部长史丹顿说："如果麦克里兰手下有一百万士兵，他会发誓敌军有两百万，然后坐在泥地上嚷着要三百万人。"

　　一步登天的"小拿破仑"，像醉酒般乐昏了头。他自私自大到极点，称林肯和那班内阁阁员为"猎犬"、"薄命汉"、"我所见过的几只大笨鹅"……

　　麦克里兰对林肯十分无礼。总统来看他，他竟叫总统在前厅等上半个钟头。

　　有一次，他晚上十一点才回到家里，佣人告诉他林肯已经枯候数小时，等着要见他。麦克里兰由林肯坐着的房间门外走过，不理不睬地直接上楼，再派人对林肯说，他已经上楼睡觉了。

　　这件事被报纸大肆宣传，华盛顿人人议论不休。林肯太太泪流满面，求林肯撤换掉"那个可怕的空谈专家"。

林肯答道："太太，我知道他不对，但是在这种时候，我不能只顾虑自己的好恶。只要麦克里兰能为我们打胜仗，我愿意替他提鞋子。"

从中我们可以看出，林肯对麦克里兰可以说是非常有耐性的了。也正因为林肯有如此大的肚量，才导致他日后获得这么大的成功。同时还可以看出，一个优秀的领导人应该随时随地在不牺牲原则的条件下，对部下保持高度的耐性，这也是原则掌权术的要点之一。

领导者的风度

领导者在面对追随者的弱点时，应以委婉的态度处理，不应采取粗暴、强烈的手段。领导者应时时刻刻保持自己的风度。

下面让我们再来看一则生动的例子。由此见识，作为一位领导人是怎样以温和的风度和灵活的策略保住部下面子的事，而没有采取丝毫激烈的手法。

几年以前，通用电器公司面临一项需要慎重处理的工作：免除查尔斯·史坦恩梅兹担任某一部门的主管。史坦因梅兹在电器方面是第一等的天才，但担任计算部门主管却彻底的失败。然而公司却不敢冒犯他。公司绝对少不了他——而他又十分敏感。于是他们给了他一个新头衔。他们让他担任"通用电器公司顾问工程师"——工作还是和以前一样，只是换了一项新头衔——并让其他人担任部门主管。

史坦恩梅兹十分高兴。

通用公司的高级人员也很高兴。他们已温和地调动了他们这位最暴躁的大牌明星职员，而且他们这样做并没有引起一场大风暴——因为他们让他保住了他的面子。

让他有面子！这是多么重要，简直是极端重要呀，而我们却很少有人想到这一点！我们残酷地抹杀他人的感觉，又自以为是，我们在其他人面前批评一位小孩或员工，找差错、发出威胁，甚至不去考虑是否伤害到别人的自尊。然而，一两分钟的思考，一句或两句体谅的话，对他人态度作宽大地理解，都可以减少对别人的伤害。

下一次，我们在辞退一个佣人或员工时，应该记住这一点。

以下，柯维引用一封信的内容：

"开除员工并不是很有趣。被开除更是没趣。我们的工作是有季节性的，因此，在三月份，我们必须让许多人走路。

"没有人乐于动斧头，这已成了我们这一行业的格言。因此，我们演变成一种习俗，尽可能快点把这件事处理掉，通常是依照下列方式进行：'请坐，史密斯先生，这一季已经过去了，我们似乎再也没有更多的工作交给你处理。当然，毕竟你也明白，你只是受雇在最忙的季节里帮忙而已。'等等。

"这些话为他们带来失望，以及'受遗弃'的感觉。他们之中大多数一生都从事会计工作，对于这么快就抛弃他们的公司，当然不会怀有特别的爱心。

"我最近决定以稍微圆滑和体谅的方式，来遣散我们公司的多余人员。因此，我在仔细考虑他们每人在冬天里的工作表现之后，把他们叫进来。而我就说出下列的话：'史密斯先生，你的工作表现很好（如果他真是如此）。那次我们派你到纽华克去，真是一项很艰苦的任务。你遭遇了一些困难，且处理得很妥当，我们希望你知道，公司很以你为荣。你对这一行业懂得很多——不管你到哪里工作，都会有很光明远大的前途。公司对你有信心，支持你，我们希望你不要忘记！'

"结果呢？他们走后，对于自己的被解雇感觉好多了。他们不会觉得'受遗弃'。他们知道，如果我们有工作给他们的话，我们会把他们留下来。而当我们再度需要他们时，他们将带着深厚的私人感情，再来投效我们。"

宾州哈里斯堡的佛瑞·克拉克提供了一件发生在他公司里的事："在我们的一次生产会议中，一位副董事以一个非常尖锐的问题，质问一位生产监督员，这位监督员是管理生产过程的。他的语调充满攻击的味道，而且明显地就是要指出那位监督员的处置不当。为了不愿在他攻击的矛盾前被羞辱，这位监督员的回答含混不清。这一来使得董事发起火来，严斥这位监督员，并说他说谎。

"这次遭遇之前所有的工作成绩，都毁于这一刻。这位监督员，本来是位很好的雇员，从那一刻起，对我们公司来说已经没有用了。几个月后，他离开了我们公司，为另一家竞争的公司工作。据我所知，他在那儿还非常称职。"

安娜·马佐尼提供了她工作上非常相似的一件事，所不同的是处理的方式和结果。马佐尼小姐，是一位食品包装业的市场行销专家，她的第一份工作是一项新产品的市场测试。她说："当结果回来时，我可真惨了。我在计划中犯了一个极大的错误。整个测试都必须重来一遍。更糟的是，在下次开会我要提出这次计划的报告之前，我没有时间去跟我的老板讨论。

"轮到我报告时，我真是怕得发抖。我尽了全力不使自己崩溃，因我知道我决不能哭，而让那些人以为女人太情绪化而无法担任行政业务。我的报告很简短，只说是因为发生了一个错误，我在下次会议前，会重新再研究。我坐下后，心想老板定会训我一顿。

"但是，他只谢谢我的工作，并强调在一个新计划中犯错并不是很稀奇的。而且他有信心，第二次的普查会更确实，对公司更有意义。

"散会之后，我的思想纷乱，我下定决心，我决不会再让我的老板失望。"

假使我们是对的，别人绝对是错的，我们也会因让别人丢脸而毁了他的自我。传奇性的法国飞行先锋和作家安托安娜·德·圣苏荷依写过："我没有权利去做或说任何事以贬抑一个人的自尊。重要的并不是我觉得他怎么样，而是他觉得他自己如何，伤害人的自尊是一种罪行。"

可塑性

如果自己并不具有所有的答案和眼光，对追随者所表达的不同意见、判断和经历，应该给予肯定。

这里让我们来看一个可塑性的例子吧。

当西奥多·罗斯福当纽约州州长的时候，他完成了一项很不寻常的功绩。他一方面和政治领袖们保持良好的关系，另一方面又强迫他们进行一些他们十分不高兴的改革。以下是他的做法。

当某一个重要职位出缺时，他就邀请所有的政治领袖推荐接任人选。"起初，"罗斯福说，"他们也许会提议一个很差劲的党棍，就是那种需要'照顾'的人。我就告诉他们，任命这样一个人不是好政策，大众也不会赞成。"

"然后他们又把另一党棍的名字提供给我，这一次是个老公务员，他只求一切平安，少有建树。我告诉他们，这个人无法达到大众的期望，接着我又请求他们，看看他们是否能找到一个显然很适合这职位的人选。"

"他们第三次建议的人选，差不多可以，但还不太行。"

"接着，我谢谢他们，请求他们再试一次，而他们第四次所推举的人就可以接受了；于是他们就提名一个我自己也会挑选的最佳人选。我对他们的协助表示感激，接着就任命那个人——我还把这项任命的功劳归之于他们……我告诉他们，我这样做是为了能使他们感到高兴，现在该轮到他们来使我高兴了。"

"而他们真的使我高兴。他们以支持像'文职法案'和'特别税法案'这类全面性的改革方案，来使我高兴。"

记住，罗斯福尽可能地向其他人请教，并尊重他们的忠告。当罗斯福任命一个重要人选时，他让那些政治领袖觉得，他们选出了适当的人选，完全是他们自己的主意。

没有人喜欢觉得他是被强迫购买或遵照命令行事。我们宁愿觉得是出于自愿，或是按照我们自己的想法来做事。我们很高兴有人来探询我们的愿望、我们的需要以及我们的想法。

接 纳

领导者不应急于下评断，要谅解别人的缺点与过失，不要为了维持自我的价值而对他人予取予求，要能够站在他人立场来设想。

没有人比小约翰·洛克菲勒更能体会这番真理了。1915年，洛克菲勒是科罗拉多州最受人轻视的人。美国工业发展史上最血腥的罢工，在科罗拉多进行了两年之久。愤怒而粗暴的矿工，要求科州煤铁公司提高工资，该公司正属于小洛克菲勒所有。财物被破坏，军队来镇压并发生多起流血事件。罢工者被枪杀，尸体满布弹孔。

在那种充满仇恨的气氛下，洛克菲勒竭力使罢工者接受他的意见。他成功了。怎么办到的呢？事情经过如下。他先用了几个星期的时间去结交朋友，然后对工人代表演说。整篇演说就是一篇杰作。它创造了神奇的效果。它平息了要吞噬洛克菲勒的仇恨风暴，而且赢得了不少崇拜者。他提供事实的态度，友善地使罢工工人回去工作，绝口不谈提高工资的事。

这是那段著名演说的开场白，请注意他在字里行间所流露的善意。

要知道，洛克菲勒演说的对象，前几天还想把他吊死在酸苹果树上，但他的话甚至比面对一群传教士还要谦逊和蔼。他的演讲用了这些句子，像"我能到这儿来很荣幸"、"我去过你们的家庭"、"见过各位的妻儿"、"今天我们都是以朋友而不是陌生人的身份在此会面"、"友善互爱的精神"、"我们共同的利益"、"我能在此，完全靠了各位的支持捧场"。

"今天，是我一生中值得纪念的日子，"洛克菲勒开始说，"这是我第一次有幸与这家伟大公司的劳方代表、职员和监工齐聚一堂。我可以告诉各位，我很荣幸到这儿来，而且有生之年将不会忘记这场聚会。这场聚会若在两星期以前召开，我对这里的大多数人一定很陌生，我只认得几张面孔。上周我有机会到南区煤矿所有的工棚去看了一遍，并且和各代表有过个别谈话，除了不在场的代表外，我统统见过了；我拜访过你们的家庭，见过各位的妻儿，今天我们都是以朋友而不是陌生人的身份在此会面，是我们之间已经有了友善互爱的精神，我很高兴有此机会和各位一起讨论有关我们共同的利益问题。

"既然聚会本来是由厂方职员和劳工代表共同参加，我能在此，全靠各位的支持捧场。因为我既非员工代表，也不是劳工代表；然而我深深觉得，我跟你们关系十分亲密，因为就某一点来说，我代表了股东和董事们。"

这不是一段化敌为友的绝佳例子吗？

假如洛克菲勒用另一套方法。假如他和工人们争辩，用严重的事实来吓唬他们，假如他用暗示的语气指出他们错了；假如用逻辑法则证明他们错了。那会发生什么事呢？只会有更多的愤怒、更多的仇恨和更多的反抗罢了。

如果一个人的心里对你已经满怀恶意和反感，你搬出各家各派的逻辑学，也没法使他信服。挑剔的父母、盛气凌人的上司和丈夫以及唠叨的太太们都要了解，人们不喜欢改变自己的看法，他们不可能被强迫或被威胁而同意你的观点，但他们会受到和蔼而友善的态度的开导。

领导者的仁慈

领导者应该心怀仁慈，具有敏锐、关爱、体贴的秉性，要牢记双方关系中的小细节，因为这可能将产生重大意义。

比如一家电子仪器厂的部门主管吉姆·哈顿就因为关心职工的疾苦而使生产效率大为提高。

事情是这样的。一天，吉姆在下班时碰巧听到了两个女工的对话。

"这个工厂搞得我疲乏不堪，其实并不是很累，只是它使我的脚踝得相当的疼。"

"我也一样，所不同的是我必须不停地弯腰，这使我的脖子像抽筋一样。我不得不干一会儿歇一会儿。"

这段对工作不满的对话使吉姆不得不重新思考他的部门工作情形。

其实，吉姆的部门中的女工，从事的都是些比较轻松的装配工作，本应不会有人感到过分劳累才是。突然间吉姆想到：抱怨脚痛的那个女工个子矮小，而抱怨脖子抽筋的那位则是个瘦高个，是她们的身材不适合工作台的高度而产生了身体不适。

因此，他想出了一个好主意，并要求他的助手亚尔下班后多留一会儿，和他一起把整个部门的工作岗位重新分配一下。

第二天早上，女工们发现整个部门都重新安排过了。所有高个子的、中等身材的、矮个子的女工们，分别被安排到她们自己的新位置上。

亚尔帮助她们调整了桌椅高度，所有的灯具、搬运箱的摆设、悬挂的气压螺丝推进器以及其他的各种工具都适当地调整过了。

结果，再也没有人抱怨工作令身体不适，生产效率也大大提高了。

也许你认为是合理的，但这仅仅是领导者的自以为是。多在下面走走、看看员工是怎样说的。我们领导者该为他们做些什么。因为每个人的状况千差万别。关心别人，也就是在为提高工作效率做工作。

开明的心胸

优秀领导者应探索追随者的真正潜能，并尊重他们的现况。不论他们拥有、控制或表现了什么，全心全意了解他们的意图、愿望、价值与目标，决不轻易反对人家的意见，也不仅仅看重表面的行为。

让我们来读富兰克林自传中的一小节，领会一下"开明的心胸"吧。

有一天，当富兰克林还是个毛躁的年轻人时，一位教友会的老朋友把他叫到一旁，尖刻地训斥了他一顿，情形大致如下：

"班，你真是无可救药。你已经打击了每一位和你意见不同的人。你的意见变得太珍贵了，弄得没有人承受得起。你的朋友发觉，如果你不在场，他们会自在得多。你知道的太多了，没有人能再教你什么；没有人打算告诉你些什么，因为那样会吃力不讨好，又弄得不愉快。因此你不可能再吸收新知识了，但你的旧知识又很有限。"

富兰克林接受了那次惨痛的教训。他已经够成熟、够明智，以致能领悟也能发觉他正面临社交失败的命运。他立即改掉傲慢、粗野的习性。

"我立下一条规矩，"富兰克林说，"决不正面反对别人的意见，也不准自己太武断。我甚至不准许自己在文字或语言上措辞太肯定。我不说'当然'、'无疑'等，而改用'我想'、'我假设'、'我想像'一件事该这样或那样；或者'目前我看来是如此'。当别人陈述一件我不以为然的事时，我决不立刻驳斥他，或立即指正他的错误。我会在回答的时候，表示在某条件和情况下，他的意见没有错，但在目前这件事上，看来好像稍有两样等等。我很快领会到改变态度的收获，凡是我参与谈话，气氛都融洽得多了。我以谦虚的态度来表达自己的意见，不但容易被接受，更减少了一些冲突；我发现自己有错时，也没有什么难堪的场面，而我碰巧是对的时候，更能使对方不固执己见而赞同我。"

同样的，在美国南北战争时，罗伯特·李将军有一次在南部邦联总统杰佛生·戴维斯面前，以极为赞誉的语气谈到他属下的一位军官。在场的另一位军官大为惊讶。"将军，"他说，"你知道吗？你刚才大为赞扬的那位军官，可是你的死敌呀。他一有机会就会恶毒地攻击你。""是的，"李将军回答道，"但是总统问的是我对他的看法，不是问他对我的看法。"

的确，诚如耶稣两千年前说过一样："尽快同意反对你的人。"如果一位领导者具有如此开明的心胸，那他一定会掌握一流的领导艺术并成为一流的领导人。

温和的指责

在真心关怀与温暖的心境下，谅解追随者的错误和他调整步伐的过程，让追随者愿意承担风险。好的领导者深谙此道。他犹如一个理发师，在给客人刮脸前，先必在客人脸上涂上肥皂沫。换句话说，就是他在批评或指责他人时，必先表扬他人。

理发师在刮脸前，先在客人脸上涂上肥皂沫；而麦金尼远在1896年竞选总统时，就曾采用了这种方法。当时，共和党一位重要人士写了一篇竞选演说，以为写得比任何人都高明。于是，这位仁兄把他那篇不朽演说大声念给麦金尼听。那篇演说有一些很不错的观点，但就是不行。很可能会惹起一阵批评狂潮。麦金尼不愿使这人伤心，他一定不可以抹杀这人的无比热忱，然而他却又必须说"不"。请注意，他把这件事处理得多巧妙。

"我的朋友，这是一篇很精彩而有力的演说，"麦金尼说，"没有人能写得比你更好。在许多场合中，这些话说得完全正确；但在目前这特殊场合中，是否相当合适呢？从你的观点来看，这篇演说十分有力而切题，但我必须从党的观点来考虑它所带来的影响。现在你回家去，根据我的提示写一篇演说稿，并且送我一份副本。"

他真的照办了。麦金尼替他改稿，并帮他重写了第二篇演说稿，他后来终于成为竞选活动中最有力的一名演说者。

下面这一封信是林肯总统所写的，也是他所有信件当中第二著名的。（他最著名的一封信是写给比斯比夫人，为她的五个儿子都在战争中丧生而表示难过。）林肯可能只花了五分钟就把这封信写成，然而它在1926年的一次公开拍卖中，却以一万两千美元的高价卖出。顺便提一下，这笔钱的数目比林肯辛苦工作五十多年的积蓄还要多。

这封信，是在1863年4月26日南北内战最黯淡的时期中写成。一连十八个月，林肯的将领们带领北军作一次又一次的悲剧性撤退。除了无益、愚蠢的人类屠杀之外，什么都没有，举国震惊。数千名士兵自军中开小差逃亡；甚至共和党的参议院议员也起而反叛，希望迫使林肯离开白宫。"我们现在处于崩溃的边缘，"林肯说，"对我来说，似乎连万能的主也跟我们过不去。我看不到一丝希望。"就是在这种黑暗的忧愁及暴乱中，出现了这封信。

我把这封信印在这儿，因为它显示林肯如何尝试改变一位胡闹的将军，当时国家的命运也许倚靠在这位将军的行动上。

这可能是林肯当选总统之后亲笔所写的一封最严厉的信，不过，你可以注意到，他先赞扬胡克将军，然后再提到他的严重过失。

是的，那些过失是很严重，但林肯并不那么说出来。林肯较为保守，他的指责自然也较为温和。林肯写道："在有些事情上，我对你不太满意。"多机智的说法！

以下就是他写给胡克少将的信：

"我已任命你为波托马克的陆军首长。当然，我之所以这么做，对我来说，有很充足的理由，不过，我认为最好还是让你知道，在有些事情上，我对你不太满意。

"我相信你是一名勇敢而战技纯熟的军人，当然，我十分欣赏你。我同时相信，你不会把政治和你的职业混为一谈，你这样做是对的。你对自己很有信心，如果这不是一种不可或缺的个性，也必定是极有价值的美德。

"有野心，在适当范围之内，好处多于害处。但我认为，在伯恩塞将军指挥军队期间，你曾表现出你的野心，而尽可能反对他，你那样做，对国家和一位功劳最大的友军荣誉军官来说，是极大的错误。

"我曾听说——由于言之凿凿使我不得不相信，你最近曾说，军队和政府两者都需要一位独裁者。当然，并不是为了这个，而是由于我不予理会，我才赋予你指挥权。

"只有那些有成就的将领，才可以被尊为独裁者。我现在所要求你的是军事上的胜利，我甘冒独裁的危险。

"政府将尽一切力量来支持你，政府在过去和将来对所有指挥官都是如此支持。我十分害怕你以前带到军中来的那些精神：批评长官、不信任长官，现在可能就会报应到你头上。我将帮助你，尽我一切的力量将之扑灭。

"当这种精神盛行于军队中的时候，不管是你或拿破仑——如果他又再度复活的话，都无法指挥军队。现在你要注意，不可轻率从事。注意，不可轻率，但要以充沛的精力和不眠不休的警觉精神向前推进，把胜利带回来给我们。"

正直的一致性

一位真正高级的领导人有他一整套价值准则、行为规范，人格的镜子反映出他的本质和他的未来。正因如此，他才不会在不顺利时，使用操纵的手腕。

他是正直的。他言行一致，一心一意为他人着想，没有欺骗、占便宜或操纵的恶意或欲望。在追求一致性的过程中，他经常检讨自己的内心。

让我们来看一个例子吧。在这个例子中我们会看到塔虎脱总统是怎样秉公办事并富于同情心的。他为我们最好地树立了一个按原则办事的领导人的正直形象。

每一个入主白宫的人，几乎每天都要遇到棘手的做人处世问题。塔虎脱总统自然也不例外，而他从经验中学到，"同情"在中和酸性的狂暴感情上，有巨大的化学价值。塔虎脱在他的《服务的道德》一书中，举了一个例子，详细说明他如何平息一位既失望又具有野心的母亲的怒气。

"一位住在华盛顿的夫人，"塔虎脱写着，"她的丈夫具有一些政治影响力，她跑来见我，缠了我六个多礼拜，要求我任命她儿子出任一项职位。她得到许多参议员及众议员的协助，并请他们一起来见我，重申对她的保证。这项职位需要承担者具备某些技术条件，于是我根据该局局长的推荐，任命了另外一个人。然后，我接到那位母亲写来的一封信，批评我是世界上最差劲的人，因为我拒绝使她成为一个快乐的妇人，而那对我来说只不过是举手之劳而已。她更进一步抱怨说，她已跟她的州代表商讨过了，将投票反对一项我特别感兴趣的行政法案，她说这正是我该得到的报应。

"当你接到像这样的一封信时，你马上会想，怎能跟一个行为不当甚至有点无礼的人认真起来。然后，你也许会写封回信。而如果你够聪明的话，就会把这封回信放进抽屉，然后把抽屉锁上，先等上两天——像这类的书信，通常要迟两天才回信——经过这段时间，你再把它拿出来，就不会想把它寄出去了。我采取的正是这种方式。于是，我坐下来，写一封信给她，语气尽可能有礼貌，我告诉她，在这种情况下，我很明白一个做母亲的一定十分失望，但是，事实上，任命一个人并不只是凭我个人的喜好来决定，我必须选择一个有技术资格的人，因此，我必须接受局长的推荐。我表示，希望她的儿子在目前的职位上能完成她对他的期望。这终于使她的怒气化解，她写了一张便条给我，对于她上次所写的那封信表示抱歉。

"但是，我送出去的那项任命案，并未立刻获得通过，经过一段时间之后，我接到一封声称是她丈夫的信，虽然，据我看起来，笔迹完全一样。信上说，由于她在这件事情上过度失望，导致神经衰弱，病倒在床上，演变成最严重的胃癌。难道我就不能把以前那个名字撤销，改由她儿子代替，而使她恢复健康？我不得不再写一封信，这次是写给她的丈夫。我说，我希望那项诊断是不正确的，我很同情，他的妻子病得如此重他一定十分难过，但要把送出去的名字撤销，是不可能的。我任命的那个人最后终于获得通过，在我接到那封信的两天之后，我在白宫举行一次音乐会。最后向塔虎脱夫人和我致意的，就是这对夫妇，虽然这位做妻子的最近差点'死去'。"

正统权力的原则和理想

正统权力的原则和理想是塑造伟大领袖的最重要因素，但在日常生活经验中却鲜少被发现。甘地曾针对这个问题说过："我只不过是个普通人，能力也不如一般人。我并非高高在上，我是一个务实的理想主义者。对于我费尽心思才达成的目标，我并不沾沾自喜。只要付出同样的心血，并培养相同的希望与信念，我相信每个人都能和我一样。"

借选择而活用正统权力原则的领导者，在要求别人时会更加谨慎，却也更具信心。进一步了解权力与领导之间的关系后，领导者不须用强迫手段就能领导他人；而影响他人的能力，也会与日俱增；随着智慧增长，领导者的心灵将会沉稳平静。

愈能得到他人真正的尊敬与重视，正统权力也愈强。领导者如何与他人相处（包括真正与想象的意图、交际手腕与人际关系），将决定追随者对他尊敬的程度，而双方关系中的正统权力也会随之消长。能受到尊敬就能拥有权力。

第十章　影响力
——领导的本质

　　我们知道，小胜利可以由一个人单枪匹马夺得，然而那种带来最后成功的伟大胜利就不可能靠一个人夺得了。要获得这种胜利，必须有其他人参与。而当你开始动员他人与你一道奋斗时，你就跨进了领导者的行列。

　　而领导者的领导才能是至关重要的。什么是领导才能呢？一句话，领导才能就是影响力，真正的领导者都能影响别人，让别人追随自己、使别人加入进来，跟他一道干。

　　柯维认为：在个人和职业生涯中，我们都想对某些人发挥正面影响力。我们的动机可能是要做生意、保有客户、维持关系、改变行为，甚至是改善婚姻与家庭的关系。

　　但该如何做呢？我们如何能够影响他人的生活？柯维认为基本的影响力形态有三种：1. 以身作则（别人观察）。2. 建立关怀关系（别人感觉）。3. 亲自教诲（别人聆听）。

领导才能就是影响力

　　领导才能究竟是什么？沃伦·G. 本尼斯说："领导才能就是把理想转化为现实的能力。"从广义上说，这是对的。一个领导者确实能把理想变成现实，但必须加入另一个重要因素——其他人。一个领导者不但通过自己的努力，而且通过别人的努力实现理想。

自以为自己是领导人，但没有人追随的人，不过是空想了一回。

《韦氏新世界英语词典》给"领导才能"下的定义是"领导者的地位或指挥能力；领导的能力"。这个定义不大管用。事实上，这个定义会强化一般人对领导才能的一种误解。许多人以为领导人是从他的地位或头衔中得到权力的。他们以为老板有地位，就能领导人，经理有头衔，就能领导人。但那不是领导才能的真正本质。一个只会在自己位置的狭窄范围内指挥别人的人，不能算作真正的领导人物。正如约翰·怀特说的："人们追随的不是某个计划，而是能鼓舞他们的领导人物。"

"领导才能"的最佳定义是："领导才能就是影响力。"真正的领导者是能够影响别人，使别人追随自己的人物，他能使别人参加进来，跟他一起干。他鼓舞周围的人协助他朝着他的理想、目标和成就迈进，他给了他们成功的力量。

领导能力首先是一个人的个性和洞察力——他作为一个人的最核心的东西。正如领导才能研究专家绅雷德·史密斯说："领导人物走在队伍前面，并且一直走在前面。他们用自己提出的标准来衡量自己，并且也乐意别人用这些标准来衡量他们。"最好的领导人物就是能不断成长、发展、学习的人。他们愿意付出当领导人物的代价：为了能不断提高自己的水平，扩宽自己的视野，增加自己的技巧，发挥自己的潜能，他们会做出种种必要的牺牲。他们通过自己的努力变成受别人敬仰的人。

有良好个人品质的可信赖的人，比没有受人敬仰的品质的人更有可能成为领导人物。但单靠良好的个人品质还不能成为领导人物。这些品质还必须与能积极与人沟通的能力结合起来。领导人物与别人建立良好的人际关系，开始关怀别人，学会与别人交谈和调动别人的积极性。积极思维方式、个性、理想、与别人沟通和激发别人积极性的能力是构成领导才能的基本要素。

以身作则的领导者

一位领导者应避免口出不礼貌或负气的话，尤其是在受到刺激或疲惫不堪时。这时，能避免话中带刺，是自我控制的最高表现。发挥这项特质需要极大的勇气，若无法控制自己可能会将我们的沮丧传到他人身上。我们需要找寻足以成为楷模的新模范和事例，以学习如何赢得内心的胜利，培养前瞻性和控制力，克制突发厥词的冲动。

一位领导者应培养对他人的耐性。饱受压力时，耐性就会受到考验。我们会言不由衷，完全与事实脱节。我们可能会变得闷闷不乐，沟通时过度情绪化，而不是以冷静言语去批评、判断或拒绝。回馈我们的只是受伤的感情与紧绷的关系。耐性是信仰、希望、智慧与爱心的具体表现，是一种积极的情感，而不是漠视、沉默的忍耐或消极退缩。耐性是情感上的勤勉，能逐步地接受现实过程，符合自然成长的规律。生活中有无数的机会让我们体验耐性（活动我们的情感纤维），如等候迟到的人或飞机，在嘈杂声中安静地倾听子女的感受。

榜样能给人巨大的影响，每个家长都明白这个道理。有哪个父母没吃惊地听过他们经常说的话从他们学龄前的子女口中说出来，你只是说服他们"照我的话，而不是按照我的做法去做"。但子女长到 10 岁以后，他们开始按父母的行为去做，而不管父母怎么说。

即使成年人也会深受别人榜样的影响。有人做了一件我们赞许的好事而且我们明白他这样做的原因和方法，我们自然就想照他的样去做。积极的榜样能促成积极的行动。

美国前副总统休伯特·H. 汉绅莱说："我们不应该一个人前进，而要吸引别人跟我们一起前进。这个试验人人都必须做。"他看出来，以身作则可以成为领导者的一股强大的力量。与你并肩前进的人总是比跟在你后面走的人更努力，也走得更远。

在另一方面，虽然我们对某人不表赞同，但应对事不对人。要尽力协助他人建立内在价值和自尊，而不要轻易地说别人这也错那也错。

西奥多·罗斯福在任职总统期间曾说，如果他能在75%的事情上正确，那么他就达到了自己的最高期望；卡耐基先生则说，如果您能在55%的事情上正确，那么就可以去华尔街谋事，一天可以赚一百万美元，您能做到吗？如果不能确保55%的正确性，那您为何要指出同僚的错呢？

在谈话中，您尽可以通过眼神、声调或别的什么告诉您的同级他错了，这与直接用语言文字说明一样。而您如果说他们错了，那您还希望他们与你一致吗？绝不可能，因为你们是同级，而你对他的智力、判断、自豪、自信给予了迎头一击，他考虑的是如何寻求反击，而不是考虑您的建议。当您面对同级领导者的时候，千万不要这样说话"我将向你证明这个或那个"。这不好，这等于说"我比你聪明得多，我将开导你，使你改变主意"。对于这种挑战，几乎所有的谈话对象都会因此而产生对抗情绪，并在你们谈到正题以前就想与您争辩一个高低上下，或许您的同级真的应当接受这个建议，但不要使他感到自己是在被教育，对于他不知道或做错了的事情，要当作他忘掉的事提醒他，如果能够的话，您当然可以比同僚更聪明，但却决不可以对他们这么说，否则，您的敌人阵营中将再增加一员。

如果您知道某人确实错了，便直截了当地向他指出，那会是什么结果呢？卡耐基先生曾举过这样一个例子：一位年轻的纽约律师埃斯先生，在美国最高法院为一件极重要的案件进行辩护，这个案件牵涉到一笔巨款和一个重要的法律问题。争论中，最高法院的一位法官对他说："海事法的诉讼时效法令规定是六年，不是吗?"埃斯先生停住,盯着法官一会儿,然后直接地说:"阁下,海事法没有诉讼时效法令。"这位先生后来提起这个经历时,说:"法庭立即沉寂下来,室内温度似乎一下降为零,我是正确的,但谈话的方式错误,法律在我一边,我这次辩护比以往任何一次都更好。然而,我并未说服他们,我犯了一个大错,那就是对一名有学问、有地位的人说他错了。"

没有几个人能讲究逻辑,我们大多数人都受偏见和成见的影响,看问题多先入为主,带有嫉妒、猜疑、戒备、傲慢等成分。您的同级也是这样,因此,在与他们的谈话中请使用一点技巧或手腕,不要向他们指出他们错了,更不要激怒他们,这将有助于您达到目的。早在两千年前,基督就说过:"尽快与你的对手取得一致。"

善举不为人知

一位领导者行的善举而不为人知,会提升我们内在的价值和自尊。同时,为他人服务而不求回报或知名度,也可以进一步了解他人的价值观。无私的服务一贯是培养影响力的最好办法。

美国的凯姆朗公司是一家很小的公司。它的业务只不过是为用户住宅内的草坪施肥、喷药。但它的经营思想、管理方法却十分独特,吸引了一大批学者去研究。很多人对它的经营思想和管理方法推崇备至,称它是唯一真正以"爱的精神"经营企业的公司。

正是这种"不合常规",强调"爱的精神"的经营思想和方式,使公司的发展取得了意想不到的效果。

凯姆朗公司 1969 年开业时只有 5 名职工、2 辆汽车。到了1978 年,已有5000 名职工,营业额达到 3 亿美元。

公司发展的成绩归功于公司的创始人杜克,正是他创造了"不合常规",以"爱的精神"经营企业的思想和方式,并把它一直坚持下来，才使公司发展取得如此好的成绩。

杜克就经常对属下提供匿名服务，行善举而不为人知。

一次，他要在佛罗里达的沙滩上修建职工度假村，财务人员劝阻了他。后来，杜克瞒着公司的高级管理人员，买下一条豪华游艇，让职工度假，又包租了一架大型客机，让工人去华盛顿旅游。

后来，一位负责财务的副总裁说："杜克要我签字时，根本不知道我是否付得起这笔钱！可是我看到那些从未坐过飞机的工人上飞机时的表情后，我再也无话可说。"

领导者的主动性

主动性意即行动。正如拿破仑所说的："花点时间深思熟虑，一旦行动的时刻到来，就中止思考，付诸行动。"也正如拉尔夫·沃尔多·埃默生所说的："如果好的思想未被表达出来，那未必胜过梦想。"

宁次武田的主动性帮助日立创立了蒸蒸日上的光电子产业，因为他是从半导体激光器着手采取行动的。当武田于1970年第一次来到公司研究实验室时，他不能使日立厂家对半导体激光器商品化感兴趣，因为激光器难以制配。发明激光器的通用电气公司确实已经退出了该领域，就是因为这些制配问题。但武田不愿意让别人的失望使他改变初衷。他列了一张能够在自己工作台上按规定要求制造的半导体激光器目录，并把复印件寄到IBM公司、贝尔电话公司、施乐公司以及佳能公司，它们都定购了激光器。带着这些订单，武田说服了日立一家生产集成电路片厂家的厂长着手生产激光器。至1992年，日立占领了特殊激光装置全球市场的60%。这些特殊激光装置主要用于穿越各洲光纤电话网络的AT&T公司以及其他公司。

与主动性相反的就是正襟危坐地考虑该做什么，却不采取行动。不管有什么最佳的意向、注意力和鉴别力，没有行动即预示着要输给那些积极采取行动的领导者。俗话说得好："犹豫不决者是饭桌上的佳肴!"

就在乔治·布什同意提高税收之后，在 1990 年 7 月的《美国新闻和世界报道》的专栏中，政治顾问戴维·格根指出公众不会忘记作为候选人的布什邀请美国公民倾听他的演说时他讲得那么愤世嫉俗的样子。但是，格根认为，如果布什勇敢行动，人们是会原谅他的。他提议，如果布什采取必要措施达成协议，并彻底解决预算问题，他就会免受责备。格根称之为"解释时机"。但是，布什没有采取行动对这一时机做出反应，相反，他指责国会在预算困境中充当了请愿的唱机。在国内经济战线方面不采取任何行动，一直困扰着布什之后的总统生涯。在 1992 年 11 月 3 日，选民们不再支持他，拒绝他再连任 4 年时间。

主动性驱使领导者们看出别人未看出的事物，并实施启示性行动来取得追随者的信任。主动性是意向、注意力和鉴别力的最终结果。主动性又回归意识，并激励领导者自身重新产生领导意向。主动性再把注意力集中到可能发生的事情和解决问题的办法上。然而，为什么我们常知易行难？因为我们忽视了"知道"与"行动"之间的关联，我们并未选择主动的做法。做选择先要具备前瞻性，然后才能决定我们的行动与回应。选择意即为自己的态度和行为负责，不再诿过给他人或环境。这需要经过一番内心的挣扎，经过一段相互冲突和对抗的过程才能下决定。除非我们能发挥明智的抉择，否则我们的行为将受制于环境。主动选择的极致表现，是有权利和力量决定别的人或事来如何影响我们。

相互信任与信守承诺

在取得你想从生活中得到的东西时，无论你取得什么成就，主要取决于那些对你有信心，并信任你的人。

要意识到这一点，你所需要做的一切就要想一想你是怎样找到最好的工作的，或者回忆你是怎样第一次遇到你最真挚和最有趣的朋友的。想一想你最满意的生活经历，你参加的俱乐部或协会或兄弟会，你做成的交易，或者与其他人的任何使你获得成功的关系，那么你就会发现，几乎在每一种情况下，你都是受到某个对你有信心，或相信你的人的提携和帮助的。

任何人都知道，当你有一些愿意为你两肋插刀、患难与共的好朋友时，你在所有的人际关系中就趋于成功。

你也许在业务上很内行，但是假如在你的单位里没有人提携奖掖你，你就不会有多大发展的。如果你在单位以外也没有人提携你，你就不会找到许多吸引人的工作机会。

假如你是个家庭主妇，在你生活的社区环境里没有人帮助你，你就会发现你漏过了许多有趣的俱乐部和社交活动。

就像威尔福雷德·方克最近在玛莎迪思一个广播采访中说的："假如人们不喜欢你，他们会完全抛弃你。假如他们喜欢你，他们会处处为你设想。"他还引用了著名的通用汽车公司的科学家查尔斯·E. 科特林的话："成功的百分之九十是协调人际、和谐共济带来的，只有百分之十才是技术的突破改进带来的。"然后方克先生接着说："每一个人在学校就应学习的最重要的一门课是如何与人处好关系。"

另外，许下承诺并信守承诺，你将赢得对他人的影响力。但切莫做出无法达成的承诺。只有那些有自知之明的人可以选择信守承诺。言出必行的能力，可衡量出自己的信心和诚意。

扩大影响，关心他人

把影响力放在我们所能控制的事物上，将可以扩大我们的影响圈。改变行为和思考的习惯，能解决可直接控制的问题。间接控制的问题，则需要改变用影响力的方式。例如，我们常抱怨："如果老板能了解我的计划和问题……"但只有少数人会花时间准备，让老板愿意聆听、触及老板心思的业务报告。詹姆斯（William James）说过："改变态度，就能改变环境。"

人的内在是很脆弱的，尤其是那些外表看似坚强与自足的人。我们若能倾心聆听，他们也会言无不尽。若能表现关怀，特别是无条件的爱心，会给他人一种内在价值和安全感，并更能加强对别人的影响力。许多人借助外表、地位象征、成就和人际关系获得安全感与力量，但借来的力量终究不足。缺乏爱心、只懂得虚与委蛇的人，即使能呼风唤雨，也无法让人信任。

SMZ 公司的总经理玛丽女士是一位非常有个性的女强人，她工作上热情高、能力强，年轻漂亮，充满一种健康向上的力量，在事业上也是一位非常成功的企业家。纵观她的优点，最大的长处是她总是那么谦虚，关心人、待人体贴，尤其是对下属更是如此，从不刻意地去表现自我。

有一位采访过她的记者曾这样生动地写道："不论你来自何方，只要有机会与她相处，她总是把你当作她屋里唯一的重要客人。当你与她说话时，她的眼神、语言总会让你忘了面对的是一位赫赫有名的总经理，而以为是与你亲密相伴的朋友。她会认真地倾听你的意见，让你大胆地发表自己的意见和观点。如果有别人在场，她并不会因为你仅是一名年轻的业务员或打字的秘书而怠慢你，仍然把你当作她的朋友一样热情对待。"

这种与人为善的优点，将弥补她身上的一些缺点，这也是她成功的诀窍所在。

人们总这样认为，公司的老板如果谦虚了，反而不好。其实这种想法是不客观的。事实上，不少成功的经理，待人接物总是那样谦虚随和，并非常人所想的那样。IMG 公司的总经理在召开董事会时，总是想方设法把公司的成功归于副总经理，从不独享，虽然这些取得业绩的决定绝大多数都是他出的。这正是他高明之处。

这种优点和管理的妙方，对于任何人来说，都是可以学到的，并不那么深奥。谦虚待人对于任何级别的经理来说，都是应该充分掌握的一种有效的管理手段。

信　任

信任别人会产生极佳的效果。假设每个人都极力想要有所表现，你就可以发挥更大的影响力，激发出他们最好的一面。我们在处理复杂易变的事务时，往往会产生不安全感与沮丧。于是尝试对别人贴上标签，以利判断或评估。每个人都有各种面貌与潜能，有的清晰，有的模糊。不同的对待方式，他们就有不同的反应。有人会让我们失望或占我们便宜，认为我们天真好欺骗，但只要我们相信他们，多数人都会真心对待。别因为一颗老鼠屎而坏了一锅粥，只要动机纯正、对人信任，别人也会报之以礼、待之以诚。让我们来看下面的例子。

帕特·佛伦经营着一家广告社，在开业的三年里，《广告时代》提名佛伦·麦克艾利哥特·雷斯为那年最佳的广告社。这个荣誉相当于在文学院评奖中大获全胜。对一个开业不久的广告社而言，这是个前所未闻的荣誉，并且广告社并不是设在纽约或者洛杉矶，而是在"人们只从飞机上经过的"中西部。

佛伦的管理风格完全适合他手下那些精神脆弱但有创造能力的人，不过，这些人在穿着方面却不讲究。如果他强行规定职员穿白衬衫的话，那整个公司会在一刻钟里一走而空。但他有这一行业中每个人都有的共同问题，即制造优质产品，他的解决办法是给个人自由因而也把个人责任扩大到前所未闻的最大程度。

佛伦明白，在他的企业中——在你的企业中也同样，尽管你还不完全明白——人们所追求的不只是金钱，还有认同、信任、赏识和创造自由。佛伦满足雇员们的需要，雇员回报他的是他所需要的——广告业中最优秀的产品。

佛伦从不发号施令，他通过努力工作和平易近人来推进创作过程。在广告业中，你的财产就是各种想法，它们来源于任何人任何地方，美术指导有能力写出好的广告文字，正如广告文字撰稿人能用图解表示概念。保持想法源源不竭的关键在于每一个人都感到能自由奉献意见的气氛，这种气氛要求一个没有隔阂的环境。这就是当你拿起电话找佛伦，就会给你接通，中间没人问你是谁或你有什么事。在很少几个年收入达一亿美元的企业中，你可以不用通过接线员和三个秘书就能直接与老板通电话，虽然佛伦可能并不想与保险代理人和证券经纪人通话这么多，但这只是为了在美国创建一个最优秀的广告社所付出的一点小小的代价。

不管你搞什么企业，想要成功，经营者必须创造一种使雇员最有效地工作的环境，如果你在管理中损害他们的自由和自发感，而只让他们关心细节，那是不够的，你必须彻底地理解他们，不仅给予他们你所需要的东西，而且给予他们每人内心所需要的东西，才能使他们做出更大贡献。

观察一下那些离开你的公司却在他自己的企业里获得成功的人们，很可能他们离开不只是为了金钱，他们需要发挥他们自己风格的机会，给他们机会，认同信任和赞赏吧，十有八九他们不会离开了。最近我们听到许多关于公司内部企业家的谈论，但它并不是什么资本主义新形式，它不过是一种旧的想法，想使有才能的男女处于仅次于合伙人的地位，一种使雇员成为他自己的公司的总裁，而不是失去他。

沟通时的"了解"

先了解别人，再求别人了解。这是沟通的至关重要的步骤。

此外，与别人沟通时，需要全神贯注、全心投入，必须要认同对方的感情，以对方的观点看问题，这需要耐心和内在的安全感。除非别人认为你了解他们，否则不会接纳你的影响力。

下面让我们来读一段麦凯有关"了解"的具体论述：

推销员尽可能多地了解顾客的典型策略是从熟悉名字开始，然后逐步发展到使用工具，例如使用"麦凯 66 问"。现在让我们看一看企业家能怎样发展这一策略。再让我们以一个具体故事来说明。

一个政客是一个道地的企业家。他独自亮相，并没有什么社团、身份要加以隐藏。至少在水门事件之前，政治完全不是 19 世纪企业的那种任意抢劫、弱肉强食和不择手段。竞争者全身心投入争斗，赢者拿到全部。

一个职业的政客既善于谆谆劝诱，又熟练地把握市场的戏法骗局。任何人只要能在政治上成功，通常他就能在任何方面得到成功。

第一次遇见赫伯特·胡姆利时，柯维刚从学院毕业。他艰苦地啃了四年书本，也在高尔夫球上花了许多时间，并成为一名相当不错的院队队员，他企图向父亲说明：命运昭示他做一名职业选手。

他父亲抵制的办法是安排他会见各种各样的名流。他认为父亲这样做的目的是让他们劝他放弃高尔夫球并说服他去做一些有建设性的事情。父亲认为这样会管用的理由是，他一直是一个英雄崇拜者，那些人都是赫赫有名的，父亲每天在报纸上描述他们。

汉姆弗利是他要见的第一个人。他一走进他的办公室，他就以汉姆弗利派头从椅子里跳起来，招呼他，并说："柯维，听说你是一个很好的高尔夫球手，真羡慕你，我多希望我有这种天才，你要坚持，或许某一天……"——他扭过头去，侧向白宫方向，那里高尔夫球手艾森豪威尔正在椭圆形办公室的小地毯上练习击球进洞——"你也会成为总统的。"柯维目瞪口呆。他从汉姆弗利那儿得到的不是随后从名单上的其他人那里得到的那种乏味的好意规劝，而是友谊的双手，不管他决心去干什么。

汉姆弗利知道柯维不会听他讲该怎样生活，柯维心里已经决定该怎样办。他没有把柯维视为需尽快加以处置的包袱，或是听他施展口才的听众，他按柯维本来的面目看柯维：一个顾客，一位即将成为选民的青年。他用他们在一起的几分钟时间达到了他的目的，使柯维成了他的朋友。当然，柯维也成了他竞选的支持者和捐助者。

作为企业家我们乐于把自己看作是目光远大的人，但我们很少能像汉姆弗利那样目光远大。我们把雇员当作招来贯彻我们的短期目标的机器人，或是机器部件，而不是把他们视为能完成我们的长期目标且应该被争取过来的顾客。还是花点精力像汉姆弗利那样去做吧。作好充分准备，尽力去了解和你一起工作的人们，这样你才能显示出你对他们个人的真正关心。表达你的关心，并使他们成为你的朋友。每一次交一个朋友。你的长远规划有赖于他们的工作表现，可能你还远没有意识到，他们是在为你、为你的赞许而不仅仅是为了领取报酬而工作。

控制怒气

假想你正在开车，突然一辆车子快速超车，几乎发生剐蹭。你的立即反应可能是"这个浑蛋"！至于你的怒气接下来如何发展，则视你的想法是否偏向愤怒与报复的方向。如："这家伙差点撞到我。绝不能放过他！"这时你可能因抓紧方向盘而指节发白，仿佛正掐着那个人的脖子。你的身体进入预备战斗的状态，微微颤抖、额头冒汗、心跳加速、满脸怒容。你简直想把那家伙杀了。这时如果后面有车子因你速度减慢而猛按喇叭，你的怒气很可能转移到这个新对象身上。马路上的横冲直撞，甚至一言不合当街斗殴，常常就是这样发生的。

如果你的想法是比较慈善的："也许那个人没看见我的车，或者发生紧急事故要赶时间。"结果你的善意克制了怒气，起码你宽大的心胸联想到多种可能性，怒气也就无由勃发。亚里士多德说人只应有适度的怒气。的确，愤怒是很容易失控的。富兰克林也说："任何人发怒多是有理由的，只是很少是教人信服的理由。"

怒气也有很多种，前面所说的路上遇到乱开车的人而怒气上升，可能是杏仁核引起的。较处心积虑式的愤怒则由其他生理构造（如新皮质）负责酝酿，诸如冷静计划如何对不公不义之事采取报复行动。这种愤怒最易附带富兰克林所说的"合理的理由"，或是给人这样的印象。

在所有不愉快的情绪中，愤怒似乎是最难摆脱的，缇丝便发现愤怒是人类最不善控制的情绪。愤怒是最具诱惑性的负面情绪，愤怒的人常会在内心演绎一套言之成理的独白，最后发展成发泄怒气的合理借口。愤怒与悲伤不同，愤怒能带给人力量，甚至是激昂的生命力。也许就因为如此，一般人常说愤怒是无法控制的，或者说愤怒是健康的宣泄，根本不应加以抑制。另一派则持完全相反的看法，认为愤怒绝对可以预防。但我们如果仔细看看相关研究结果，会发现这些常见的看法不是有误导之嫌就是大错特错。

引发愤怒的思绪同时也是浇熄怒火的关键所在，亦即从根本上拔除愤怒的种子。当我们花越长的时间思索引发愤怒的原因，便越能编织出合理的理由。深思使怒火更旺盛，改变思考的角度则可能平息怒气，缇丝发现重新以更乐观的心态看事情，是平息怒气的最佳利器。

这项发现与阿拉巴马大学心理学家道夫·齐尔曼（Dolf Zill-man）的研究不谋而合。齐尔曼曾进行长期而审慎的实验，就愤怒做精确的测量与解析。人在面对威胁时会有战或逃的反应，齐尔曼发现愤怒常源自战的反应，其中最普通的原因是觉得自身遭遇危险。所谓危险不一定是身体上的威胁，而常常是自尊损伤，遭受不公或粗鲁的待遇，被侮辱或贬低，追求个人重要目标时受挫等等。这种危机感会引发脑部边缘组织的冲动，造成两种效果。其一是分泌一种叫儿茶酚胺（catecholamines）的荷尔蒙，快速激发一股能量，诚如齐尔曼所说的，足以"演出一段战或逃的激烈行为"。这股能量可持续数分钟，让身体进入准备状态，至于是准备战或逃，依赖脑部对当时的状况做一番评估。

同时杏仁核刺激肾上腺皮质，使身体进入整体警戒状态，且持续时间较久，可能数小时甚至数天，使情绪中枢维持特殊的警觉程度，据以快速做出后续的必要反应，一个已被激怒或有些烦躁的人，通常较容易因新的刺激发怒，这就是肾上腺皮质在作怪。任何压力都会刺激肾上腺皮质，降低或引发怒气。譬如说一个人平常在家中看到孩子吵闹不会生气，但工作不顺利时很可能便会小题大做、勃然大怒。

齐尔曼的这些关于愤怒的见解有审慎的实验根据，他的一项实验是请一个人（某甲）故意激怒一群志愿参与实验的男女，方法是以言语冷嘲热讽。接着让实验者看一段影片，然后请他们替某甲打成绩，作为是否录用某甲从事一项职位的依据（这当然是假的）。结果发现实验者的报复心理与刚看过影片有直接关系。

在超市购物时人们常看到一幕常见的生活闹剧，一个少妇对年约三岁的儿子一个字一个字地说："放……回……去！"

"我要买！"小孩子吵着，把手上的忍者龟抓得更紧。

"放回去！"少妇声音更大，显见怒气正上扬。

这时坐在购物车上的另一名幼儿手上抓着的一瓶果酱突然掉到地上跌破了，少妇盛怒之下打了幼儿一巴掌，夺过儿子手上的忍者龟随手丢到货架上，拦腰抱起他，快步走出去，购物车摇摇晃晃地前行。车上的幼儿大哭起来，被抱着的儿子两脚离地晃荡着，抗议道："放我下来，放我下来!"

这个故事可以用齐尔曼的研究来解释。齐尔曼发现一个人如果已处于紧绷状态，若再因某事导致情绪失控，不管这情绪是愤怒或焦虑，总是特别强烈。勃然大怒通常便是这样发生的。齐尔曼指出一个人会愈来愈生气，常常便是"源自一连串的刺激，导致难以消散的激奋反应"。每一个引发后续怒气的思维或感觉都成为新的刺激，促发另一波杏仁核分泌荷尔蒙，加上先前分泌的荷尔蒙，产生推波助澜的效果。第一波怒火尚未平息，第二波趁势兴起，逐渐兴风作浪起来。后来的刺激比最初的怒气强烈得多，怒上加怒，情绪中枢便沸腾起来。这时如果理智无法控制，便可能怒火冲冠，一发而不可收拾。

愤怒时人会变得毫无宽恕能力，甚至不可理喻，思想尽是围绕着报复打转，根本不计任何后果。齐尔曼指出，这种高度激昂的反应会给人"力量与勇气的错觉，激发侵略心理……"若一时失去理智，便可能诉诸最原始的反应。这时边缘系统刺激增强，人的行为受原始生存动力导引。

经过这一番解析，齐尔曼继而指出截分怒气的两个主要方面。其一是检视引发怒火的想法，因为这是促使一连串怒火勃发的始作俑者，后续的思维则有煽风点火的效果。采取这个方法的时机非常重要，简而言之，时机愈早效果愈大。事实上，如果能在发作之前投入缓和的因素，是可以完全浇灭怒火的。

齐尔曼的另一项实验显示，谅解的心是最佳灭火器，实验中一个粗鲁的助理故意侮辱试骑脚踏车的实验参与者。事后实验者有机会报复（同样是打分数作为助理的就职依据），结果他们都幸灾乐祸地打了低分。但在另一次实验中，侮辱事件发生后，有一个女孩来请助理听电话，同样被助理冷嘲热讽。但女孩不以为意，还为他解释，说他最近因要参加毕业口试压力很大，反而对那位粗鲁的助理感到同情。

这种缓和的因素可让人重新评估引发怒气的事件，不过这个方式有一定的限度。齐尔曼发现只有轻微程度的愤怒才有效，如果当事人已是勃然大怒，则会因"认知的无能"而失去效果，也就是说发怒者已无法好好思考。这时候发怒者的反应可能是"那是他活该"，甚至恶言相向。

然而明智的法规和适当的克制，对于高尚的民族而言，虽说在某种程度上不免有点累赘，但它们毕竟不是束人手足的锁链而是护身的铠甲，是力量的体现。请记住，正是这种克制的必要性，如同劳动的必要性一样，值得人类崇拜尊敬。

每天，你都可以听到无数蠢人高谈自由，就好像它是个无上光荣的东西，其实远非如此。从总体上来讲，自由并不是什么值得炫耀的东西，它不过是低级动物的一种属性而已。

你只要平心静气地想一想，就会发现，正是克制，而不是自由使人类引以为荣，进而言之，即便低级动物也是如此。蝴蝶比蜜蜂自由很多，可人们却更赞赏蜜蜂，不就因为它善于遵从自己社会的某种规律吗？普天之下的自由与克制这两种抽象的东西，后者通常更显得光荣。

确实，关于这类事物以及其他类似之物，他绝不可能单单从抽象中得出最后的结论。因为，对于自由与克制，倘若你高尚地加以选择，则二者都是好的；反之，二者都是坏的。然而，需要重申的是，在这两者之中，凡可显示高级动物的特性而又能改造低级动物的，还是有赖于克制。而且，上自天使的职责，下至昆虫的劳作，从星体的均衡到灰尘的引力，一切生物、事物的权力和荣耀，都归于其服从而不是自由。太阳是不自由的，枯叶却自由得很，人体的各部分都没有自由，整体却很和谐，相反，如果各部分有了自由，却势必导致整体的溃散。

让我们假设有这么一种情况：你曾经借了一笔钱给你公司里的熟人，现在你希望他归还给你，你的目的是要收回这笔钱，这很清楚。但是，你可能非常愤慨，因为你帮助这个人摆脱了一次困难，而今天你需要用这笔钱来偿还你自己的债务时，他却违背了他原先的诺言，没有如期归还。你会感到恼怒，你甚至还打算惩罚、轻视、侮辱他。然而这是你为了收回这笔钱而采取的"我的态度"，这远远不如采取"他的态度"那么有效。

如果你觉得收回你的钱比痛斥一个负债者更为重要的话，那么，最好的方法是根据"他的观点"行事，让他明白把这笔钱归还给你，会对他有什么好处。并按这一观点，准备你应说的话。在此，你可以对他说，如果他归还了这笔钱，将会使他在今后的工作中成为颇受欢迎的人；或者说，这将证明他很守信用，人们将对他的信用做出很好的评价，认为他是个忠实可靠的企业家等等。

自尊，是形成动机的基础。如果你以正确的方式迎合一个人的自尊，他将对此做出积极的反应，并且做你所希望的事情。如果你为了催还欠款而伤害了一个人的自尊，那他只会做出消极的反应，决不会使你如愿以偿的。

可见，一位领导者应具有高超的处事艺术而不是动辄发脾气。

奖励公开意见，给予谅解回应

我们经常惩罚公开诚实的意见或质疑，不是呵斥就是轻视，再不就是让人难堪，其他人只好掩饰真心话，保护自己，不再追根究底。诚实沟通的最大在障碍，就是妄下评断的毛病。

给予应该的回应，可获得三项效果：1. 更了解他人的感受与问题的症结。2. 为自己增添勇气与成熟。3. 建立彼此的信任。当他人谈论情绪性问题时，这种回应方式极具价值，但这也只是态度上，而非技巧上的。想要操纵反而会失败，真心想去了解，才会成功。

和别人一样，在我的一生中我也积累了属于我的敌人。这没什么可惭愧的，要使我们中的很多人遵循宽恕仇敌的忠告是极困难的。总之，如果有人伤害了我们，我们总想给予回击，所谓君子报仇，十年不晚。

当然这完全是没有建设性的，有一次一个老板开除了一名雇员。后来他开始与之竞争，并且使用一种被认为是不正当的商业伎俩，累积的怨恨加深了老板要报复的心理，这种想法耗了他五年中的大部分时光。

这还不仅仅是浪费时间的问题，因为每当他想到它，他就会想为自己辩护，脾气也变得乖戾，这种态度影响了他所做的每件事情，结果老板失去的比他想通过报复得到的要多得多。

所以你最好能宽恕你的仇敌，做不到的话，也应尽可能忘掉他们，只有一种方法能使你真正复仇，那就是不让你的仇敌使你毁灭自己。

澄清冒犯、坦承错误

若有人不断地冒犯你，而无自知之明，不妨主动澄清。不采取主动会有两项不利结果。1. 被冒犯者一直嘀咕，终至不可收拾。2. 被冒犯者会采取守势，避免再度受到伤害。做澄清时必须心存善意，而非满心报复或怨恨。向他人叙述被冒犯时的心情，而不是妄加评断或在他人身上贴上标签，这样可保全他人自尊，也可以使他在不受威胁的情况下回应和学习。

如果我们必须对双方关系的严重裂痕负担部分责任，就应勇于承认。他人受到伤害时，会退缩，将我们排除在他的心门之外。

单方面的改善，无法解决此事。唯一的方法是坦承错误、道歉、要求宽恕、不找借口、不解释或辩护。

一个人有勇气承认自己的错误，也可以获得某种程度的满足感。这不只可以清除罪恶感和自我卫护的气氛，而且有助于解决这项错误所制造的问题。

新墨西哥州阿布库克市的布鲁士·哈威，错误地核准付给一位请病假的员工全薪。在他发现这项错误之后，就告诉这位员工，并且解释说必须纠正这项错误，他要在下次薪水支票中减去多付的薪水金额。这位员工说这样做会给他带来严重的财务问题，因此请求分期扣回他多领的薪水。但这样哈威必须先获得他上级的核准。"我知道这样做，"哈威说，"一定会使老板大为不满。在我考虑如何以更好的方式来处理这种状况的时候，我了解到这一切的混乱都是我的错误，我必须在老板面前承认。"

"我走进他的办公室，告诉他我犯了一个错误，然后把整个情形告诉了他。他大发脾气地说这应该是人事部门的错误，但我重复地说这是我的错误。他又大声地指责会计部门的疏忽，我又解释说这是我的错误。他又责怪办公室另外两个同事，但是我一再地说这是我的错误。最后他看着我说，'好吧，这是你的错误。现在把这个问题解决吧'。这项错误改正过来了，而没有给任何人带来麻烦。我觉得我很不错，因为我能够处理一个紧张的状况，并且有勇气不去寻找借口。自那以后，我的老板就更加看重我了。"

即使傻瓜也会为自己的错误辩护，但能承认自己错误的人，却会凌驾于其他人之上，而有一种高贵怡然的感觉。比方说，历史上对南北战争时的李将军有一笔极美好的记载，就是他把毕克德进攻盖茨堡的失败完全归咎在自己身上。

毕克德那次的进攻，无疑是西方世界最显赫、最辉煌的一场战斗。毕克德本身就很辉煌。他长发披肩，而且跟拿破仑在意大利的战役一样，他几乎每天都在战场写情书。在那悲剧性的七月午后，当他的军帽斜戴在右耳上方，轻盈地放马冲刺北军时，他那群效忠的部队不禁为他喝彩起来。他们喝彩着，跟随他向前冲刺。队伍紧随，军旗翻飞，军刀闪耀，阵容威武，骁勇，壮大，北军也不禁发出啧啧的赞赏。

毕克德的队伍轻松地向前冲锋，穿过果园和玉米田，踏过花草，翻过小山。同时，北军大炮一直没有停止向他们轰击。但他们继续挺进，毫不退缩。

突然，北军步兵从潜伏的墓地山脊后面窜出，对着毕克德那毫无预防的军队，一阵又一阵地开枪。山间硝烟四起，惨烈有如屠宰场或火山爆发。几分钟之内，毕克德所有的旅长，除了一名之外，全部阵亡，五千士兵折损五分之四。

阿米士德统率其余部队拼死冲刺，奔上石墙，把军帽顶在指挥刀上挥动，高喊："弟兄们，宰了他们！"

他们做到了。他们跳过石墙，用枪把、刺刀拼死肉搏，终于把南军军旗竖立在墓地山脊的北方阵线上。

军旗只在那儿飘扬了一会儿。虽然那只是短暂的一会儿，但却是南军战功的辉煌纪录。

毕克德的冲刺——勇猛、光荣，然而却是结束的开始。李将军失败了。他没办法突破北方，而他也知道这点。

南方的命运决定了。

李将军大感懊丧，震惊不已，他将辞呈送给南方的戴维斯总统，请求改派"一个更年轻有为之士"。如果李将军要把毕克德的进攻造成的惨败归咎于任何人的话，他可以找出数十个借口。有些师长失职啦。骑兵到得太晚不能接应步兵啦。这也不对，那也错了。

但是李将军太高贵了，不愿意责备别人。当残兵从前线退回南方战线时，李将军亲自出迎，自我谴责起来。"这是我的过失，"他承认说，"我，我一个人，败了这场战斗。"

不做无谓的争议

在谈论柯维这一观点之前，我们先来看一节卡耐基的论述。恰巧的是，卡耐基的论述与柯维的不谋而合。

卡耐基说：有一天晚上我参加一次为推崇他（指罗斯·史密斯爵士）而举行的宴会。宴席中，坐在我后边的一位先生讲了一段幽默故事，并引用了一句话，意思是："谋事在人，成事在天。"

那位健谈的先生提到，他所征引的那句话出自《圣经》。他错了。我很肯定地知道出处，一点疑问也没有。为了表现优越感，我很多事，很讨嫌地纠正他。他立刻反唇相讥，什么？出自莎士比亚？不可能！绝对不可能！那句话出自《圣经》，他确定是如此。

那位先生坐在右边，我的老朋友法兰克·葛孟在我左边。他浸淫在莎士比亚的著作中已有多年，于是我俩都同意向他请教。葛孟听了，在桌下踢了我一下，然后说："戴尔，你错了，这位先生是对的。这句话出自《圣经》。"

那晚回家的路上，我对葛孟说："法兰克，你明明知道那句话出自莎士比亚。"

"是的，当然，"他回答，"哈姆雷特第五幕第二场。可是亲爱的戴尔，我们是宴会上的客人。为什么要证明他错了？那样会使他喜欢你吗？为什么不保留他的颜面？他并没问你的意见啊。他不需要你的意见。为什么要跟他抬杠？永远避免跟人家正面冲突。"

永远避免跟人家正面冲突。说这句话的人虽已经过世了，但我得到的这个教训仍长存不灭。

那是我最需要的教训，因为我向来是个积重难返的杠子头。小时候，我和我哥哥为天底下任何事物都抬杠。进入大学，我又选修逻辑学和辩论术，也经常参加辩论比赛。后来我在纽约讲授演讲与辩论；有一度我曾想写一本这方面的书。从那次后，我听过、看过、参加过、也批评过数以千次的争论。这一切的结果，使我得到一个结论，天底下只有一种能在争论中获胜的方式，就是避免争论。要像你避免响尾蛇和地震那样避免争论。

十之八九，争论的结果会使双方比以前更相信自己是绝对正确的。你赢不了争论。要是输了，当然你就输了；如果赢了，还是赢了。为什么？结果你的胜利，使对方的论点被攻击得千疮百孔，证明他一无是处。那又怎么样？你会觉得洋洋自得。但他呢？你使他自惭。你伤了他的自尊。他会怨恨你的胜利。而且——

"一个人即使口服，但心里并不服。"

潘恩互助人寿保险公司立下了一项铁则："不要争论。"

真正的推销精神不是争论。人的心意不会因为争论而改变的。

举例来说，几年前，有位很冲的爱尔兰人名叫欧哈瑞，上过我的课。他受的教育不多，却很爱抬杠。他做过人家的汽车司机，后来因为推销卡车并不成功而来求助于我。我问了几个简单的问题，就发现他老是跟顾客争辩。如果对方挑剔他的车子，他立刻会涨红脸大声强辩。欧哈瑞承认，那时候，他在口头上倒赢了不少辩论。他后来对我说："我老是走出人家的办公室说：'我总算整了那驴蛋一次。'我的确整了他一次，可是我什么都没有卖给他。"

我的第一个难题不在于教欧哈瑞怎么说话。我立即要做的是，训练他如何自制，避免口角。

欧哈瑞现在是纽约怀德汽车公司的明星推销员。他怎么成功的？这是他的说法："如果我现在走进顾客的办公室，而对方说：'什么？怀德卡车？不好！你送我我都不要，我要的是何赛的卡车。'我会说：'老兄，何赛的货色的确不错。买他们的卡车绝对错不了。何赛的车是优良公司的产品，业务员也呱呱叫。'

"这样他就无话可说了。没有抬杠的余地。如果他说何赛的车子最好，我说没错，他只有住口了。他总不能在我同意他的看法后，还说一下午的'何赛的车子最好'。接着不再谈何赛，我就开始介绍怀德的优点。

"当年若是听到他那种话，我早就气得脸上一阵红一阵白了。我会开始挑何赛的错；我愈批评别的车子不好，对方就愈说它好；争辩之下，对方就愈喜欢我的竞争对手的货品。

"现在回忆起来，真不知道过去是怎么干推销工作的。我一生里花了不少时间在抬杠。我现在守口如瓶了。果然有效。"

正如睿智的班杰明·富兰克林所说的：

"如果你老是抬杠、反驳，也许偶尔能获胜，但那是空洞的胜利，因为你永远得不到对方的好感。"

因此，你自己要衡量一下：你宁愿要那样一种字面上的、表面上的胜利，还是别人对你的好感？

你在争论中可能有理，但要想改变别人的主意，你就错得使你一切都徒劳。

美国威尔逊总统任内的财政部长威廉·麦肯铎，以多年政治生涯获致的经验，归结为一句话："靠辩论不可能使无知的人服气。"

"无知的人？"麦肯铎说得太保留了。据我本人的经验，不论对方聪明才智如何，你也不可能靠辩论改变任何人的想法。

比方说，所得税顾问派生，为了关键性的九千块钱，跟一位政府的税务稽核争论了一个小时。派生解释这九千块钱事实上是应收账款中的呆账，不可能收回来，所以不该征收所得税。那位稽核反驳道，"非征不可"。

"那位稽核非常冷酷、傲慢，而且顽固，"派生在课堂上说，"任何事情和理由都没有用……我们愈争执，他愈顽固，所以我决定不再同他理论，开始改变话题捧他几句。"

"我说，'比起其他要你处理的重要而困难的事情，我想这实在是不足挂齿的小事。我也研究过税务问题，但那是书上的死知识。你的知识全是来自实务工作的经验。有时我真想有份像你这样的工作，那样我就会学到很多。'我说得很认真。

"这下，稽核员在椅子上伸直身子，花很多时间谈论他的工作，告诉我他发现过许多税务上的鬼花样。他的口气慢慢地友善起来，接着又谈起他的孩子。临告别的时候，他说要再研究研究我的问题，过几天会通知我结果。

"三天后，他打电话到我办公室，通知我那笔所得税决定不征了。"

这位税务稽核表现了最常见的弱点。他要的是一种重要人物的感觉。派生愈和他争论，他愈要高声强调职务上的权威。但一旦对方承认了他的权威，争执自然偃旗息鼓了，有了扩张自我的机会，他就变成一位富于宽容和有同情心的人了。

拿破仑的家务总管康斯丹，在"拿破仑私生活拾遗"中，写到拿破仑和约瑟芬打桌球时曾说："虽然我的技术不错，但我总是让她赢，这样她就非常高兴。"

我们可以从康斯丹那学到颠扑不破的道理。让我们的顾客、情人、丈夫、太太，在琐碎的争论上赢过我们。

释迦牟尼说："恨不消恨，端赖爱止。"争强疾辩绝不可能消弭误会，只能靠技巧、协调、宽容以及用同情的眼光去看别人的观点。

林肯有一次斥责一位和同事发生激烈争吵的青年军官。"任何决心有所成就的人，"林肯说，"决不肯在私人争执上耗费时间。争执的后果不是他所能承担得起的，而后果包括发脾气、失去自制。要在跟别人拥有相等权利的事物上多让步一点；而那些显然是你对的事情就让步少一点。与其跟狗争道，被它咬一口，倒不如让它先走。就算宰了它，也治不好你被咬的伤。"

《点点滴滴》一书中的一篇文章，提出了怎样使不同的意见不致成为争论的建议：

1. 欢迎不同的意见

记住这一句话："当两个伙伴意见总是不同的时候，其中之一就不需要了。"如果有些地方你没有想到，而有人提出来的话，你就应该衷心感谢。不同的意见是你避免重大错误的最好机会。

2. 不要相信你直觉的印象

当有人提出不同意见的时候，你第一个自然的反应是自卫。你要慎重，你要保持平静，并且小心你的直觉反应。这可能是你最差劲的地方，而不是你最好的地方。

3. 控制你的脾气

记住，你可以根据一个人在什么情况下会发脾气的情形，测定这个人的度量和成就究竟有多大。

4. 倾听为上

让你的反对者有说话的机会。让他们把话说完。不要抗拒、防护或争辩。否则的话，只会增加彼此沟通的障碍。努力建立了解的桥梁。不要再加深误解。

5. 寻找同意的地方

在你听完了反对者的话以后，首先去想你同意的意见。

6. 要诚实

承认你的错误，并且老实地说出来，为你的错误道歉。这样可以有助于解除反对者的武装和减少他们的防卫。

7. 同意仔细考虑反对者的意见

同意出于真心。你的反对者提出的意见可能是对的。在这时，同意考虑他们的意见是比较明智的做法。如果等到反对者对你说："我们早就要告诉你了，可是你就是不听。"那你就难堪了。

8. 为反对者关心你的事情而真诚地感谢他们

任何肯花时间表达不同意见的人，必然和你一样对同一件事情感到关心。把他们当作要帮助你的人，或许就可以把你的反对者转变为你的朋友。

9. 延缓采取行动让双方都有时间把问题考虑清楚

建议当天稍后或第二天再举行会议，这样所有的事实才可能都被考虑了。

柯维对"争议"这一问题也做出了自己的解释，其理论与卡耐基相似，都是为了一个共同的目标，即加强影响力。

柯维说：不回答有争议或不负责任的指控，让事情自然烟消云散。如果回应或据理力争，只会满足那些人，并点燃他们累积的敌对和愤怒的心理，到头来只会落得遍体鳞伤。他人的缺点将传染给你，成为以后误解、指控与争辩的原因。"让事实说明一切"，来自内心的平心静气，让你不再汲汲于抢答与争辩。这种平和的心境，来自于对良知负责任的态度。

具有关怀心

1. 一对一的家庭关系。主管经常全心投入工作、社区活动和他人的生活中，却忽略了深入培养与配偶的关系。培养与配偶的关系，比对众人提供奉献服务，要付出更多的美德、谦虚和耐性。我们常说，"公而忘私"可得到更多的尊荣与感谢。但我们也知道，必须为一位特殊的人物挪出时间并全心付出，对于子女，也需要安排一对一的对话，完全投入，聆听他们的叙述。

2. 重新拾取双方的共同承诺。不断地为自己和朋友、家人、同事之间的共同承诺付出。彼此最忠实与最强烈的情感系于承诺。有了歧见不要忽视，而要去克服。争执个人的观点，绝比不上双方关系重要。

3. 先感受对方的影响力。影响他人的程度与他人认为他们对我们的影响力有关。俗谚说："我不在乎你知道多少，除非我知道你关心。"当别人认为你真正关心他，并了解他的特殊问题与感受时，他会认为他已影响到你，而且会开放自己。

4. 接受他人与现状。改变或影响他人的第一步，就是要接受他的现状。评判、比较或拒绝，只会加强对方的防备。肯定他人的自我价值与归属感，可协助他人卸下防备的面具，并力求改进。接受并非宽恕他的缺点或同意他的意见，而是先确立他内在的价值。

尤其是最后一点"接受他人与现状"，柯维的学生沃伦·布兰克博士也说过类似的话。可见英雄所见的略同。

布兰克说：当有人已经跟我们一样时，认清和接受他们是比较容易的。我们很容易与那些和我们已经具有厚实基础的人们联结在一起。而与那些和我们在重要问题上有分歧的人共处，这个过程就困难得多了。

领导者接受人们本身的样子。他们超出了使人们分离的界限，使他们与别人的关系更加一致。他们认识到量子场的现实，那就是，在高深莫测的人生中，他们离不开他们所经历的一切。他们有意识地自我回归于意识的源泉水平，即把自身与其他差别融合为一体的纯意识。就这种情况来说，量子型领导者们只能带着深深的敬意去接受他人而不是评判他人。

行动意见：把差别仅仅作为某种参照标准加以尊重。量子型范例揭示了现实是主动的，以意识为基础。差别是参照标准。尊重他人不同的兴趣、背景或观点，把这些作为现实的某种标准。你不必去同意这种标准，你只需把它作为出于某人意识水平对某人起作用的标准去接受它。接受这种行为就有可能营造共同基础，因为这表明了你对他人的坦诚。

行动意见：不加判断地接受某个人说的话。每天，不管别人告诉你什么话，你都要下决心去听取和接受。这样，你自然会注意自己的毛病，审慎行事。首先，在与商业无关的情景中去试试这种行动意见，你就不会在重要的场合六神无主，坏了事情。

行动意见：随他人的节奏起舞。当我们忙于维护自己的观点时，是很难与别人建立共同基础的。如果我们总想着捍卫自己的立场而排除异己，那么我们不可能或不愿意求得统一的观点。量子型领导者可以保留自己的信仰和偏好，但同样也要力求别人步调一致，这很像两个寻求共同节奏的舞者。暂时忘了你的观点，作为一种接触别人看法的方法。

适当的教诲

1. 在准备讲词前先做好心理准备。讲话的内容可能远不如讲话的方式重要，所以，在子女带着一大堆问题从学校回来前，先振作一下自己，表现出愉快可亲的一面，全神贯注于他们的问题。回家进门前，在车中稍待一会儿，同样振作一番，并问自己："今晚要如何赞美太太和孩子？"把最好的一面拿出来，会使你去除疲倦，恢复生气。

2. 避免争辩或逃避——在异中求同。一有歧见，许多人就会争辩或逃避。争辩有各种方式，从采取暴力公开表示不满或怨恨，到尖锐的反驳、刻薄的评断及刻薄的幽默。逃避也有许多方式：一种就是退缩，为自己感到抱歉。如此快快不乐只会助长怒火，插下未来报复的种子；也可能变得冷淡、不关心、推诿责任。

3. 掌握教育的时机。双方有歧见时，是最好的施教时刻。但有的时候该教，有的时候却不该教。该教的时候是：他人未受威胁时。当他人倍感威胁时，施教的努力只会增加怨恨，最好等待或创造时机，让他人觉得较有安全感，更容易接纳。当你不生气或沮丧时当你受到重视和有安全感时，当他人需要支持与帮助时。在别人情绪低落、疲惫不堪或面临压力时，告诉他成功秘诀，无疑是教快淹死的人游泳。

4. 在限制、规则、期望与结果上获致协议。个人安全感大部分来自公正的感觉——知道别人对自己的期望、限制、规则和结果是什么。不确定的期望、易变的限制或独断的规定，会让生活顿失依据、无所适从。也难怪许多人成长后，只学会靠自己的能力操纵他人与生活。

5. 别放弃、别屈服，承担他人行为的后果，并非是义举，这么做，会使他们感觉到你处理不当。原谅或同情不负责任的行为，只会让他无法无天。但若弃之不顾或拆穿，又会损害他们尝试的动机。"别放弃，别屈服"的信念，是来自负责任、有纪律的生活。

6. 帮助在十字路口彷徨的人。我们都不希望自己最关怀的人，做重要抉择时只凭一时冲动，没有安全感，又没有信心。如何能影响他们？首先，在行动前先考虑清楚。别凭一时冲动，伤及现有关系。其次，了解他们的动机往往是感性而非理性的产物。当你察觉到自己的理性与逻辑无法与他人的情绪与情感沟通时，就应该尝试了解他们的语言，就像了解外国语文一样，而非斥责或拒绝他们。这项努力可传达尊重与认同，降低敌意，减少纷争。

7. 动之以情，晓之以理。逻辑与情感的语言，正如同英文与法文一般，南辕北辙。察觉到彼此语言不相通时，可以下列方式进行沟通：让时间证明一切。我们若能很愉快地让时间证明一切，别人也能感受到它的价值。有耐性。耐心也会传达价值，等于是说："我会照你的速度，我很高兴等你，你是值得的。"试着去了解。诚心地去了解，可消弭纷争和提防心理。公开表达我们的感受，并言行一致。

8. 有效授权。因为授权是允许他人借着我们的时间、金钱和名义犯错，所以需要相当的勇气，这勇气包括耐性、自我控制、对他人潜能的信任、尊重个别的差异。有效的授权必须是双向的：双方相互负责。又可分为三个层次。第一，达成最初协议的双方了解各自的期望是什么以及各自的资源、权势、活动范围及准则又是什么。第二，支援授权人。监督者应时时伸出援手，而非采取敌视态度。提供他人资源，排除障碍，他及时支援，给予意见，提供训练，并分享回馈。第三则是责任分担。这里所谓的责任分担，主要是帮助他人做自我评估。

9. 让他人参与有意义的计划。有意义的计划对人有正面的影响力，但对主管有意义的事，不一定对部属有意义。当人们参与筹划构思阶段，整个计划就产生意义，我们都需要一个好理由去参与，缺少这种计划，生活就失去意义。事实上，对退休、追求无压力的人而言，生活已了无生趣。有努力的目标，在我们现在的位置与想要达到位置之间有段努力的差距，生活才会有意义。

10. 自然收获法则。教导耕耘、播种、浇水，而后才有收获的自然法则。我们可调整整个体制，尤其是薪酬制度，以反映"要怎么收获先怎么栽"的观念。

11. 让结果教导出负责任的行为。我们可以做的善举之一，就是让人"自食其果"，以教导他们负责任的态度。他们可能不喜欢这样，但受人欢迎与否并不重要。坚持公正的原则，需要更多的真爱。我们关心他们的成长与安全，即使他们有一点点不满，也是可以忍受的。

常犯的三项错误

在试着影响别人时，我们常犯以下三项错误：

第一项错误：急于提出建议。在告诉别人该如何做之前，应先建立谅解的关系。影响他人的关键，在于了解他人。除非了解一个人及他的特殊状况与感受，否则势必无法给予适当的建议。因为他会想："除非你也接受我的影响力，否则我将不会接受你的建议。"解决的处方是：认同他人的感情。试着去了解他人，再试着让人了解。

第二项错误：未改变行为或态度之前，就想要建立或重建关系。如果自己心口不一，再多"赢取朋友"的技巧也派不上用场。

艾默生说得好：“你在我耳朵中叫嚣什么，我都听不见。”

第三项错误：我们以为良好的身教和人际关系就足够了，不再需要公开教导他人。没有方向的爱心，缺少目标、守则、标准和提携的力量。处方是教导并谈论方向、任务、角色、目标、守则和标准。

第十一章　双赢
——权力斗争的润滑剂

人永远在一种局面之中，领导者当然更是时常处在一种紧张的局面之中。但优秀的领导者在与下属打交道时，一方面要行使他的控制权，另一方面又要给予他们自主权。他所造成的这一局面是一种上下协调的双赢局面，双方不仅仅是紧张或斗争，而是双赢。这一局面的逻辑基础不是"是或不是"，而是"都是"。换句话说，就是组织控制和自我监督并存。柯维将其称为双赢协议。

鲍伯的愤怒

现代领导者，往往领导着多种行业，那种简单的、小手工业式的经济组织形式已经根本改变，而对着的是社会化大生产和激烈的竞争。即使是超群的领导者，也无力再独揽一切。因此，分工授权成为权力运用的一种重要艺术。

分工授权，可以使领导者摆脱许多具体事物，集中精力抓大事、抓全局，还可以调动下级的主动精神，增加下级的信任感和责任感。领导者从"事必躬亲"中解放出来，放了一些权，以至于能更好地、更全面地行使权力，这正是一种行使权力的巧妙艺术。

然而放权的结果又导致了一些新的矛盾出现。上级领导与下属人员之间，在控制与自主这两个方面会经常发生一些冲突。鲍伯是一家大型制造商的副总裁，他很高兴公司终于决定大幅裁减中级主管，因为这样不但能扩大势力范围，对下层主管也拥有更多的控制权。尤其值得兴奋的是，这样可以节省不少的经费与时间，对公司的员工也可以充分授权。

弗烈德是下属主管之一，对此决定也大表欢迎。他不再需要面对繁复的官样手续、冗长的说服程序以及开不完的会，他可以直接面对问题。

整个方向看似不错，每个人也都预期公司会有良好的转变与成长。

过不久，弗烈德碰到一项难题。客户通知弗烈德，由于他自己公司货物保险的问题，使得他无法接受弗烈德的公司刚运送给他的大批货品。仔细研判后，弗烈德提出他认为最好的对策。

"你是位好客户，我们重视与你的关系。把货物退回，等保险问题解决后我们再运过去。"弗烈德觉得这样做正符合公司满足客户的要求，难免有点沾沾自喜。

鲍伯听到后不禁勃然大怒。

"怎么可以让他们全部退货！"他咆哮着："刚刚有批货到，已经没有地方摆了。这么大的一批货，公司也无法负担全部的退运成本。"

"但公司不是要求尽量满足客户吗？"弗烈德质疑，"我们讲的话到底算不算数？"

"公司当然希望客户满意，但并不表示要全部承担对方的错误。你应该用其他方式处理。"

弗烈德一脸无奈地走出办公室，决心再也不冲锋陷阵。鲍伯瘫在位子上，脑袋发胀，思考下层主管为何如此无能，决心再也不让弗烈德自作主张了。

显然，有效的员工自治与组织控制之间，发生了正面冲突。

造就双赢局面

这种现象在商界、政界，服务业中是经常发生的，领导者和他的下属之间各有各的道理，大家各执一词，互不相让，从而导致了冲突的产生，如何面对这一尴尬局面呢，柯维认为：组织内的一致性和大方向控制确有必要。但为了员工本身及组织运作的有效性，让员工拥有更多的自主权与自由，让决策更能配合行动，也不无道理。

其实这两种观念都没错，对于有效运作的组织都相当重要。但这两种观念的逻辑基础不应该是"是或不是"，而应该是"都是"（and），也就是组织控制和自我监督并存。柯维将其称为双赢协议。

组织的权限扩大指的是，拥有知识、技巧、愿望和机会的个人，在促使个人的成功，同时也间接促成组织的成功。以下我们将探讨组织的基本典范，以了解造成长期冲突的因素，如何能转化成扩大权限的助力。

双赢协议基本上仍属于个人的合约，代表双方在五个层次上，事前的明确共议与承诺。

1. 预期成果（而非方法），指明目标为何、何时达成。

2. 准则是达成成果所依循的原则与政策。

3. 资源则是可用以协助达成目标的人力、财务、技术或组织内的援助。

4. 责任归属则是指制定衡量或评估表现与进展的标准和方法。

5. 结果则指依据评估的成绩所给予的奖惩，并阐明如此做的理由。

这种协议是扩大组织权限的必要措施，但光是协议不一定就能造成双赢局面，这是种思考和互动的方式，为客户、股东、员工等带来最大的利益。双赢也是一种典范，不断寻找为双方创造最大利益的第三种可行方案。若个人无时无刻不在双赢的架构中运作，组织控制与自我监督就不再是相互冲突的价值观，反而成了扩大组织权限的额外助力。

"控制"并不是某人控制某人，而是说组织"支配一切"，各部门共同合作以创造预期成果，这现象可以称为广义的责任归属。组织应对整个成果负起责任；个人则为自己的表现向组织负责；组织内的所有部门，则为维护组织的一致性而彼此负责。在责任归属的架构内，努力的方向应配合组织的需要，组织则对个人或部门表现给予监督或援助。员工对完成各项使命有强烈的责任感，信任度自然提高。

自我监督成了个人依据协议去规划、执行并控制自己表现的实际过程。双赢协议让员工更容易掌握知识、愿望和机会，更能自主。原来浪费在监督上的时间和金钱，可用于培养领导与管理能力。

每位园丁都知道，必先浇水花草才会生长。若期待在每个人互信的双赢文化中共同努力，辅助性的结构与体制，是绝对必要的。鼓励员工彼此竞争的薪酬制度无法培养合作精神；无法确立责任归属的沟通制度，也会使组织的有效性大打折扣。体制与结构，亦即组织的架构与角色定义，必须要能加速完成预期目标，而不是成为绊脚石。

双赢协议、责任归属、自我监督和辅助性的体制与结构等四项因素，提供了授权运作的架构。

如果相互猜忌，是不可能达成真正的双赢协议的，因为虚伪、诈欺、不负责任或只顾自身利益而产生的问题，就算花一百个钟头协商也无法解决。授权的核心其实是基本的人性问题。

一般人总是以为当经理的人是权力的象征，经理有权，员工就应唯命是从；经理发布命令，雇员就得至少执行。这就是管理者与被管理者的区别所在。这是常人之见。

但是作为一名领导者来说，管理最重要的是实现目标和价值，并不是全力地去玩弄权力。杰出的领导者总能有效地使用权力，从不滥用权力。他从不要求自己每一个决定做出后，就要求员工立刻行动，不能慢一步或说一个"不"字。他们深深地懂得，当一名管理者并不是去做一名称霸一方的霸主。理智的老板总是常常自省道："作为一名老板，我的决策能否给大家有什么帮助和启发？能给公司的营业收入带来些什么？"如果他认为，在处理某件事情上，放手让下属去做比自己亲自做效果更好的话，他会放手的。

酝酿双赢协议的信任文化，是由正直、成熟与丰富的心智所创造。正直的人对自己与他人都能信守承诺。成熟的人兼顾勇气与体谅，勇于表达自己的观点与感受，同时也顾及他人的观点与感受。丰富心智的人认为每个人都有应得的一份，重视他人及第三方案的无穷潜力。具备这些人格的人，才能真正认同他人的感受与创造力，自在地与人交往，即便公司里的人相互猜忌，也不会受影响。

授权核心的某些因素与这些人格关系密切：亦即沟通（深入了解他人与被了解）、组织（规划与执行）和同心协力解决问题（达成另一替代方案）的能力。光知道有这么一种双赢协议，与知道如何去创造它仍是有所不同的。

这几项因素使公司得以充分授权。领导人在自己的权限内可采取行动改善各项条件，让授权在充满生机的组织内滋长。

1. 评估个人与组织运作的效率。

2. 加强个人人格和技巧，再扩大影响相关事项。

3. 与上司或下属展开制定双赢协议的过程。

4. 致力创造或加强组织内辅助性体制和结构。

5. 以身作则，加强认识。

这些行动步骤不是特效药，而是建立在健全、已获得验证的成长与改变的原则上。领导人在选择永恒的原则作为领导典范的基础时，应了解人性层面的自然法则，与自然层面的法则是同样真实不造作的。要知道，个人与组织的成长和植物的成长过程如出一辙，所以努力创造培养成长的条件才是重要的。

以原则为重心的领导人也了解，成长过程是由内至外的，必须先改变自己，才能扩散到组织的其他部分。

第十二章　幕僚工作

有效的人力资源管理要从有效的授权开始，充分运用员工的时间和天赋。为此，柯维认为：面面俱到的幕僚工作是相当好的原则，避免了管理模式流于专制独裁。这个原则是：员工应全盘考虑整个制度，深入分析，提出建议。主管只需点头或摇头。一句话，好的员工将起到好的幕僚作用，而好的幕僚将对一流领导者起到最佳的参谋的作用。

摩西与他的岳父

想必大家都曾见过卡耐基的墓志铭："这里躺着一位先知，能用比自己能力强的属下。"由此可知，判断一位主管是否能够称职，不在于其展现的个人的雄心，而在于领导与培育部属的工作表现。

我们看看摩西和他岳父杰梭的例子。摩西不辞辛劳地为以色列子民做事，巨细无遗，大大小小的事都要插上一手。他的岳父杰梭就建议说："这样是不对的，你和跟随你的子民总有一天会筋疲力竭。你的担子太重，无法自己一人承受。"

杰梭于是建议摩西做两件事：第一，摩西教导子民判断的原则，如此就不必事必躬亲。他们可依据原则行事，举一反三、自己思考。这是一种有力的授权的形式：教导原则，信任属下执行的能力。第二，选择可靠的门徒，授予处理小事的权力，只保留决策性事务。这两项建议需要摩西先花更多的时间将事情加以归纳，并承担风险。

刚开始授权确实需要不少时间，许多人被业务压得喘不过气来，认为自己根本抽不出时间说明和训练。一位经理还在做属下能够做的事，他的说法是："说明的时间比我自己做的时间还要多，而且，我自己做得更好。"但随着手头上的事情愈积愈多，他愈觉得没有时间去说明或训练。

许多主管也都有同样借口："每次授权时，工作不是没做，就是做得不好，我还要重来。授权有什么用？只是浪费时间。"但结果是这些人的生活一团糟，每天工作十四小时，忽略了家庭和健康，破坏了整个组织的活力。授权属下，让自己有更多时间处理优先的工作，是绝对必要的。长期来看，授权可以节省更多的时间。

领导水平的最高境界是下放权力。下放权力的领导跟下属建立起良好关系，把自己的理想传达给下属，把下属动员起来，让他们深信这个理想是可以实现的，再教给他们实现这个理想的方法。在争取成功的过程中他和他的下属建立起伙伴关系。

古代战争英雄和贤人匹塔卡斯说："衡量一个人有多伟大，就看他拿手中的权力做什么。"平庸的领导者把保住自己的权力作为第一大事。他们迷恋权力是因为他们把权力看作是不易补充的有限资源。其结果是，这些人把权力囤积起来，不愿意放弃权力所带来的特权。

相反，下放权力的领导者获得权力之后，就将权力分派给他的下属。他训练下属，使他们懂得怎样运用权力和肩负责任，然后就授权他们干。于是他周围的人就能分享他的成功。

下放权力的领导者有以下六个特点，正是这六个特点使他们能成为领袖。

1. 他们有超越个人能力的远大理想。只有很小理想的领导者，无须雇佣别人，也无须下放权力。理想越远大，就越需要其他人帮助才能实现。最伟大的领导人的理想是远远超过他们自己单干的能力的。

2. 他们信任别人。下放权力，但又不信任人的领导者我从来没见过。他们都真诚地喜欢人，想帮助他们，又想得到他们的帮助。只有当你相信别人能帮助你时，他们才真的能帮助你。

3. 他们有良好的自我形象。下放权力的领导者之所以能与别人分享他们手中的权力，原因之一是他们有良好的自我形象。他们知道自己的优点和缺点，喜欢自己。他们从不害怕下放权力之后会被下属超越，虽然这很可能发生。

4. 他们能发掘人的潜能。一个下放权力的领导者，心中常常怀着帮助别人成长发展的愿望。他的目的是帮助别人发掘他们的潜能，直到这些人自己也成了杰出领导者为止。拉尔夫·内达说："我从一开始就认为，领导的作用是培养出更多的领导者，而不是追随者。"开发别人潜能的领导者正是这样做的。他们把时间、金钱和精力给了那些致力于提高自己的人。

5. 他们有一颗服务众人的心。开发别人潜能的领导者心甘情愿地与人分享权力，这表明他们希望为同胞服务。他们希望通过帮助别人来使自己的世界更美好。

6. 他们非常成功。跟领导者最亲密的那些人决定着领导者能取得多大的成功。因为这些领导者与别人一道工作，又授权别人工作，他们的能力就大大地提高了，他们能取得最大的成功。这些领导者跟工业家、百万富翁安德鲁·卡内基相似。卡内基希望将来在自己的墓碑上写上："在这儿长眠的人懂得怎样利用比自己强的人所做的贡献。"

有成就的领导者在不同的时候会使用上述不同的风格，但最杰出的领导者的目标是下放权力。因为他们懂得，他们的最后成功有赖于其他人的协助，所以当他们帮助其他人提高效率时，他们的成功机会最大。

借助他人之力确实会有做错事或作法不同的风险。摩西必须仔细挑选和训练人员，信任他们、了解每人不同的作风，而不是一味地将自己的判断加诸他人。有错误在所难免。有些主管除了例行公事外，不愿在其他事上让步，只信任自己的判断力和作风，之所以如此是因为："我这一路都是这么过来的，干嘛改变? 成功还有什么好争议的?"

有些人确有无穷的精力和能力，能创造惊人的效果。但不授权，公司与个人就受制于老板的能力，成长的机会自然有限。

在授权过程中，有效率的经理人会与个别员工制定双赢协议，其中一项重要准则就是"面面俱到的幕僚工作"的原则。

国务卿的做法

"面面俱到的幕僚工作"是相当好的原则，避免管理模式流于专制独裁。这原则是：员工应全盘考量整个制度，深入分析，找出替代方案以及替代方案的结果，最后再建议采行其中之一。

此方法会让员工殚智竭虑，从而汇整出一项代表自己最佳思虑的建议。主管只需点头或摇头。批准后，只需执行决策或建议行动的步骤。除了节省主管时间外，这种方式还可防止员工借团队之口，而行推诿卸责之实。

据说，基辛格在任美国国务卿时，常要求幕僚提出最好的建议。他拿到手以后先摆在一旁，四十八小时后又问幕僚："这是否是你提出的最佳方案?"幕僚说："不! 我们可以再深入一点，叙述得更详尽，我们也可提出替代方案，并指出若建议不被接受时，会有什么后果。"

基辛格说："那就再努力吧!"

第二次提出时，基辛格同样会问："这是你们最好的方案吗?"

此时，多数幕僚都知道自己的方案错在哪里。"面面俱到的幕僚工作"的原则，让属下产生责任感，找出自己错误之处加以改正，或建议处理方式。

基辛格总会发现一些小错误，他要求拿回去改善加强，而属下也都办到了。

第三次提出时，基辛格说："这是你们能力的极限吗？这是最后一份建议？还有需要改进的地方吗？"

"我们觉得非常妥善。但文句上或许可稍加修饰，在报告时更完善。"

于是下属又继续埋首苦干，再次提出时，他们说："这是我们最好的方案，各方面都考虑到，替代方案、结果和建议都已清楚阐明。执行细节亦详载其上，这是我们的最后定稿，相信你可以信心十足地提出报告。"

这个例子说明了幕僚人员常只想为自己节省时间和精力，没为主管设想。但主管的时间其实远较属下的时间宝贵，所以主管所得到的应该是属下千锤百炼后的结晶。

幕僚的培养

有效率的主管要求员工从各方面来考虑，并做出建议。在工作进行中，主管置身事外，就算有人求他也不介入，更不提供快速简易的答案，一切都等到工作完成后再说，否则员工只是浪费他的时间，他也只是欺骗员工罢了。而且若员工在找寻真相或作决策的过程中，老是有人施以援手，他势将无法为结果负责任。

主管必须运用智慧，因为一种概念并非万能药，也不是各种状况都适用。早期的脑力激荡，尤其是在计划孵化期，是不可缺少的。一致的决议也是必要的。

但要求员工在开会前有所准备的原则，是绝对不可妥协的。这可以防止员工在深入了解问题前，贸然提出不成熟的观念。也可杜绝员工在竭尽思虑，好好准备之前，即过早凑在一块，随声附和。

在培养与教育部属的过程中，并不是能够一帆风顺，如管理者所愿就能成功，通常易遭遇如下的情况：

1. 欠缺适合的有潜力人员，同时判断部属能力的基准也不一致。

2. 企业经营阶层所期待的管理目标与管理不够明确。

3. 整体人力资源配置错误，使得培养后的部属无处发挥。

4. 部属学习的意愿与态度不够。

5. 主管态度左右部属管理能力。

但是，整个培育的过程中，是否有部分是因为管理者个人行为的偏差，使部属的成长停滞？其中最大的因素是主管的态度问题，造成部属管理能力提升的阻碍。因此，日本产业训练协会在中层主管训练（MTP）的课程中，提出主管自我核对八大项目，以作为培育部的参考检核表，唯有排除此方面的盲点，才能使培育部属能力的工作得到落实：

1. 主管的工作一定很忙碌：总认为工作太忙，无法离开工作岗位，是件很光荣的事，表现自己能力受肯定，无人可以顶替。

2. 主管要现身于工作现场，工作才可以顺利进行：主管没有在生产现场，员工就会不知所措、毫无方向感。

3. 工作忙碌，所以没时间培育部属：这是很好的理由吗？事实上，主管的忙与盲是把职场问题隐藏化，而非资讯公开化，以盲点造成工作职场事务的不顺畅。

4. 培育部属：会提高部属的职业能力，威胁到本身的地位。事实上这种逆向思考的思维模式，只会造成本身职位的岌岌可危。

5. 主管凡事必须躬亲：若不能如此，任何工作都不能顺利进行，由于这种固定观念的作祟，不但造成主管的过劳死，事务的进展都会产生事倍功半的效果。

6. 部属代理主管：会受到其他部属的嫉妒，甚至会使其他部属对管理者产生反感，认为主管偏心，这种想法真的难以避免吗？只要做到公开、公平、公正三原则，相信部属会更尊重你的大公无私。

7. 培育部属表示授权给部属：认为会造成其他部属职权的缩减，甚至会形成对主管权利的侵犯，其实，持这种平等观念而造成的损失，不只是对部属，也可能影响公司未来整体的发展。只要能按照职位说明书的工作资格要求（如知识、技能、态度等要素），对部属现有能力状况加以评估，针对个人的需要，确切掌握应行的要点，即能达到教育效果。

8. 现场就有优秀人才，所以不能再作培育：这是一个好办法吗？培育部属是长期的、有计划的培育，需制订培育部属的方针，掌握培育要点，进而作计划的实施与成果的评价，再予以追踪辅导和指导。若是不循正途，而是采取一种临时抱佛脚的教育方式，将使培育计划毫无成功可言。

培育部属管理才能的目的，能使部属体验工作的责任感与使命感，使部属能够了解企业组织体系内的各项工作和事务，部属都自行判断，而不用每次向管理者请教"要怎么样"、"如何做"。如果经常如此，不但部属没有成长，组织的团队士气都无法养成。

部属的培育是企业经营与组织整体性的一种表现，是企业持续经营的关键因素。除了公司人事管理制度的配合外，尚可采用下列的方式：

让部属掌握事实、培养解决问题的能力。

让部属到上级那里去：以培养部属自我判断与自信的机会。

让部属去监督别人：培养部属的指导才能。而最重要的是使管理者在培育部属时，能否在心底经常保持着"善意、气魄及努力"的宽广心胸，并展现在各种指导活动中，这是管理者日常管理活动中最重要的一环。

可依循下列五项步骤完成面面俱到的幕僚工作：

1. 阐明期望的成果，制定心理性合约。基辛格和中曾根都是如此，随后，员工应自由选择独立或与众人合力完成最后建议以及替代方案。行动计划亦应详细说明，每一细节均应全盘考虑后才定案。

2. 阐明员工权限。例如：得到指示才去做；主动询问、建议；立即报告或汇整一段时间才报告。

3. 阐明假设。员工若想尽早从主管那儿得到资讯，以确定方向无误的话，在完成工作之前，应确实了解主管的想法。不然可能背道而驰，提出的建议只得到主管的冷言冷语："你根本不了解我所做的原则。"

4. 提供足够的时间、资源与接触管道给那些负责的员工。对于负责完成"面面俱到的幕僚工作"的属下而言，再也没有比缺乏资讯与资源更令人沮丧的事。主管若面临真正的危机，而且没有时间反应时，就应向属下说明状况。

5. 拨出时间，找个地方，就整个工作进行检讨。让属下有机会为自己的方案做说明。

这项理念绝非万灵丹，只是能有效激励员工自行思考，在提出建议之前，将自己的想法汇整过滤。多数员工都喜欢有机会作判断，以表现自己的能力。这种理念如果能适当执行，将能测出个人的天赋与资质，长期来看将会节省每个人的时间，并创造高品质产品。

以下是运用这个理念的几个场合。

1. 演讲与口头报告。尽可能花时间收集初步资料，让负责的部属知道有何可运用的资源以及上司的期望。上司可能要布置些作业，导引整个过程的进行。在准备演讲和口头报告时，主管尤须说明自己关注的焦点。主管可能说："这些是我在两星期后的会议上想了解的事情。这段时间我将外出考察，回来后再看看你的意见如何。"

2. 问题判断。主管可能对可靠的属下说："请仔细考虑这个问题，提出你对这个契约的见解以及你的应对措施。"换言之即是"请替我判断这个问题，并定下合约"。

柯维在某家公司用过这个方法。柯维坐着聆听部属的报告，他们的表现极为出色。主管也大表讶异，私底下告诉柯维说："我从未想到他们竟有如此深度。"

3. 会议管理。这个理念不仅测出部属的天赋，亦能使会议更有效率。员工深入分析问题，审慎考虑其含意及替代方案，并以负责的态度提出建议时，其实就是对会议做最大的贡献。

4. 同心协力解决问题。在辨明关键问题并订出优先次序后，可成立特别小组，赋予完成任务的挑战。

假设问题之一是沟通、生涯发展或薪酬，最好在公司不同层次内邀集三、四人组成工作小组，深入研究问题后，向监督小组提出特别建议。他们可能会说："因为这些考虑，所以提出这些建议。这些是替代方案和结果，这些是问题以及问题的来源。"小组内若能同心协力，提出的建议就能代表不同的观点，不容易被上级主管打回票。

老是与别人唱反调的人，在这个过程中也会收敛许多，这些人有自由发展的空间后，就会放下所有的负面情绪。手中的武器放下了，气焰也就不会那么高涨，有助于达成双赢的解决方案。

有一点要注意，这个理念若不与其他原则一同运用，难免令属下有"上司以为他是谁?"的感觉。属下为上司卖命，而上司只是签个名，盖个章，不费吹灰之力，有些员工难免有怨言："上司一点都不关心，一点都不想参与。"

这个理念若能顺利执行，确实可以栽培部属并节省主管的时间。部属肩负更多责任，反应会更好。

第十三章　领导模式的转移

　　柯维认为，一个显示追求卓越的时代已经来临。个人与公司要想有长足进步，要有正面的转变，形态上要有大幅变更，现在正逢其时。

　　谈到领导模式的转移，我们不能不谈到权力，尤其是未来权力的转移。这种权力转移不仅见于企业权力的顶峰，它已波及我们生活、工作的各个领域。

　　权力转移不只是权力的重新分配，也是权力的改造。

未来的权力

　　在我们谈到世界混乱之秋通往权力的途径时，先别管我们谈到权力时心中闪出的那道黑影，因为尽管人类倾向滥用权力，但权力本身却无所谓好坏。相反，它是人类关系中一个不可避免的话题，而且它深深影响我们的不论是生活还是工作，影响之广之深超过我们的想象，也可以说人类就是权力的产物。

　　但是，在我们生活的各个层面中，权力至今仍是人类了解得最少却又最重要的一环，尤其是对我们这一代人而言。因为我们正处于"权力转移期"，眼前的世界正在解体，取而代之的是一个完全不同于以往的新权力结构，而且这种权力转移正在社会各个阶层展开。

　　在办公室、超级市场、银行、主管办公室、教室、医院、学校和家庭里，老的权力形式正依新轨道进行重新分配。从加州柏克莱到罗马、首尔的校园都已开始爆发骚动，各种种族和民族间的冲突也大量滋生。

我们常看到企业界中的大公司被分解，然后再重组。不仅原来的公司总裁被弃如敝屣，另外一大群员工也遭同样的命运。新上任的"空降"总裁也许拿到极高的薪水，但以往总裁们掌握权力时的"附加价值"却消失无踪，譬如公司派的私人飞机、轿车，在豪华高尔夫休闲场所召开的高级主管会议等。当然，最遗憾的是能支配这一切的真正权力。

这种权力转移不仅只见于企业权力的顶峰，办公室主管和工厂领班都看得出，工人已经不再像从前那样盲目服从。工人们开始提问题，而且要求有答案。甚至连军中的中层主管、警察分队、教师们也都会在自己的班上和课堂上有相同的遭遇。

日常生活和企业界的老式权威都面临瓦解，也正好赶上世界权力解体的趋势。二次世界大战结束后，世界两大霸主就把地球捏在股掌之间，双方各有同盟国、卫星国和支持者，两大霸权也以导弹对导弹，坦克对坦克，间谍对间谍的方式维持势力均衡。当然，今天这个权力平衡已遭到破坏。

结果，世界体系已逐渐裂开一个"黑洞"，霸主地位的真空吸引诸如东欧国家的人民与政府纷纷转向，去寻找新的（或旧的）势力联盟或冲突。这场世界权力转移进行的速度快得令各国领袖也只得"跟着事件走"，而来不及思考自己想建立的秩序。

未来几年内，我们大概可以预期，这场涉及人类社会每个阶层的新势力，跟旧势力之间的冲突会更紧密，战线也会更长。在这场大型权力转移中，会产生人类历史上最罕见的现象，这就是权力本质的改变。

"权力转移"本来就不只是权力重新分配，也是权力的改造。

1989年，眼见"苏联"这个维持了半个世纪的东欧帝国逐渐分崩离析的一幕时，世人的心情真是只有用瞠目结舌才足以形容。接着俄国自己也为了获取西方科技以重振经济活力，而奋勇跃入一连串杂沓的改变。

世界上的另一霸权也正进入缓慢的衰退期。传播媒体都已大肆报道过美国"帝国"的没落和国际地位的下降，在此不再赘述。但是更惊人的是，美国国内各传统权力结构的瓦解。

几十年前，通用汽车厂是全世界一流的制造商，世界其他制造商纷纷模仿，甚至是华盛顿用以向世人炫耀的成就。今天，一位通用主管说："我们只求生活。"我们可以预期，在未来几年内通用将会瓦解。

几十年前，国际上几乎没有可跟国际商业机器（IBM）竞争的，而且美国人拥有的电脑数目比全世界其他国家的总数还多。今天，电脑的权力已经均分给全世界，美国市场占有率剧跌，IBM也面临日本NEC、日立、富士通、法国布尔集团、英国ICL和其他电脑巨头的竞争。

当然，这也不全是外国竞争者的错，几十年前美国只有3家全国电视网ABC、CBS和NBC，完全没有外国竞争。今天三大电视网快速萎缩，甚至生存都受到威胁。

在20世纪70年代，美国企业领导人还认为自己靠重工业起家的企业稳如泰山，日本企业领袖甚至普通老百姓，却天天在接受报纸、电视、书籍的轰炸，指出"信息时代"已经来临，是21世纪的必然趋势。当美国人还在对"工业时代"已结束的概念嗤之以鼻时，日本企业、政界、媒体领导人却马上采取行动，因为他们相信知识才是取得21世纪经济霸权的关键。

于是，即使美国比日本早开始电脑化的工作，日本人却后来居上地建立起世界上最强的信息科技，或叫第三次信息产业浪潮。

机器人普遍被使用，加上精密的制造技术都需要靠电脑和信息，日本人自然生产出品质在全世界无人能比的产品。在了解到传统科技已经到了尽头，日本人赶紧制定新策略，从传统中及早脱身以便跨入新产业时，通用汽车的做法却完全相反。

只要我们仔细看看以上所描述的种种权力转移，就会知道知识的角色已经剧烈改变，这个新的生财系统更进一步地促进了权力的转移。

在一次演讲中，丘吉尔曾说："未来的帝国是建立在脑力上的。"今天，他的预言成真，倒是还有些靠初级经济维生的国家与个人仍懵懂不明，只看未来10年会不会加快这些人的改变速度。

典范转移——最伟大的突破

法国文豪雨果说；"当一个观点成熟时，再没什么比它更强而有力了。"

《追求卓越》一书在美国造成轰动后，显示追求卓越的时代已经来临。个人与公司要想有长足进步，要有正面的转变，形态上要大幅更动，现在正是时候。

现在的问题："如何做？"如何变得更有绩效？想要逐步改善，就要在态度或行为上有所改变；但若想要有重大革新，不论是个人或组织，就要改变参考标准，改变对这世界、对他人，甚至对管理与领导的看法。改变了解和解释现实生活的标准，亦即"典范"。最伟大的突破，就是摆脱过去思想方式的羁绊，随着模式的转移，洞察力、知识和理解力会开启全新的一扇窗，有截然不同的表现。请看看下列三个史例：

自古以来，许多人死于疾病和传染病。在战时，有许多人病死；在生育时，也有数以千计的母亲与新生子丧生。问题就出在医生太慢了解到疾病可能是借由肉眼不可见的细菌而传染。直到法国的胡斯德医生出现，才改变医生脑中固定的模式，才在对抗传染病上有显著的进步。

美国这片自由国度的诞生也是因为模式的改变。当杰弗逊在独立宣言中写道，政府的权力是来自被统治者时，他与其他签署者已经建立新的政府形态。这里没有神权统治，也没有君主制度，政府官员将由人民选派。依据这个新的模式所产生的，是有史以来最自由的人民与最富庶的国家。

错误的模式会贻误国家生机。1588 年，西班牙是全欧最强大的国家，国库里装满从新大陆运来的黄金，无敌舰队在七大洋上更是所向披靡。但英国却毫不畏惧，当西班牙引以为豪的无敌舰队惨败后，显然模式也已转变。敏捷的英国船舰，和足智多谋的舰长，已成大海上的新统治者。

现在，商业界也透露出类似的转变气息。全球最大的几家公司，对于自己的现金存量、资产、科技、策略和不动产等非常满足，却和西班牙人一样，而小公司正以更适合当今市场的模式，与之一较长短，并颇有收获。

回想自己生活中的模式转变。若你已婚，就回忆单身时是怎样，结婚后，生活的模式是否改变？若是在公家机关服务，回想一下从私人机构到公家机关，角色上是否有所改变？眼前是一个新世界，责任感也大不相同。在此从新模式来看生活，必将有显著的差异。身为祖父母的，不妨回忆一下第一个孙子什么时候生的？当有人以新称谓叫你，你的角色又是一番新气象。

在新称谓、新角色、新模式之下，行为和态度也会有重大转变，而改变模式最快的方法就是改变称谓或角色。想想看第一次当上经理时是什么样子？是不是每件事都有点不一样？

危机四伏时、被迫决定生活的先后次序时，也会造成模式的转变。前埃及总统沙达特在电视上向数百万人宣誓："要是以色列人占领一丁点阿拉伯领土，我就不会与他们握手。绝不！绝不！绝不！"群众也跟着高喊："绝不！绝不！"

但沙达特内心了解，这是个危险的、相互倚赖的世界。幸好，他早已学会如何集中心志，以产生内心模式的转移，那是年轻时被囚禁在开罗中央监狱的单囚室中领悟出来的，他学会沉思，并对照现实环境来审视脑中的计划，再以崭新的模式来看待整个状况，这使得他终于能够在特拉维夫提出大胆的和平方案，并达成戴卫营协议。

过度注重技巧、只做特定措施以及维持现状，进步必然有限，若想要大幅进步，模式转移必不可免，如此才能以全新的角色作全盘的考量。

四大典范

这里有四项基本管理模式可供参考，虽然每项各有其优点，但其中三项却是以对人性本质的错误假设为基础，仍有瑕疵。

1. 科学管理模式。在此模式下，人被看成是胃，一种经济性生物。经理人若如此看待属下，就会想以赶驴子的方法激励员工：在前面挂着一串胡萝卜引诱员工，后面则拿着棍子驱赶。经理人支配一切，知道什么是最好的，引导众人向前迈进，方式则是赏罚并重。当然赏罚必须分明、公平，但这是为满足人的肠胃需要而设计的。

这种对人性本质的假设是"经济人"，也就是说，激励人类往前的动机是追求经济安全感。奉此假设为圭臬的经理人，自然会扬起手中的胡萝卜和棍子。

造成这种情形的是专制独裁的管理方式。武断的主管作决策，员工只能按照要求去执行，期盼得到经济上的报酬与其他福利。许多企业和经理人都依这种方式运作，这些人偶尔会畅谈人性本质的大道理，但根本上仍是在操纵经济诱因，以期满足自己的要求。

2. 人际关系模式。人类不只是胃而已，还有一颗心，也就是说人类是社会性生物，具有感情，所以不但要公平对待，更需要温柔、礼仪和仁慈。

这一模式的假设是"社会经济人"。人类除了经济性的需要外，还有社会性的需要：妥善的、受到欢迎与尊重、有归属感。这一观点以鼓吹人际关系为基础。

在这种假设下，管理阶级仍然大权在握，做决策与下达命令，但至少经理人试着创造和谐的团队精神，并提供机会给员工。

在这个假设上运作的经理人，企盼有归属感并受人欢迎，不喜欢将硬邦邦的标准和期望加诸他人，因而会较宽容。许多经理人却因此陷入错误的二分法，认为"不是强硬就是宽大，若不掌握一切，就会被别人掌握"。由于独裁方式比宽容方式更有效，认同这一假设的经理人，就会采取仁慈的独裁管理方式，以解决困境。

这些仁慈的独裁者，正如同仁慈的父亲，为子女作最好的打算，只要子女顺从其愿望，就会妥善照料他们。一旦子女不从，就成了不知感恩图报的叛逆行为，仁慈的父亲会这么想："我为他们尽心尽力，瞧瞧他们是怎么待我的。"

3. 人力资源模式。在这里工作不但要求公平与仁慈，还讲究效率，大家想要有所贡献。这些人不但有胃、有心，还有意志，是有知觉、会思考的生物。只要深入了解人的本质后，就更可善用人类的天赋、创造、机智和想象力。于是，主管开始授权，认为员工若能认同一特定目标，就会采取必要行动。人被看成主要资源，不再是一项资产或财物，而是实在的人，有心、有意志。主管于是想办法创造最合适的环境，使大家发挥天赋，释放出创造力。每个人都想有所贡献，也希望自己的天赋得到认同、自己得到栽培，并有发挥的机会。

在这一阶段，人被看成是"心理性生物"，除了经济安全感和社会归属感外，还需要成长和发展，对有价值的目标，能贡献一己之力。有此认识的经理人，认为人的潜能无限。他们的目标是找出并培养属下这种潜能，以达成组织的目标。人被看成是经济性、社会性与心理性的生物，并有想发挥自己潜能的强烈欲望，经理人只需试着创造环境，让员工为达到组织的目标，而尽情贡献一己之力。

4. 以原则为重心的领导模式。这阶段同时具备公平、仁慈、效率以及成效，这是全人的观念。人不只是资源或资产，也不只是经济性、社会性或心理性生物，而是有灵性的生物，渴望做有意义的事。没有意义的事，就算能将天赋发挥至极限，也不会有人去做。提升人心，让人类觉得尊贵，应是工作的目的。

培养冠军的人

在"四大典范"这一模式下，人类由一套铁律般的原则所支配。那就是数百年来，每个伟大社会、每个负责任的文明所持有的自然法则与社会价值观，能激励人心、让人尊贵、让人自我实现的价值观、理想、规范和教义。

依此模式运作的经理人，认为员工的创造力、精力与进取精神，较现有工作所需高出许多，"相信我！"是许多人的心声。IBM公司的基础即在于相信个人的尊严与潜能。确定这一新管理模式后，就会支持员工的新观点，员工也都能达到主管的要求。

员工为达成自己的目标和梦想，可说是全心全力，而且消耗了大部分的精力在公司里，因此如果无法同心协力，是人类天赋的浪费。要想同心协力必须要参与并有耐性。

松下电器公司是全世界500强公司之一。它的电器产品在国际市场上闻名遐迩。这主要得益于松下电器公司的创始人松下幸之助对员工的精神管理和价值观建设。

松下电器公司是日本第一家重视员工精神建设的企业。当时，松下先生规定，公司的活动原则是"认清企业家的责任，鼓励进步，促进全社会的福利，致力于世界文化的繁荣与发展"。他给公司员工规定的信条是："进步和发展通过公司每个人的共同努力和协同合作才能实现。"在此基础上，他提出了由"产业报国、光明正大、友善一致、奋斗向上、礼节谦让、顺应同化、感激报恩"等七方面构成的松下精神。

为了用这种精神统一员工的价值观，他采取了一系列的措施，主要包括：

1. 在日常管理活动中重视"松下精神"的教育。每天上班，松下公司遍布各地的8.7万多名员工都在背诵公司的信条，并放声高歌《松下之歌》。

2. 建立"提案奖金制度"。公司不仅积极鼓励员工提建议，而且还由员工选举专门成立了一个推动这项活动的专门委员会，在广大员工中广为宣传、号召、动员。仅1985年1月到10月，公司下属的一个只有1500人的分厂就提供了37.5万多个提案。1986年，全公司员工提供3663475个提案，采纳了361299个，约占总数的10%。公司认真对待每项提案，全面、及时、公正地组织专家进行评审，并视其价值大小、可行性程度给予不同奖励。仅1986年，公司用于奖励员工提案的资金就高达30万美元。正如松下公司劳工关系处处长阿苏津所说："即使我们不公开提倡，各类提案仍会源源不断而来。我们的职工随时随地都在思考，在家里、在火车上甚至在厕所里都在思索提案。"

3. 专门开辟一间"出气室"。为了减轻员工的精神和心理压力，消除内耗，松下公司公共关系部专门设了一间"出气室"，里面摆着公司大大小小行政人员和管理人员的橡皮塑像，旁边备有木棍、铁棍等。如果员工对某位主管不满或心有怨气，他可以随便来这里"拳打脚踢"，以解心中的郁闷。

通过这些措施，久而久之，松下公司便形成了上下一心、和谐相容的"家庭气氛"。公司有了强劲的内聚力和向心力。正是这种精神造就了"NATIONAL"这个商标，使它成为日本产品的形象和经济起飞的象征。在解释"松下精神"时，松下幸之助有一句名言：如果你犯了一个诚实的错误，公司宽恕你，把它作为一笔学费；而如果你背离了公司的价值规范，就会受到严厉的批评，甚至解雇。这道出了企业文化这种管理方法的精髓。

英国标准电话电报公司在所属的特雷福里斯特工厂试点实行职工参与计划。该厂在威尔士有600名职工，生产电话机。工会代表和管理人员共同挑选出五个需要集中力量加以改进的问题，包括实行建议制度、改善卫生与安全条件、改组维修系统、恢复检验部门和能源保护等邀请职工参与讨论。由于职工献计献策、群策群力，这五项工作迅速取得了成效。节约成本的措施带来的利益比以前猛增了四倍，事故也减少了75%。检验部门和能源保护部门的工作都有很大进展。新的维修设备在不停产或减产的情况下进行安装。职工自己处理并解决了管理人员长期大伤脑筋的旷工问题。

在这一事件的启发下，后来标准电话电报公司内部实行了广泛的协商计划，让职工参与解决一些特殊问题，都收到了很好的效果。例如，公司为实施一项新的养老金方案，出动了6辆汽车，把人事部门的工作人员送到各个车间和基层各部门征求每个职工对新方案的意见。职工们提出了许多好意见，如新方案对家属抚恤金的规定欠妥，对非全日制职工的待遇不公平等。人事部门在职工们所提建议的基础上对原来的方案进行了重新修订，修订方案公布后各方都比较满意，从而为此方案的实施奠定了基础，职工参与管理可以使公司与员工双方坦诚地面对一些比较棘手的问题，相互探寻比较合理的解决方案，这样既可以使企业的生产经营活动免遭大的震荡，又可使职工的利益不致严重受损，这是处理员工关系的有效手段之一。

实践证明，凡实行职工参与管理的公司，员工的工作积极性一般都比较高。

毕德士（Tom Peters）认为：权力中心不再集中于实行独裁制度的少数精英手中，组织内每位成员会觉得自己力量大为增强。

"有关领导与管理的想法，我们有了几乎是一百八十度的转变。过去，经理所扮演的角色和代表的意义就是警察、裁判、魔鬼的代言人、有否决权的人。但在好的公司中，更适合经理和领导人的名称应该是啦啦队长、教练、润滑者、培养冠军的人。以往被遗漏的声音，其实是来自员工的内心。"

人想要为有意义的目标贡献一份心力，想要成为企业真正的一分子，超越自己的极限。没有意义的工作，即使能够发挥所长，也缺乏诱因。能够让人振奋、有尊严、鼓励人发挥到极致的目标与原则，才是人类所追求的。

我常问别人是否愿意接受挖洞、填洞的重复工作，每天工作八小时，一星期五天。直到六十五岁退休，年所得一百万，每年随生活成本而调整。有人愿意接受这个工作，以改善现在的经济困境，但数年后即使这项经济诱因仍在，亦会避之唯恐不及。人类活着不只是为了面包，过日子绝非人类唯一的目的。

这种对人性本质更广泛的见解，更显示了人对增加工作挑战与自我实现的需求。领导人试着将单调枯燥的工作自动化，而让员工有机会为工作感到自豪。他们一向鼓励员工参与重要决策，决策愈重要，问题愈富挑战性，他们愈愿意去挖掘人类资源的潜能。员工得到培养并表现出更佳的洞察力和能力，他们也不断尝试拓展领域，让员工得以训练自我控制与自律。

多数调查显示，员工希望受原则的管理，生活要有意义和目标，老板能视其为完整的个人。

科学管理模式的含意是："给我高薪！"人性关系模式则是："善待我！"人性资源模式则隐含："好好运用我！"以原则为重心的领导模式则说："让我们谈谈前瞻性、任务、角色和目标。我想尽一份心力。"

第十四章　朝自我管理迈进

按照柯维的理论，朝向自我管理的核心就是双赢协议。一旦当双赢协议达成后，员工们可以自我监督，而领导者（即管理阶层）只需从旁援助，并设立辅助性组织结构与体制，让有自制力的员工实践协议的规定。

人性的激励

什么叫激励？激励就是鼓励人的动机和行为的方法。它利用某种外部诱因调动人的积极性和创造性；具体地讲，激励就是使外部的刺激内化为个人的自觉行动的过程。外部的适当的、健康的刺激可以使个人完成目标的行为总是处于高度的激活状态，从而最大限度地发挥人的潜力，这种潜力无法直接测量，只能根据人们的实际行动进行推测。

动机支配人们的行为，而动机又是在需要的基础上产生的。当人们的某种需要产生时，心理上就会产生一种不安和紧张的状态，即激励状态，从而造成一种内在的驱动力，这就是动机。有了动机，就要导致行为，指向目标；当目标达到后，需要得到满足，激励状态解除，随后又会产生新的需要。周而复始，直至人的生命终结。

我们常常会看到这样一个现象：能力相同的人会做出不同的成绩，甚至能力差的人可能比能力强的人工作得更好。究其原因就在于领导者在领导过程中对下属的激发程度不同，才导致产生不同行为及后果。美国哈佛大学的威廉·詹姆士通过实践发现：在按时计酬的条件下，一个人要是没有受到激励，仅能发挥其能力的 10%～30%；如果受到正确而充分的激励，就能发挥其能力的 80%～90%，甚至更高。行为科学认为，一个人的工作成绩不仅与其能力成正比，而且与其动机的激发程度成正比。

即：工作成绩＝能力×动机激发程度

由此可见，在能力不变的条件下，工作成绩的大小，取决于受到激励程度的高低。在领导过程中，下属受到激励程度愈高，就愈会努力地工作，成绩就会愈大；反之，受激励程度较低，工作积极性就会下降，其成绩也就随之减少。领导者只有激发人们工作的热情，才能保证领导目标的实现。

要想成功，你必须学会调动别人内心深处的积极性，你必须"给他们的油箱加油"。在最近做的一次调查中，有 70 位心理学家被要求说出主管人员必须懂得的人性中的最关键的东西。有 65% 的人说"积极性"，就是使人行动起来的那种感受和认识。如果你不能调动别人的积极性，你就不能领导他们。如果你领导不了别人，那么你想做的一切事情都要由自己独立完成。这里面有多么大的局限性啊！

对于激励艺术，从古至今，人们都在孜孜不倦地探索。柯维之前，就有许多著名的学者已经提出过许多有名的激励方式。

1. 马斯洛需要型激励策略

马斯洛是美国著名的心理学家和行为科学家，他于 1943 年出版的《人类动机理论》一书中初次提出了需要层次论，1954 年他在《激励与个性》一书中，又以该理论和个性问题做了进一步阐述。

马斯洛认为，在千差万别的人类需要的表现形态中，存在着某些共同的需要，而且这些共同的需要按一定的规律呈层次状分布。

马斯洛首创人类有5种基本需要，生理的、安全的、情感的、尊重的和自我实现的需要。

（1）生理的需求是维持生存的最基本的需要，包括衣、食、住、行、睡和性的要求等。

（2）安全的需要是维护安全，摆脱失业和丧失财产等威胁的要求等。

（3）情感的需要可以归纳为归属和社交等。

（4）尊重的需要包括自尊和被人尊重。自尊指的是"在现实环境中希望有实力和有成就感、能胜任和有信心以及要求独立和自由"。被人尊重是指"要求名誉和威望，可看成别人对自己的尊重、赏识、关心或高度评价"。自尊需要的满足使人产生一种自信的感觉，觉得自己在这个世界上有价值、有实力、有能力、有用处。

（5）自我实现的需求是一种使人最大限度地发挥自己的潜能并能完成某项工作或某项事业的欲望。他写道："自我实现的需要，指的是使他的潜能，得以实现的向往。这种向往是希望自己越来越成为所期望的人物，完成与自己的能力相称的一切事情。"

马斯洛认为，这五种需要间存在着如下关系：五种需要相互联系并按其"从低到高"排列成一个等级系列，但这种次序不是完全固定的，是可以变化的，也有种种例外情况。需要的满足是相对的，并不是一种需要完全满足后，高一层次的需要才出现。这五种需要中只要一个层次的需要相对地满足了，就会向高一层次发展。需要的层次越高，满足的可能性愈小。同一时期内，可能同时存在几种需要，因为人的行为是受多种需要支配的。但是，每一时期内总有一种需要是占支配地位的，这种需要称之为优势需要。任何一种需要并不因为下一个高层次需要的发展而消失，各层次的需要相互依赖与重叠，高层次的需要发展后，低层次的需要仍然存在，只是对行为影响的比重减轻而已。满足了的需要就不再是一股激励力量，"有机体只会对那些未满足的需要所激励"。当然，这种提法必须有前提条件，那就是，"假如我们只关心'现实'激发我们的动机，而不是'可能'或'将来'激发我们的动机，那么满足了的需要就不再是激励因素了"。

2. 奥德弗 ERG 激励策略

ERG 理论是生存—相互关系—成长需要理论的简称，因生存、相互关系、成长三个英语单词的字头 E、R、G 而得名。它是美国耶鲁大学组织行为学教授奥德弗在大量实证的基础上对马斯洛的需要层次论加以修改而形成的。奥德弗认为，在管理实践中将职工的需要分为以下三类：生存（existence）需要，包括生理需要和安全需要；相互关系（relatedness）需要，包括社交、人际关系的和谐、相互尊重的需要；成长（growth）需要，包括自尊和自我实现需要。

与马斯洛的需要层次一样，奥德弗的 ERG 理论除关于需要的分类外，还包括其他三个基本观点。各个层次的需要受到满足越小，则这种需要越为人们所渴望。譬如，许多残疾青年因其身体有某些缺陷而常受歧视、得不到应有的尊重，所以他们往往对尊重需要比较敏感。较低层次的需要越是能够得到较多的满足，对较高层的需要就越渴望得到满足。如果较高层的需要一再遭受挫折，得不到满足，人们就会重新追求较低层次需要的满足。例如，成长需要长期受挫，有时也会导致人际关系需要甚至生存需要的急剧上升。在此，ERG 理论不仅提出了需要层次的"满足—上升"趋势，而且也指出了"挫折—倒退"的趋势。这一规律在管理中是很有启发意义的。

3. 赫兹伯格双因激励策略

美国犹他大学管理学教授的弗雷德利克·赫兹伯格认为，满足需要未必能起到激励作用，要看到满足的是什么样的需要。他在 50 年代末提出一种新的"需要层次理论"——双因素论（或"保健—激励论"）。这种理论把满足需要的因素分成两部分。

一部分是"保健因素"，没有这些因素会使人感到非常不快，但这类因素再多也不会产生明显的激励作用。

另一部分是"激励因素"，有了它们才会使人感到特别满意，没有它们就会使人不求进取。赫兹伯格通过实际调研发现，尽管不存在绝对纯粹的保健因素和激励因素，但仍可从所有因素导致满足或不满足的频度上，把它们大致区分出来。例如：工作条件、工资、个人生活、地位、安全、同事关系等基本属于保健因素；成就、个人发展、晋升、责任感等，基本上属于激励因素。显然. 前者对应于低层次的需要，后者对应于"高层次的需要"。在这个意义上，双因素论也是一种需要层次论。但应当注意，赫兹伯格采用的两分法有其独特性。它在管理上的意义是很明确的：

第一，提供充分的保健因素以消除不满，但不要以为这样就能明显提高工人的积极性；

第二，提供充分的激励因素才是从人的内心激发积极性的有效途径。基于这一理论，赫兹伯格开创了"工作丰富化"（"丰富工作内容"）的管理方法。

4. 麦克利兰成就型激励策略

美国心理学家麦克利兰提出了成就需要型激励策略。他认为人除了生理需要外，还有三种需要：权力需要、合群需要、成就需要。

（1）权力需要。指挥别人和控制别人的愿望。权力需要强烈的人喜欢"负责"，追求社会地位，追求对别人的影响，喜欢使别人的行动合乎自己的愿望。这种人希望支配别人和受到社会的尊重，而极少关心别人的有效行为。

（2）合群需要。指追求人与人之间的友谊和密切关系的愿望。合群需要高的人，喜欢合作环境胜过竞争环境，处理冲突时往往倾向于调和折中。

（3）成就需要。是指一个人完成自己所设置的目标的愿望。成就欲望很高的人，关心成就比关心报酬更重要。高成就需要的特点是：有强烈的承担个人责任的愿望，去寻找解决问题的方案；倾向于设置有一定程度困难的成就目标并冒相当的风险；强烈希望获得工作绩效的反馈；一心关心着工作和工作的完成。另一方面低成就需要的特点是，喜欢工作的冒险程度低和工作大家平均责任。

成就激励的培训四个环节：

（1）教育受训人员怎样像有高成就需要的人那样思想、说话和行动。

（2）激励受训者为自己设置较高但又是能实现的工作目标。

（3）给受训者有关他们自己的信心，以提高学员的自我认识水平。

（4）交流彼此的希望和担心，成功和失败的经验教训以及从激励人的共同经历中创造团结互助的气氛。

5. 弗鲁姆的期望激励策略

期望激励策略是美国心理学家弗鲁姆提出来的。他认为一种激励，其所具有的作用的大小取决于两方面的因素，一是期望，二是效价。所谓期望就是指对某种激励因素所能实现的可能性大小的预期。效价，是指这种激励因素实现对其本人的价值大小。公式表示为：

激发力量＝效价×期望

从这个公式可以看出，某种激励如果期望值很大，即可能实现的概率很大，同时实现则对于人效价较高，那么，这种激励的潜在作用就很大。如果期望与效价二者之间有一个为零则激励作用也将消失。

弗鲁姆认为，根据人的期望模式，为了有效地发挥个人的生产动力，需要处理好三种关系。

（1）努力与成绩的关系

（2）成绩与奖励的关系

（3）激励与满足个人需要的关系

6. 洛克的目标激励策略

所谓目标，是指行为的目的或指向物，是与满足一定的需要相联系的客观对象在主观上的超前反映。在组织或企业中，常见的如绩效标准（产量、质量、定额、任务、期限、预算等），既有物质或有形的目标，也有技术级别、文化水平等精确或无形的目标。目标理论，或更精确地说目标设置理论，认为目标是引起行为的最直接动机，设置合适的目标会使人产生达到该目标的成就需要，因而对人具有强烈的激励作用。最早提出这一理论的是美国马里兰大学心理学教授洛克，他和他的同事通过大量的实验室研究和现场试验，发现大多数激励因素（如奖励、工作评价和反馈、期望、压力等）都是通过目标来影响工作动机的。因此，重视并尽可能设置合适的目标是激发动机的重要过程。

洛克等提出，任何目标都可以从下面三个维度来分析：

（1）目标的具体性，即能精确观察和测量的程度；

（2）目标的难度，即实现目标的难易程度；

（3）目标的可接受性，指人们接受和承诺目标或任务指标的程度。他们的大量研究表明，从激励的效果或工作行为的结果来看，有目标的任务比没有目标的任务好。

另外，成功人士都有个人的积极性。这积极性给了他们坚持不懈、克服障碍的意志力，无论这些障碍是环境、自身的缺点或是他们起初的态度造成的。然而成功领导者还有一种能力，他们不但能够用自己的行动来实现自己的理想，而且能够通过别人做出的贡献来实现自己的理想，因为他们理解人，懂得怎样调动别人的积极性。

密歇根大学安·阿伯分校研究中心的心理学家在 1949 年开始了一项科学研究，这项研究现仍在进行中。他们希望弄清楚什么原因使人干活更起劲，干得更好，生产出更多成果。他们发现，对下属感兴趣的工头比试图强迫下属多干活的居高临下的工头能使工人生产更多的东西。

《科学通讯》在谈到这些科学家的发现时说："给工人施加压力也会起一点作用。但只有当工人内在的积极性被调动或激励起来时，才能得到最佳结果。当一个人被当作重要人物看待，在工作中有一定的自由度，有决定权时，他才会干得更好。"

然而，对于激励艺术，柯维有与此相似的观点。

他说，艾科卡在《反败为胜》一书中写道，他在学校时除了工程和商业的课程外，还选读四年的心理学和异常心理学，他说："认真来说，这些可能是我在学校里最有价值的课程。其中一门课（在州立医院心理治疗病房上课）的重点，正是对人类行为的根本质疑："那个人的动机何在？"

现在许多高级主管都已认同以原则为重心的领导，问题却出现在执行方面，高级主管如何依"全人"的假设采取措施？组织如何反映这个对人的广义见解？管理者如何拔除根深蒂固的独裁式或仁慈独裁式的管理风格？如何摆脱不必要的心理和结构包袱，赋予员工思考和行动的弹性，以符合这个广义的见解？

奇异公司的标语"轻薄短小"，在许多状况中都适用。我永远记得有次与家人前往欧洲旅游的经验。在启程后不久，衣服、礼物、旅行手册、纪念品等就已多得让我们走不动。我们决定在旅游结束前几天，先将三分之二的行李寄回家，那种如释重负的感觉，让我们能够兴趣高昂地继续玩下去。

我建议主管人员应试着去除某些对人性本质的错误假设，并简化组织结构，如此才能充分运用人力资源，并享受到绩效突增的益处。诚如艾科卡所言，在建立制度之前，应先研究动机。建筑师的名言是："形态随着机能而成长。"在发展策略与体制之前，不妨先试着找出并阐释假设。

为激励员工发挥潜能，首先就要找出组织的需要与目标，和个人的需要、目标与能力重叠的部分。然后再制定双赢的协议。依据协议的内容，员工就可以自我监督管理。管理阶层只需提供后援，并制定辅助性的架构，让员工能够为实现承诺而努力。员工可定期将自己的表现与协议的标准相比较，以衡量责任的归属。

双赢协议的管理

双赢协议是管理阶层与员工心中的合约，表示双方明确了解各自期待的成果、准则、资源、责任归属、结果等五项步骤，并愿意为之尽一份心力。

下面我们将一一详述这五项步骤，以进一步了解如何制定并管理双赢协议。

1. 期望的成果。充分讨论管理阶层所期待的成果为何，对于数量与品质不可含糊其词辞，预算与程序也要确定，让员工愿意为成果付出心血，并让他们自行决定最好的进行方式。应明定完工日期，目标应该是组织策略、目标和工作设计，与个人价值、目标、需要和能力的重叠部分。双赢的概念就是管理阶层与属下明确阐述双方的期望，并共同为期望的成果而努力。

2. 制定准则。准则是对达成预期成果有帮助的原则、政策和程序。尽量不要提程序，让员工拥有最大的弹性与自由。组织内的政策与作业手册应简明易懂集中在政策与程序与依据的原则上。如此，就算环境改变，员工脑筋也不会转不过来，仍能照常运作，运用自己的创见和判断力，在组织的价值体系内，为完成目标努力。

以往经验证实，对不利于完成组织目标或维持组织价值的因素，准则中亦应标明。许多以目标为导向的管理，由于无法分辨这些因素而失败。员工原本认为自己拥有无限的自由与弹性去完成协议，结果却发现自己到处碰壁，计划推不动，所以提不起勇气再度尝试。

于是员工又故态复萌，"别弯抹角，直接说出你要我们怎么做"。因为员工的预期受到挫折，留下创伤，于是又开始将工作看成是达成经济目的的手段，并往其他地方寻找满足。

在分辨不利因素的同时，也要找出面临不同责任时，应给予员工多大的主动权？员工是否应等到有人说才能做？是否有问题就该问？或是自行研究再提出建议？或是做了并立即报告，还是做了并定期报告？如此管理阶层对员工的预期才能明确，也才不会做出过分的要求。

有时候，应该是一个口令一个动作；有时候，却又可赋予高度的主动权，即"运用你的判断力，做你认为适当的事；定期让我们知道你在做什么，成果如何"。

3. 找出可运用的资源。找出员工可用来达成预期成果的财务、人力、技术和组织等资源。向员工提出结构和体制上的安排与过程，这体制可包括资讯、沟通和训练。管理阶层和其他人员均可视为人力资源，并指示属下如何运用这些资源。管理阶层也可在使用资源上加些限制，或仅仅与属下分享经验让他自行决定如何从中获取最大的利益。

4. 决策责任归属。让员工负起责任，使双赢协议能更有效地发挥。责任归属不清楚，员工会逐渐丧失责任感，并为自己的差劲表现推诿卸责。但若员工参与制定参考标准，决定双方可接受的表现，就会产生强烈的责任感。

衡量、观察和判断是评估结果的三种方法。详细说明你将如何评估表现以及进度应于何时提出、如何准备，责任认定会议又将如何举行。在互信度高时，员工对自己的要求会远甚于外在评估或主管，同时自我判断也远较所谓的客观衡量标准要准确得多。这是因为员工内心对于自己的表现十分清楚。

5. 确定赏罚。不管是否达成预期成果，双方对此应有共识。正面的结果包括认同、升迁、新任务、训练机会、休假、责任加重、奖金等金钱与心理上的奖励；负面结果则可能是斥责、再训练或解雇。

双赢协议的要素涵盖一点：员工在接下任务前应先了解的各项因素。诸如：预期的成果、工作的准则、可运用的资源、责任的归属以及工作表现的结果。在这里我们并未提到运用的方法。双赢是一种人力资源的原则，主张员工具有自我指导与自我控制的能力，并能依据准则完成分内的事。

自行评估绩效

在管理工作中，对下属工作的评价是避免不了的。对大多数领导者来说，这可能是工作中最困难，或者是最不愉快的事情。

为什么行为评估这么困难而且不易作好？这里有四个原因：首先，我们大都不喜欢审评他人。当上司和下属关系非常密切时（如果下属是以前的同事），审评就更困难了。其次，批评别人并不愉快，因为我们相信批评别人肯定不受欢迎（给出一个消极的评价会招致下属的反感）。第三，上司在评价下属时并非总是清楚该依据是什么。他们常常不知道他们的评价是对是错。最后，上司在评价过程中可能得不到下属工作情况的持续的反馈信息，他们担心评价最终会出人意料（如果反馈信息有持续的依据，评价将只能证实期望）。

我们从第一个原因开始：拒绝审评他人，这是可以理解的，因为我们大多都有不为人知的缺点怕被人知道。我们不希望被人评判，也不喜欢评判他人。然而，帮下属改进工作是上司工作的一部分。没有工作评价就不可能帮下属更好地完成工作。改进只能以评价中得出的材料为基础。如果你确信你不是去伤害而是去帮助别人，那你就可以把行为评估作为增进交流、强化训练的一个工具，作为下属工作计划的一个部分，和作为你更全面地发现工作场所的氛围和下属满意程度的一种方法。这样双方就实现了信息交流。如果你能例外地和下属们平静地坐在一起，用各种方式交谈一次，以达成共识，几次之后，你的下属可能会喜欢上这种交谈方式。那么，行为评估不再是顾虑很多困难重重的事情，而是相互增进理解，共同参与企业规划，形成互相促进、共同进步的一种沟通方法。

第二个原因——批评雇员，担心不受欢迎。这来自这样一个事实：带来坏消息的人总是不受欢迎的。而你正是负责将"评估不佳，老板不满"的坏消息告诉下属的人。坏消息还可能包括给予试用期、警告、降职甚至解雇。在你给别人带来痛苦时，还让别人感到快乐是不可能的。如果你能先想想下属的感情，你就会拿感情作为坏消息的开场白："你听到这个消息会影响情绪的，你会难过，甚至受到伤害。但这不是我的目的。我的目的是帮助你改进工作。"这样，你至少在说你知道这一过程是不愉快的，甚至是痛苦的。成功的批评和失败的批评的区别在于它的具体性。如果你对一个下属说他（她）态度不好，他（她）只能感到受了伤害或表示愤怒。但如果你说："你早上来上班时，猛地关上门，对人大喊大叫，到处乱扔东西，这很让我难受。"那么你就会发现一种截然不同的现象：下属就会迅速地、有目的地改正。并且在你说出自己的感受后，对方也就无法反驳。他绝不会对你说：难受不难受是你自己的事，与我无关。

毫无疑问，当你批评下属时，你会不受欢迎。大多数领导都喜欢受到下层的尊重和欢迎。鱼同熊掌并非总能兼得。

由此可见传统的评估方式有许多局限。柯维在他的管理著述中提出了大胆、新颖的评估方式——让员工自行评估。

柯维说：依据双赢的协议，员工应自行评估。由于员工十分了解预期的成果和评估的标准，有资格自我评估。

以往由主管评估员工，偶尔运用一套秘密的主观标准，在工作告一段落时，出其不意地询问员工，这对员工可说是羞辱，所以许多主管一直无法做好评估的工作。除非双方对预期已有共识，承诺也相当明确，否则员工会认为评估很令人难堪。

主管的立场是辅导而不是批评，他可以把自己看成是双赢协议中的一项资源，在员工承担新责任时，给予训练；或在生涯规划与职业发展上，予以咨询。主管应要求员工参与双赢协议的制定，让员工自行评估绩效。在互信度高时，由于员工知道所有状况与细节，评估将更为正确、完整和诚实。

当主管察觉到大趋势已经改变，或原本不属于协议内容的状况出现时，就应该请员工再度脑力激荡一番，重新规划并制定新的协议。

技巧与人格

人格指的是一个人的本质，技巧则是一个人的能力表现。对于建立互信关系、双赢协议、辅助性制度和员工自我评估制度，是不可缺少的条件。

彼此若不信任，很难建立良好的双赢协议，或产生自我监督与评估。这时，控制制度和外部的监督评估势不可免。主管在之前，必须先在情感关系上下功夫，努力建立互信关系，让双赢协议得以顺利诞生。

对于建立双赢协议极其重要的人格特质是：正直（生活习惯与价值观、言行举止、情感一致），成熟（勇气与体谅并顾），丰富心智（每个人都有其应得的一份），具备这些人格的人，能由衷地为他人的成就感到高兴。

三项最重要的技巧分别是：沟通、规划与组织、同心协力解决问题的方式。凭借这三项个人技巧，可建立让组织有效运作的四项条件。

当一个人表里不一、口是心非、态度前恭后倨，信任的基础会被侵蚀，结果被迫采取输赢的协议与安排，诉诸外来的监督、管制与评估。

为什么我们说信任是至关重要的呢？信任（也可以说是信用），在经济交往中起着越来越重要的作用。在农业社会里，社会变迁慢、活动范围小，人们一般是生活在自己熟悉的圈子里，那时的信用、许诺是建立在相互了解的基础上的，而且往往是口头承诺式的。商品生产扩大了人们的交往范围，改变了人们在小农经济条件下静态的信用观念，促使人们在快速变迁中去争取信誉。在商品经济高度发展的现代社会，一些人的欺骗行为是不可避免地会发生的。因此，相互信任的要求程度会越来越高，范围会越来越大，信用的形式也就逐步改变：许诺由口头变为书面与口头相结合；实践诺言由道德监督变为由道德和法律双重监督；信用的取得从以相互认识为基础到以实力和条文为基础。

除信任之外，柯维还谈到了主管存在的问题。他说：

主管若只有勇气却缺乏体谅，就只会咄咄逼人地表达个人观点，无法真心地聆听他人的意见，结果自然产生赢输协议。主管为所欲为，认为自己对每个人都做了最好打算，不鼓励也不允许员工表达内心所想，无法发掘员工内在动机，为达目的，只好使用外在的监督与诱因以及管制制度、评估程序和薪资制度。

另一方面，若主管缺乏勇气，却又迫切需要被人接受与欢迎，就会发展出赢输的心理性合约，让员工闭门造车，结果是员工自我放纵、组织混乱。员工于是开始推诿过失、需索无度。这类行为只会强化赢输的心态，最终一团糟，因此主管为了生存和维持表面的秩序，只好采取中央管制手段。无政府状态终将造成独裁制，派屈克·亨利（Patrick Henry）说过："若无法明智地管理自己，必将为独裁者所控制。"

柯维亲历自述二则

1. 银行的例证

下面我以自己的经历，说明双赢协议的贡献。我曾与其他顾问参与一家大型银行的组织改善计划。这银行拥有数百家分行，这次特地拨款七十五万美元，为储备中级主管进行六个月的训练。

构想是吸收大学毕业生，让他们在各个职务上轮流实习。每个部门待上两个礼拜，期满后再换一个部门。六个月后，就被分派至分行担任中级主管的职务。

高级主管希望我们能仔细分析并改进整个计划。

我们做的第一件事就是了解公司的目标。我们怀疑公司是否了解自己的期望，答案果然是没有。期望的目标非常模糊，银行高级主管对目标和优先顺序，仍有相当争议。

在我们要求下，这些主管终于敲定，训练结束后、分发担任中级主管前，学员应具备的能力项目。他们总共提出一百多项目标，经过我们浓缩成四十项，这就是期望达成的结果。

下一步骤就是该学员认识这些预期成果。学员非常企盼工作，对能如此迅速得到中级主管的职位也兴奋异常，极乐意认同这些目标，并尽全力达成。

学员了解目标以及评估的标准，知道要达成目标在哪里可以得到援助的资源，包括书面资料、拜访部门经理或借助外面的教育机构。他们也知道只要在这四十项项目上表现实力，就可一步登天。

学员得到相当激励，平均三个半星期就达成了目标。

此一表现令许多高级主管非常讶异，有的甚至不太相信。他们仔细检讨这些目标、评估标准与成果。许多人认为，三个半星期并不足以让学员有足够的历练。

顾问说："足够了！不信的话，就定下一些较难的目标，包括需要运用成熟判断力的问题和挑战。"接着又敲定了六个目标。几乎每个人都同意，学员若能额外完成这六个目标，就比完成全程六个月训练的前期学员具备更好的能力。

于是我们转达这些额外的六项目标。这次，我们让学员自行监督，我们亲眼见到学员表现出旺盛的精力和天赋，几乎每位学员都在一星期内就达到目标。

换言之，我们发现与这批年轻中级主管间的双赢协议，可以将六个月的计划缩短成五个星期，而且成效更好。

这在管理的各个领域上，不单是训练方面，均具有长远的含意。得到启发的银行主管，也开始往这方面努力；有些人则备感威胁，认为要花上加倍时间才能升级，但没有人否认这项成果。

双赢协议的确能达成期待的成果。

2. 主管的一封信

企管专家杜拉克多年前引进了"主管的一封信"的观念。建议属下以书面形式写下预期的成果、准则、资源、责任归属和赏罚的大纲，并寄给他的上司。

多年来，我一直在许多不同环境中运用这一观念，在咨询和训练时，在成立和管理自己的企业时，在杨百翰大学与学生相处时，在家庭生活中，我绝对相信，想要有高生产效率和强固的生产能力，就要从这六项条件着手。

这并不容易，需要时间和耐性，不可揠苗助长。双赢协议不可能一夕之间急就成章，需要事前仔细思考、诚实沟通，还需要高度成熟的参与和相互影响的过程。纪律、一致、有始有终也是不可缺少的。任何一点没做到，都可能对最后的结果产生负面影响。

先从小处着手，得到小胜利，逐渐增强自己对整个概念的信心，然后再应用到更广泛的责任范围上。如果员工不愿意写这封信，就由主管执笔，并问员工是否已有代表双方的协议。如果书面的东西确实令人生畏，就暂时打住。但要确定双方已进行良好的双向口头沟通。还要注意的是，当环境改变时，一切都是可以灵活变通的。

态度也是很重要的。主管的基本态度应该是："我们往哪儿去?""你想到哪儿去?""你的目标是什么？我能帮得上什么忙?"下层员工的心态则是："进行得怎样了？我能帮得上什么忙?"

多年前我在一家公司首次接触到这种思考方式，有位经理的态度就真的是"你想达成什么？我如何帮得上忙?"他对我的潜能的信心，让我实力大增，释放出旺盛的精力，竭尽一切，以达成目标。

我也相信，不管我们对别人的观点是什么，都会慢慢实现，也就是我们会找寻证据以支持我们的观点。若从更广义的层面来看人性本质和潜能，我们就会去找寻证据以支持我们的见解，直到内心觉得肯定、踏实。

第十五章　价值体系与情感协调

简而言之，一个人的价值体系，就是指他的个人信念，一种对他来说什么东西最重要的观点。领导者不仅有自己的价值体系，同时还应了解别人的价值体系。这样一来，你不但能解决许多冲突与麻烦，而且还能准确地预计到他人对任何特殊情况将会做出的反应。

领导者还需要具有优良的情感协调素质，因它是一个领导者必须具有的最重要的交流技巧之一。情感协调是一种强烈地吸引他人、联系他人、建立强大的人际关系的能力。当然它也是柯维领导艺术的重要环节之一。

权力价值体系

如果一个人想获得一种东西，而他的行动所追求的却是另一种东西，那么他永远也不会如愿以偿。如果一个人想达到某个目的，在向着这个目的行动时，又混淆了是非信念，就会影响其目标的实现。为了真正获得权力，我们要有意识地认清衡量和判断成功与失败的准则，否则，即使我们获得了一切，也会觉得一无所获。这就是价值体系的意义所在。

什么是价值体系？简单地说，就是一种个人信念，一种对你来说什么东西最重要的观点。你的价值体系也就是你关于正确与错误、好与坏的信念系统。我们的价值体系就是我们要去追求的东西，如果我们不去追求这些东西，我们就会觉得人格不完整、生活不充实。如果我们觉得我们正在通过现时行为来实现我们的价值体系，我们就会感到由此而引起的协调性和人格的完整性与一致性。价值体系体现着生活方式和对生活的反应方式。它很像计算机里的指令，你可以输入你喜欢的任何程序，但计算机是否接收，是否利用，则要依赖于制造厂家编制的指令系统。价值体系就是人脑的指令系统。

从你穿什么衣服、驾驶什么车，到你住在什么地方、和谁结婚、怎样培养孩子，从你树立的目标，到你对生活的选择，价值体系对你的影响无处不在。它是评价你自己和他人行为的最重要的准则。

不仅不同的国家其价值体系不同，而且同一个人有时也会出现不同的价值体系。但几乎每个人的价值体系中都有一个基本的东西——比其他所有东西都更重要的东西，有人认为是诚实，有人认为是友谊。有些人尽管认为诚实重要，但为了保护朋友也许会撒谎。他们为什么这样做呢？因为友谊在他们的价值体系中的位置高于诚实的位置，你可以把成功的事业和亲密的家庭生活放在你价值体系中同等重要的位置上，但当你答应和家里人欢度良宵时，事业上碰巧也有重要问题要及时解决，这样就发生了冲突。这时你选择什么则取决于你把哪一个放在价值体系的最高位置上。如果你这时不去处理事业上的问题，而选择待在家里，或者相反。这时，你就发现你的价值体系中最重要的东西是什么，这也就使你平生第一次知道你为什么要做某事。

领导者为了有效地与别人交往，我们必须了解对他们来说最重要的东西是什么，也就是其价值体系。一个人要理解别人的基本行为和动机，会有很多困难，除非他理解了他们的价值体系。一旦认识到这一点，就能准确地预计到他们对任何特殊情况将会做出的反应。一旦你知道了自己的价值体系，你就能解决引起冲突的一切外部因素和内部因素。

管理人员了解对每个雇员来说最有价值的东西是什么很有必要。为了了解这一点,你可能这样问:"什么东西会促使你到一个机构去工作?"假如雇员回答:"创造性的环境。"那么,你可以再问:"还有别的原因吗?"从而了解到对他来说有价值的东西。接着,你还应了解一下,即使这些条件都具备了,有什么东西会使他们离开。假使回答是:"缺乏信任。"你还可继续探索,如果缺乏信任,怎样才能使他留下。一些人可能会说,在一个单位里缺少信任,他们不会再待下去。如果这样,那信任就是他们最重要的东西——也就是他们能够工作下去的必要条件。也有些人可能会说,即使不受信任,只要有机会提升,他也愿意待下去。当然你还要了解他们对信任的理解与你对信任的理解之间的差别。有人可能认为,只有在不过问他的决定时才是受信任;也有人可能认为,没有对他明确解释就改变了他负责的工作,就是不信任。对一个管理人员来说,了解这些是至关重要的。

有些管理者认为,如果能按照他们自己的意愿很好地去做,就会成为一个很好的激励者。他们认为,只要我给人的钱多,我就可以希望得到他们这样或那样的回报。在一定程度上,这话有道理。但不同的人对同一件事会有不同的评价。对于有些人来说,最重要的是与他关心的人在一起工作,当他所关心的人离去了,工作对他也就失去了吸引力。而有些人需要的是创造和刺激,还有些人感兴趣的可能是其他的东西。如果你想进行出色的管理,就必须了解每个雇员最感兴趣的是什么,最需要的是什么,对他们来说最重要的是什么,以及如何使他们得到满足。如果你不知道这些,就会失去他们,至少无法使他们发挥出最大的工作效益,无法让他们喜欢自己的工作。

了解这些要花很多的时间和精力吗?当然,但是,如果你能了解到与你共事的人最需要的是什么,花点时间和精力也是值得的——对你，对他们都值得。不要忘记，人们认为最有价值的东西对他有着极大的刺激，如果你只是按照自己的意愿去管理，并且认为这样做是合理的，那么，你也许会遇到很多麻烦。如果你能在不同价值体系的鸿沟上架起一座桥，你的同事、朋友和家庭就都会感到更大的快乐——你自己也会得到更多的快乐。在生活中，没有必要使自己的价值体系与别人的完全相同。重要的是自己能同别人密切合作，了解他们的价值体系，适应他们的价值体系，满足他们的价值体系。

价值体系是最有力的激励工具，如果你要改变一种坏习惯，只要你把你认为最有价值的东西与这种变化联系起来，你就能很快地实现这种变化。柯维认识一个妇女，她认为最重要的东西是自尊。她想戒烟，于是，她给世界上她最尊敬的五个人写信，说为了珍惜自己和别人的健康，她将永不再抽烟了。把信发出去后，她马上就不再抽烟了。她多次说过，为了吸烟，她可以放弃一切，但她的自尊将使她永不再抽烟。自尊对她来说比吞云吐雾更重要。对价值体系的恰当使用是改变你的行为的最大力量！

对价值体系的认识，不同的人差别很大。两个声称有共同价值体系的人可能毫无共同之处，而两个声称具有不同价值体系的人则可能发现，他们需要的确实是同一个东西。对一个人来说，兴趣可能意味着吸毒，整夜待在舞厅里跳到天亮。对另一个人来说，兴趣则意味着爬山或快速射击——一切新奇的东西，刺激的或具有挑战性的东西。他们价值体系中唯一相同的就是用同一个词来揭示他们认为有价值的东西。第三个人可能认为，对他来说，最重要的是挑战，在他看来，挑战可能意味着爬山和快射，如果问他的兴趣，他可能认为兴趣不重要或没意思，用不着考虑。然而，挑战对于他的意义与兴趣对于第二个人的意义可能完全相同。

共同的价值体系是建立永久性关系的基础。如果两人的价值体系完全相吻合，那么，他们的亲密关系就能长久地维持下去。如果他们的价值体系一点也不相同，就几乎不会有持续和协调的关系。但是，这种极端类型的关系都几乎不存在。因此，在一种关系中，你必须解决两个问题：第一，找出你和他人价值体系的共同之处，以便利用这些共同的东西同与和你价值体系不同的人建立起关系。（里根和戈尔巴乔夫的会晤不就是这样的吗？不就是找到了两国之间共同的东西——像生存——建立了他们的关系吗？）第二，尽可能地支持和实现别人价值体系中最重要的东西。无论是商业关系、个人关系、还是家庭关系，这一点都是增强、保持和维护关系的基础。

价值体系是影响人的协调和激励状态最重要的因素。如果你了解了别人的价值体系，你就把握了决定性的东西，否则，即使你可能采取有力的行动，这些行动也不会持久并产生所预期的结果。

做一个出色的劝说者

为什么可口可乐公司与百事可乐公司让迈克尔·杰克逊推销他们的产品？为什么政治家总是把自己遮隐在国旗下？为什么米勒啤酒强调美国口味？因为这些人和标志在我们的社会中成了一些固定的、有力的参照物。广告，只是简单地把我们对这些人和标志已有的积极感受转移到他们的产品上而已，他们利用这些人和标志的影响使我们接受他们的产品。为什么里根的电视竞选广告中要让森林中的熊这种不祥物出来献丑呢？作为苏联象征的熊是一个强有力的反面参照物，它的出现加强了选民这样的想象：美国还需要强硬的领导人，还需要里根的战略和思想。

你可以分析任何一个有效的广告或一次政治竞选，你会发现它都遵循我们在本书里建立的简单模式。首先，它利用视觉和听觉刺激，使你处于承办人所希望的状态，然后，把你的这种状态固定到一种产品或希望你采取的一种行动上。当然，这种过程要一遍又一遍地重复，直到你的神经系统把这种状态与该产品或他们希望你采取的行动有效地联系起来。一个好的广告，将使用图像和声音吸引和影响人们三个主要的想象系统：看、听、动。电视就是一个这样的劝服媒介。它能最好地利用这三个方面，它能给我们美丽的画面，能播出通俗的歌或简单的韵律，它还能提供其他具有刺激性的信息。想想最有效的软饮料的广告，像可口可乐或米勒啤酒，想想电话公司的"对外联系"广告，它们共同之处就是使每个人都相信并接受其宣传的强有力的视、听、动信号组合。

当然，有些广告也能有效地使你产生与画面相反的联想。它尽可能地采用一种近乎荒唐的方式。想想反吸烟的广告，你是否注意到这样的镜头：一个胎儿正在他母亲的子宫内抽烟？布鲁克·希尔兹从耳朵上取烟的那种迟钝的样子？这样的广告都非常有效，它们使那些希望为这种有损健康的产品套上迷人光环的企业破产。

世界上到处都是劝服者，你可以是劝服者，也可以是被劝服者，你能把握自己的命运，也可能被别人把握。这里实际上谈的就是劝服技巧，它告诉你如何发掘个人能力，如何把握你自己，使你成为优秀的劝说者，从而成为权力的掌握者。有能力的人就能成为劝服者，没有能力的人则只能根据其想象或别人的指令采取行动。

在现代社会中，交流能力和劝服能力就是个人力量的具体体现。如果你是无腿的劝说者，你就能说服他人抬着你，如果你没有钱，也能说服别人借给你钱。总之，如果你是一个不愿孤独的劝服者，你就会找到朋友或情人；如果你是一个出售优质产品的劝服者，你就会找到买它的人。即使你有一个改变这个世界的思想或一个很理想的产品，但要是你没有劝服能力，你也就什么都没有。

曾经有个这样的练习，第一个挑战就是要参加者找到去菲尼克斯的路，乘小汽车约一个半小时的路程。告诉他们要特别照顾好自己的身体，要利用他们的技巧到达菲尼克斯。找好地方住，找好东西吃，在任何其他方面都要使用劝服技巧。

练习的结果是惊人的。他们中间很多人仅靠自己的能力从银行得到贷款，数字从 100 美元到 500 美元不等。要知道，他们没有任何证件，而且在一个以前从未到过的城市里。一个妇女走到一个大百货商场，在没有任何证件的情况下，得到了能在这个商场使用的信用卡。在参加练习的 120 个人中，约 80% 的人找到了工作，有七人在一天内找到了三份以上的工作。一个妇女想到一个动物园工作，别人告诉他，要到这儿工作的人很多很多，现在都在等待，大约六个月后才有希望。但她利用她的技巧说服他们允许她进去管理动物，她甚至用 NLP 技巧刺激一只病鹦鹉的神经系统，治好了它的病。动物园的驯兽人员非常佩服她，在她离开动物园时，这个动物园甚至举行了一个小型的讨论会，讨论如何使用这种技巧来保护动物。

另一个妇女走进一家书店，就在一本由电视福音传教士特里·科尔·惠特克所写的一本书上签名。她长得一点也不像这位传教士，而且惠特克的照片就在这本书的封面上。但是，她模仿惠特克的姿势、面部表情和笑容，模仿得是那样惟妙惟肖，以至于书店的经理也感到疑惑，后来才恍然大悟，说："很抱歉，科尔·惠特克女士，您能到这里来真是我们的荣幸。"有两个人请她签名买了书。

为此，许多足智多谋的人扫除了人们的恐惧感和其他情绪障碍。这个练习的关键是向这些人证明，只要有力的行为和必要的技巧，而不需要很有用的东西（像车辆、钱、名誉、契约、信贷等等），他们中大部分人就会生活愉快，获得最大的成功。我们谈到人们对力量的不同认识，有些人认为力量就是充分控制别人，在现代世界上，劝服并不是一种选择，它是生活中一种永恒的事实。有些人经常进行劝服，他们花数百万美元，利用基本的技巧和力量传达他们的信息。你劝服别人，别人也在劝服你。如果你想把握自己的命运，如果你想为你关心的人树立一个最有效的典范，成为出色的领导者，你就必须学会做一个劝服者，如果你放弃这个责任，就会有许多其他人来填补这个空白。

情感协调艺术

生活中，很多人举步维艰，并非迫不得已。你从本章中所获得的所有技巧实际上就是与别人进行更多的情感协调的方式。通过与别人的情感协调，几乎可以使任何工作变得简单、容易、趣味横生。在生活中，无论你想什么、看什么、创造什么或要体验什么，不管是精神上的自我实现或是物质上的充分成功，都会有一些人能帮助你既快且易地达到目标。他们知道怎样做才能使你快速地获得成效。要想谋取这些人的帮助，就要实现与他们的情感协调，和他们进行密切合作，让他们把你看作伙伴。

"异性相吸"这句话有一定的合理的成分。当与人之间共同之处太多的时候，彼此之间的差异也会增加某种刺激。但什么人会对你有吸引力？你愿意花时间同什么样的人交往？你所寻找的人难道会是一个与你毫无共性的人吗？一个与你兴趣不投的人吗？你想玩时他要睡觉，你想睡觉他又想玩。当然不是这样的人，你要找的应是和你志趣相投的人。

当人们很多地方都彼此相像时，他们就会相互喜爱，人们会同一些与其兴趣大相径庭的人组成俱乐部吗？当然不会。只有当他们同是战友、同是集邮爱好者、同是棒球门票收集者时，他们才会聚在一起。因为共同的爱好造成了情感协调。

事实上，当我们说"人各有志"的时候，即是说人们之间的各种问题都是由于他们之间的某些差异所引起的。美国的黑人和白人之间问题何在？他们的矛盾就在于他们之间的差异——不同肤色、不同文化、不同风俗习惯、大量的差异就可能产生混乱。而相似则会趋于协调，这是历史经验的证明。在世界范围内，整个人类都是如此。

考察任何两个人之间的关系，你将发现，结成他们之间感情纽带的关键就是他们的共同之处。他们做同一件事情或许方式不同，但是共性使他们走到一起。想一想你所喜欢的人，他真正的吸引力何在？不正是他身上所具有的与你相同的东西吗？你不会认为：哇，这个家伙处处和我作对，真是个好人。你只会想：这个家伙精明，他处处都和我一样。反过来再看看你不赞成的人，他会是一个和你相像的人吗？你难道会认为：上帝，他和我的思维方式一样，真是个令人讨厌的人？

我们怎样创造情感协调呢？创造情感协调，就是创造和揭示共同之处。我们称这个过程为"镜现"。有很多方式可以寻找与他人的共同之处，从而进入情感协调。你可以通过共同的兴趣——如服装式样、文娱活动等，也可以通过同一类型的朋友或熟人，还可以通过信仰等。通过这些共同点，就能发展友谊和联系。所有这些都是通过语言进行交流的。进行情感协调的一般方式就是交换彼此的信息。不过，研究表明，双方的交流只有7%是通过词语实现的，38%是通过声调实现的。人们交流的大部分，占到55%，是通过身体语言来实现的，一个人的面部表情、手势、姿态和举止比他的语言提供的信息更多。

因此，要是我们仅仅通过谈话的内容同他人进行情感协调，那就会失去和他人交心的最好方式。情感协调最好的方式之一是通过共同的生理状况来进行交流。伟大的催眠师米尔顿·埃里克森医生就是这样，他最善于"镜现"别人的呼吸方式、姿势、音乐和手势。通过这样的行动，他能在几分钟里同别人进行完全的情感协调，根本不认识他的人也会毫无疑问地信任他。要是你能通过词语感染他人，那么把语言和生理状况结合起来，将获得不可思议的成功。

词语作用于人的意识的同时，生理状况也在作用于人的潜意识。而正是这种潜意识在想：嘿，这个人像我，他一定是好样的。一旦出现这样的情况，你就会对他产生极大的吸引力，你们之间就会进行情感协调。因为这种思维是无意识的，所以它就更具成效。不知不觉中，你们就会意识到这种联结力。

那么你怎样镜现别人的生理状况呢？你可以镜现什么样的生理特征呢？首先，镜现他的声音，反映他的音乐和措辞，他的音调、节奏、音量。那么姿势、呼吸方式、眼神、身体语言、面部表情、手势及其他特殊生理动作又如何反映呢？生理状况的任何方面——从抬脚的方式到摇头的样子都可以反映。这听起来似乎很可笑。

如果你镜现别人，你知道会产生怎样的结果吗？他会觉得他好像找到了自己的情人，找到了一个完全理解他，能了解他内心世界的人，一个同他一样的人。但要同一个人发展协调的情感，不一定要镜现他的一切方面。如果你能从使用共同的声音或相同的面部表情着手，你就能学会同任何人建立可靠的亲密关系。

声名显赫的领袖们，其三大感觉系统敏感度都很高。我们通常都信任那些在这三个方面都对我们有感染力，并能使我们有协调感情的人——他们人格的各个部分都能传递同一种信号。回忆一下曾经的总统选举，你认为从年纪上看罗纳德·里根是一个具有吸引力的人吗？他有吸引人的声调和谈吐风度吗？能用爱国主义的感情使你情绪激动吗？很多人——甚至那些与他政见不合的人——都会对这三个问题给予一个明确的答复："是的。"难怪人们都称他是一个伟大的交流者。现在想一想沃尔特·蒙代尔，他看起来是一个具有吸引力的人吗？问这个问题时，能得到20%的肯定响应就很运气了。他的声调、举止吸引人吗？只有很少的人才这样认为。甚至一些肯定蒙代尔很多其他方面的人都不回答这个问题。他能用爱国主义的感情使你情绪激动吗？问这个问题常会引来一片笑声。这是他竞选失败的主要原因之一，也是里根以压倒性的优势获胜的一大原因。

再想想格里·哈特，他在三个方面都很有吸引力，而他的竞选却只是昙花一现。为什么呢？只为一件事，哈特没有使他的各方面协调起来，他讲起话来淡而无味、空洞无物，公众自然不会欢迎他。

杰拉尔丁·费拉罗怎么样呢？你认为她是个有吸引力的人吗？大约有60%的人都这样看。而她的声调吸引人吗？这就是她失败的根本原因之一。有80%～90%的人说她的声音不但不吸引人，还让人感到不舒服（这只是对纽约市民的调查），仅有10%的人说她能激起他们的情绪。要是你一张口人家就讨厌，那么你想象一下，要让大家对你爱戴是多么困难！——纵然你有世界上最伟大的计划。在一些人看来，作为一个女人，并且同蒙代尔政见相同，这些都对费拉罗女士构成了不利。然而这些并不是她得不到支持的主要原因。她的声调、她的感染力以及在她身上表现出的不协调葬送了她的政治前途。很多问题都是由于她不能表达明确的观点而引起的——如流产、核武器、她丈夫的资产等等。民主党候选人独断专行的人际交往技巧几乎注定要失败。

想一想那些取得巨大成就的人，如布鲁斯·斯普林斯汀，他的音乐会常常爆满。他的一切都令人为之倾倒，吸引人的形象、打动人心的深沉语言，一切都显得那么和谐。

在你的心目中，现代几位总统谁最出色，最有非凡的魅力？最与众不同？你想到了约翰·肯尼迪吗？有95%的人都想到了他。为什么？噢，有很多原因。让我们来看看，你感到肯尼迪是个具有视觉吸引力的人吗？大多数人都这样认为；从听觉上来看呢？有90%的人都觉得他在这方面也具有吸引力。他用像"别要求国家为你做什么，而要求你自己为国家做些什么"这样的话能激起你的热情吗？是的，他是一个善于通过交流影响人们的巨人。他协调一致吗？恐怕连赫鲁晓夫也会这样认为。古巴导弹危机是对肯尼迪和赫鲁晓夫之间协调性的一次检验。

对卓有成就的人物的研究表明，他们都具有创造情感协调的天才。这些在三个系统上都具有灵活性和吸引力的人，能够影响无数的人。你也能做到这一点，无论是作为一个教师、商人还是作为一个政治家，你不需要任何天资就能做到这一点。只要你能看、能听、能感觉，你就能与你愿交往的任何人进行交往。关键是你要从别人身上寻找到那些你能尽量自然地、顺利地镜现的东西。要是你镜现的人是一个哮喘病患者或是一个抽搐病人，你得到的不是友谊，而只会使他认为你在嘲笑他。

平衡艺术

一个出色的领导人应该对权威平衡艺术了若指掌。

权威平衡就是指上、下级关系的平衡艺术。这是因为，在下级之间经常出现各种各样的矛盾和冲突，这些矛盾和冲突的存在和发展，必然导致原有平衡关系的解体，使下级之间的关系出现紧张状态。在这种情况下，领导者处理上下级关系的艺术，就集中体现为调节下级之间的矛盾和冲突，重新建立和谐的平衡关系。这里的关键是迅速寻找下级关系的平衡点。这个平衡点既是领导者处理上下级关系的着眼点，也是领导者处理下级关系的立足点，如果领导者不能迅速地找到这个平衡点，或者不能站在这个平衡点上处理下级之间的矛盾和冲突，那么，上下级之间的平衡关系不但不能建立，反而会引起上下级关系的失衡。

现实生活中，领导者几乎每日都生活在矛盾和冲突之中，都需要运用艺术建立和谐的人际关系。然而这里存在着两种平衡艺术：一种是建立在公正、平等基础上的平衡艺术；一种是建立在以强欺弱、以大压小基础上的平衡艺术。

凝聚艺术

凝聚力或吸引力是存在于领导关系中的无形力量。它的大小既决定所吸引人数的多少，也决定人们关系的远近。对于上级领导来说，其自身的引力越大，所吸引的下属就越多，与下级之间的关系就越密切。这是存在于领导关系中的规律。根据这个规律，领导者要缩小自己与下属的距离，使之紧紧地围绕在自己的周围一道工作，首先必须提高自己对下属的吸引力。

有人认为，领导者对下属的吸引力与领导者的权力、地位有关，即权力、地位越高，对下属的吸引力越大、所吸引的人员越多。因此，要提高对下属的吸引力。就需要提高自己的领导地位以及争取更多、更大的权力。虽然现实生活中存在这种现象，但这只是问题的一个方面。因为决定领导者对下属引力大小的因素，除了自己所应有的权力、地位外，主要与下列因素有关：

1. 作风的吸引力。拥有同等地位和权力的领导者，单是领导作风不同，就会造成不同的吸引力。

2. 目标的一致性。领导者与下属之间是否有一致的奋斗目标，也直接影响前者对后者的吸引力。一般说来，领导者所确定和坚持的目标越是与下属的奋斗目标一致，领导者对下属的吸引力越大，相反，越是脱离下属的目标，领导者对下属的吸引力越小。

3. 利益的共同性。领导者与被领导者之间既存在利益的共同性，又存在利益的差异性或矛盾性。虽然，领导者越是能够最大限度地代表和满足被领导者的利益，就越能对被领导者产生较大的吸引力。在若干个同等地位的领导者并存在的条件下，谁最能代表和满足被领导者的利益，谁就能把被领导者吸引到自己的周围。

4. 态度的相近性。态度是影响人们行为及相互关系的心理状态，也是影响人们之间引力大小的重要因素。在领导关系中，上级与下级的态度越相近，上级对下级的吸引力越大，反之则小。

5. 需求的互补性。需求的互补性是上下级在交往过程中获得互相满足的心理状态。学者研究表明，人们相处，都有从对方那里获得某种满足或补偿的意愿，这种意愿越是能够得以实现，相互之间就越能产生较大的吸引力。反之，如果一方增加了另一方的不安或使一方感到失望，则相互之间的吸引力就会减弱。

6. 感情的相通性。人不仅有理智，而且还有感情。人的行为既受到理智的控制，又受感情的支配。对于大多数人来说，当理智与感情发生冲突的时候，常常服从于感情而不是理智。因而越是感情相通的越会产生一致的行为，他们之间的凝聚力和吸引力就越大。

7. 威望的征服性。在领导关系中，领导者的威望越高，征服性越强，对下级的吸引力就越大。如果领导者以威望征服了人心，那么这种威望常常使下属敬仰或崇拜，这种敬仰和崇拜的力量驱使被领导者自动投向领导者身边。在这种情况下，领导者的一言一行都会产生神奇般的吸引力和感召力。当然，领导者的这种威望主要不是来自于权力和地位，而是来自于领导者的品德、才能和贡献。

操纵与反操纵

在领导关系中，上级与下级，领导与群众之间既存在着相互依存的关系，又存在着相互矛盾的关系。其中控制与被控制则是这种矛盾的集中体现。就领导者的地位而言，他必须通过运用强制性和非强制性的力量，控制住被领导者的行为，使之按照上级的有关政策、法令和指示行事。而就某些被领导者的意愿而言，他一般不欢迎有一种"异己的力量"时刻在控制着自己，并本能地尽力反对。这是一个很大的矛盾。解决这一矛盾的有效方法就是对被领导者进行"弹性控制"。

所谓弹性控制，是指领导者通过具有一定弹性空间或弹性范围的标准检查、控制被领导者的行为，在弹性空间内，被领导者不受任何外在力量的干涉，可以充分发挥自己的积极性和创造性，自己成为自己行为的决策者和控制者。这样，被领导者虽然仍然处于领导者的控制之下，但他们并没有明显的"受控感"，相反却充满着自决感、能力感和被信任感，从而使上下级之间充满和谐统一的气氛。

批评下级的艺术

任何组织、任何个人犯错误总是难免的，我们只是要求犯得少一点。犯了错误则要改正，改正得越迅速越彻底越好。

一方面，由于客观世界是个充满矛盾的世界，矛盾无时不在、无处不有。没有矛盾的存在，也就意味着世界的不存在，正是由于矛盾的斗争和矛盾双方的转化，构成事物运动变化的根本动力或决定性因素，从而推动事物的发展、变化。这种客观上的原因决定了错误产生的可能性。

从另一方面讲，主观上由于人们的经验不足、对问题的认识程度不够以及工作的粗心大意等原因，使人们无论在日常的工作中，还是在特殊的岗位上，面对经常变化的情况，都感到束手无策、无能为力。这种情况进一步增大了错误产生的可能性。

客观因素和主观因素的相互结合、综合作用，使人们犯错误在所难免。从单个人来讲，当他呱呱坠地之时，错误就伴随在他的身边；从整个人类来看，无论是处在刀耕火种、茹毛饮血的原始社会，还是处在瞬息万变、日新月异的现代文明中，错误始终是人类最忠诚的伴侣。因而，人人都会犯错误，圣人也不例外。因此，批评是一门领导艺术。

心理学研究证明，由于角色差异即身份差异，在人际交往中，交往双方会因为这样的原因而产生一定的心理距离，不利于建立、维护和发展亲密的关系。特别是在批评这种特殊的人际交往中，如何尽量缩短双方的心理距离，但又保持一定的心理距离成了领导者要思考的一个问题。因为心理距离过大，双方隔阂过大，不利于批评的进行，往往劳而无获；心理距离过小，双方相互交融，领导的影响过小，批评成了白开水，也起不到教育对方的效果。用句哲学上的术语讲，就是双方的心理距离应该控制在一定的"度"内。

第十六章　PS 典范

为了帮助分析公司的营运、目标的达成、组织机构的完善，柯维创立了一套更接近组织真实本质的典范，即他十分有名的"PS"典范。

P 是指人（即英文字母 people 的缩写），接着是 7 个 S，它们是 style（风格），skill（技巧），shared vision and principles（共同目标与原则），structure and systems，（结构和体制），stratagy（策略），streams（现实环境），而其中首当其冲的是 self（自我）。

一段具有启发性的对话

柯维曾与德州达拉斯一家大企业的主管共事过。柯维问道："贵公司有任务说明吗？"

他们犹豫了一会儿才拿出来。上面写道："增加业主的资产。"柯维说："你是否把这贴在墙上，以激励客户和员工呢？"

"你知道，这是秘密的。我们并不追求这一种理想化的废话。我是说，赚钱难道不是做生意的目的吗？"

柯维回答："那当然是重要目标之一。但我可以知道贵公司的企业文化是什么了！"

接着他说道："内部人员间冲突、部门间纷争不断，员工在一些问题上形成小圈圈，闲话谣言满天飞，虚伪的应酬话到处都是。工厂的情形也好不了多少：派系纠纷、部门间利益冲突，为了销售成绩，各种竞争与竞销手段争相出笼。"

他们说："你怎么知道？"

"你刚告诉我了。你以错误的假设为基础，所以每位员工都转往其他地方以满足自身需要，做些有意义的事。"

"那你的建议是？"

柯维于是向他们介绍新的管理典范。他们也察觉到公司有彻底改变的必要，于是问："要多久时间？"

柯维说："这要视公司受损程度而定。若公司不觉得有问题，任何方法也起不了作用。如果借由环境压力和良知的力量，让公司确实觉得有不对劲的地方，而所有的公司员工也都普遍感受到了，那就必须改变。你可在一两年之内先制定面面俱到的任务说明，并开始调整公司风格与体制来配合。"

什么是 P 和 S

在 PS 典范中，除了"人"是以 P 开头外，所有其他要素的英文字总是以 S 开头。

人（Peoole）。PS 典范并不是以组织结构和管理风格的效率为基础，而是建立在人的绩效上。人设计一切，在个人、人际、管理、组织等各层次上创造一切，有最高的价值。公司文化只是员工如何看待自己、同事和公司而产生的一切。

自我（Self）。组织的现实环境中，有许多令人关切的事。这是种由内向外的过程，转变与改善确实须由自我开始。

风格（Style）。参与型管理风格会激发员工创新、进取与奉献，但也会造成不可预期的行为。主管必须审慎评估参与型管理风格和控制手段之间的优缺点。满口参与型管理，实际上却采取控制手段，只会让人觉得好笑。

技巧（Skills）。在授权、沟通、协商和自我管理上要有优异表现，必定要具备一定的技巧。可借由持续的训练与教育培养来加强这些技巧。

共同的目标与原则（Shared vision and principles）。如何完成工作？当然在管理上要稍作安排和协议，以制定各阶层之间的关系。在双赢的协议中，双方共享以共同原则为基础的前瞻性，可激励双方各自完成分内之事——员工达成工作要求，领导人则提供援助。没有了这类的协议，上司就必须监督不愿负责任的人，而无法全心扮好后援的角色。

结构与体制（Structure and systems）。组织内，人与人之间互相依赖，互动须受到结构与体制上的规范。人的身体是最好的范例，例如神经系统传递讯息（资讯），循环系统传送养分（薪酬），骨骼系统（结构）支撑身体，呼吸系统则供应氧气（回馈）。

各个系统间彼此依赖，其中之一的改变会影响整体平衡。组织也和身体一样，也有均衡问题，在均衡状态下运作，就可免除病痛和压力。

策略（Stratagy）。策略应配合目标、可运用资源以及市场现况制定，亦受监督，并随时因竞争情势的变化而改变。

现实环境（Streams）。组织内外存在各种现实环境，需要定期检讨，使得策略、共同前瞻性、体制等能与现实环境密切配合。明智的主管能观察风向，预期现实环境的变迁，避免失败或好高骛远。

这一切应从人做起。先从简单的地方开始，然后才能改变困难的部分。

优秀人才是创造优良产品与服务的关键。至于个人是否优秀的关键，则是人格、能力和与他人建立的情感的综合表现。以原则为重心的人，要求品质，再追求数量，重视关系然后才是获得想要的结果。在婚姻、家庭、商界和社区中，他们的信条是："不在他人背后说人闲话，就算不能为别人提出建设性的批评，也不会沦为漫骂。与他人有歧见时，应直接面对，澄清立场以解决问题。"

这需要相当的勇气和力量，这正是从以原则为重心的 PS 典范中所衍生来的。

组织内六大体制

1. 资讯。为获得正确的消息，管理人需要一套资讯系统，以获知组织内发生了什么事，员工脑子里又在想些什么。完善的资讯让人作明智的判断，是完美决策的基础。

2. 薪酬。金钱、认同、赋予新责任、机会和升迁，都是薪酬制度的一部分。有效的薪资制度应包括金钱和心理奖赏。奖励的目的是达到同心协力和创造团队精神。

3. 训练与发展。在有效的人力资源发展计划中，学员应各自为学习效果负责，指导者和训练机构只是支援而已。训练应该由学员主导，而非由制度所支配。亦即学员应依自己的步调前进，选择能达成双方协议目标的方式。学员应将所学公开讲授，在向第三者传授训练内容时，可增强对公司的同心力，训练课程的目标与个人的生涯规划，应有密切的关联。

4. 晋用与甄聘人才。以原则为重心的领导人能仔细选择和晋用人员，使候选人的能力和兴趣，配合工作所需。员工在公司内的工作，应该是他喜欢做、又做得好的。面谈、筛选与雇用，应在符合双方最大的利益的情况下进行。个人工作资历上的成功模式，要能配合公司要求的成功模式，若有差异，应公开讨论。在雇用、升迁、降级或解聘之前，有效率的领导人应先听听同事与上司的意见。

5. 工作设计。如同家庭设计是配合各人的需求与嗜好一样，工作亦可针对发挥人的兴趣与天赋而设计。员工需要明确地了解工作是怎么一回事，与公司整体任务的关联又如何，个人能有什么贡献。员工也应知道可运用哪些资源和后援系统，并享有多少自治权，以决定为达目的应采取的方式。回馈就像房子内的线路，一开始就要设立，为成长与新机会预留空间。

6. 沟通。一对一的晤谈，以达成双赢协议和解决责任归属的问题，是有效组织沟通的关键。此外，配合行动的会议、奖励节省经费的建议制度、公开公正的决策与程序、定期的越级晤谈、不记名的意见调查、针对特定事件的脑力激荡，都很重要。沟通制度若能依循共同的前瞻性与使命感，将能更有效地运作。由于制度经常是由心智贫乏者所设计，所以常缺乏一致性。心智贫乏者容易感受到四周强者的威胁，希望每个点子都是自己构思的，他们往往无法认同他人能力并和他人分享权力。

PS 典范的四大特征

典范是自然的模式，改进典范就是试图进一步了解自然是什么。在各种科学领域中，这就称为理论或模式。若典范有瑕疵，不管行为、态度多么完善，都是枉然。

PS 典范具备四大特征，可以更清楚地描述自然模式是什么：

1. 全盘性。换言之，它着重在各个层次，例如：可以将财务和科技纳入公司架构，或是将属下的工作风格与技巧以及领导人的风格与技巧，加以管理。PS 典范面对的是个公开而非封闭的体制，考虑到公司、工厂和社会的各种现实环境。

没有一个组织具备完美的一致性，每个人都面临公司内外的敌对环境。积极、全力以赴的人不会受制于环境，会不断朝目标迈进，并试图在生活和工作的环境中找寻意义。在社会的冲击和政、经、社会、文化力量的影响、国际市场变动的考虑之下，力图有一番作为。

2. 生态性。在生态环境中，我们不但要处理一切事情，还要注意每件事都有关联、互相依赖。在一个地区的作为，势必影响到其他地区。有些管理典范认为组织是种分割、机械性、无机化、非生态性的环境。但所有组织都只是更广泛的生物体系中的生态体系，属于自然的一部分。自然并没有明显区隔，是个不可分的整体。高涨的环境意识使美国社会更深入地认识自然的生态体系："原来燃烧的油井和漏油会影响整个环境、气候、生长季节以及远处人们的生活品质。"

在"沙漠风暴"行动的总攻击中，陆海空军以及陆战队的运作是整体而非单独的。他们隶属同一个生态系统中的各个部分，有明确的任务，也得到卓越的领导。史瓦兹科夫将军说道："若在依权宜行事而赢得今天的战事，或依原则行事而惨败之间做一选择，我仍将选择原则，因为长期来看，原则会影响其他事物，终将反败为胜。"有位记者问他："你在墓志铭上希望怎样描述自己？"他说："一位爱国、爱部队、爱家人的荣誉军人。"

3. 逐步发展。就是按部就班，如学代数前要先学会算术。成长与进步是循序渐进的，但许多传统的管理典范却忽略这点，认为按部就班是多余的，可以半途插入，而以特效药改善状况。真正的成长是从自我开始，程序一样是由内而外。

4. 这一典范是以"操之在我"的人性为基础，而不是了无生气的事物和动植物。人与其他生物不同之处是，具有意志、有选择的能力。当然由于儿时或现时环境的创伤，有些人的意志力与影响力很薄弱。习惯于竞争环境的人，思考上也倾向于采取守势，心智较为贫乏。生活在肯定、奉献环境中的人，则倾向于拥有安全感与丰富的心智。

大多数的管理典范要求效率，想把人转化为事物。若社会普遍存在这一观点，人就会为了保护自己而发展出共同力量，如工会，并要求立法，以抑制侵略性管理方式的剥削与投机。对事物可以讲求效率，对人则必须注重成效。在情感问题上，若想对人讲求效率，结果不是吵架就是逃避，只有负面影响。

第十七章　内在的丰富性

按照柯维的理论，一流的领导人必定具有丰富的内心。而且他们正是以内在的丰富性领导企业从胜利走向胜利的。

丰富的内心在这里是指健康、自足的心灵。有"丰富内心"的人，不仅心胸博大，而且注重"双赢"原则，沟通时先了解别人，再求被人了解。这种人没有占有欲，内心充满自然而然的安全感。

具有丰富内心的领导人，必然也是以原则为重心的领导人。换句话说，愈坚持以原则为重心，愈能培养"内在的丰富性"。

自足心理成功法

过去二十五年来，根据诊断企业和个人的经验，柯维观察到自足心理会消弭狭隘的想法和敌对关系，而卓越与平庸的分野也在此。

企业与社会中充斥着负面的想法。在冲突开始之际，就急着采取法律途径解决问题。大家都是汲汲于名列前茅，想要分得自己的一份大饼，并保护自己的势力范围。这种以自我为中心的做法，是出自"资源有限"的信念，姑且称之为"贫乏的内心"（scarcity mentality）。

学术界奉为圭臬的正常分配曲线，所隐含的"零和"的概念，助长了"贫乏的内心"的趋向。就算在学校时没被灌输这一理念，在运动场上竞技和进入社会工作时，仍可能会滋生这种想法。

有这种心态的人，易于以"赢或输"看待每件事，相信"只有这么多，别人拿去了，我分的就少了"，他人成功，可能意味着自己的东西被剥夺了，这些人往往不能替他人感到高兴，甚至当成功的人是家人、同事或邻居。

将生活看成"零和游戏"：别人赢，就表示你输，很容易产生敌对或竞争的态度。若父母给子女的是有条件的关爱，又不断拿子女与他人比较，子女将养成这种心态，以二分法来论事，不是有就是没有，不是"我好，你不好"就是"我不好，你好"。

柯维认为他的一生也经历了许多丰富与贫乏心智的挣扎。当拥有丰富心智时，他相信别人，且开朗、肯施舍，愿意和别人共同生活，能够欣赏彼此的差异。因为他察觉到力量的泉源在于差异性，个体并非一模一样，每个人都应该取长补短。

内心丰富的人，注重"双赢"的原则，沟通时先求了解别人，再求被人了解。心理上的满足并非来自击败他人或与他人比较。这些人没有占有欲，不要求他人照自己的话做。安全感更非建立在别人的意见上。

内在的丰富性来自内在的安全感，而不是外在的排名、比较、意见、拥有或关系。如果自身的安全感是从这些俗务而来，当这些俗务变动，就会影响到我们的生活。"贫乏心灵"的主张者认为资源是稀少的，若同僚获得升迁，朋友得到认同或有重大成就，自己的安全感或自我身份即受到威胁，即使口头上赞誉有加，内心却是痛苦不堪。这些人的安全感是和他人比较而来，而不是来自自然法则与原则的信仰。

愈坚持以原则为重心，愈能培养内在的丰富性，愿意与他人分享权力、利润和认同，也愈能为他人的功成名就感到高兴。别人的成就对自己的影响是正面的，而非负面的。

善于处理"烫手山芋"的主管，都能冷静地为产品打开市场、促销而得到应得的一份大饼，而不是保护原有势力的范围。

爱达荷州的马铃薯农夫辛普乐（J. R. Simplot）和葛威格（Ne-phi Grigg），认为每个人都可以创造市场，无须抢夺他人的市场。这种内在的丰富性，使他们创立了冷冻食品公司——辛普乐公司（J. R. Simplet 是麦当劳马铃薯的主要供应商）和奥爱食品公司（Ore—Idn Foods）。

这两人成功的原因都是拥有内在的丰富性，深信"自然与人性资源足以实现任何梦想"以及"我的成功不全然是别人的失败，别人的成功也不会剥夺我的机会。"

内在丰富性的七大特征

1. 回归正确的来源。原则是最基本的资源，也是其他资源的根本。生活若集中在其他资源上，如：配偶、工作、金钱、财务、乐趣、领导者、朋友、对手、自己，就会产生扭曲与依赖心理。

具有内在丰富性的人从内在安全感的泉源中汲取动力，并保有平和、开朗、信任的好心情。重新开展、塑造自己的生命，培养丰富的感情，以滋长舒适、内省、期望、指导、保护和宁静的心灵。他们期待回到心灵的泉源，缺少这方面的滋润，甚至只工作数小时，也会产生退缩的症状，好像身体缺乏水及食物。

2. 寻找孤寂，享受自然。内心丰富的人保留时间，寻找独处的机会；内心空虚的人，由于本性喜欢喧嚣，独处时往往感到寂寞。领导者应该培养独处的能力，享受宁静与孤寂，常做反省、写作、聆听、计划、准备、想像、沉思、放松等活动。

自然界有许多宝贵的教训，可充实我们的心灵。静谧的自然环境让人深省、心境平和，为重返步调紧凑的生活做好准备。

3. 经常养精蓄锐。每天锻炼心智与体能，以保持身心的巅峰状态。

在心灵方面，应该培养广泛且深入的阅读习惯。加入培养主管的训练课程，再慢慢增加纪律与责任感。若能不断充实自己，经济上的安全感就不会依附在工作、老板的意见或人为制度上，而是靠自己的生产能力。"未决难题"是个庞大的未知市场，对有创见的人和能为自己创造价值的人而言，这里永远充满机会。

波勒（Carl Boll）在所著"无限的主管机会"（Executive Jobs Unlimited）一书中认为，无法经常养精蓄锐的人，不但会发现自己的刀锋迟钝，也会发现自己变得陈腐不堪，为求生存只好小心翼翼，采取防范手段，以安全为重，为自己打上一副金手铐。

4. 匿名为他人服务。为了培养内在安全感，有些人愿意尽力服务他人。不求名利，但与日俱增的内在安全感与内心的丰富，就是最好的回报。

5. 与另一人维持长期的良好关系。配偶或亲密伙伴在我们失去信心时仍会关爱并相信我们，但又不是凡事言听计从。他们不屈服、不放弃，在我们生命中造成很大的影响。

具有内在丰富性的人会与许多人维持这种关系。当察觉到某人正在十字路口彷徨时，就会不辞辛劳地表达对那人的信任。

6. 宽恕自己与他人。内心丰富的人不会为自己的愚蠢行为或社交过失而自责，也不会在意他人的莽撞。过去或明日的梦想不是他所关切的，这些人很理性地活在现在，仔细规划未来，并灵活面对变动的环境。充满幽默感、坦承错误并学着宽恕，满心喜悦地去做能力范围内的工作。

7. 解决难题。这些人就是答案的一部分。知道如何将人与问题分开，把精神摆在整体利益上，而不在立场上争辩。别人会慢慢察觉他们的诚意，合力为解决问题贡献心力。在这种交心过程中产生的解决方案，比妥协、折中的方案好得太多。

道法自然

苟且推诿与急就章的做法在农场上是行不通的。我们必须每天替母牛挤奶，每件事都必须依照自然法则完成，即使是好意，违背自然法则也会遭天谴。人受制于自然法则，也就是一分耕耘一分收获的法则，这是长久不变的。农人必须垦地、播种、耕耘、除草、浇水才能期望有好收成。在婚姻问题上或协助青少年度过危机时，也是一样。没有特效药或一蹴而就的秘诀，让人可以突然提振精神，获得出人意料的成就。

"种瓜得瓜，种豆得豆"，自然法则颠扑不破。

第十八章　平衡双方的期望

一个优秀领导者同时也是一个能够协调好双方期望的高手。他是一个天生的平衡大师。

我们知道，每个人在找工作或建立某种关系时，总会抱有某些期望。然而家庭或组织中之所以常常出现一些人为的麻烦，主要是因为期望模糊不清。对角色与预期目标的冲突，造成了许多人的痛苦和困扰，并加深了人与人之间关系的不和谐甚至裂痕。

九大预期冲突

以下是一些预期相互冲突的例子。

1. 公司购并。史密斯和贝罗分别是通用汽车（General Motors）和电讯系统公司（Electronic Data Systems）的主管。当这两家公司合并时，这两位主管在处理难题及调和不同企业文化时，出现了摩擦。贝罗主张维护一般员工的权益，想要废除层层的管理束缚及主管特权，却似乎忘了通用汽车的文化已有一段历史，不能说废就废。即使是企业顾问在这方面也无法强行要求改变，这需要更多的教育和沟通。但多数公司在购并前，并未先进行有意义的双向沟通，双方往往各执一词、互不相让。

2. 婚姻关系。以往不愿人知的婚姻问题和婚姻期望，现在大都被公开提出来了，但人们对夫妻的角色仍颇有争议。年轻男性对婚姻关系的态度若还是："我是养家活口的人，你则负责照料小孩。"那他最好清醒一下，不管新、旧夫妻都同样面对角色和预期相冲突的问题。许多女性坚持外出工作以弥补家庭生活的空白，这也是由于现今社会不肯定家庭主妇造成的后果。

3. 教育。每一个利益团体都以自己的标准来看待教育问题，每个人指向不同的问题，提出不同的答案。现在教育上出现了一个较重要的问题，随着传统双亲家庭制度的崩溃，由学校提供人格教育，已愈来愈必要了。

4. 亲子关系。父母与子女对彼此的期望经常出现冲突，尤其是十几岁的青少年。双方对各自角色的观点不同，而且随着年岁增长，这些观点又随时在变。

5. 政府关系。政府的目的是在做对全民有益的事，还是防止全民做不利的事？若有人认为应是前者，有人认为应是后者，就会出现不同的期待、冲突、失望与讥讽，这是可以预期的。

6. 聘雇与升迁。新人对工作与公司的期望，通常与雇主的想法相去甚远。这些期望在蜜月期时较不尖锐，仍有转还空间，这时，双方如愿意坦诚沟通，是阐明彼此立场的最好时机。

整个制度若出现缺失，在聘雇、升迁上自然会显现出来。若新进人员薪资较高，旧员工就会抱怨。当主管背离员工的期望时，结果必然是：信任度下降，员工开始做自己的事情；不是反其道而行，就是质疑正常的运作；遇事偏执，往往做最坏的打算。

7. 部门间或开创性的计划。不同部门之间，或信奉不同原则的个人之间，往往会出现期望的冲突。部门之间或开创性计划筹备之初，一定会出现各说各话的情形。

8. 客户关系。有经验的服务部门经理知道，当客户的期望超过公司能力时，是多么危险的事。自此必须借由了解客户的需要和客户资讯系统，仔细监督和管理客户的期望。

公司试图了解客户的期望："客户在想什么？""客户对我们的期望是什么？""客户希望什么售后服务？""客户想要什么样的社

会关系?"这些期望若未得到答复,客户自然会失望、失去信心,最后就流失了。

9. 利害关系人的冲突。员工、客户、供应商、股东、社区等,公司的成功与否,牵涉一定的利害关系。但每一团体各有各的看法,这些相互冲突的见解,会造成足以让公司瘫痪的争议与误导。

内心深处的期望

期望是人性的希望,个人愿望的具体化,每个人对于每种关系都有期望。每个人对婚姻、家庭或工作关系都有期待。过去的经验、以前的角色和其他关系,都会影响这种期望。有些期望过于浪漫、不切实际,不是来自媒体的渲染就是幻想。

期望与现实间总有些差距。期望是想象的地图,一种"应该如此"的地图,而不是"已有的"地图。但许多人却坚持自己的地图是正确的,"就是这样!你的地图错了。"

内心深处的期望是人类在建立关系、进入公司或做为客户时,挥之不去的包袱。例如在购物时,客户总希望得到殷勤有礼的接待,若有商店达不到这些期望,客户就会转移到那些顾客至上,并能顾及客户心理需要的商店。

明智的服务部门经理会将一切公开化,表明服务和不服务的项目,客户也才有所依从。

解决方案:绩效协议

绩效协议是针对期望冲突的解决方案,是管理期望的工具,更让所有期望公开化。绩效协议是双方对于角色和目标的期望,开诚布公恳谈后的产物。主管若能与员工之间达成此一协议,很多管理上的问题也就迎刃而解。

理由即在于，绩效协议纳入了所有成员的所有期望，若这些成员彼此信任，愿意认真倾听他人之言并倾诉心中的话，或彼此扶持和学习，就能创造出互赢的绩效协议，让每个人对期望都有共识。

1. 信任。员工初进公司之初，总有些不欲人知的期望，这是因为双方信任度仍不足以让他畅所欲言。信任是良好的绩效协议不可或缺的条件之一。

若缺少信任与相互尊重，互赢协议的基础自然不稳固，也就很难实现。但公司和各部门间，仍可从小处着手，让许下诺言与信守承诺的过程慢慢发展，以重建信任，达成双方都可接受的协议。即使双方都必须让步，这仍是当时最好的协议，而且下回又可向前一步。

绩效协议对任何一方都应该是公开、可磋商的。当状况改变时，任何一方都可提议进行沟通，以修正协议。虽然其中有些原则必须坚持，但大部分仍可以讨论。

2. 沟通。第二项先决条件是沟通，亦即接受现实考验的过程。"我不知道你会如此想，你是要我先行采取行动？我知道了，让我告诉你我是怎么想的。"

这是种平行沟通，人与人之间以对等的身份（没有上司与下属之分）真诚交流。"我期待你会更主动，我一直在等待！现在我已了解你的期望，下次我会研究研究再提出建议。"

这是员工间澄清对工作关系的期望的对话。若公司支持，这一类沟通就比较容易；但在许多公司内，正式讨论彼此的期望虽然常见，却被认为是不恰当的。"你意下如何？你真正关切的是什么？"沟通过程很明智地将双方期望摊开，达到有利双方的协议。我们再看看这四项基本原则。

1. 将人的因素从问题中剔除。

2. 着重利益，而非立场。

3. 构思对双方有利的方案。

4. 坚持采用客观标准。

这一互赢的协议过程需要认同他人的感受、了解他人的期望。员工常有许多急于表达的感受，希望自己能先为人所了解。

"先挖掘他人的利益"，指的是发现他人的利益所在，了解怎样对他人的成长与幸福最好。你不能假设你知道怎样才最符合他人的利益，必须借由体会他人的感受，找出怎样才符合他人的最大利益，并纳入协议中。

阐明对角色及目标的期望，是团队合作的精髓，这个构想就是将不同部门的员工集合在一起，例如：销售部门与制造或采购部门凑在一起，在轻松的气氛下，分享彼此对角色及目标的期望。

经过坦承交流后，效果是极为惊人的。员工会说："我并未想到这点，还以为你的意思不是这样，也难怪你会那么想。我知道了，你可能误会我的意思了。"

这的确具有相当疗效。员工们也都松了一口气。"事情解决了真好!"将每人心中所想，摆明在桌面上，知道每人的立场如何，然后就可以开始协商的过程。

互赢原则七条

有制定互赢协议时，下列原则应谨记在心：

1. 阐明期待的成果，但别花心思在监督方式上，否则会将时间浪费在管理琐事上，控制范围也会大幅受到限制。

2. 抓紧准则、放松程序，当状况改变时，员工就有应对弹性，能发挥自己的创造力。

3. 说明公司内所有可资运用的资源及公司外的管理。

4. 让员工参与制定双方均可接受的表现衡量标准。

5. 评估结果时，除了所谓客观、量化的标准外，还要维系信任并运用判断力。

6. 双方都了解，当预期成果达成或未达成时，会有什么样的正面或负面后果。

7. 确保这一绩效协议在公司结构与组织的支持下，能进一步加强，并通过时间的考验。

授权管理之重要

互赢协议就像是任务说明。许多公司都有任务说明，明白地指出工作内容及对该职位的期望，这些说明通常都非常明确。

多数任务说明并未顾及员工"赢"的部分。唯一赢的状况就是员工做好工作、赚到了钱。任务说明并未面对心理、精神和社会等方面的需要，甚至根本避而不谈。

任务说明通常侧重在方法上，以外部控制为基础。互赢协议则着重在内部控制，不再是上司控制员工的一面倒状况，而是员工也可以说："我了解，这对我是有益的，我会尽力。"

整个方法也从控制管理，转变为授权管理。由于多数公司并未实行互赢协议，故授权管理仍未风行。

如果公司目前尚未实行互赢协议，个别部门主管仍可自行采用。但应切记自己面临的是社会性意愿，不可过于天真地认为可以强行制定心理性的绩效协议，主要原因即在于互赢协议是由许多社会性合约（即公司内部隐含的文化）交织而成。

明智的主管会说："我们必须了解公司的文化、外界的状况以及社会性意愿。"社会性合约较心理性合约更为有力，而公司文化正是所有社会性合约的组合。而所谓共同的价值观，就是将隐含的规范予以公开化："这就是我们做事的原则。"

以互赢协议严衡双方的期望是绝对必要的。

第十九章　领导者的 EQ

EQ，即情绪智慧，如今已是人尽皆知了。柯维作为当代卓越的领导学大师，对此不可能不烂熟于胸。

至今企业领导学大师都强调企业管理中的 EQ 运用，因为无论在团队合作还是提高效率上，EQ 都扮演着愈来愈重要的角色。

EQ 不仅可以帮助领导者掌握同事、部下或客户的情绪，同时也可以更进一步地平衡并协调自身的情绪。

一个领导者首先得提升自己的 EQ，这样才能提升一个集体的 EQ，从而使企业或公司得以蓬勃发展，取得更大的业绩。

EQ 在企业中的高效益

谈 EQ 的高效益对企业界还是很新的观念，有些管理者可能觉得很难接受。一项以 250 位管理者为对象的研究发现，多数人认为他的工作需要的"是理性而不是感性"。很多人觉得对下属产生同理心或同情心可能会违背企业目标，其中一人表示，去了解下属的感受是很荒谬的，因为"这样就不可能去管理他们了"。另有些人表示，在情感上与下属保持距离才能做出复杂的企业决策，这可能有些言过其实，事实是与下属接近只是让他们在做决策时更人性化一点。

这项研究完成于 1970 年，今天的企业环境已非昔日可比。我认为上述理性至上的心态已经过时，是旧时光的奢侈品，新的竞争态势已使得 EQ 成为职场与市场制胜的重要因素。哈佛商学院心理学家夏沙那·鲁伯夫（Shoshona Zuboff）曾说："企业界在 20 世纪经历了剧烈的变化，情感层面也产生相应的改变。曾经有很长一段时间，受企业管理阶层重用的人必善于操控他人并熟谙丛林争斗法则，但是到 20 世纪 80 年代时，在国际化与资讯科技化的双重压力下，这一严谨的管理结构已逐渐瓦解。丛林法则象征企业的过去，长袖善舞的人际技巧则是企业的未来。"

人际能力之所以重要，有几点显而易见的理由：想想看团体中有一个人总是无法克制火爆的脾气或是毫不顾及其他人的感受，对整个团体会有什么样的影响？激昂的情绪有碍思考，在工作中当然也不例外。一个情绪低落的员工无论是记忆力、注意力、学习力及清晰决策的能力都会减弱。诚如一位管理顾问所说的："压力使人愚钝。"

此外，基本 EQ 可帮助我们掌握同事或客户的情绪，发生争议时能妥善处理、避免恶化，工作时较容易进入松弛状态等等。领导不等于压制，而是说服别人为一个共同目标努力的艺术。再谈到个人事业的管理或企划，最重要的是认清自己对目前工作的真正感受以及如何让自己对工作更满意。

其他较不显著的理由则反映了工作上的巨变，首先要特别提出 EQ 运用在工作上的实际效益；可化不满为建设性的批评，创造一个多元而不冲突的工作环境，形成高效益的合作网。

批评中的回馈艺术

他是一个经验丰富的工程师，主持一项软体发展计划，这时正在向公司的副总裁做成果报告。长达数月与他并肩努力的同仁也都在场，个个对这项成果深感骄傲。没想到简报完毕后副总裁竟语带讥讽地对工程师说："你从学校毕业多久？这样的规格实在太可笑了，恐怕只能停留在纸上作业。"

工程师闻言大为尴尬，就像泄了气的皮球似地终场闷不作声，断断续续有其他组员为其辩护，有些甚至带有敌意。这时副总裁突然有事离席，会议因而中断，愠怒不平的气氛却经久不散。

此后这位工程师对此事一直耿耿于怀，他沮丧地想，公司再也不会给他重要的计划了，甚至开始考虑辞去这个他很喜欢的工作。

终于他决定去见副总裁，把他的感受全盘托出，最后小心翼翼地问道："我不太明白你真正的用意。我想你的目的应当不只是要让我难堪，你还有其他意思吗？"

对此副总裁大感讶异。他完全不知道那句无心的话会有这么大的杀伤力。事实上他认为那项计划前景看好，但还须再加修饰，他绝对无意贬低。他告诉工程师，他实在不知道自己不当的表达方式会伤害到其他人，为此他致上迟来的歉意。

这里涉及的问题是如何以适当的回馈让员工努力的方向不致偏差，在系统理论上，回馈（fecdback）一词的原义是指就组织各部分的情况互相交流，如发现任何部门偏离方向便可加以导正。公司的每个成员便是系统的一个环节，因此回馈等于企业的血液；透过资讯的交换，每个人才知道自己的努力是否切合需要，或是需要做微调改进，甚至全面修改。少了回馈这一环，每个人宛如在黑暗中摸索，对上司的态度、与同事的关系、公司对自己的期望一无所知，任何问题只要一浮现必会迅速恶化。

批评可以说是管理者最重要的任务之一，但管理者往往因畏惧批评而一再拖延，就像前面那位语带嘲讽的副总裁，很多管理者很不善于掌握回馈的艺术，往往因而付出昂贵的代价。正如婚姻的和谐与不满的宣泄方式很有关系，员工的工作效率、心理满意度，生产力等都与上司对棘手问题的处理方式有关。员工对工作、同事、上司的满意度确实深受批评这项艺术的影响。

宽 容

30 多岁的西尔维亚·史基特（Sylvia skeeter）原服务于南卡罗莱那的一家丹妮餐厅，一天下午四个黑人进来用餐，但左等右等服务生就是不理不睬。史基特回忆："那些服务生两手闲散地放在屁股上，不友善地盯了点餐的黑人一眼，便又回头去聊天，仿佛眼前那位黑人根本不存在似的。"

史基特见状大感不平，便挺身质问那些服务生，并向经理抱怨。没想到后者耸耸肩道："她们从小就被教成这样，我也没办法。"史基特当场愤而辞职，她本身也是黑人。

如果这是单一事件，当然不会引起太大的注意。问题是除了史基特以外，还有数百人挺身而出指控该连锁餐厅歧视黑人，结局是餐厅付出 5400 万美元赔偿数千名受过歧视的黑人顾客。

庞大的原告群中包括七位非裔美国情报局的人员，他们当时正要去保护巡视海军学校的克林顿总统，这几名干员等了一个小时才吃到早餐，而隔桌的白人同事却立刻被服务。另一位原告是一位患有小儿麻痹症的黑人女孩，她在某个深夜参加完学校舞会后坐着轮椅到该餐厅，结果等了足足两个小时。原告律师指称，这样的歧视导致该餐厅普遍认为黑人顾客对生意不利，分店经理尤其深信不疑。经过那次诉讼及传媒的报道等因素，今天该餐厅开始努力对黑人做出补偿。每一位员工（尤其是管理阶层）都必须参加训练，了解接纳多元种族的顾客群才是有利的。

这类课程训练必须加以制止。理由并不全然是尊重他人的基本要求，还有实际上的考察。第一，美国企业的面貌已经改变，过去居主宰地位的白人男性已沦为少数。一项针对数百家企业所做的调查发现，超过四分之三的新员工不是白人，这种人口变化同时也反映在顾客结构上。其次，日益增加的跨国企业需要的员工不仅要能抛开偏见、了解不同的文化与市场，更要能将这份了解转化为竞争上的优势。第三，多元化意味着可观的集体创造力与开创力。

这一切都在显示企业必须培养更宽容的文化，即使个人的偏见无法完全消除。但企业要如何做到这一点？事实是短短几个小时或几天的训练课程几乎很难真正撼动一些深具偏见的员工，不论是白人对黑人、黑人对亚洲人、亚洲人对拉丁美洲人的偏见都一样。事实上，设计不当的课程反而可能给予员工不切实际的期望，甚至制造对立的气氛，使得工作上原来不太显著的种族问题日益恶化。要解决这个问题，我们有必要先探讨偏见的本质。

错误的激励

情感因素在工作上的发酵与婚姻中并无二致。对事的不满往往变为对人的攻击，甚至加上厌恶、讥讽、轻蔑的成分，所引发的反应同样也是自我防卫、逃避责任及冷战，或者因自觉受到不公平待遇而发动消极的抵抗。正如某企业顾问所说的，工作上最常见的毁灭性批评是"你把事情搞砸了"这类盖棺定论、以偏概全的评语，且说者常带着严厉、讽刺或愤怒的口气，既不让对方有解释的机会，也没有任何建设性的建议，徒然让听者觉得愤怒而无力。从 EQ 的角度来看，批评者显然完全不了解听者的感受，更无视对听者今后工作的动力、冲劲与信心会产生重大的杀伤力。

曾有心理学家对管理者做过实际调查，请他们回想是否曾对员工大发脾气，盛怒之下做出人身攻击。调查发现攻击的结果与夫妻吵架很相似，被攻击的员工多半会自我防卫，找借口或是逃避责任。另一种反应是冷战，亦即尽量避免与该上司有任何接触。如果我们以高特曼观察吵架中的夫妻的方式，细察这些员工的变化，必然会发现他们开始产生无辜受迫害或义愤填膺的念头。若再测量他们的生理变化，很可能发现强化这些念头的情感决堤现象。发出批评的上司也必然因员工的这些反应而更愤怒。恶性循环的结果可能导致员工辞职或被炒鱿鱼，等同于夫妻以离婚收场。

有人针对108位管理者与白领员工做过研究，发现工作场所中冲突的主因是不当的批评，其严重性超过不信任、性格冲突、争权夺势及薪资问题。还有人在伦斯勒工学院（Rensselaer Polytechnic instiute）作过一项实验，请一人参加实验一种新型洗发精的广告，由另一个人加以评断。研究人员故意请此人给出两种批评，一种温和而具体，另一种语带威胁，且批评设计者个性上的缺陷，诸如"我看别试了，你好像什么事都做不好"，"也许你就是不具备这方面的才华，我看还是找别人试试看好了"。

可以想见，被攻击者会愤怒、僵硬、充满敌意，表明将拒绝与批评者合作任何计划。很多人甚至完全不想再与批评者接触，这是冷战的征兆。而且被批评者士气会遭受严重的打击，不但不愿再努力，自信心更是严重受损，显见人身攻击对士气的打击多么可怕。

很多管理者都是乐于批评而吝于赞美的，于是下属会产生自己老是在犯错的印象，更糟糕的是有些管理者根本没有做任何回馈。伊利诺大学心理学家拉森（F. R. Larson）指出："员工的问题通常并非突然发生，而是慢慢成形的。如果管理者在发现问题时没有立即提出，便会在内心慢慢酝酿积压，直到有一天爆发开来，事实上如果能及时提出批评，员工便可据以改进。问题是管理者往往在问题严重恶化、积怒难消时才提出最具破坏性的批评。由于累积了诸多不满，常情不自禁地出语尖酸刻薄，甚至语带威胁。结果引起反弹是必然的，被攻击者会将之视为一种侮辱而怨愤难平。管理者的原意是要激励员工，却采取了最不明智的激励方式。"

技巧性的批评可以是管理者与下属之间最理想的桥梁。就以前面那位副总裁为例，其实他可以换个方式对工程师说："现阶段最大的难题是你的计划将耗时太久，成本可能因此太高。我希望你再研究一下，尤其是软体的设计，看看能不能缩短完成时间。"得到的绝对是完全不同的答案，不但不会引发无力感、愤怒、叛逆等感受，还可提振士气、规划出光明的前景。

技巧性的批评强调一个人的功劳及可改善之处，而不是从问题中挑出个性上的缺陷。诚如拉森所说的："人身攻击（如批评对方愚昧或无能）其实是毫无意义的，因为对方会立刻采取防卫姿态，也就听不进去你给他的任何建议。"同样的道理也适用于夫妻的相处上。

我们再从激励的角度来看，一个人如果觉得他的失败归因于本身无法改变的缺陷，必然会因绝望而停止尝试。别忘了，乐观的根本定义是深信挫折或失败是由于外在因素，可以靠人为的努力去扭转。

哈利·李文森（Harry Levinson）原是心理分析专家，后转行任企业顾问，下面是他所提出的关于批评的建议，这些建议与赞美的艺术息息相关。

1. 批评要具体。应提出某特定事件说明问题所在，如果你只是告诉对方他的表现不佳，却未说明如何改善，必然会严重挫伤他的士气。批评时一定要言之有物，指出哪里表现不错，哪里不太理想，应如何改善等。绝对不要拐弯抹角或指桑骂槐，如此徒然模糊你所要传达的信息。这一点很类似夫妻表达不满时的 XYZ 原则，亦即说明你因问题 X 而有 Y 感受，你希望朝 Z 方向改变。

李文森指出："具体也是赞美的一项重要原则。模棱两可的赞美当然也不是完全无效，但效果不大，听者也无法从中学到什么。"

2. 提出解决方案。不论是批评或其他形式的回馈都应提出解决方案，否则听者只会感到挫折、愤怒与丧气。批评者不妨提出对方原来未曾想到的方向或提醒问题的所在，同时也要提出回应的建议。

3. 面对面。批评和赞美一样，都是私下里面对面最有效果。有些管理者觉得公然批评或赞美很不自在，因而偏好书面或其他有距离的方式。然而这样不够直接，也让对方没有回应或澄清的机会。

4. 体恤别人。应发挥你的同理心，注意你的话在别人耳里的感觉。李文森指出，同理心薄弱的管理者最常以打压贬抑等伤害人的方式回馈，结果自然可想而知，不但无法开启改善之门，徒然引发怨愤、自我防卫、距离感等反弹。

对于接受批评的人，李文森也有一些建议。第一是将批评当作有用的建议而非人身攻击，第二是注意自己是否有规避责任、自我防卫的倾向。如果对方的批评实在太伤人，不妨先冷静一段时间再去找对方谈一谈。最后，他建议双方视之为批评者与被批评者合力谋求改进的机会，而非彼此对立。这些建议或许让读者想起前面关于维系和谐婚姻的探讨，事实上，工作与婚姻的确有很多不谋而合之处。

偏　见

土耳其裔的瓦米克·佛肯（Vanik Volkan）是弗吉尼亚大学的心理治疗专家，成长于塞浦路斯，当时正处于土耳其与希腊的激烈争斗战中。佛肯记得小时候听过一个谣言，说当地的希腊牧师勒死过无数土耳其小孩。现在的佛肯对种族冲突的问题下功夫研究，他以孩提时的经验为例，提出各族群之间的仇视会历代延续，便是因为人从小浸泡在充满偏见的环境里。忠于自己族群的代价是对另一族群充满敌视，特别是族群间具有长久的敌对历史更是如此。

偏见是一种后天易得的情感，但因早年即已慢慢形成，即使长大后觉得不应该也很难完全根除。加州大学社会心理学家汤玛斯·派特格鲁（Thomas Pettigrew）研究偏见有多年的历史，他认为："偏见是在童年形成的，合理化偏见的信念则较晚出现。稍长你也许想扭转偏见，但这种深刻的感情比其他信念更难动摇。很多（美国）南方人便向我坦承，他们心中对黑人已无偏见，但与黑人握手时仍会觉得很不自在。这是他们童年受家庭影响的残余印象。"

　　另外我们心中自有一套刻板印象支撑我们的偏见，而刻板印象的形成又源自不自觉的思考习惯。我们较容易忆起符合刻板印象的例子或经验，对不符合的则常会加以否定。举例来说，你在宴会中遇到一个较热情开朗的英国人，这与传统印象中英国人的冷静保守颇不符合，你很可能会告诉自己这个是特例，或者"他可能喝醉了"。

　　过去40多年来美国白人对黑人的态度的确愈来愈宽容，但一些较难察觉的偏见依旧存在，只是大家可能口头不承认罢了，要解释这种现象或许只能说隐藏性的偏见确是阴魂不散。举例来说，一个自信并无种族偏见的白人主管面试两个背景相当的新人时可能会取白舍黑，理由是黑人的学历"不太适合"；或者一个统领各肤色销售群的白人主管，也可能有意无意地透露给白人下属较有用的信息或诀窍。

　　积习经年的偏见虽难以根除，但至少我们可以对持偏见者的行为加以要求。以丹妮餐厅为例，那些执意歧视黑人的服务生与分店经理便很少被质疑或指责，反倒是有些经理有默默鼓励之嫌，甚至提议黑人顾客要先付款，众人皆知的免费生日餐也不让黑人享有，看到一群黑人将上门时故意关门表示将打烊等等。代表前述黑人安全人员提出诉讼的律师约翰·瑞曼（John P. Relman）指出："该餐厅管理层对员工的作为根本是睁只眼闭只眼。分店经理必然得到上层的某种信息……才敢明目张胆地表现某种族歧视。"

　　然而，正是这种睁只眼闭只眼的态度让种族歧视日益壮大。其实默默坐视也是一种行动，等于是毫不抵抗地让偏见的病毒蚕食鲸吞。光是举办多元化课程还不够，更重要的是从管理阶层开始，必须积极地反对歧视，从而彻底改变整个组织的文化。如此一来，即使个人依然存有偏见，至少可以根绝歧视的行为。诚如 IBM 某主管所说的："我的人不容许任何形式的轻蔑或侮辱，尊重个人是 IBM 的文化本质。"

　　关于偏见的研究显示，要塑造更宽容的企业文化，即使是轻微的歧视或骚扰也应鼓励员工勇于唾弃，例如不雅的笑话或张贴对女同仁不敬的清凉月历。研究发现，当群体中有人侮辱其他种族，其他人会起而效尤。指出一项行为涉及偏见，或进而当场反驳，有助于塑造反歧视的社会环境，默默坐视则形同认可。在这方面居权位者扮演极重要的角色，如果他们未能谴责歧视行为，便形同默许。若每次都能实际加以斥责则等于发出强力的信息，告诉大家此种行为不仅不能等闲视之，而且会导致不良的后果。

　　这时候 EQ 便显得很重要，你必须把握适当的时机，有技巧地表现出反歧视的立场，正如你对别人提出建议性的批评时，必须特别注意遣词用句才不会引起反弹。企业内部上上下下如果能做到这一点，歧视的现象自然会大为减少。

　　成功的反歧视训练课程应该能树立一套整个企业一起遵守的规则。明确禁止任何形式的歧视行为，从而鼓励过去默默坐视的人大声反对。课程的另一个重点应该是训练大家采取设身处地的宽容态度，一旦每个人对被歧视者的痛苦能够感同身受，自然就能挺身为其辩护。

　　简而言之，与其根除歧视心态，不如设法消除歧视更实际。固有的偏见动作能改变也是非常缓慢的。也有人提倡让不同族类聚集在一起，但这对增进彼此的宽容心似乎效果不大，很多学校取消种族隔离后，不同族群间敌意反而升高。目前企业界盛行的各式各样的多元训练，应设定一实际的目标，即改变社会对歧视或骚扰的容忍标准，通过训练让一般大众不惧唾弃歧视与骚扰的行为。但要寄望短短的训练就能拔除根深蒂固的偏见，未免太不实际。

偏见既然是后天得到的，自然是可以重新学习的，当然这需要一段时间，不应期望上一两堂课就焕然一新。但如果能让不同背景的人有机会培养同志感情，一起为共同的目标努力，必然有助于消弭彼此的芥蒂。再以种族融合的学校为例，不同族群的学生如果不能打成一片，只会使彼此偏见日深，甚至形成敌对的团体。但当学生因参加运动比赛或乐队而有机会合作时，固有的偏见会渐渐消除，就好像不同背景而共事多年的人往往也能成为好友。

打破工作上的偏见对企业还有一项额外的收获，可因人才的多元化享有更丰硕的果实。只要同仁之间能相处和谐，集思广益的结果往往比各人单独所能贡献的力量大得多。

组织信息沟通

所谓信息沟通，一般是指人们之间传达、交流思想、观念以及情报、信息的过程。它包括四种基本要素：一是信息传播者，二是信息接收者，三是信息内容，四是信息传播媒介和方式。对于领导者来说，信息沟通既是实施领导的基本条件，又是驾驭领导舞台、统一下属意志不可缺少的领导艺术。美国社会学家柏来兹（Robert D. Broth）曾经说过：组织信息沟通，正如人体内的血液循环一样，如果没有沟通活动，组织就也趋于死亡。实践表明，领导活动中的许多病症，特别是上下级之间的矛盾与隔阂，都可以从信息沟通上找到原因。因此，掌握和提高信息沟通艺术，对于协调统一下属的意志、保持良好的上下级关系、促成巨大的组织合力，具有十分重要的意义。

管理艺术与团体 IQ

据估计，20 世纪末美国有三分之一的劳动力属于"知识工人"，其生产力建立在资讯价值的提升上。再具体一点说，这些未来的员工可能是市场分析师、撰稿员、程式设计师等。知识工人一词是研究企业的大师彼得·杜拉克（Petet Drucker）发明的，他指出这类工人的技术非常专门，作为组织中的一员，其生产力与各成员的协调效果息息相关。他特别强调组织的协调，譬如说撰稿员与出版商、程式设计者与软体销售商便有唇齿相依的关系。杜拉克表示，在企业界团体合作由来已久，知识工作的特点是"工作单位是团队而非个人的总和"。这也是为什么在明日的企业界，促进人际和谐的 EQ 将成为日益重要的企业资产。

企业界最基本的团队合作形式应该是会议，这是任何主管不可避免的宿命，不管是在会议室或办公室。这种实际共聚一堂的会议只是最传统的一种方式，电子网路、电子邮件、电子同步会议及其他正式非正式的合作则是新的花样。如果说上下从属关系的组织是企业的骨干，人与人的接触便形成中枢神经系统。

不管是主管会议或产品研究小组，任何具合作关系的团体可以说都有一个团体 IQ，亦即所有成员才华与技术的总和，IQ 的高低决定团体表现的良好。但影响团体 IQ 高低的主要因素并不是成员的平均智力，而是其 EQ，亦即成员的人际和谐程度。

首先提出团体 IQ 观念的是耶鲁大学心理学家罗伯特·史登堡（Robert Sternberg）及研究生温蒂·威廉斯（Wendy Williams），他们比较不同团体的表现时发现这个新的解释角度。一群人集中起来共同努力，必然各自贡献出不同的才华，诸如流畅的口才、创造力、专业技术等。团体的总表现也许无法超出这些个别才华的总和，但如果内部运作不协调，团体表现可能大打折扣。这个道理在史登堡与威廉斯的实验中获得印证，他们伪称有一种销售前景极佳的新式代用糖将上市，请两组人设计一套广告。

实验结果有些地方令人颇为讶异，譬如说太急于参与的人反而会拉低团体的表现，因为这些过度求表现的人往往喜欢控制或主宰别人。这些人在基本人际规则方面有 EQ 低落的现象。此外，缺乏热忱的人同样不利于团体的发展。

影响团体表现最重要的因素，在于成员是否能塑造和谐的气氛，让每个人的才华发挥到极致。特别有才华的个人对和谐的团体是一项利润，但若是流落到摩擦较多的团体，恐怕会发生有志难伸的遗憾。一个团体如存在严重的情感障碍（如恐惧、愤怒、恶性竞争、不平等待遇等），各成员的才能很难做最有效的发挥。

人才资源

上面所说的道理不仅适用于企业的工作小组，也同样适用于企业的所有员工。多数人工作时都需要其他同仁的配合，只是合作结构不及工作小组严谨，如果我们视之为旋聚旋散的临时编组，那么高度的协调能力便可确保临时组员的才能、专业知识与职务分配达到最高效率。这种人力资源网的动员能力便决定一个人的事业成就。

我们就以一项针对贝尔实验室顶尖研究员的调查为例。贝尔实验室在普林斯顿附近，是世界知名的科学实验室，内部的工程师与科学家 IQ 都很高。但在这群优秀的人才当中，有些成为学界泰斗，有些却表现平平。研究发现原因不在 IQ 的差距，而是 EQ 的高下。那些表现较佳的人都比较能自我激励，也较能运用人力资源网形成的临时编组。

要研究实验室的顶尖人才首先要找出这些人才，负责这项研究的罗伯特·凯利（Robert Kelley）与珍娜·凯普兰（Janet Caplan）先锁定负责设计一种电子转换的部门。由于该设计工作非常复杂，一个人绝无法完成，依情况至少需 5 ~ 150 名工程师合作。他们请实验室管理者及同僚提名最杰出的 10% 到 15% 的顶尖人才。

接着他就这些人才与其他实验者做比较，第一个重要的发现是两者差异极少。凯利与凯普兰在《哈佛商业评论》（Harvard Business Review）中撰文表示："我们比较了 IQ、性格等多项因素，发现他们本质上并没有太大的不同。显见学术上的能力或 IQ 都不是预测事业成就的准确标准。"

后来经过详尽的个别谈话才发现，最重要的关键在于顶尖人才会采用不同的人际策略。这些人会多花时间与关键时刻可能有帮助的人培养良好的关系，在面临问题或危机时便较容易化险为夷。两位作者分析："一位表现平平的实验员说，当他遇到棘手的技术问题时，会努力去请教专家，之后却往往因苦候没有回音而白白浪费时间。顶尖人才则很少碰到这种问题，这是因为他们在平时还用不到的时候已建立丰富的资源网，一旦有事请教便立刻能得到答案。"

这类非正式的资源网特别有助于解决突发性的问题。一项相关的研究报告指出："一般正规的组织是为了应付可预期的问题而设立的，遇到突发状况便要靠非正规的组织。同事之间的每一次沟通都为这个复杂的资源网多织一条线，渐渐地形成牢不可破的网络。这个网路深具弹性，能够迂回曲折跃过整个体制而发挥作用。"

企业内的 EQ 角色

一起共事的人不见得就能形成非正式网路，有些人虽天天共事却不会互相吐露心事（如预备跳槽、厌恶某个上司或同事等），危机临头也不一定彼此支持。更深入的研究发现非正式资源网至少可区分为三种：沟通网、专业网与人缘网。位居专业网枢纽的可能是大家征询专业问题的对象，在升迁上握有重要筹码。但专业能力强的不见得是同事吐露秘密或疑虑的对象，一个专制型或气度狭窄的上司即使在某方面很专业，也可能因人缘太差被排除在资源网之外，终而动摇其管理能力。企业界的红人通常在三方面都建立了坚实的网络。

除了这三种基本资源网以外，贝尔实验室的顶尖人才还展现出下列特质：善于人力的组织协调；能领导众人建立共识；能参考别人（顾客或组员）的观点；具说服力；懂得促进合作与避免冲突。这些都可归类为社会性技巧，此外他们还具备两项特质：一是富主动精神，能自动自发肩负超越本身岗位的责任；一是自我管理能力，善于调配时间与工作进度。当然，上述这些能力都属于EQ的范围。

我们深信贝尔实验室的现象预示了企业界未来的面貌，将来无论在团队合作或提高效率上，EQ将扮演愈来愈重要的角色。知识性工作以及智慧财产在企业运作中所占的比重日增，提升企业成员的合作效率则是运作智慧财产的重要方式，也是确保竞争力的关键。未来的企业要生存下去乃至振衰起微，集体EQ的提升是第一个必修学分。

第二十章　最高指导原则

原则在柯维的眼中可谓无所不在，它不仅是个人生活的核心，同时也是一个组织、企业或公司的核心。而最高指导原则必然是一个组织或一家公司的瑰宝。

美国先贤杰弗逊曾在论及美国宪法时说过："人民的安全，正掌握在这部宪法中。"那意思是明确的，宪法是一个国家的根本大法，属于一个国家的最高指导原则。

同出一理，最高指导原则也是柯维掌权术重点中的重点。它不仅为我们展示了作为领导者的可操作性，同时也为我们展示了某种自然法则的艺术性。

最高指导原则的神奇效力

什么是最高指导原则的神奇效力呢？

柯维以一家公司的实际例子为我们说明了此点。

匹士柏利公司（Pilisbury Co.）是个快速成长的多角化企业，过去十年间几乎成长三倍。有一天公司主管突然深觉不安，认为"重视财务上的目标，会使得员工无法适应公司急遽成长的脚步。应该有一项公开的声明，宣示公司的立场与宗旨。这声明必须很简洁，让员工有发挥想象力，承担风险的空间。并表示原来保守、复杂的公司文化，已转变为以员工为念、创新、支持个人理念的崭新文化。"

该公司花了一年时间，邀集各阶层两百多位主管，共同拟定最高指导原则，亦即公司使命和价值观的说明。

结果如何？人力资源副总裁说："现在公司上下都能认同公司的使命与价值观。使命与价值观中所隐含的原则，使得公司在管理员工时更为得心应手。我们对未来充满了乐观与期待。"

这就是最高指导原则的神奇效力。

任务说明可以使员工集中精力，清楚认识自己以及未来的方向。让员工心无旁骛，集中可运用的资源，不必将时间和金钱花费在劳民伤财的琐事上。

共识之达成

一位领导者仅仅制定出最高原则是不够的，他还必须与方方面面达成共识。这里面含有现代心理学中的 EQ（情商，即情绪智商）味道。柯维作为现代领导学的首创者当然深谙此道。

他指出：有家企业想要员工具备成本意识，于是展开一连串活动，最后终于达成目标，但员工却把招揽新客户抛诸脑后。于是新运动又开始了——招徕生意。每个人都奋力达成目标，却又忽略了内部关系。下一个运动自然是针对人际关系。活动接二连三，员工变得麻木不仁，乐得冷眼旁观。于是员工的精力被误导，用于夺取地盘和明争暗斗。

家中也会出现同样的情形，许多家庭的管理方式都强调立即的赏罚制度，而不是建立在正确原则与丰富的情感上。当压力逐渐增加时，有的成员开始号哭，反应过度，不然就是抱持看戏的心态，沉默不语。子女认为这就是父母解决问题的方式——不是斗争就是逃避，这种情形会祸延好几代。这时，只要制定最高原则，就能找到问题的根源。

企业如何才能获得成功

原则不受时空限制，能赋予人力量。时时以原则为念的个人能举一反三，解决各种难题。

原则随着状况的不同，也有各种运用方式，这些原则都是浅显易懂、放诸四海皆准的真理。正确的原则看起来熟悉得像常识一般。陷阱就在这里，我们很可能会视而不见，而不会仔细探讨每一个原则在当时状况下，是否有其价值。

任务说明能够解答诸如："我要做什么？""我要成为怎么样的人？"等问题，可以协助人类迈向成功之途，完成想要做的事，这不就是成功的定义吗？

举沃尔特·迪士尼的例子来说，创办人沃尔特是整个迪士尼企业的催生者。二十多年前自从他过世后，迪士尼公司依然尽力实现他的梦想——建造迪士尼乐园。乐园完成后，原有的两千两百位工程师、艺术家等，锐减到五百位，士气非常低落。

为了创造新的生机，一个小组为公司准备了一份任务说明，但员工并未参与制定的过程，因此不理不睬。于是公司又花了一个多月的时间重新来过，这次邀集上上下下的同仁一起参与制定。新的任务说明的确鼓舞了士气。迪斯尼的新精神是："我们不模仿抄袭大师的作品，我们追寻大师的目标。"显然，要向前迈进，这种精神是必要的。

任务说明为企业注入新的意义。意义是现代人最具挑战性的需求，填饱肚子并不够，因为大家想要知道"为什么"。当今，企业要获致成功就要赋予工作意义。

制定最高原则的四步骤

我们知道柯维的领导艺术总是以人为本的，同时又十分强调遵循自然法则。因此，他认为个人或组织在制定最高原则时，必须依循如下步骤。

第一，扩展视野。无论是个人或组织，对于日常事务已非常熟悉，有必要退一步想想，进一步扩展视野，提醒自己什么才是重要的。

这些经验可能是规划中的，也可能是意料之外的。后者包括生老病死、财务危机或顽强的对手。这时，我们总会停顿一下，看看自己，给自己一些难题。我们认为真正重要的是什么？为何要做这件事？若不是为了金钱，那我们会做什么？在自我评估的过程中，我们的视野就开拓了。

主动积极的人，凭借搜集他人的观点，亦可开拓自己的视野。这些人沉思："什么事对组织最为重要？我们能有什么贡献？做这件事的意义何在？我们往何处去？我们到底想要做什么？"这种种问题都能拓展个人心胸。当个人尝试挖掘本身和组织最好的部分时，同心协力的精神就产生了。同心协力就是评估个人间的差异，以创造最佳解决方案的过程。

员工常认为自己不属于组织管理阶层的一部分，不愿意敞开心胸畅谈。他们怀疑自己的观点与价值观能否受到重视，认为与人分享意见会有风险。克服这种障碍的方式之一，就是提出问题，将员工分成小组讨论，提出心得，公司调整、评估并予以回应。员工看到自己的心血没有白费，就更容易畅所欲言。

这种拓展视野、搜集他人见解、尝试了解组织运作的整个过程是急不来的。需要点时间，对大企业而言，往往要花费数个月。

第二，开明的价值观。在拓展视野，思考过许多新的见解之后，有的员工就要评估目前搜集的资料，肩负起草拟组织任务说明的责任。

这草案将送交组织内的每位成员过目，草拟人同时必须具备"我们也不怎么满意"的态度。唯有这种态度才能使任务说明的目标更加明确。未经过千锤百炼的任务说明，在决策过程中是起不了作用的。员工聚在一块彼此尊重、各陈己见、同心协力，才能拟出最好的任务说明。

第三，以任务说明做自我检验。检验接近完成的任务说明，自问："这与我的价值观配合吗？是否能激励我？是否已掌握企业的宗旨？是否代表企业最佳的一面？"

再以两个重叠的圈来评估此最高原则。一个圈代表组织的价值观，另一个圈则代表个人的价值观。这两个圈重叠的部分愈多，组织的效率就愈高。任务说明必须先经过测试，看看是否合适。

第四，检验任务说明。经过上述三项过程后，员工和组织需要长时间观察、检验任务说明。由于这些共有的价值观是组织的命脉，所有的政策、计划、策略、结构与制度，都必须与之密切配合。

长期来看，制定任务说明并予以精练的过程，是改进组织的重要方式之一。经常拓展视野、改变重点或方向以及赋予旧标语新的意义，都有益组织的运作。

新陈代谢的过程

在改变与成长的同时，视野和价值观会经历一段新陈代谢的过程。记住！任务说明应与价值观同时调整。以下的问题或许有些帮助：

1. 任务说明是否建立在我所坚信、已获验证的原则上？
2. 能否代表我最佳的一面？

3. 重新浏览这份任务说明后，判断自己是否仍能掌握方向、目的、挑战并得到激励？

4. 是否了解可协助达成这项任务说明的策略和技能？

5. 现在要怎么做，才能达到未来的理想？

切记！最高指导原则可以帮助你表现出最好的一面。

第二十一章　突破与创新

在论及突破与创新这一古老主题时，柯维运用了一个崭新的概念，即典范转移（paradigm shift）。他从典范转移这一概念出发，形象、生动而且科学地论述了人类是如何勇敢地突破传统观念，在各个领域求实创新，创造出一个崭新的世界的。而一个当代领导者必须具有这一新眼界。

典范转移：一张新地图的诞生

按照柯维的说明，人类每一次在科学领域或思想意识领域的重大突破都可以被称为"典范转移"。

那么何谓典范转移呢？

简而言之，典范是指人们了解或解释特定事实的形式或标准。而典范转移则是指人们针对旧问题提出崭新的思考方式。而每一次典范转移都是人类英勇地摆脱传统思考方式的结果。人类无时无刻不需要以一种新的眼光即新的典范来看待这个世界。

五百年前，人类绘制了一幅地图，代表他们对当时世界的了解。直到勇敢的航海家哥伦布（1451—1506）向传统的想法挑战——向正西方航行，希望能找到前往印度的新航路后，这幅地图才产生巨变。虽然他的努力失败了，却改变了世界的面貌和典范。他的英勇行为创造了历史上重大的突破。

有一次，哥伦布应邀参加酒会，被安排在贵宾席。一位肤浅的宾客妒忌他，突然问道："要是你并未发现印度，西班牙难道没有其他人有能力完成这一任务吗？"

哥伦布一言不发，拿了一个蛋要求同桌的人让蛋直立起来。每个人都失败了。他拿起蛋往桌上一敲，蛋的一端陷进去，也就站起来了。

这位宾客斥道："我们也都会！"

"没错！只要你知道如何去做！"哥伦布驳斥说："一旦我向你指出通往新世界的航路后，没有什么比跟随还要简单的事！"

随着哥伦布发现新大陆纪念的到来，我们应当共同歌咏冒险犯难的精神，这种精神是一个组织在全球屹立不摇的支柱。

运用新典范的领导者

文艺复兴时期的一位巨匠哥白尼（1473—1543），绘制了一幅新的星座图，正如同哥伦布绘制新的航海图一样，产生了重大的影响。

当时的天文学家早已接受埃及天文学家波多力米（Ptolemy）的理论，认为地球是宇宙的中心，而且是静止不动的。哥白尼证明了：地球快速运转着，太阳才是中心。虽然这种以太阳为中心的理论，当时被认为是科学的异端，亦是精神上的亵渎，哥白尼仍然勇敢地突破传统，引爆了一场革命，而这个说法开启了现代科学。

哥白尼提到："对数百年来认为地球不动，而且是宇宙中心的那些人而言，地球在运转的说法显得荒诞不经。但我不因他人的批评而退缩。经过长期的观察和根据一些已知的原理，我发现不但地球会运转，而且所有的星座和空间，亦即宇宙，如此紧密地结合在一起，任何一部分的移动，都会影响到宇宙的其他部分。"

柯维认为，从历史学的眼光来看，每一个时代的领导者总是运用不同的模式或"地图"（这里的地图是指一种新空间或新的价值观）来运用权力掌管人类。

然而同时柯维又希望能在管理训练上造成"典范的转移"，不但着重在另一张地图上，还要着重在"以原则为重心的领导"的新罗盘上。运用这一新典范，领导人就可以清晰传达观点、澄清目标，让行为与信念一致，运作程序与原则、角色和目的紧密契合，希望组织和员工能有所转变。员工则凭借对公司使命的承诺，提升个人的荣誉感。

舍弃旧典范之前，是无法拥抱新典范的。虽然如此，在这个混乱的世界中，道德伦理仍是颠三倒四的，权宜之计代替了优先任务，模仿代替了创新，造作代替了本性，伪装代替了实力，常令人摸不着头脑。

每个人的领袖风格，是来自他的内在观点与感觉。工作或乐趣、朋友或敌人、家庭或财务、配备或自我、原则或情欲，都将影响他的观点。而这正是支配个人信念、态度和行为的基础。

"教导他们正确的原则，由他们管理自己。"我支持上述启发式的观点，作为培养管理与领导才能的方式。个人与组织，都必须用一套千锤百炼的原则来指导和管理。这就是自然法则，也就是历经数百年，每个文明逐渐展现的重要社会价值。这些社会价值的形态不一，如价值、观点、规范和教义，作用则是提升精神、授权、完成目标，并激励他人。

管理模式的改变，如同科学典范转移，会完全改变个人对世界的观点，并最后影响到他的组织。虽然管理者看重结果，领导者却要树立更高层的清晰前景和方向。

缺乏前瞻性，人就会落伍。有些人在界定自己的使命和价值观之前，就已选定目标开始追寻，攀登传说中的成功阶梯。结果在到达最上层后，才很失望地发现，这梯子架错了方向。

过程中的训练设计

以原则为重心的领导者认为，激励人性的最高层次是自我贡献。它将人类视为最有价值的资产，亦即资源管理者，并将管理才能视为发掘、培养和管理其他资产的关键。每个人都被看成是可以做大事的自由个体，而不是受制于环境的受难者或小角色。

符合这种要求的训练设计，应该以过程为导向，而非结果。组织发展的过程，第一是搜集并研究资料；第二，选择优先次序、价值与目标；第三，辨识并评估其他可行性；第四，规划与决定行动步骤；第五，将结果与原定目标比较。

任何进行中的训练计划均应包括下列发展过程：第一、掌握资料的内容、精髓，先试图领悟基本原则；第二、扩大所学到的东西，加上自己的观点与想法；第三、传播这些资料，与他人分享你的见解，以增进了解，寻找共同语言，听听别人对你的观感；第四、运用原则，在目前状况下进行测试；第五、评估结果。

真正的成长，应具备这些逐步发展过程。个人经由这个过程，接受管理原则的训练，才能从旧束缚、旧习惯中解脱，并渐渐受到内在力量的鼓舞与激励。当公司员工也接受这种训练时，将能使组织的体制和风格，配合组织的任务、价值、角色和目标。

在物理界，牛顿的力学与万有引力定律，当时看起来是一项颇正确的理论。但隐藏在原子内的无限能量直到爱因斯坦找到其中关键后才呈现出来。他的相对论将物质与能量视为可互换的，并以新的时间、空间、物质、运动和重力等观念，革新科学思维。

爱因斯坦在他的"自传小记"（Autobiographical Notes）中写道："原谅我！牛顿。你所发现的，是你那个时代，具有高超创造力和智慧的人，穷其毕生精力才能办到的事，虽然你的创见仍然支配着物理界的思考方式，但我们知道，若想要进一步了解事物相互关联的方式，就必须有新发现。"

微小的原子分裂时，释放出巨大的能量。同样的，任何人力资源发展计划的目标，就是要这些人参与有意义的改造与发展过程，以释放出庞大的创造力和潜能。

战胜怀旧感

战胜怀旧感，必须具备清晰的自我和强烈的意图，知道自己的角色和想达到的目标。学习如何掌握极限力量并运用推动力达成目标，才能成功地突破旧束缚并以新的规范取代它。

有高绩效的人时刻不忘自己的进度。他们掌握行程，而不是屈从于它。每周有固定的计划，而且每天调整。但他们并非任性行事，而是运用纪律与凝聚力，不向情绪和环境低头。他们在精神旺盛的时刻，处理重要计划和创造性工作；在疲惫时，则处理较不重要和较不吃力的事。除非已决定采取行动，否则拒绝一再处理公文往返。

柯维将纪律定义为承诺并信守承诺的能力，这是战胜怀旧感的关键。从小处着手，可逐渐增强个人荣誉感，并建立信守诺言的能力，最后，荣誉感将强烈地超过情绪。因为知道要信守承诺，承诺时就会有所节制。

将答应过的事一条条记下来并放在眼前，是很有帮助的。记下我们的角色和目标，可增强自己的决心，提醒我们挪出时间和精力去实现诺言。

领导者必须突破人为障碍

飞行员查克·叶慈（Chuck Yesger）在 1947 年 10 月 14 日打破音障——那"看不见的砖墙"，为超音速飞行创下新纪元。有些杰出科学家认为音障是不可能突破的。有些人悲观地预测，在一马赫时将人机俱毁，或是飞行员将失声、返老还童，或饱受摧残。但在历史性的那一天，叶慈驾着那部贝尔航空飞机，达到每小时七百英里的速度（1.06 马赫），三天后又提高为 1.35 马赫，六天后更高达不可思议的 2.44 马赫，粉碎了无法突破音障的神话。

他在自传中写道："飞得愈快愈感到平稳。突然间，马赫指针开始振动，标明 0.965 马赫，然后再向右转。我想我已超越障碍，我正在以超音速飞行，机身稳定的速度像是飞行在婴儿平滑的屁股上，老祖母都可坐在那儿啜饮柠檬汁。我愣住了！经过这么多的焦虑、期待后，打破音障还真让人失望。音障、未知，好像只是在果冻上戳一下，在完美路面上滑行一般。后来我才发现，这项任务终究会让人失望，因为真正的障碍不在天空，而在我们对超音速飞行的知识与经验。"

打破音障后，我们又面临更艰巨的障碍——人为障碍。对今天许多领导者而言，突破人为障碍或现状，如同四十年前航空专家要打破音障一样的困难。

为什么？因为人力资源常被认为是限制（就算不是负债的话），而不是优点或资产。组织内的体制与程序，似乎已认同低水准的表现。有些主管以低速度、低姿态带领着一个口令、一个动作的公司，还自认为高水准的表现会让他失控、溃败。

另有一群受过良好教育的领导者，勇于突破神话式的人为障碍，并证明成长五倍（不是百分之五）的绩效仍是可行的，也没有人会失声、返老还童或受到折磨。在高效率公司上班的人，被当成是公司内最宝贵的资产，通常都比较健康、愉快。他们彼此协助，以求在品质和生产力上大幅进步。他们愿接受以超音速管理的原则和实务为基础的训练，对自己的无穷潜能极具信心。

训练和成长的计划，应随同公司的前景、任务和原则，自然的进展。这些计划赋予员工力量，让他们勇敢地进入未知世界。由想象力而非金钱所引导，最后必能脱离过去忧虑和失败的梦魇。许多公司和个人都需要有长足进步，在习惯上有重大转变，在模式上改造一番，否则一切依旧，就徒然无功。

冲破旧习惯

在航空学上当飞机起飞、脱离重力的控制时，要比飞行数千英里后重回地面时消耗更多的能量；同样的，开始新的习惯，也需要更多的努力和能源。旧习惯是强有力的束缚。通常人们下定决心要改变暴饮暴食的习惯，结果还是一样；人们承诺要打破因循苟且的习惯，回复早该回的信件，进行重要但不紧急的计划，却一再食言，一再自我欺骗。人们甚至开始怀疑，承诺是否值得。

要如何打破旧习惯，并建立健康新习惯？柯维认为：首先就要坐下来，计算成本，避免公开宣布后，却又无法完成。无法完成承诺，不但会被别人取笑，而且自己也不会原谅自己。人们必须仔细衡量力量的极限，以确保有足够的冲劲。

经验告诉我们，每个环境中都存在许多牵引力量，阻挡我们的冲劲。任何想改变习惯的严正计划，都应将这些力量考虑在内。决心改变饮食习惯，就必须考虑可能会影响我们决心的时、地和状况，然后，才可"避凶趋吉"，完成我们的目标。

旧习惯的力量非常惊人。要突破根深蒂固的因循苟且、好批评、暴饮暴食或贪睡等恶习，需要的不只是意志力而已。我们面临的是基本个性的问题，需要彻底的重新调整或转变。

通常自己的决心和意志力并不够，我们需要与那些有类似承诺的人，形成联合力量。这种关系会逼使我们去完成某事。禁酒协会的成功，即证明联系力量的强大。

但刚开始时，改变非常不易。一旦决心要改变、要起飞，就要牺牲为所欲为的自由，直到新习惯基础稳固，对旧习惯的欲望已减退为止。我们会经历退缩的阶段，必须和渴望、习性、倾向抗衡。如同太空人在脱离地心引力时，必先饱受自然力量之苦。

干大事应从小事做起

若能克服肉体的怠惰，每天早起（意志力胜过瞌睡），我们将享受到当天的第一项胜利。然后就能顺畅地处理其他事。由小处着手，完成大事。

早起的胜利，让人有征服感、有支配感，驱使我们进一步克服当天的困难和障碍。

在每天精神饱满之际，进行重要且困难的工作，而将例行工作挪到其他时刻，就能够把事情做得更快更好。如此，我们就能支配决心、目标和计划，而不受制于情绪和环境。

有氧舞蹈可增加我们的肺活量，肺活量增加时，打破旧习惯、建立新习惯的能力也就增强了。

这里所谓的有氧舞蹈，是指积极的运动计划，以逐渐蓄积体力，提供身体所需的能源。一个人若沉静多年，然后突然进行体能竞赛，会发现自己的身体急需氧气的滋润。循环系统发育不全、严重缺氧，可能造成中风、心脏病发或死亡。

我们应该凭借每日对情绪纤维的运动累积体力，在受到压迫时，储存的情绪力量就能派上用场。

至于建立新习惯，我建议每日应做两件事：一、培养前瞻性；二、就未来计划做出决定与承诺。人具有超越自己的能力，超越现在，看到以后发生的事以及应该会发生什么事。必须有这个了解，再花时间去规划并做出决定。如同歌德所说的："最重要的事情，绝不能受到最不重要事情的牵制。"审慎的规划，有助我们充满展望，并产生有目的、有优先次序的灵感。

承诺：原则中的原则

以下五项原则是一个领导者成功的必要条件。

1. 不做无法信守的承诺。

2. 承诺做得好，表现得更好，并与心爱的人共同分享这些承诺。

3. 运用自知之明，对自己的承诺有所选择。

4. 将承诺视为对自己诚意与信心的考验。

5. 切记！诚意或自我支配，是与他人交往成功的基础。

有个简单方法，可以让你迈向长期追寻的卓越目标，在追求真正的成熟（勇气与体谅兼顾）和诚意时，获得成果。这方法就是：在接受新习惯或想做的事之前，先停下来，衡量所有可运用的资源，集中注意力与心志，调适你的情绪以及反应，问自己："我如何做出最佳反应？"呈现自己最好的一面，这些动作将使你不再犹豫，重建决心。

每样事情都准备妥当时，太空人会说："一切就绪！"也就是说，每件事都位于适当的、均衡的运作状态，随时可以发射。因为每件事都协调妥当、十分配合，他们就可以无后顾之忧的在太空间进行重要的探勘。

"一切就绪！"表示所有事情正准备带我们前往计划中的目的地；但如果我们的习惯和价值体制不能和谐一致，将受制于内在的怀疑与阻力，计划也就泡汤了。而积极正面的行为加强了我们的意图与决心，行动计划会改变我们个性的本质，实际去做会转变我们对自己的观点。

个人行为主要就是这样的一个自我控制的循环。于是，一个人若无法履行承诺，他的荣誉与诚意受到了威胁，自尊降低，就会为自己塑造不同的形象，让自己的行为也受制于这一形象。但若能善加处理每一新挑战，内心就会释放出自由、力量和能力，并提升到前所未有的境界。

第二十二章　领导者的决策艺术

作为领导者，决策是一门艺术，就像打高尔夫球是一种艺术一样。一位大企业家或一位公司的总经理如果缺乏做出正确决策的能力，要想获得成功是不可能的。

柯维作为一名现代领导学大师，为我们论述了正确决策的方法以及通往正确决策的各种途径，而其中决策的艺术性和科学性又是柯维非常强调的，被他视为成功领导者的法宝。

适合大多数企业的五项决策方法

在一些取得重大成就的人身上，常常可见到如下品质：

1. 对解决企业中的决策性问题有着强烈的愿望；
2. 敢冒事业风险和投资风险；
3. 愿意承担那些可能会导致不孚众望的后果的责任；
4. 善于采用组织大家把事情做好的工作方法；
5. 具有高效率的联络能力；
6. 掌握做出正确决策的领导艺术。

其中最重要的，是掌握能为企业做出正确决策的领导艺术。很难设想，一个成功的领导者，会缺乏这种能力。

有些白手起家的企业家，最初可能会缺乏上述品质中的一项或几项，但如果缺乏做出正确决策的能力，要想在企业中取得成功是不可能的。

作为领导者，决策是一种艺术，就像打高尔夫球是一种艺术一样。有些人打了多年，仍旧不够娴熟。

没有任何简单的公式，能使人不费力气地做出正确的决策，提高决策的熟练程度只有一条路可走，那就是学会各种决策方法。在任何情况下，正确的决策方法，都是为某一特定问题制订的具体方法。

在各种可行的方法中，可能适合大多数企业状况的有下列几种：

1. 围绕一个中心问题，从不同的角度来认识它；一个企业家，在着手处理某一问题时，通常会想到自己的经历。如果他当过售货员，他往往以一个售货员的观点来看待这个问题。同样，如果他当过会计师或房产代理人、国际问题专家、产品经理、金融家、学术研究人员，也会用自己在某种具体经历中所形成的传统观点来认识问题。

因此，解决企业问题的一个成功方法，就是戴上上述所有这些头衔，而且尽可能多戴一些。这种从四面八方不同角度来观察问题的方法，是哈佛大学商学院以实例为媒介的教学方法。有着各种不同经历的 100 名学生，在经验丰富的领导主持下讨论复杂的企业问题时，都是从本身实际情况出发的。

2. 对所有可供选择的解决问题的方案，认真研究、权衡利弊，从中筛选出最佳方案来。许多人都犯有这样的错误：将解决企业问题的答案，简化为"行"或"不行"。他们应该做的是：寻找一切可能的解决方法。解决一个企业中存在的问题的最好答案，总是在大脑里反复思考、删改后才精选出来的，极少有简单的现存答案。

3. 对于要解决的问题，在时间和空间上加以调整。例如，可以用逆时针顺序来研究一个解决方法，以代替通常那种顺时针顺序的研究。在用 PERT （计划评审技术） 安排一种产品进度计划时，工程师们从最终结论着手，然后逆结论的顺序而上，逐一分析，逐一安排其中的各项活动。

解决问题的另一有趣的方式，就是将问题的组成部分进行图解，在空间上给予调整。例如，可以画一个表格或坐标，先纵向列出公司的目标，然后横向列出可供选择的方案。这样，就可以预先检查供选用的每一方案：它对公司的目标可完成多少？能完成到什么程度？

4. 在评价供选择的方案之前，要进行无拘束的衡量比较。有创造性的人都有这种经验：深陷于对一个问题的争论和解决，会使人的头脑发胀，并使结论产生混乱。当一个人着手研究一个问题的具体解决方案时，他往往会不考虑其他可能的方案及其优越性。所以，对寻求解决企业问题的可行方案来说，不受约束地衡量比较和发表意见，是一种很好的途径。

5. 可问问自己，面对一个问题时，一个著名的企业家或一家成功的公司将会怎样做？这种解决问题的方法，听起来似乎是过分天真了，但是，它却是最常见和最实用的一种方法。

决策中的几种习惯做法

习惯用数学方法思考问题的人，常常在解决企业问题时一筹莫展，因为他们喜欢将问题数量化，认为这样才能产生一个恰当的答案。

但是，"人"是生活中最难预测的因素，能离开"人"而存在的问题是极少的。所以，企业里的严重问题能用公式来解答的不多。每个问题的处理，都不能离开人的主观因素。

幸运的是，有许多方法可以拨开环绕在思维上的浓雾，除了上面讨论的几个有关决策的基本方法之外，还有一些已被经验证明是行之有效的习惯做法。

1. 背向紧迫的问题。在自动化时代，我们有时会犯这样的错误：用看待机器的方式来看待人。一按电钮，一台清洗机就开始灌水和搅拌；给你的大脑一个指令，思维的齿轮就开始换挡运转。无疑，机器会按你的指令行事，而大脑则不会。没有谁真正了解大脑是怎样思考的，但大多数人有这样的经验：人的大脑在松弛的情况下能更好地解决问题，而在被强制的条件下则相反。因此，许多企业家对待伤脑筋的问题，不采用给大脑施加压力的方法去求得解决，而是将问题的信息输入大脑，然后便去做别的事情。于是，大脑即对这个问题进行潜意识活动，有时一夜过后便提出一个可靠的答案来。

2. 多方面征求意见。当人们面临一个棘手的问题时，都会十分明智地向有经验者求教，而极少考虑去询问一个没有经验的人。其实，上述两种人的见解都应该听取。一个没有经验的人，往往会提出创造性的解决方法，因为他是用新的眼光来观察问题的。

3. 毫不吝惜地抛弃枝节问题。有些企业家挖掘不到问题的核心，就是因为他们被过多的细节所干扰。他们就像推销员一样，将产品的介绍越写越长，生怕忽略了任何一个细节，他们不知道哪些描述有助于产品的推销，哪些则是多余的。必须坚决删掉易于引起误解的细节。

4. 充分掌握情况。在许多为决策教育而设计的模拟方法和通用方法中，存在着一个常见的错误：试图迫使参与者迅速做出决策。这不是一个好的企业领导人解决问题的正确途径。优秀企业家为解决一个问题而思考时，就像狗缠着一块骨头一样。从每一个角度审视它，翻来覆去地谈论它，直到挖出问题的核心，找到真正的实质。他对任何解决方法进行实验，重复检查所有的计算，然后用不同的组合调整计算和数据。当然，他最终会找到一个可行的答案。这毕竟是整个过程的目的。

5. 对解决问题要有热情。有些企业家常藐视那些对企业显得热心的职员。可能他们认为，应该将这种热心留给娱乐消遣或艺术活动。这显然是目光短浅和令人遗憾的。从心理学角度上说，作为学习的附属条件，热心比天赋更为重要。在一切导致人们成功的品质中，热心所起的作用是最大的。这一点谁也无须怀疑。

定量决策法仅是一种手段

计算机使我们能以光速运算大量的定量数据，这就使包括复杂公式、大量变量与大量可供选择的行动方案，可以迅速得到处理。显然，数学是总体决策的重要工具。

计算机运算分析，适用于对定量数据的处理和试验，用以确定某一运算问题的最优解答。这类解答的付诸实施，大部分将带来最低成本、最少风险或最大利润。在运算分析的应用中有线性规划（确定达到某个目标的有限资源的最佳组合）、排队论（在给定随机到达和服务时间变量条件下，通过数学方法预测将来的排队长度、投标对策，深入了解在竞争情况下不同决策的后果）。

大学课本《数学方法在企业中的应用》详细介绍了运算分析的数学方法及其应用。然而，我们必须指出一个运算分析专家，决不能代替一个决策者，更不能说决策者过时了。运算分析专家仅仅是帮助决策者做出决策，做出比管理科学进入企业之前范围更广、数量更多的决策。

如果在这些决策的定量方法中，存在某些危险的话，这是因为：管理者在接受对问题的数学解答时，没有理解它的局限性。典型的数学家，很像典型的系统分析学家和计算机程序设计家，喜欢用他们自己的全部术语交谈。质朴的经理们，不愿表现出他们的无知，有时即使对技术专家提供的答案的真实含义并不清楚，也会在向专家请教问题上犹豫不决。

实际上，大多数定量解答，往往具有推论的性质。它们是以概率定理为基础的，这就意味着，它们的结果并不是十分可靠的。比如说，成功的可能性有60%，那么，这就意味着有40%的风险。如果一位经理不理解这种概率的含义，不知道应该对它们信赖到什么程度，那么，他以一台计算机的解答为基础做出的决策，将是盲目的和愚蠢的。当一个人懂得这样一个事实，即在一个复杂的运算分析问题中，有几十个（有时是几百个）给足概率时，他就会明白：为什么管理部门在接受一个哪怕是无条件的给足答案时，也应向专家请教一些问题。

比这个问题更为重要的是：了解稳定的概率是否可靠。大量情况说明，数学家们是从他们的大脑中挑选概率的，因为积累和权衡以往的经验过于困难，甚至是不可能的。这是决策者应觉察到的。决策者还必须考虑这种可能性：与自己打交道的这位数学家，是否有统计出精确概率的毅力。

因此，应用科学方法论来解决企业问题，不能代替决策者的决策，甚至可能会给管理者在经验、常识方面增加更重的负担。这种技术仅仅是决策的一种手段。显然，为这种技术积累经验，可以改善我们使用有效数据的可靠性，但它毕竟仅是一种手段。

决策之敌

在此我们再从反面来审查决策的过程，看看是什么阻挡人们成为有效的决策者。

可以想象，人的某些秉性是妨碍自己估做出重大决策的最大敌人。其主要原因是：

1. 一些人总想回避创造性的工作，尽管他们会断然否认这一点。一般人有一种意向，选择常规的工作，以代替创造性的活动。事实上，他们不厌其烦地去接受简易的任务，就是为了避免在发生紧迫问题时，思想受到压力，或者造成情绪紊乱。

2. 哈姆雷特式的不健康状态。莎士比亚笔下的哈姆雷特，不顾一切地要解决自己的问题，但囿于各种固有的解决方法，结果是束手无策。这种犹豫迟疑倾向，在企业家中不难找到。

3. 海龟式的毛病。当一只海龟受到威胁时，便将头缩进壳内，以保护自己。因为它不敢把脖子伸出来，所以只有维持固定状态。同样，许多企业家也害怕伸出脖子——尽量避免决策。

4. 过分专注、紧张，会造成停滞和固定状态。当一个企业家的思想感情陷入某一问题的泥潭之中，比如他的事业正处于生死攸关的时候，他会变得迟钝呆板。他会丧失正确观察事物、洞察其相互关系的能力，从而做出粗劣的决策或根本作不出任何决策来。

5. 个人素质的障碍。有些人作不出决策只是因为他们觉得没有决策可做。阻碍他们进展的原因是，他们智力有限、记忆贫乏、思想僵化以及自身的积极性不高等等。

哈佛商学院的决策训练方法

规律和原理是有益的，但是，如果我们没有实践经验，仍旧不可能学会决策这种复杂的工作。所以，以上所有这些并不能使你马上成为一个决策者，但可以使你有一个正确的开端。为了取得成功，接下去还必须实践。

可以说，几乎所有的企业，都不会让一个没有经验的人去做重大的决策。那么，一个人应怎样练习决策呢?

这是一个教育者和训练指导者考虑已久的问题。管理部门通常都赞赏创造性地解决问题（决策），这无疑是一个领导者必须具备的最重要的领导艺术。

我们将研究 A. 汉密尔顿学院在其《现代企业》教程中使用的决策训练方法。但是，首先应该熟悉其他一些常用方法，这些方法都有实用价值。许多企业家在走向领导层的过程中，都在一定程度上使用了这些方法。

哈佛大学商学院进行决策训练的一个重要方法，是采用实例教学。先由一名学生向全班朗读一个事例，实际上是对一个企业真实状况的描述。然后全班100名学生在一位教授（他既是一位有经验的教育者，又是一位受到良好训练的企业家）的带领下，对这个实例进行讨论。讨论的目的，是找出这个企业的症结所在，并对这些问题进行分析，提出可供选择的解决办法。虽然，这似乎是把实例过分简单化的方法，但是，由于它只是专注于决策方面，所以它还是展现了一种难以捉摸的领导艺术的训练：一个企业组织是怎样进行决策的。

另一种经常用于决策训练的方法，是所谓"文件夹方法"。这是一种角色扮演形式：一名学生面对着一大堆信件、记录、报告（就像某个早晨出现在高级领导者的文件夹中一样），对其中每件事都要立即设法做出决定。而且，他必须在规定的时间内，组织工作、分析问题和写出他的决定。然后再在讨论时，对这些决定予以批评性的评价。

作为模拟决策的一种方法，角色扮演可以采取多种形式。一种使用得相当广泛的形式，是参加者对一个给定的企业问题，分别扮演问题当事者各方的角色。比如，一个参加者扮演牢骚满腹的雇员，一个扮演车间的工会代表，另一个扮演管理部门的成员。

大规模的角色扮演，是通过管理游戏来模拟决策的方法。较复杂的管理游戏的变化很多，判断其决策结果的正确程度，必须将它输入计算机，通过特定的计算机程序进行分析。

在这种游戏中，参加者通常分为以队列为单位的群体。每个队管理一个与其他队相竞争的公司。一个队做出的决策，不仅要受一般情况下经济效益的影响，而且还要受到其他竞争队的决策的影响。决策的结果，以典型的财务报告形式反馈给这些队。这些队通常要搞几个报表周期，以便参加者可以了解他们的决策与游戏的结果之间的因果关系。

此外，还有一些不常用的决策训练方法：从简单的、解决一个导致固定答案的问题，到应付不可预测的"人的变量"，都是学习正确决策艺术的有益途径。恐怕不会有哪个管理部门会轻率地说，这种方法比另一种方法更好，以致可以抛弃别的方法。

事实上，没有人能说他找到了管理决策训练的总答案，正如没有人能提出一种高等数学教学的独一无二的、非常成功的方法一样。但是，人们仍在许多方面寻求这个问题的答案。在这个领域工作的每一个人，无时无刻不在使我们的方法和技术日趋精湛。

某商学院在 60 多年经验的基础上，已逐渐形成了几种决策训练的可行方法。其中有些是新的方法，有些则是曾被别人使用过的方法。下面是这些方法中的几种：

1. 问题。向读者提出问题，要求做出解答，有些则要求你判断其概率或偶然性。无论哪种情况，其目的都是要求读者试验自己的决策能力。读者写出答案之后，寄回学院，经学院评分，再寄还给你，并附上标准答案。

2. 投票方法。每年进行数次，每次由学院提出一个企业现状。读者接到通知后，通过投票方式简要说明，他将怎样解决这些难度很大的企业问题。这种方法，是我们前面讨论过的"文件夹"方法的一种变化形式，它的价值在于：强制读者必须在有限的情报（一个普通的、真实的企业状况）下做出回答。

这种方法已被证明是一种有趣的、轻松的决策训练法。

3. 课文中的实例研究。在这些课文中，授课尽可能采用实例研究的方式进行。课文里提出了需要研究的企业问题，并有个别公司对这一问题解答实例。这种决策训练法，具有积累的效果。经过几个月的时间，围绕一个主题的讨论，已达到相当的深度，这样，读者在头脑里就形成了一个智能仓库，一个如何在实践中解决问题的概念和方法的仓库。

4. 个人咨询服务。因为读者在学习学院教程时，仍在他们各自的岗位上工作，他们常常被迫面对企业的实际问题。这样，学院就为他们准备了一个独特的方法，以帮助他们成为有效的决策者。这就是"个人咨询服务机构"。这个机构的工作人员，是由有经验的顾问们组成的，专为企业的实际问题提供建议和解决方法。这样，读者无论何时遇到难题，都可以得到帮助。

归根结底，每个人都应该面对这样的事实：他必须认真学习，学习怎样做出正确的决策。首先，要认识达到这一目标的重要性，同时，不论机会在什么时候出现，都应该坚持不懈地实践。

"功夫在诗外"

我们努力不懈、力争上游，追求领导者的地位。而领导统御，当然需要一套与身为跟随者截然不同的才干。

英国军事历史学家奇根（JKHNKeegan）认为伟大的战场统帅，如亚历山大和拿破仑之流，具有以下重要的领袖特质：诚心关怀、指令明确、赏罚分明、及时出发、并肩作战。

商场虽然不完全像战场，奇根的要诀仍值得采纳并引为借鉴：

1. 要爱护下属

空言无益，要以行动表示。

比如说，即使在经济困窘的情形下，仍然不失对部属的情义，有一位高级主管，在公司面临萎缩的危机时，公司里一些激进的年轻人建议他裁掉几位服务了 20 多年的员工。他们理由很简单：这些员工已江郎才尽，遣散后所节省的薪水可另作他用。

这位主管知道他们或许言之有理，但在道义上不能抛下跟随他多年的忠心伙伴。他留住了他们，也安然度过了那场惊涛骇浪。

他在年轻人的心目中，应该因此更坚定了领导者的地位。

2. 计划目标明确

一位领导者应替部属描绘伟大的蓝图（五年之后，我们即将居于领先地位）。而有效的领导者会加上实际的细节。员工不只需要远见，也需要清楚明确的步骤，日复一日地在工作上实行出来，终有完成目标、美梦成真的一天。

3. 有奖有罚

升迁的快慢、加薪的多少，应当视员工的表现成绩而决定。并且应当秉公处理，原则一致。

有效的领导人提升一个员工的时候，对这人多少该心里有数。这是因为主管平素就提出应达到的目标，并且告知员工其表现如何。如果主管觉得员工表现得一塌糊涂，而员工本人以为自己成绩斐然，这是主管未尽其责。

4. 不要错失良机

在商场上这意指掌握何种时机；何时应当婉转，何时应当强硬；何时保持被动，何时当转为主动；何时当全神戒备，何时当轻松自然。

领导人的一个明显的特性就是有能力下达攻击令："此时出发！"然后攻城略地。

即使身处基层的岗位，具有这种能力，也能很快崭露头角。我们应注意到公司里一些年轻的员工，能坚定有力地建议我们采取出击的行动。如果我们同意他的战略，而且因此打了胜仗，这个少尉很快便会升为上校了。

5. 要与员工共患难

在战场上，你与部属并肩作战；在商场上你亲自行动，以身作则。

在公司里最受尊敬的主管，是公司里大小的事情都能做的人。他们能挽起袖子亲自示范，从而建立起自己的权威。

第二十三章　知识与信息

一个领导者或企业家应该永远不断地进行自我教育，以期获得各种新的知识；同时他还得不断地向各种机构寻求信息，以期保持延绵不绝的灵通的信息。这样，他才能取得事业上的成功。

信息网

一位走出学校已 10 年的工程师，如果他没有继续接受教育，那他只能是"经济系统"中一名过了时的成员。在传统工作系统正在被电子数据处理方式逐步代替的时代，假若不去自觉地接受新的教育，他很快就会下降到较低的经济地位上。

那么，一个企业家，应该怎样沿着有助于他事业的路线继续自我教育呢？他通过自学应该学到些什么呢？他应该到什么地方寻求资料来源呢？他应该腾出多少时间来保证自我教育呢？

你可以向各种机构寻求信息，这些机构是由联邦政府部门、各州政府部门为帮助企业家而设立的。越来越多的州政府机构，将它们收集到的统计资料提供给前来咨询的企业家自由使用。联邦政府的劳务、银行保险部门以及为监督各部门特定领域而设置的局和委员会，往往能提供真正有价值的信息。例如，许多州政府设立的地区发展委员会，对一个企业家准备建立一个新的企业，或对一个有限公司资本扩充计划来说，就是一座有价值的"信息金山"。

机敏的企业家，都会制订一张对他有用的州政府机构一览表：每个机构的准确名称，应该会见的行政头头，机构的业务范围，可以提供的信息种类等等。如果他按照内容和机构分类，来建立这些情报的卡片目录，他就有了一件非常有效的工具。这个工具帮助他从州政府那里获得大量的免费（或所费不多的）信息。

在这些信息贮存机构中，还应该加入联邦政府机构，包括其所属的一些地方办事处。美国商业部控制着许多区域性办事处，这些办事处的设置，一方面是为了收集地方资料，另一方面也是为了为地方企业家提供服务。这类服务迅速及时、干脆利落，企业家不必走访设在华盛顿的美国商业部。此外，联邦储备银行也收集和公布地区资料，美国农业部几乎在所有的区域都设置了它的代表。

美国商业部要求企业家们能够较好地了解它所提供的服务，其中有一些是免费的，有些则按正常条件收费。这个部门主要提供两种类型的服务：1. 个人咨询。2. 发布公报、公布研究项目、发行刊登研究成果的期刊。

个人咨询的范围很广，从关于为飞机载运推荐一种效率高而又美观的包装法，到复审一个企业的基本收支情况。顾问们将提供积累的资料，并结合实际情况，提出具体建议。如果在地方的区域办事处不能供给所需要的材料，它将与华盛顿美国商业部有关专家取得联系。

图书馆之运用

说也奇怪，许多从学院和大学毕业的人，竟不知道图书馆可以解决他们的问题。常常发生这样的情况：如果在他们的卡片目录中找不到所需要的材料，他们就会束手无策，这是一种严重的目光短浅的表现。因为一个藏书丰富的公共图书馆，对于几乎所有的行业研究来说，都是合乎逻辑的起跑点。

在图书馆的书架上，是货真价实、堆积成山的情报和数据，这无疑是多年积累的结果，包括了各行各业的实际状况、基本知识、数据和技术方面的 9/10 的资料。当然，这需要正确地掌握以图书馆为阵地的研究方法，用最少的时间和精力，找出你所需要的资料。要做到这一点，一个企业家必须首先了解有关索引的一些问题。

我们在这里所说的"索引"，是对查阅书籍、期刊以及有关报纸的一种指南或入门。它常常作为独立的刊物出版，因此，它与一本书背后的目录不同，那只是这一本书的指南。

假如安排你完成这样一件工作，向你的公司写一份关于各种对领导的报酬方法的报告，其中要特别强调目前普遍使用的流行的作法。在你着手这项工作之前，你必须收集这一课题的有关资料。

首先，你可以查阅一本百科全书，以便对整个问题有一个基本概念。然后，你必须深入发掘，这就包括使用索引。你应该去查阅书籍和杂志的索引。下面这些索引是企业研究人员经常使用的：

1. 馆藏书籍索引。这种索引，是书籍的综合性指南。它包括书名、作者和内容提要，并附有与之相关的内容广泛而详尽的参考书目。

2. 新书介绍。它包括正在销售的书籍的目录以及有关的内容简介。

3. 业务期刊索引。它列出了几百种业务杂志的文章目录索引和作者索引。

4. 有限公司和行业的《芬克和斯科特索引》。这个索引，可以使领导者获得这样一些资料：登载在范围广泛的各类出版物上的有关分析、意见、预测以及其他有新闻价值的条目。

5. 业务期刊的自身索引。有些杂志和报纸把它们自己刊载的文章编成《索引》发行。

一位企业家的精选资料书籍

在美国，一个企业家，应该放些什么资料书籍在他的个人藏书柜里，以备随时参考呢？这是一个很难回答的问题，因为每一个产业、每个公司都有它的独特之处。一位研究人员对常用的参考书作了一个研究。根据这一研究，我们汇编了8种参考资料，可以对经常性的业务问题做出解答。

这些参考资料，大约占用一个13英寸见方的空间。下面将它们列举出来，并对每一种资料的内容，作一个简短的介绍：

1.《美国统计摘要》。这是一本年度出版物，它包含美国社会的、政治的、经济的梗概和统计资料。它有两方面的用途：可以作参考手册，还可以作为对其他统计资料和出版物的指南。这个统计摘要是由美国商业部制订的，由美国政府印刷局文献监督人发行。

2.《美国政府编制手册》。这是联邦政府官方编制手册，其中一些章节介绍了立法的、司法的和行政部门机构。它也是年度出版物，由政府机构总局编订，美国政府印刷局文献监督人发行。

3.《经济年鉴》。它提供了关于美国、加拿大和其他一些地区的企业、劳动者、政府部门的概况，是一本很有价值的资料手册。它由国家产业联合会研究会与《新闻周刊》杂志社合作编辑，每年出版。

4.《25000个最主要的美国公司》。这本每年发行的年刊，按照29个规定的指标（包括销售、利润、资产、雇员人数、工厂数、市场占有情况、多种经营），分析25000个最主要的美国公司。这个刊物是由一家管理杂志《新闻前线》的编辑们编印发行的。

5《购买力分析》。这是一本年刊，它描绘了一幅市场的真实、深入的图画，并根据人口总数、人们的收入和零售商品额进行分析。它由《销售管理》杂志发行。

6.《N.W.埃尔和桑氏手册》。这是一本年度出版物，它提供有关报纸、期刊方面的资料，以及杂志刊登转载的关于各州、城市、城镇以及市场领域的信息，这些信息来源都是可靠的。它是由宾夕法尼亚州的费城 N.W. 埃尔—桑有限公司发行的。

7.《研究学会的百科全书》。它包含了美国全国范围内非盈利学会的详细资料。这是唯一的关于复杂课题以及围绕这些课题建立起来的组织的情报指南。它是由密歇根州底特律巿盖尔研究发行的。

8.《企业和科学术语词典》。这是一本介绍重要企业和科学术语的综合词典。由德克萨斯州休斯敦高尔夫发行公司发行。

这里所提及的资料来源，都是基本的。所进行的讨论，也仅限于企业家所需要的一定类型的资料。对于一个企业家应该从何处开始迅速着手一个研究公司项目，已讨论得很详细了。研究工作一旦开始，你便会发现，整个令人振奋的企业思想境界展现在你的面前。

谁跑得快谁就赢得比赛

无论是谁，如果他认为在自己为之尽力的领域已经是过了时的无用的人，那么，他应该立即振作起来。首先，他必须重新开始学习。如果他审慎地明确一个研究项目，他不久将可以成为这一项目的专家。在任何一个领域里（只要这一个领域是适当的、明确的），只要花六个月的时间阅读和研究，就可以使一个人具备高于这一领域的平均水平的知识。

任何人都可以意识到自己的专业日趋生疏的迹象，他不再阅读与自己专业有关的报刊，他避免与公司的同事讨论问题，他厌恶在自己工作环境里的改革和创新，他不能充分理解自己部门和科室发生的某些事情。

一个人如果等到这些迹象出现，他应该明白，自己耽误的时间太多了。随着科学和技术不断发生戏剧性变化，企业的步伐也必然会逐渐加快。"谁跑得快谁就赢得比赛"——这句话从来没有像今天这样准确。

第二十四章　日日新

　　柯维认为一位优秀的领导人应该追求尽善尽美的品质。这种全面的品质是一种全面的理念，并且是在四个层次上不断改善的全面典范。

　　当我们追求的品质成为支配我们的价值观时，不但应该无时无刻不把产品与服务的品质牢记在心，对自己的生活品质与人际关系的品质也不能忽略。

　　追求全面生活的要诀在于不断改善，不论成就多么辉煌，切不能保持现状并自满，甚至停滞不前。

　　追求全面品质指的是在下列四个领域内不断改善。同时也是指忠于自己的价值体系，使自己在专业知识和个人修养上能够做到日日新。

个人与专业的发展

　　柯维一贯十分推崇"操之在我"的精神。的确，个人才是追求品质的关键。这正是柯维所谓的由内向外的追求品质的方法。换句话说，就是要从一个人的个性和动机着手，改变自己而不是改变他人。

　　品质大师戴明（W. Edwards Deming）说过，一个组织百分之九十的问题都是体制上的一般问题。只有百分之十是有关人的特殊问题。许多管理者都误认为，若能修正体制和结构，人的问题自然就消失了，但反其道而行才是正确的。若能先纠正百分之十的问题，其他问题就消弭于无形了。为什么？因为人负责设计、运用体制和结构作为表达自己个性和能力的工具。想要改善体制，就先从设计的人下手。人会创造策略、体制和组织的风格，而这些正是为人的心志代劳的手和脚。

创造追求品质的组织，首要关键在于创造追求品质的个人，个人应能运用客观、外在的能力反映自然法则的正北罗盘，而不是主观、内在的价值观。假设有些人的内在安全感是来自赢得胜利或与他人比较，那么这些人所设计的薪酬制度会是什么样子？倾轧排挤和内部斗争？一个只奖励竞争的制度，如何才能产生追求品质所必需的团队精神？

某公司负责组织训练的经理说道："本公司在柯维的计划下，变得最多的就是增加个人运作的有效性。借由团队合作与沟通的改善以及对部属授权，第一年海外营运的利润就大幅增加90%。"另一名主管则说："以原则为重心的领导，为追求品质的理念播下良好种子。"这段话透露出在解决品质问题之前，个别主管的心理与意念须为更高层次的思考方式做准备，手脑则要为崭新的工作方式预先磨炼。人对工作的看法，比实际的工作方式，能产生更大的冲击。

得到麦肯·巴德吉奖（Malcolm Baldrige Award）的学生一致认为，不将品质列为第一优先的公司，将无法度过经济难关。他们认为预测未来最好的方法，就是创造未来，运用罗盘在崎岖、易变的地形上游走自如。运用有效性的原则，能将人提升到一个新的思考领域，能提供平衡、不变的核心。从人性面追求品质，能使体制与程度相互配合，激发出潜在的创造力和精力，创造更多利益。

人格和技巧的培养，是不断改进、持续向上的过程。就个人而言，追求品质指的是完全忠于自己的价值体系，使自己无论在个人修养或专业知识上都能日日新。

不断改进也表示你不会对似懂非懂的事感到满意，你的客户当然更不会满意。若能得到正确回馈，就有足够的诱因和挑战改善自己，不然只有走上失败一途。

情感账户

追求人际关系的品质，意味着在与别人的情感账户上，不断放入存款，亦即不断建立善意和信任关系，而非担心害怕。如果使他人期待产品或服务会改善，却无法实现，这对双方关系只会造成负面影响。

情感账户很容易用尽，当期望落空时更是明显。若不沟通就会重蹈覆辙甚至担心害怕，产生负面的影像，并且以这些影像为规划未来的基础。

在婚姻或商业关系中，若双方并不在乎信任与否，原来的情感账户很快就会枯竭。老朋友之间由于彼此期望不高，不需放入太多的新存款，稍有不适意，也能立即解决，因此，我们与老朋友很少会有摩擦，通常只有愉快的回忆。但在婚姻、家庭和商业关系上，却每天困扰不断，需要不断在情感账户上投注新活力才能解决。

有效性管理

追求管理的品质，就是培养双赢的表现和合作协议，以配合个人和企业内部的步调。这些双赢协议随时都可以重新修订，最好是在同心协力的基础上，并公开市场的各种力量和变化，如此才能有一种双向对流的感觉。

双赢协议能创造团队合作；单边赢输的想法只会造成对立。在已建立的制度中，各部门为培养自己的命脉和赖以生存的机能，经常闹得脸红脖子粗。资源有限时，对立是自然的事。大家都讥讽别的部门为"那边的那些家伙"。

许多人只着重技巧、作法、程序上的品质，而忘了追求品质应是对管理角色的崭新诠释。所有伟大的突破都是因为能够摆脱过去思考方式的羁绊，所以用原有的"镜片"看待既有的工作，势必无法得到突破性的看法，唯有摘下"眼镜"，才能看到不同的风貌。

管理与领导有何差异？管理是隔着"镜片"看事物，领导则看着"镜片"说："这个参考标准正确吗？"管理是在体制内运作并完成工作，领导则针对计划制度着手；领导处理的是大方向、前瞻性、目的、原则、团队合作、建立企业文化以及培养部属等，管理则着重于控制、后勤作业及效率；领导强调上层结构，管理则强调下层组织。但手不能对脚说："我不需要你。"领导与管理都是不可或缺的。

很少人能够将人力管理和技术管理等量齐观。要如何才能培养将领导视为教练、后援主力的观念？要如何才能排除忧虑、障碍，建立功能交叉的团队精神和个人自我价值？人，创造了一切，自然是关键所在。

人必须了解：操纵他人的生活、威胁到他人的饭碗，势必使情感账户产生赤字。公司必须削减成本以维持竞争力，最好能依循正常管道，否则情感账户定会透支，一旦忧虑感渗入公司文化，员工都会产生危机意识。

一家大公司的执行副总裁曾说："我这辈子有两次受到惊吓的经验，一次是在硫磺岛抢滩时，看到第一波攻势中有三分之二的人倒在我面前。"

"那第二次？"有人问。

"这个早上来上班时。"

"怎么回事？"

他说："不知道上司下一步会干嘛！他已经裁员两次，这让我十分恐惧，我永远无法释怀，因为我无法知道什么时候也会大祸临头。"

即使上司只是偶尔违反主要原则，但仍可能伤及他人。员工担心上司不知何时又会发作，自然就会影响到人际关系。

管理的工作就是授权，授权简单说就是"给人鱼，他可以过一天，教人钓鱼，他可以过一辈子"。教部属原则时，其实就是授权他们管理自己。主管赋予属下运作的原则、可运用的资源、用以评估的双赢协议标准、努力的目标和奖励。当主管充分授权时，自己的角色也跟着改变，不再控制部属，而由他们自行管理，主管只需扮演辅导的角色。

想要影响部属并充分授权，首先就要了解他们是否拥有尚未发挥的潜力，了解他们的目的、现况、关切所在。别做任何有损关系的蠢事，保持信任、授权给部属，可以增加控制范围、减少固定支出以及不必要的作业。

授权需要丰富心智，认为每个人都有应得的一份，而且付出的愈多、回收的也愈多。看到他人的成功会感到受威胁的人，将每个人都视为对手，这些人的心智贫乏，难与他人分享权力和利益。

组织的运作

积极的领导，来自于能够认识自己不是制度的产物，不是环境的产物，制度与环境虽然有其影响力，但我们仍能选择回应的方式。操之在我的态度是真正领导能力的精髓，每位伟大的领导者，都具备操之在我的信心与前瞻性，一种"我不是生活中各种条件的奴隶，而是自己的价值观、态度与行为的产物"的观念。

戴明一再强调，追求品质应从组织最上层主管开始。组织的领导人应主动参与这个过程，确使追求品质的概念植入每位成员的心中。他认为品质危机较技术危机更为重要，解决之道则在于采纳新典范，重新诠释角色功能，彻底改变管理运作。品质不只是将事情做得更好，而是以不同的方式做事。

组织不断改进的要诀在于：依据利害关系人提供的资讯去解决问题。多数公司用的大多是财务资料和分析，但美、日等国最好的公司，不断地向利害关系人收集资讯，并据之以找寻解决之道，所以这些公司都能持续成长。如果组织依据的典范只是一时兴起制定的，并未制度化，那追求全面品质提升，就还有一段遥远的路。

财务会计分析一向依循上列步骤：收集资讯、分析、制定目标、辨识、选择并评估可行方案、做决策、执行决策、研析成果、重新收集资讯。在人力资源分析中，通常只有收集资料这一步骤，很少人知道如何分析资料，更别提分析目标的优先顺序、行动规划以及评估目标是否达成的各项衡量标准。

多数公司并未成立所谓利害关系人资讯制度。管理者偶尔会做些调查、收集资料，但如果无法彻底革新，只会徒使员工期望幻灭。下一次再想收集资料时，只会遭到员工的白眼。这些公司的品质就无法保持一定水准，只能视个别员工是否热衷于品质的改善而定。

管理者开始以利害关系人资讯去解决问题时，才能真正改善品质。许多公司甚至连收集资讯的工具都付之阙如。他们不运用人力资源的方式去解决问题，而是运用人际关系——善待员工，这基本上仍属于仁慈专制管理风格。所以员工无法真正信服，追求品质的提升成为公司的口号，而不是每位成员服膺的理念与价值观。

宝洁公司（P&G）追求品质的方法是了解客户的需要和客户的期望。这是首要条件，其他的每件事都奠基于此。下一步骤则是提供超出客户预期的服务，以争取竞争优势，博得客户的青睐。

柯维建议每一组织都发展利害关系人资讯制度，以股东、客户、员工、社区、供应商、经销商的需要和期望，作为收集资讯的基础。如果这个制度的执行有系统、讲究科学之法、不具名、有弹性，就能和财务制度一样正确且客观。主管就能在短时间内，了解公司与供应商、客户的进展情形。我认为在未来数年内，公司若仍无法将这个制度系统化和科学化，并据以解决问题，可能在竞争上会遭遇挫折。

他还建议每一公司与客户和供应商建立同心协力的关系。在需要合作关系的时候，应先把"竞争"暂搁一旁。对于肯合作、提倡团队精神、提供智慧的人，应该给予奖励。观念上的差异是非常有力的，尤其是当彼此尊重个人的感情、意见和背景上的不同时。

生活中同心协力的范例太少，真能如此做的人也不多。有人认为同心协力是一种消极的合作或妥协；有的人则从没碰到过具有这种精神的人，从未在这种环境中待过。对于供应商和客户，他们从未建立起同心协力的伙伴关系，所以尽管有心尝试，仍无法达成全面品质要求。

无根就无果实

追求全面品质，是一种全面的理念，在四个层次上不断改善的全面典范。这是井然有序的，若个人无法达到目标，整个组织也无法办到；员工不求改善，当然不能期望公司有所改善。制度可以改善，但如何让组织内的成员为改进制度而付出？员工必须要先成长，才能进行沟通，解决问题并改进制度。

追求品质应服膺以原则为重心的理念。我们相信追求品质的根源与精髓在于认同客户的动机和购买习性，所以相关理论一再强调人性面而非技术面。

客户和其他利害关系人的反应，支配一切事情的运作。追求品质的关键即在于聆听利害关系人的意见，先求了解别人，再求让人了解。

个人与组织何以未能不断改进？

原因之一，受创仍不够深。曾经的"黑色星期一"纽约股市崩盘，的确震撼了大家，但我们仍是不知死活。在十年内，如果现状不变的话，我们将无法控制整个经济情势，反而会被左右，随着情况逐渐恶化，美国企业被另一更高等的新企业所兼并，是可预期的。因执于追求品质的理念，使得日本公司的生产力高出美国两倍，在一些基础研究上也遥遥领先。

之二，不愿改变生活方式。追求品质最后将造成生活形态的改变，但我们希望得到的，只是追求品质的成果，而不是过程中员工品质的改进。我们一直不愿面对几个难题：如何训练员工？如何善用员工？如何形成公司文化？

之三，许多很好的公司也只是将追求品质视为一种计划、一个部门的业务。在组织结构、制度和风格上并未特别强调。

追求全面品质是基于永恒的原则：信任、希望、谦恭。工作、勤勉、研究、试验。持久、一致、可预测性。不断改进。以实际评估和心理辨认得到回馈。人性关系中的美德与真理。

没有根就没有果实。没有这些支配的原则，光有方法和技巧，是无法造就高品质的产品、服务或人际关系。

追求品质可使个人或组织具有竞争优势，这个理念一旦深入个人人格和组织文化，任何人都无法抄袭。

第二十五章　定势力量

任何一位领导者都必须具有一定的政治手腕，掌权者自然必须熟悉掌权术。进入复杂纷纭的权术大世界是每·个渴望权力的人必经的历程。而其中创造定势并利用定势是每一位领导者必谙熟于胸的。

旗帜、歌、定势

有些人，——包括我，也可能包括你——每当看见国旗，就会激动起来。仔细考虑一下，你会觉得这真是一种奇特的反应。毕竟，一面旗帜不过是一块有颜色、有装饰图案的布，并没有什么内在魔力。但这样的解释完全遗漏了最重要的东西。是的，旗帜仅是一块布，但同时，它已经成为我们国家和我们民族特性的象征。所以，当一个人看见一面国旗的时候，他也看到了一个代表我们民族的、强大的、能引起一系列感情共鸣的象征。

一面旗帜，像我们周围其他数不尽的东西一样，是一个参照物，是使我们处于某些特殊状态的感官刺激物。参照物可以是一个词、一句成语，也可能是一种感觉、一个物体，它可能是我们看到、听见、感知、品尝、嗅出的某物。参照物有巨大的力量，因为它能立即触发人的某种状态，比如你看见国旗时的反应。你一看见国旗，立即就体验到一种强烈的情感，因为这种情感是与这块有独特的颜色、图案的布联系在一起的。

我们生活的世界到处都有各种参照物，这些参照物有些很有意义，有些则毫无价值。像这种反应每时每刻都在出现。你可能一看见某些人就会立即进入某种状态，你也可能听见一首歌就立即改变所处的状态。这都是定势的结果。

定势是使某种体验永存于大脑中的一种方式。我们能立即改变我们的内部想象或我们的生理状况，并产生新的结果，而这些改变需要有意识的思维来进行引导。通过定势这种方法，可以创造一种协调一致的触发结构，在任何情况下，它都将自动地引发你去创造你渴望的状态，无须你有意识地思考。当你极有效地对某物产生了定势，无论你什么时候想要它，它都会马上出现，迄今为止，你已经学会了很多有价值的经验和技巧，而定势是积极引导我们的无意识反应，是受我们支配的最有效技巧。我们都希望尽力利用我们已有的东西，我们都试图最大限度地支配我们的能力，而定势就是最大限度地利用我们最大能力的一种方法，它是保证我们能获得我们所希望的一切的途径。

我们都是自然而然地产生定势，事实是我们不可能不这样。所有的定势都是一种思想、观念、情感状态与一种特定刺激物相结合的产物。你们记得伊万·巴甫洛夫的研究吗？巴甫洛夫弄了些饿狗，把肉放在狗能嗅到香味、能看见，但得不到的地方。肉对这些狗的饥饿感形成了一个有效的刺激物，很快，这些狗就分泌出大量的唾液。当这些狗处于分泌唾液的剧烈状态时，巴甫洛夫不断地用一种特殊的声调摇铃。不久，巴甫洛夫就不再需要肉了——他只摇铃，这些狗就会分泌唾液，好像肉就放在眼前。巴甫洛夫在铃声和狗的饥饿状态（或分泌唾液）之间建立了一种神经联系。从这时起，只要巴甫洛夫摇铃，这些狗就会自然而然分泌唾液。

创造并利用定势

我们生活在一个刺激—反应的世界里，在这个世界上，人类的很多行为都是由程序化的无意识的反应组成的。许多人在紧张状态下会立即伸手去拿烟、酒或别的什么东西，他们不假思索，自然而然地去做，就像巴甫洛夫的狗一样。事实上，这些人中有很多都希望改变自己的行为，但他们觉得他们的行为是无意识的、无法控制的。因而，关键是使自己意识到这一过程，以便在定势对你不利时，你能消除它们，用能使你自动进入你渴望状态的新刺激—反应联系来取代它们。

那么，怎样创造定势呢？无论什么时候，当一个人处于某种剧烈状态，并且在这一状态达到极点的同时，如果不断地向他提供一个独特的刺激物，那么，这种状态和这个刺激物就会产生一种神经联系。以后，无论何时，再提供这种刺激，这种剧烈状态就会自动产生。

不过，不是所有的定势都是积极的，有些定势是不愉快的或令人讨厌的。在某地段转弯处，由于你超速行驶，受到处罚后，每次经过公路上相同的转弯处时，你都会产生一种瞬时的负罪感。

纵观历史，成功的领导者们都知道怎样利用他们周围的文化定势。当一个政治家"把自己裹在一面旗帜里"时，他就是试图利用其有力的定势的力量，把自己与已经和国旗联结在一起的全部积极的情感联系起来。这一过程便是一种以爱国主义为基础的、健康的共同纽带。想想你观看国庆游行时的感觉，没有哪一个竞选政府官员的人会错过出席国庆游行的机会。当然，定势也能引导令人恐惧的、邪恶的集体行为。希特勒就有创造定势的天才，他把特殊的精神和情感状态与卐德国纳粹党党徽、服从命令的军队联系起来，他使人们进入剧烈状态，同时不断地向他们提供独特的刺激物，直至后来他只要提供这样的刺激——像抬起张开的手形成一个欢呼的姿势——就可以唤起人们与之联系在一起的全部情感。他不断地利用这些工具去操纵一个民族的情绪，进而操纵他们的状态和行为。

我们注意到，由于参照系统不同，同样的刺激物可能产生完全不同的意义。因此，定势也能在积极和消极两个方面起作用。希特勒使纳粹党徒把积极的、强烈的自豪情绪与纳粹的标志联系在一起，他也使他的反对者把恐惧状态与这样的标志联系在一起。纳粹党徽对犹太人与对纳粹突击队员的意义是相同的吗？当然不是。

喜剧演员也是创造定势的大师。优秀的喜剧演员知道怎样用一种特定的声调、成语或生理状况使人发笑。他们是怎样做到这一点的呢？首先，他们做某个动作使你发笑，然后在你处于这种特殊的剧烈状态时，向你提供一种独特的刺激物，比如某种微笑或面部表情，或一种特殊的声调。他们不断地这样表演，直到你的状态与他们的表演联系到一起。他们只要做出同样的面部表情，你就会忍不住发笑。理查德·普利约就是精于此道的专家，而约翰尼·卡森的全部技巧就是装出用舌顶着腮帮傻笑的样子，甚至他的笑话还未讲完，听众就已经捧腹了。过去他这样做过多次，他的听众已知道要发生什么，他们的意念激发了笑的状态。当罗德尼·丹格菲尔德说"带着我的妻"时，这些词里没有任何可笑的东西，但因这句话被固定在一个众所周知的笑话中，所以几乎任何一个人说到这几个词都会发笑。

再举个利用定势的例子。柯维和约翰·格林德就创建一系列新的训练模式以提高各地区军事训练效率一事和美国军方进行谈判。负责的将军安排他们与一些有关的军官会面，一起拟定出时间、费用、地点等方面的计划。他们在一间 V 形的大会议室里讨论。桌子前面是那位将军的专用椅，显然，即使将军不在，他的专用椅仍是这间房子里最有力的定势，所有军官都极尊敬地对待这把椅子，以前就是从那儿做出决定、下达命令。柯维和约翰尽量在将军的专椅后面走动，触摸它，最后甚至坐在这把椅子上。他们一直这样做，直到把将军的象征和军官对将军的反应转移一部分到他们身上。当轮到柯维提出所需经费时，他贴近将军的专椅站着，用最决然的命令式语调提出他们需要的数字。以往他们曾在经费问题上费过不少口舌，但这次甚至没人提出异议。因为他们利用了将军的专椅引起的定势，才使得这次谈判得以顺利进行而没费多少周折。高水平的谈判都应利用这样有效的定势。

那么，我们再来具体地看看如何有意识地为自己或他人创造出一种定势。一般来说，分为两个步骤：开始，你必须让自己或让你正为之创造定势的人进入你希望的特殊状态，接着，在这个人体验那种状态的顶峰时，不断向他提供具体的、独特的刺激物。例如，当某人正在笑的时候，他就是处在一个特别协调的状态，这时你如果用一种特殊的压力挤压他的耳朵，同时，一次又一次地发出某种声音，以后你每次提供这种刺激（这种压力和声音）时，这个人就会发笑。

还有一个办法可以为某人创造一个自信定势：请他回忆过去某一最理想状态的时刻，然后让他回顾当时的体验，使他充分感觉到当时的那些感受，同时观察生理状况上的变化——面部表情、姿势、呼吸。当你观察到这些状态接近最剧烈程度的时候，立即持续地向他提供独特的刺激物。

创造定势的四个关键

创造某种定势后，应该进行检验。先让你为之创造定势的这个人进入一种新的状态，让他改变生理状况或让他思考别的事情。然后再检验你的定势，提供恰当的刺激物，看看他的生理状况是否发生了变化。如果他的生理状况发生了变化，你的定势就是有效的，否则你就可能漏掉了创造定势的四个关键中的一个。

1. 为使定势有效，提供刺激物时，必须使这个人完全处于一种联系性的、恰当的状态，这称之为"剧烈状态"。这种状态越剧烈，形成定势就越容易，定势持续的时间也将越长。如果你引发某人的定势时，他正分心想别的事，你提供的刺激物将联结几个不同的信号，由此形成的定势就不会有力。

2. 必须在状态体验达到最高峰的瞬间提供刺激。提供太早或太晚都会影响定势的强度。通过观察这个人进入状态及状态消失时动作的变化，就能发现他体验的极点。也可以让他帮助你，请他在接近极点的时候告诉你一声，作为提供刺激物的准确时间。

3. 应该选择一个独特的具体的刺激物。定势必须为大脑提供一个清楚无误的信号。比如：如果某人进入一种特殊状态时，你试图把他的这种状态与你始终向他展示的一种神态联系起来，这个刺激物可能就不会十分有效地形成定势，因为它不具体，大脑将很难从中得到一个具体的信号。同样，一次握手也不可能有效地形成定势，因为握手太平凡，虽然它也可能起作用——如果你用某种特殊的方式握手。有效的定势是几个主要感觉系统——视觉、听觉、触觉同时感受一个独特的、大脑能更容易从中获得一种具体意义的刺激物所形成的，所以，用一种触摸与一种声调的共同作用使某人产生定势，通常会比仅仅用触摸更有效。

4. 要让一个定势起作用，必须准确地重复。如果你使一个人处于一种状态，并在一个特别的部位用一种特别的压力触摸他的肩胛骨，使他产生定势，那么，以后你在不同的部位，或用不同的压力触摸他，就无法激发出这种定势。

如果你产生定势的过程遵循了这四个规则，它将是有效的。

在无意识状态下形成的定势通常是最有效的。在《忠于信仰》一书中，吉米·卡特描述了一个关于定势的特例。在限制军备竞赛的谈判中，勃列日涅夫把手放在卡特的肩上，并用流利的英语说："吉米，如果我们不成功，上帝将不会宽恕我们。"这让卡特大吃一惊。数年后，在电视上接受采访时，卡特把勃列日涅夫描绘成"一个酷爱和平的人"，而且，在讲述这个故事时，卡特竟抬手触摸自己的肩膀说："我现在好像还能感觉到他的手在我的肩膀上。"卡特把这个体验记得这样清楚，是因为勃列日涅夫用流利的英语谈及上帝使他大吃一惊，因为卡特是个很虔诚的信徒，所以，勃列日涅夫的话及触摸显然使他有了强烈的感受。卡特这种感受的强度以及所谈问题的重要程度，肯定会使他在今后的生活中永远记住这次体验。

下　篇

原则人际策略

第二十六章　感情储蓄

谁都不可能是一座孤岛，一个领导者要想取得成功，必须学会与别人一道工作，并得到别人的配合。如果他想领导一个企业朝着明确的目标前进，他需要一支有效并协调一致的合作队伍。

柯维认为：在银行里开个户头，就可储蓄以备不时之需。所谓感情账户，储存的是增进人际关系不可缺少的"信赖"，也就是他人与你相处时的一份"安全感"。

一位优秀的领导者深知一个人的成功必须首先追求人际关系的和谐。维系人与人之间的情谊，只有这样才能做到上下一心、共创圆满。

从技术管理到人性管理

谁都不可能是一座孤岛，一个企业家要取得成功，必须学会与别人一道工作，并得到别人的合作。如果他想领导一个企业朝着明确的目标前进，他需要一支有效的队伍作后盾。

集体工作意味着协调一致的合作。人与人之间有时会发生冲突，但他们不应该把矛盾延续下去，以致发展到无法共事的地步。

一个企业领导者必须懂得怎样运用心理学的方法，保证来自同事和下级的极大限度的合作。许多失败的产生，往往是因为公司的管理部门不知道怎样最大限度地发挥其全体工作人员的积极性。

一个人获得成功之前，他必须得到人们的尊敬，否则，他就无法赢得别人的合作。锋利的言辞、冷漠地对待他人的权利和感情、有意无意的怪癖——所有这些，都将使这个人得不到人们的尊敬，至少是很难得到人家的尊敬。而且，如果有相当多的人对他怀有不好的看法时，他失败的可能性便远远超过了成功的可能性。

合作不能靠命令来维持。人们在完成合作的任务时，如果仅仅是因为害怕，或者出于经济上的不安全感，那么，这种合作在很多地方是不会令人满意的。因为，这样做便把合作的精神忽略了，而正是这种精神——心甘情愿的合作态度——对企业的成败具有重要的影响。

对于建立良好人际关系的方法，人类已经进行了长期而艰难的探索。

1924 年，美国芝加哥《论坛报》首先发表社论强调，公共关系已经成为一种专门的职业，一种艺术和一门科学，并促请商业界的首脑及社会各界加以重视。从美国传播界的文献来看，公共关系这一概念从提出到现在已有六十多年的历史。

社会需要推动科学和教育的发展。1937 年哈罗博士在美国斯坦福大学最早开设了"公共关系"的课程。目前，美国已有三百多所大学设有公共关系课程。大部分附属于传播学院，一部分附属于工商管理学院，也有附属于行政管理学院、经济学院、政治学院、文学院甚至理工学院或军事参谋学院的。有的大学如波士顿大学还设立了公共关系学院。出版界出版了大量公共关系学著作。公共关系学作为一门应用性、综合性的新学科，受到美国研究和教育机构的重视。

公共关系学作为一门综合性的社会科学，其形成和发展与这个世纪以来管理学、传播学、社会心理学、市场学等学科的新发展有密切联系。

首先，公共关系学是近现代管理科学的重要发展成果。

管理是以组织和人为对象的，早期的管理论，以泰罗制为典型，将人视作特定的生产机器，对工人的技术操作进行精密的时间分析和动作分析，以工人技术操作的标准化、科学化和程序化来提高工作效率，是一种建立在"机械人"（或称"经济人"）模式上的技术管理。

现代的管理理论早已超过了这个阶段。20世纪20年代到40年代，管理科学中"人群关系论"和"行为科学"的产生和发展，标志着管理理论不再单纯地将人看作是生产力，开始从生产关系的角度来考虑管理，开始重视人的社会性一面，重视企业中人和人的关系对于企业运转效率的影响和制约作用。行为科学很注意研究人们物质和精神上不同层次的社会需要与人们的社会行为之间的紧密联系，认为人与人的社会关系是由他们的社会需要、社会动机和社会行为决定的，而企业中人和人的关系如何，对劳动生产率又有决定性的作用。因此，管理活动的重点，应该是创造工作场所中人与人之间的和谐关系，形成良好的企业人事关系环境，来发挥和调动人的内在动力。这是一种建立在"社会人"（又称"动机人"）模式上的"人性管理"。是一种难以用数字计量的管理艺术。

从单纯的技术管理，到强调人际关系的"人性管理"，反映了现代管理从技术化向艺术化发展的趋势。尽管当代西方的管理理论流派众多，但一般都不再将人看作是单纯的生产机器，而重视"人际关系"和"人性管理"的重要性，将企业内部人际关系是否融洽协调，作为衡量管理绩效和水平的一个重要标准。

公共关系的出现和兴起，进一步将这种人际关系的管理从企业内部扩展到企业外部，追求企业外部人际关系与企业内部人际关系的和谐统一、企业外部环境和内部环境的和谐统一、将企业的外部营运与内部管理紧密地结合在一起，进一步开拓了管理科学的眼界。

可以说，一方面，人群关系论和行为科学的发展从理论上论证了人际关系对于企业经营管理的重要性，从而推动了公共关系的发展；另一方面，公共关系的兴起和发展又进一步发展了人际关系管理的内容和范围，丰富了现代经营管理理论。因此，公共关系的兴起，既是现代管理技术化与艺术化相结合的结果，又是这一发展趋势的一个显著标志。

在纷纭复杂的公关理论中，柯维也有自己独特的研究和发现。他的人际关系学说是极有创见的，且有极大的实用性和启发性，读来令人有茅塞顿开之感。在柯维的理论中，他首先强调了独立的重要。

柯维说：独立是互赖的基础。缺乏独立人格，却一味玩弄人际关系的技巧，纵使得逞于一时，也不过是运气罢了。处顺境之中，还可任你为所欲为。但天有不测风云，一旦面临逆境，技巧便不足恃。

著名人际关系学大师卡耐基也十分强调独立性的重要。他说：北卡州的伊迪丝·欧蕾太太写信给我，"我从小就非常敏感害羞，"她写道，"我的体重过重，圆圆的脸颊使我看起来更胖。我守旧的妈妈认为不须帮我裁制漂亮的衣服，她总是说：'宽衣裳，凑合穿；窄衣裳，会穿帮。'所以，我一直就只穿些简单宽松的衣服。我从来没有去过什么聚会，也没有过什么娱乐，就是入学以后，也没有参加过其他小孩的户外活动。我怕羞得无可救药，常觉得自己与众不同，不受欢迎。"

"长大以后，我结了婚，丈夫比我年长好几岁，只是，我依然如故。婆家是个平稳、自信的家庭，有一切我所没有的优点。我尽力想做得像他们一样，但总是做不到。他们也想帮我从禁闭中解放出来，却使我更加闭锁。我变得紧张易怒，躲开所有的朋友，甚至连听到门铃声都感到害怕。我知道自己是个失败者，但是不能让丈夫发现。于是，在公众场合我力图显出快活的样子，有时甚至表现过火，使我事后十分沮丧。我变得很不快乐，看不到生命的意义，我于是想到自杀。"

是什么改变了这位不幸女子的命运呢？是一段偶然的谈话！

"但一段偶然的谈话，改变了我整个人生。"欧蕾太太继续写道，"一天，婆婆谈起她如何把几个孩子带大。她说：'无论发生什么事，我都坚持让他们秉持本色。……'秉持本色这句话像一道闪光，照亮了我。我终于明白困境的来源，因为我勉强自己去适应一个不可能适应的模式。"

"一夜之间我改变了！我开始秉持自己的本色。我尝试研究自己的个性，尝试发现'我究竟是怎样的一个人？'我研究自己的特征，注意自己的外观、风度，挑选适合自己的服饰。我开始结交朋友，加入一个小组织，第一次他们安排我参加节目的时候，我简直吓坏了。但是，每次我一开口，就多增加一点勇气。经过了很久，现在，我快乐多了，这是以前梦想不到的。之后，我把这个经验告诉孩子们，这是我历经了多少痛苦才学习到的：无论发生什么事，秉持你自己的本色！"

不能保持自己的本来面目，这问题自古皆然，詹姆士·高登·基尔奇博士说道："这是人性普遍的现象。"这问题也正是许多精神衰弱症、精神不正常或精神错乱的根源。曾就孩童训练问题写过十三本书和上千篇新闻稿的安格罗·派屈说道："如果你理想中的自己和真正的自己不一样时，那就是不幸。"

这种现象在好莱坞尤其严重。名导演山姆·伍德说过，他最头痛的就是让那些年轻演员如何秉持本色。那些演员只想变成三流的拉娜·透拉，或三流的克拉克·盖博。"观众已经看多了那些调调。"山姆·伍德不断告诉他们，"观众要的是别种口味。"

在执导《战地钟声》等名片之前，山姆·伍德从事了好几年的房地产生意，发展了他的"销售人格"。他声称，拍电影和做买卖的原则是一样的，如果你一味模仿别人，就不能成功。"经验告诉我，"伍德说道，"不能表现本色的人注定是要失败的，而且失败得很快。"

保罗·波恩顿是一家石油公司的人事主任，曾经面试过六万多个求职者，还写过一本《求职六诀》的书。他说："求职者犯下的错误，就是不能秉持本色。他们老是揣测你要什么答案，而不直截了当讲出自己的看法。但这就错了，谁会要一个货不真价不实的赝品呢？"

有个公交车司机的女儿就受过一个严厉的教训。她一直想当个歌手，不幸却长了阔嘴和暴牙。第一次公开演唱的时候，为了显得有魅力，她一直想办法把上唇向下撇，好盖住暴出的门牙。结果呢？她看起来十分可笑，当然注定了要失败。

但是，有个人听了演唱之后，觉得她颇有歌唱的天赋，便率直地告诉她："我看了你的表演，知道你想掩饰什么，你不喜欢自己的那口牙齿！"女孩听了觉得很羞赧。那人继续说道："这有什么呢？暴牙并不犯罪，为什么要掩饰呢？张开你的嘴巴，只要你自己不引以为耻，观众就会喜欢你的。何况，这口牙齿说不定还会带给你好运气呢！"

卡丝·黛莉接受了这个人的建议，不再去想那口牙齿。从那时起，她关心的只是听众。她张大了嘴巴，尽情开怀地唱，终于成了顶尖的歌星。许多人还刻意要模仿她呢！

著名的威廉·詹姆士（美国著名心理学家、哲学家，实用主义的倡导者。其弟是著名小说家 Henry James）也说过，人们实际上只运用了脑力的百分之十，据此，说人们尚未发现自我，一点也不为过。"拿我们所具有的本质相比，"詹姆士如此写道，"我们只不过清醒了一半。我们只运用了身体上和精神上的一小部分资源，未开发的地方还很多很多，我们有许多能力都被习惯性地糟蹋掉了。"

你和我也都具有这些潜能，所以，不要浪费时间去担忧自己与众不同。你在这世上完全是崭新的，前无古人，也将后无来者。遗传学家告诉我们，你是由四十六个染色体互相结合的结果，其中二十三个来自父亲，二十三个来自母亲。阿姆拉姆·善菲尔德说道："每个染色体里面有成百个遗传基因，每一个基因都能改变你整个生命。"因此，我们的确是"不可思议、极为奇妙"的一个组合。

由于你父母亲染色体的组合，形成你如今模样的概率是三十兆分之一。也就是说，纵使你有三十兆个兄弟姐妹，他们还是同你有相异之处，你仍然是独一无二的。这不是凭空猜测，是有科学根据的。如果你感兴趣的话，可以参考善菲尔德所写的《你与遗传》一书。

我们再来听听欧文·柏林给乔治·葛希文的忠告。这两人初识的时候，柏林已是有名的作曲家，而葛希文还是个每星期只赚三十五块钱的无名小子。柏林很赏识葛希文的才华，愿意付三倍的价钱请葛希文当音乐助理。"但是，你最好别接受这份工作。"柏林说，"如果你接受了，可能会变成一个二流的柏林；如果你秉持本色奋斗下去，你会是个一流的葛希文。"

葛希文记下了柏林的忠告，果然成了美国当代著名的音乐家。

查理·卓别林开始拍电影的时候，导演要他模仿当时一个有名的德国喜剧演员。卓别林一直都不显得出色，直到找出了属于自己的戏路。鲍卜·霍伯也有类似的经验。他花了好几年的时间唱唱跳跳，直到还自己本来面目，以机智的妙语而广受欢迎。

基尼·欧屈一直想改掉自己的德州腔，穿着入时像个城里人。他宣称来自纽约，别人却在背后笑话他。直到有一天他弹起斑鸠琴，唱出牛仔的浪漫歌谣，他的事业才到了一个转折点，成了举世闻名的牛仔明星和歌星。

所以，你应庆幸自己是世上独一无二的，应该把自己的禀赋发挥出来。据分析，所有的艺术都是自传性的，你是什么就唱什么，是什么就画什么。经验、环境和遗传造就了你的面目，无论是好是坏，你都得耕耘自己的园地；无论是好是坏，你都得弹起生命中的琴弦。

爱默森在散文《自恃》里说道：

每个人在受教育的过程当中，都会有段时间确信：嫉妒是愚昧的，模仿只会毁了自己；每个人的好与坏，都是自身的一部分；纵使宇宙间充满了好东西，不努力你什么也得不到；你内在的力量是独一无二的，只有你知道自己能做什么，但是除非你真的去做，否则连你也不知道自己真的能做。

这就是爱默森所说的。另外，道格拉斯·玛拉赫也用一首诗表达了看法：

如果你不能成为山顶上的高松，那就当棵山谷里的小树吧

——但要当棵溪边最好的小树。

如果你不能成为一棵大树，那就当丛小灌木；

如果你不能成为一丛小灌木，那就当一片小草地。

如果你不能是一只麝香鹿，那就当尾小鲈鱼

——但要当湖里最活泼的小鲈鱼。

我们不能全是船长，必须有人也当水手。

这里有许多事让我们去做，有大事，有小事，

但最重要的是我们身旁的事。

如果你不能成为大道，那就当一条小路；

如果你不能成为太阳，那就当一颗星星。

决定成败的不是你尺寸的大小——而在做一个最好的你！

培养健全的心态将带给你平安、自由。切记——

不要模仿别人。

让我们发现自我，秉持本色。

有独立人格意味着成为你自己，而且能够表现出来。也就是说你了解自己，能够成为一个完整的自我，有好的自我概念，不脱

离现实世界，接受过去属于你的所有特性。但是在这个整体里，必须还有空间容纳未来属于你的特性。我们对自我意识的要求包括"你现在是"和"你将来可能成为"，因为我们不断在改变。永不改变的人并不算已找到他最终的自我意识——这种人只是害怕追求自我意识，而他自己牢牢依附在固定的角色上，就像依附在岩石上生长的小甲壳动物。

有了自我意识表示你知道你是谁，而且喜欢现在的你。在别人面前你是一个可靠的人，你是完整统一的，你相信自己，而且对自己的行为负责。你有你自己的意见，也容许别人有他们的意见。你相信自己的能力，也尊重别人的能力。能够自主抉择，并且所作所为像一个独立的个人，这就是"自主"的表现。

在坚持独立人格的同时，另一个重要之处就是自我修养的提升，这也是建立良好人际关系不可缺少的部分。

柯维说：

维系人与之间的情谊，最要紧的不在于言语和行为，而在于本性。言不由衷、虚伪造作的表面工夫很快就会被识破，如此将何以建立圆满的互赖关系？

由此可见，修身是人际关系成功的基础。完成修身的工作后，再向前看，面前又是一片崭新的领域。良好的互赖关系可以使人享有深厚丰富的情感交流、不断跃进的成长以及为社会服务奉献的机会。

感情存款之一：信赖与了解

人际间良好关系的建立不是一朝一夕的，它有一个感情长期积累的过程。柯维将这种现象形象地比喻为"感情账户"。他认为，就像人们常在银行里开个户头，就可储蓄以备不时之需一样，人际关系间，交往的双方也应该不断地存入增进彼此关系的因素。

这样，两者的关系才会天长地久、良好完善。

那么，为了维护人际间良好的关系，建立情感账户，双方应该经常存入一些什么东西呢？柯维认为首先应当存入的是信赖。

他说："能够增加感情账户存款的，是礼貌、诚实、仁慈与信用。这使别人对我更加信赖，必要时能发挥相当作用，甚至犯了错也可以用这笔储蓄来弥补。有了信赖，即使拙于言辞，也不致开罪于人，因为对方不会误解你的用意。所以信赖可带来轻松、直接且有效的沟通。

"反之，粗鲁、轻蔑、威逼与失信等等，会降低感情账户的余额，到最后甚至透支，人际关系就得拉警报了。"

而信赖的基础，也就是说第一步，是认真地了解别人。

没有什么比得上了解和记住别人的情况更能产生积极效果的了。认真了解别人，是你关心别人的明证。这能创立一种良好而持久的关系。

历史上的最好例子是拿破仑·波拿巴与他的下属的关系。拿破仑叫得出手下全部军官的名字。他喜欢在军营中走动，遇见某个军官时，用他的名字跟他打招呼，谈论这名军官参加过的某场战斗或军事调动。他不失时机地询问士兵的家乡、妻子和家庭情况。这样做使下属大吃一惊，他们的皇帝竟然对他们的个人情况知道得一清二楚。

因为每个军官都从拿破仑的话和所提问题中感到拿破仑对自己感兴趣，这就不难理解他们对拿破仑为什么那么忠心耿耿了。

此外，还应真诚地关心别人。有一句话总结了良好人际关系和人生成功的关键所在："人们知道你是否关心他们之后，才会在乎你是否了解他们。"无论你有什么本领、特长、受教育程度有多高，都不如真心实意的关怀更能给人深刻的印象。事实上，当你是某个人的上司时，如果你不首先让他知道你关心他，你是不大可能对他有正面的影响力的。

统计数字表明，这个观点是对的。《华尔街日报》最近发表了一家名叫"国际出发点"的调研公司所做的一项研究的结果。在对1.6万名公司主管人员所做的调查中，被列为"最有成就"的13%的主管人员对人的关心跟对利润的关心一样大。如果你想建立良好的人际关系，你首先要关心你与之打交道的人。

卡耐基在《人性的优点》中也同样谈到了解别人的重要性。他以深入浅出的例子为我们形象地说明了此点。下面是三个例子。

常常有人问李罗·乔治，当所有那些战时的领导人物——威尔森、欧蓝多、克里门索——被踢开和遗忘时，他为何仍然能掌握大权。他回答说，如果他的出人头地有任何理由的话，可能是因为他早已学到：要钓鱼的话，饵必须适合鱼儿。有一天，爱默生和他的儿子要把一只小牛赶入牛棚。但他们犯了一个一般人都会犯的错误——只想到他们所要的：爱默生在后面推，他儿子在前面拉。但那只小牛所做的正跟他们所做的一样，它所想的只是它所要的，因此它蹬紧双腿，顽固地不肯离开原地。那位爱尔兰女仆看到了他们的困境——她不会著书立说，但至少在这一次，她比爱默生拥有更多关于牛马的知识。她想到了那只小牛所要的，因此她把她的拇指放入小牛的口中，让小牛吮着手指，同时轻轻地把它引入牛棚。

奥佛史屈教授在他那本启发性的《影响人类的行为》一书中说："行动出自我们基本上的渴望……而我所能给予想劝导他人的人——不论是在商业界、家庭中、学习里、政治上——最好的一个忠告是：首先，撩起对方的急切欲望。能够做到这点的人，就可以掌握世界。不能的人，将孤独一生。"

安祖·卡耐基，这个一贫如洗的小孩，开始工作的时候每小时的工资是两分钱，最后捐赠了三亿六千五百万美元。他很早就学到，能影响别人的唯一方法，是以对方所要的观点来谈。他只上过四年的学校，但是他学到如何对待别人。

举例来说：他的嫂嫂，为她那两个小孩担忧得生起病来。他们就读于耶鲁大学，为自己的事，忙得没写信回家，一点也不理他们母亲写去的焦急信件。

于是卡耐基提议打赌一百块钱，他不必要求回信，就可以获得回信。有人跟他打赌，于是他写了一封闲聊的信给他的侄儿，信后附带地说，他随信各送给他们五块美金。

但是，他并没有把钱附在信内。

回信来了，谢谢"亲爱的安祖叔父"好心写去的信——你可以猜出下一句写的是什么。

俄亥俄州克利夫兰市的史坦·诺瓦克提供了一个说服的例子。一天晚上他下班回家，发现他的小儿子第米躺在客厅地板上又哭又闹。第米明天就要开始上幼稚园，却不肯去。要是在平时，史坦的反应就会是把第米赶到房间里去，叫他最好还是决定去上幼稚园，他没有什么好选择的。但是在今天晚上，他认识到这样做无助于第米带着好的心情去上幼稚园。史坦坐下来想，"如果我是第米，我为什么会高兴地去上幼稚园？"他和他太太就列出了所有第米在幼稚园会喜欢做的事情，如用手指画画、唱歌、交新朋友。然后他们就采取行动。"我们——我太太莉莉、我另一个儿子鲍勃以及我——开始在厨房里的桌子上画指画，而且真正享受其中的乐趣。要不了多少时候，第米就在墙角偷看，然后他就要求参加。'不行，你必须先上幼稚园学习怎样画指画。'我以最大的热忱，以他能够听懂的话，把我和我太太在表上列出的事项解释给他听，并告诉他所有他会在幼稚园里得到的乐趣。第二天早晨，我以为我是全家第一个起床的人。我走下楼来，发现第米坐着睡在客厅的椅子里。'你怎么睡在这里呢？'我问他。'我等着去上幼稚园。我不想迟到。'他回答我们全家的热忱已经在第米心里引起了一种极欲得到的需要，而这是讨论或威胁恐吓所不能做到的。"

明天你会劝别人做些什么事情？在你开口之前，先停下来问自己：“我如何使他心甘情愿地做这件事呢？”

这个问题，可以使我们不至于冒失地、毫无结果地去跟别人谈论我们的愿望。

对于如何了解别人，柯维是这样说的：

认识别人是一切感情的基础。人如其面，各有所好。同一种行为，施行于某甲身上或许能增进感情，换了某乙，效果便可能完全相反。因此唯有了解并真心接纳对方的好恶，始可增进彼此的关系。比方六岁的孩子趁你正忙的时候，为一件小事来烦你。在你看来此事或许微不足道，在他小小的心灵中，却是天下第一要事。此时就得借助于准则二，认同旁人的观念与价值；运用准则三，以对方的需要为优先考虑而加以配合。

我一位朋友的儿子对棒球近于痴迷，而朋友却丝毫不感兴趣。有一年暑假，他居然带着儿子看遍每支主要球队的比赛，总共花去六星期与不少金钱，但对增进父子亲情的助益却无法估量。

有人问他：“你真那么爱棒球吗？”

他答：“不，我只是那么爱我的孩子。”

另一位朋友是大学教授，专心致志于学术研究，对不肯用脑、只爱动手的儿子，总斥为浪费生命。可想而知，父子的关系有多么恶劣。

偶尔他也会良心发现，想要挽回孩子的心，可惜从未成功。十几岁的儿子则认为，父亲时时刻刻不忘批判，把他与别人相比，却从未真正接纳他。即使父亲向他示好，也会被曲解。到后来，做父亲的简直心碎了。

幸好有一天，我跟朋友谈起“视人之事如己之事”的观念，他牢记在心。回到家，就设法说服儿子，一同动手把住宅四周的围墙改建成万里长城的式样。这件大工程持续了一年半之久，他们父子终于有长期相处的经验。儿子耳濡目染，也养成与父亲一般爱动脑的习惯。不过，他俩真正的收获还在于巩固了父子真情。

一般人总习惯于以己之心度他人之腹，以为自己的需要与好恶，别人也会有同感。待人处事若以此为出发点，一旦得不到良好的回应，便武断地认为是对方不知好歹，而吝于再付出。

所谓"己所不欲，勿施于人"。表面上看来，似乎是说，己所欲便要施于人。但我认为，这句话的真谛在于——若欲为人所了解，就得先了解别人。

感情存款之二：细节

细节，也可以说小节的确意味着一切。

维斯·罗姆巴蒂说："胜利的含义不是很多，而是一切。"胜利是由每件事构成的，要做好每一件事。问题是一个成功的企业就像一个成功的足球队：你不一定非得成为优胜者不可，只要比你的对手少犯些错误就行了。

鹿特丹足球队教练委·荷尔兹是一个对细节一丝不苟的人，他的做法是这样的：

球队在波尔多有一个比赛，队员们被指令穿戴整齐去运动场，因为他们作为鹿特丹大学的代表受到观众的仔细打量。队员们正等着上车去体育场参加比赛。这时，教练荷尔兹来了，没说一句话，只是走到队伍前，来回地巡视队员，最后他走到一名队员前，微笑地伸手紧了紧这位队员的领带，然后，对客车司机点了点头，直到此时车门才被打开，队员们才被准许上车。

他没有说过一句话，但含义很清楚，好像他把这个信息粘在中锋的屁股上一般：如果你想成为胜利者，伙计们，就得看上去像个胜利者。小节意味着一切。

布德·格兰特，也是一位足球大教练和鼓动家，他另有高招。在每一个训练营地的最初练习期的第一次训练都是相同的。格兰特亲自示范，队员则练习在奏国歌时怎样排好队伍。大家都获得了这个信息：让其他球队三五成群、稀稀拉拉，像是领救济的队伍，而你们是特别的，是胜利者，在你们属于这个队伍的每一秒里，你们的仪表和行动都得像个胜利者。

"你可以唠叨不绝反复强调小节和纪律的重要性。但这没用。除非你自己找到一个办法，现身说法使这些小节和纪律看上去很重要，这样我的含义才能被充分领会到。"

某公司首席执行总裁在大厅里来回搜寻零乱的书桌，荷尔兹紧紧队员的领带，格兰特给成年队员示范怎样挺直站立，这两者之间有什么不同呢？他们在心里都是以同一目标去整顿示范、领导、表率和灌输对小节重要性的认识。教练们都明白，不论讲授什么，只要你使学员产生自豪感而不是羞耻，你就能教好。闯进不对外界公开的办公室可以说："你不懂怎样做你的工作。" 为形成良好的公开形象应说："让整个世界看见你有多好。"

卡尔·波莱德是位善于用小事情引出大道理的专家，他拥有明尼苏达双城棒球队，该队是明尼苏达伐艾金俱乐部的一部分，他是《福布斯》所列的 400 名富翁之一，靠银行业和瓶装饮料业发迹。

在一次涉及一项重大房地产的午餐洽谈会中，招待员问波莱德的洽谈对方——一位年轻人——要什么饮料。

"我要一杯可口可乐。"小伙子说。

"不，"波莱德说，"你得喝百事可乐。"

不用说，波莱德的软饮料公司是生产百事可乐的。更重要的是虽然他表面上若无其事，但是他的愠怒却恰恰给了他所需要的小小优势，使他在磋商中能赢得一些额外的分数。

另外一个饮料业的百万富翁杰伊·菲利普，他拥有菲利普酒业集团公司，他用一种略微不同但仍然很直接的方式来表明他认为哪些牌子的酒适宜于招待客人。当他到一个生意合伙人家去作客时，总会看一眼酒柜，看看有些什么牌子的酒可喝，机敏的主人总是注意把有菲利普公司商标的酒瓶陈设在柜内。

也许你不是最大的瓶装百事可乐制造商，也不是杰伊·菲利普。但是，如果能够避免代价高昂的失言失利，而且能够利用小节获大利，你就离成功彼岸不远了。

小节意味着一切。它对一个球队的胜利、一位企业家的成功是如此，那么对于人际关系学来说，也同样十分重要。

柯维说：一些看似无关紧要的小节，如疏忽礼貌、不经意的失言，其实最能消耗感情账户的存款。在人际关系中，最重要的正是这些小事。

柯维回忆说：记得多年前的一天，我像往常一样，带着两个儿子出门看运动比赛、吃点心，然后赶一场电影。结果电影看到一半，四岁的小儿子西恩就睡着了。散场以后，我把他抱回车上。当晚天气很冷，我脱下外套给他盖上，然后打道回府。

回到家，把西恩送上床，我又照顾六岁的史蒂芬准备就寝。他上床以后，我躺在他身边，父子俩聊着当晚的趣事。

平常他总是兴高采烈地忙着发表意见，那天却显得异常安静，没什么反应。我很失望，也觉得有点不对劲。突然史蒂芬偏过头去，对着墙。我翻身一看，才发现他眼中噙着泪水。我问："怎么啦，孩子，有什么不对吗？"

他转过头来，有点不好意思地问："爸，如果我也觉得冷，你会不会也脱下外套披在我身上？"

原来，那一晚所有的趣事都比不上这小小一个动作，他居然吃起弟弟的醋来了。

然而，这对我却是一个很大的教训，至今难忘。原来，人的内心是如此敏感、脆弱。不分男女老少，不分贫贱富贵，即使外表再坚强无情，内心仍有着细腻脆弱的情感。

由此可见，细节是多么重要，尤其是在人与人之间的关系中。在人与人的感情上，常常细节就是意味着一切。

感情存款之三：守信

作为一个现代人，信守承诺是成功的关键，没有什么东西比失信对友谊产生更迅速更严重的破坏作用了。一个人，尤其是一名领导者，如果说话前言不对后语、言行不一，就会大大失信于人。有意或无意不履行自己的责任，也会使自己失信。

失信不但损害友谊，理所当然将大大破坏生意上的关系。人们首先要相信你，才会相信你的观点和你的产品。别人觉得你不可靠时，你的机会就会全面失去。

柯维对信守承诺十分看重。他认为这是一位领导者应该时时注意并实行的。

在柯维的眼中守信是一大笔收入，背信则是庞大支出，代价往往超出其他任何过失。一次严重的失信使人信誉扫地，再难建立起良好的互赖关系。

柯维说：因此，为人父母，我要求自己绝不轻易对子女许诺。即使不得不如此，事先一定尽量考虑所有可能发生的变数与状况，避免食言而肥。唯有守信才能赢得子女的信赖；唯有信赖才能让子女在关键时刻听从你的意见。

当然，偶尔也会有人力无法控制的意外发生。不过就算客观环境不允许，我依然尽力实践诺言，知其不可而为之，因为我重然诺。实在不行我也会详细说明原委，请对方让我收回承诺。

感情存款之四：坦诚相待

领导者对于合作者或下属，不能采取欺骗手段或让他吃亏。有必要将周围的情况和自己的想法，全让对方知道。为此，领导者应具有暴露自己一切的胸怀和无限的爱。

一位领导者必须坦诚待人。他应把自己的一切毫无保留地亮给对方看。然后，再请求对方，看是否能得到帮助。

如果一位领导者在求助于人的时候，哪怕是隐瞒了一件事，那么，对方在协助时恐怕就得盘算盘算。如果你把心掏出来给人家看了，人家也就会发自内心地进行协助。

然而，坦诚相待往往是需要勇气的，并非人人随时都能做到。下面是柯维对"坦诚相待"发表的一番精彩论述：

几乎所有人际关系的问题，都是彼此对角色与目标的认识不清，甚至相冲突所致。所以，不论在办公室交代工作，还是在家中分配子女家务，都是愈明确愈好，以免产生误会、失望与猜忌。

对切身相关的人，我们总会有所期待，却误以为不必明白相告。以婚姻为例，夫妻双方都期盼对方扮演某些角色，却并不开诚布公地讨论，有些人甚至连自己怀抱着哪些期望都不清楚。对方若不负所望，婚姻关系自然美满，反之则不是。

这种心理导致太多问题。我们总认为，关系既然如此密切就应有默契。殊不知，其实不然。因此，宁可慎乎始，在关系开始之初，就明确了解彼此的期待，纵使需要投入较多时间精力，却能省去日后不少麻烦，这是一种必要的储蓄。否则，单纯的误会可能一发不可收拾，阻绝了沟通的管道。

坦诚相待有时需要相当的勇气，逃避问题，但愿船到桥头自然直，反倒来得轻松。但就长远看，慎乎始总胜过事后懊悔莫及。

接着，柯维还从前联合国秘书长哈马舍尔德的一句话中对坦诚相待体会至深。

前联合国秘书长哈马舍尔德（Dag Hammarskjold）曾说过一句发人深省的名言：为一个人完全奉献自己，胜过为拯救全世界而拼命。

我认为此话的含义是，一个人尽管在"外务"上多么了不起，却不见得能与妻子儿女或同侪相处融洽。因为为群体服务，远不及建立私人关系需要更多人格修养。

最高领导阶层不和的现象在各机关都十分常见：合伙人明争暗斗、董事长与总经理互别苗头……纵使事业作得再大，却解决不了切身问题。可见人际关系愈亲密，愈是维护不易。

当年首次看到这段话时，我与最得力的助手之间，正为彼此心意不明而困扰。可是我就是提不起勇气，与他讨论双方对角色、目标、价值，尤其是管理方式的歧见。我委曲求全，不敢触及核心问题，唯恐引起激烈冲突，但两人心结日深。

后来看到这句名言，它鼓舞我设法改善与这位助手的关系。我极力坚定意念，因为这是件极为艰难的事。还记得刚迈出办公室，要找他详谈时，我紧张得全身发抖。他似乎是个强悍固执的人，我正需要借助这种才干与毅力，可是又怕激怒了他，因而失去一位好帮手。

在内心演练多次以后，我终于掌握住几个原则，顿时勇气大增。在我俩正式交谈之下，我发现他居然经历了同样的挣扎，也渴望与我恳谈，而且丝毫不跋扈。

我们截然不同的管理风格，令全公司无所适从，但我们终于承认问题的存在。经过了数次沟通，把问题摊在桌面上讨论，并一一加以解决。事后我们反而成了知己，而且合作无间。

感情存款之五：诚恳正直

身为公司或商店的经营者，如何使员工更卖力地工作是一件很重要的事。尤其经营者对员工的态度问题，也是不容忽视的。

小规模的公司或商店，只要经营者以身作则，而且妥当地指挥调度员工，就会收到成效了。但对拥有上千名员工的公司或商店来说，不仅员工人数众多、公司庞大，而工作内容和种类也繁多，若仍以小公司的管理制度来管理，就不理想了。

但不论公司的形式或体制，在经营者的心里，都必须有"请你这样做"这种诚恳的态度，否则不能让所有的员工更加勤勉。

如果是拥有一两万名员工，这样做还不够，必须有"请你帮我这样做"的态度；而拥有 5 万或 10 万名员工时，甚至更要以"两手合起来拜佛"这种态度，否则部属很难发挥其优点、更卖力地工作。

如果有诚恳的态度，即使是相同的言行，也会有不同的影响力。部属们会体会出命令的真义。即使认为过于严格，也都会谅解并认真地执行。否则，即使命令再三，部属也不愿意接受，结果也必会怠慢工作，且没有好的成效。身为一个经营者应该重视这点。

一位经营者，不需要他是万能的，但却要是位品格高尚的人，因为后者往往更能吸引人才。美克德公司是一家经营唱片和音响的企业集团，在二战前声誉显赫。可是由于战争的影响，使这家拥有一流人才和高超技术的公司，迟迟不能展开重建的工作。后来，野村吉三郎（二战期间美日和平谈判全权大臣）出任了公司社长，他对企业的经营完全外行，对唱片、音响更是一窍不通。但是，他知道身为一个领导者所应该知道的事。他博学多闻、品格高尚，美克德有了这样一位领导者，使得具有专业技能的人，都有机会充分发挥自己的长处，这的确是件幸运的事。于是，美克德公司在一个没有一点业务知识的人的领导下，很快地从战后的废墟上建立起来。这个业绩，不能不说是一桩奇迹。这奇迹是凭着野村的人格修养、经营知识和磨炼创造出来的！

可见，在商场上，不仅知识和技术重要，同时更应以正义的立场、公正无私的生活方式来表现高尚的人格，这也是用人的一个要诀。

柯维同样认为，一位领导人必须是诚恳正直的。他说：

诚恳正直可赢得信任，是一项重要存款。反之，已有的建树也会因行为不检而被抹杀。一个人尽管善体人意、不忽视小节、守信又不负期望，可是行为不诚恳就足以使感情账户出现赤字。

背后不道人短，是诚恳正直的最佳表现。在人后依然保持尊重之心，可以赢得信任。

假定你有与同事在背后抨击上司的习惯，一旦彼此交恶，对方难道不会怀疑，你也在他背后飞短流长吗？你在人前甜言蜜语人后大加挞伐的习惯，他知之甚详，如此行为能增加信任吗？

如果有人向我发牢骚，对上司不满。我会告诉他，基本上我同意他的看法，但我建议一同去找主管，委婉地把问题说明白。这么做，对方便了解，若有人在我面前批评他，我会有什么反应。

再举例来说，有些人为了争取友谊，不惜揭第三者之短："我本来不该告诉你的，可是既然你我是好友，那……"背叛能够赢得信任吗？还是会引起戒心？此等言行表面看来仿佛是储蓄，事实上是支出，个人的缺点因此表露无遗。

诚恳正直其实并不难做到，只要对所有人抱持相同的原则，一视同仁即可。纵使起初并非人人都能接受此种作风，因为在人后闲言闲语、臧否人物是人的通病，不同流合污，反而显得格格不入。好在路遥知马力，日久见人心，诚恳坦荡终会赢得信任。

为人师长的我也发现，争取学生或子女信赖的关键往往系于一人，尤其是其中最难缠的。能否以爱心与一贯的态度诚实对待此人，都看在其他人眼里。从一个特例身上，他们会知道某位师长是否值得信赖。

因此，请避免矫饰、欺骗、表里不一，作个童叟无欺的人吧！

感情存款之六：勇于道歉

具有高超领导艺术的领导人都懂得道歉的重要性，而且往往是勇于道歉的人。

在香港卡耐基课程任教的麦克·庄告诉我们，中国文化所带有的一些特别的问题，以及某些时候应用某一项原则，可能比遵守一项古老的传统更为有益。他班上有一位中年同学，多年来他的儿子都不理他。这位做父亲的以前是个鸦片鬼，但是现在已经戒除掉了烟瘾。根据中国传统，年长的人不能够先承认错误。他认为他们父子要和好，必须由他的儿子采取主动。在这个课程刚开始的时候，他和班上同学谈到他从来没有见过的孙子孙女，以及他是如何渴望和他的儿子团聚。他的同学都是中国人，了解他的欲望和古老传统之间的冲突。这位父亲觉得年轻人应该尊敬长者，并且认为他不让步是对的，应该等他的儿子来找他。

等到这个课程快结束的时候，这位做父亲的却改变了看法。"我仔细考虑了这个问题"他说，"戴尔·卡耐基说，'如果你错了，你就应该马上并且明白地承认你的错误'。我现在要很快地承认错误已经太晚了，但是我还可以明白地承认我的错误。我错怪了我的儿子。他不来看我，并把我赶出他生活之外，是完全正确的。我去请求年轻的人原谅我，固然使我很没面子，但是犯错的是我，我有责任承认错误。"全班都为他鼓掌，并且完全支持他。在下一堂课中，他讲述他怎样到他儿子家里，请求并且得到了原谅，并且开始和他的儿子、媳妇以及终于见到面的孙子孙女建立起新的关系。

艾柏·赫巴是会闹得满城风雨的最具独特风格的作家之一，他那尖酸的笔触经常惹起强烈的不满。但是赫巴那少见的做人处世技巧，常常将他的敌人变成为朋友。

例如，当一些愤怒的读者写信给他，表示对他的某些文章不以为然，结尾又痛骂他一顿时，赫巴就如此回复：

> 回想起来，我也不尽然同意自己。我昨天所写的东
> 西，今天不见得全部满意。我很高兴知道你对这件事的

看法。下回你在附近时，欢迎驾临，我们可以交换意见。遥祝诚意。

赫巴谨上

面对一个这样对待你的人，你还能怎么说呢？

当我们对的时候，我们就要试着温和地、技巧地使对方同意我们的看法；而当我们错了——若是我们对自己诚实，这种情形十分普遍——就要迅速而热诚地承认。这种技巧不但能产生惊人的效果，而且信不信由你，任何情形下，都要比为自己争辩还有趣得多。

别忘了这句古语："用争斗的方法，你绝不会得到满意的结果。但用让步的方法，收获会比预期的高出许多。"

所以如果你希望别人同意你，请记住规则的第三条：如果你错了，就很快地、很热烈地承认。

柯维同样认为，向感情银行提款时，应勇于道歉。发乎至诚的歉意足以化敌为友，例如：

"是我不对。"

"我对你不够尊重，十分抱歉。"

"在别人面前令你下不了台，虽然是无心之过，可是也不应该，我向你道歉。"

这种勇气并非人人具备，只有坚定自持、深具安全感的人能够如此。缺乏自信的人唯恐道歉会显得软弱，让自己受伤害，使别人得寸进尺。还不如把过错归咎于人，反而更容易些。

有句名言说："弱者才会残忍，唯强者懂得温柔。"

由衷的歉意是正数，但习以为常就会被视为言不由衷，变成负数。一般人可以容忍错误，因为错误通常是无心之过。但动机不良或企图文过饰非，就不会获得宽恕。

第二十七章
从"次级的伟大"到"至上的伟大"

柯维认为，许多人拥有"次级的伟大"——也就是社会地位、名望、财富或天赋，而欠缺"至上的伟大"——亦即高尚的人格和人性的优点。此一缺点明显影响到他们与生意伙伴、配偶、朋友或子女的长期关系。

为了从"次级的伟大"到"至上的伟大"，领导者应由内到外完善高尚人格，培养良知和服从良知。从而成为一个正直、成熟、愿意与人共享的人，并让自身的人格魅力不断地向四处散发、传达，以期与人建立起良好的人际关系。

技巧与本性

人人都盼望自己有一个长久而良好的人际关系，那么怎样才能实现这点呢？柯维认为，要建立良好的人际关系，处事技巧虽然重要，但最为重要的不是技巧而是人的本性，即个人的品质和人性。

柯维说：如果我们不断运用个人的技巧增进人际关系，可能会影响个人原本的个性。战胜自己才会在众人前赢得胜利；自我控制和自我约束是与他人达成良好关系的根源。

有人想运用影响力让别人认同，短期可能有用，但长期来看，我们若口是心非、表里不一，将会招致他人的不信任，我们的所作所为都被认为是故意做假。我们在言辞甚至动机上可能都是正确的，但缺少信任，就无法保持永远的成功。过于重视技巧，就像是在学校里面对考试时的临阵磨枪，可能暂时会过关，甚至成绩也不错，但仍无法融会贯通。在农场上你能否临时抱佛脚，无视春耕夏耘的原则，秋天时却拼命赶进度，想要有所收获？当然不能，因为农场是由自然法则支配，必须付出心血并顺着自然过程，要怎么收获就怎么栽，这是没有捷径的。

有耕耘才有收获的法则，同样适用在长期的人际关系上。在社会或学校圈中，你可能因为魅力十足而给人良好的第一印象，或借由威胁利诱让人屈从。但在长期关系中，若缺乏诚意和基本的善意，终将露出马脚，人际关系也就崩溃了。

人和人之间的交往，贵于真心，不论是如何玩弄手段，若是没有出自真心，自然不能为他人接受。没有为对方尽力牺牲的心情，就不能称之为有诚意。

由于诚意的表现是有限的，所以尽可能地伸出援手，这就是诚意的意思。没有过分的期待，就没有过重的负担，能够看透这一层道理的人，才是真正聪明的人。人类社会中的诚意，并不是非要鞠躬尽瘁，死而后已，但也不能流于形式。

本来，诚意的展开是针对发生的问题，展现出解决的努力与结果。但实际上，一些人往往只要有某一种程度的结果出来，就自认为是诚意到了而草草结束。如果这也可以称为诚意，那么现代人可就太习惯这种风潮了。

只展现某种程度的努力，这只能称迎合世俗。这种诚意一旦碰上有坚定信念的对手，就会先妥协或放弃。然而在现实的生活中，却连这最起码的表面功夫都很少有人做得到。一般人总会巧立名目，找寻各种借口为自己逃避责任，因此就连表面的诚意也吝于表现出来。

许多人拥有"次级的伟大"——亦即社会地位、名望、财富或天赋，而欠缺"至上的伟大"或人性的优点。此一缺失明显影响到他们与生意伙伴、配偶、朋友或子女的长期关系。最为有力的沟通工具应该是人性，艾默生（Emerson）曾说过："无声胜有声。"

当然，也有人用心良苦却缺少沟通技巧，这也影响到人际关系的品质。但相较之下，我们的本质远较表面行为，更能强而有力地传达讯息。

你必须先喜欢自己，才能喜欢别人

把爱施诸各种不同的对象，这是没有人反对的；但人们却广泛认为，爱他人虽是美德，爱自己却是罪恶。人们认为，我以何种程度爱自己，就以何种程度不爱他人，他们把自爱认为就是自私。这个观念在西方的思想中有着长远的历史。喀尔文把自爱认为是"瘟疫"。弗洛伊德以精神病理学的观点来看自爱，然而，他对于自爱的价值判断和喀尔文没有区别。对弗洛伊德来说，自爱却是自恋，是自我陶醉状态，是把力比多转向自己。自我陶醉是人的发展中最早期的阶段，而一个人如果到了后期阶段，又转回这自陶醉状态，则他就没有爱的能力；如果情况严重，即是神智失常。弗洛伊德认为力比多发之为表现即是爱，力比多指向他人时是爱，指向自己则是自爱。因此，爱与自爱是相互排斥的，其一越多，则另一越少。如果自爱是坏的，则随之而来的结果即认为不自私是美德。

然而，有些问题必须提出来：认为爱自己和爱他人在基本上是冲突的——这个命题能否在心理观察中获得支持？自爱和自私是同一个现象还是正好对立？而且，现代人的自私，是不是真正对他自己的关怀？他是不是把自己当作一个具备理智、情感与感性种种储能的个人来看待、来关怀？"他"没有变成他的社会——经济角色的附属品吗？他的自私究竟是自爱还是由于缺乏自爱？

在我们讨论自私与自爱的心理层面之先，必须特别指出，把爱他人与爱自己认为互相排斥是犯了逻辑上的谬误。如果把自己的邻人当人看待而爱他是一种美德，则爱我自己亦必是美德而非罪恶，因为我也是一个人。没有一种人之概念是不把我包括在内的。如果有任何人类概念宣称具有这种例外性，则它立刻就证明了它的自相矛盾。圣经中所说"爱邻人如爱自己"，就意味着尊重自己人格的完整性及独特性，意味着对自己的爱和了解，同对于他人的尊重、爱及了解是不可分的。对于我自己的爱和对于任何他人的爱都是密切相连、不可分离的。

现在我们要谈到自爱的心理学基础，我们的结论就建筑在这个基础上。总括来说，这个基础是如此：我们的情感和态度，并不只以他人为对象，我们自己也是自己的对象；对他人的态度和对自己的态度，根本不是互相对立的，而是连续一致的。这个基本前提用之于我们现在的论题，意义乃是：爱他人与爱自己不是互相排斥的。相反的，我们常常可以发现，那些能够爱他人的人，对自己也具有爱的态度。爱，在原则上，就"对象"与自己之间，是没有区分的。真诚的爱是建设性的人格之表露，它含有照顾、尊重、责任和了解。它不是被他人所影响而产生的"倾向"，而是一种主动的努力，是为被爱者的成长与幸福而作的努力，这努力的根基是自己的爱的能力。

因此，我的自我必然和他人一样可以作为我的爱之对象。对于自己的生命、幸福、成长及自由之肯定，是植根于自己的爱之能力，亦即照顾、尊重、责任及了解。如果一个人能够建设性地去爱，他也爱他自己；如果他只能爱他人，他就根本不能爱。

因此，那爱自己又能同等地爱一切他人的人，是伟大而正直的。对于这一观点，柯维也是深表赞同的。同时他又进一步说：

"你必须先喜欢自己，才能喜欢别人，若不了解自己，无法控制掌握自己，就很难喜欢自己。"

柯维继续说道：我们怎么看待自己不但影响自己的态度和行为，也影响我们对别人的观感。除非同时考虑对自己及对别人的观感，我们无法了解别人怎么看待自己，也无法了解他们的世界。因而容易将自己的意图加诸他们身上，还自以为客观。

若我们对自己的观点来自社会镜子——四周人的意见、观点和规范——这种看法势必不够完善。

"你从不准时。"

"你为什么从不保持整洁？"

"这么简单，怎么不懂？"

这些指责通常未经深思，反映出说这番话的人所关心的事，和他的人性弱点，并不代表我们就是他说的那种人。

当一个人对自己的定义是来自社会镜子时，极可能会将镜子中的我和真正的自我混淆。他可能会开始相信或接受社会镜子中的形象，而拒绝更积极的观点。

我偶尔会做个小试验，要求受试者记下别人对他们的观感，再与他们的自我观感比较。几乎半数以上的人很讶异地发现，他们的自我形象有一大部分是来自社会镜子，这是慢慢、逐步、不知不觉间形成的。

对于中毒已深的自我形象，别人对你价值和潜能的肯定是一帖解毒剂。在音乐剧"梦幻骑士"中，堂吉诃德不断地、没有条件地肯定那位风尘女郎，也就慢慢改变了她的自我形象。当她以不同的观点来看待自己时，表现也随之不一样起来。堂吉诃德甚至给她一个新名字，让大家记得她的新身份和潜能。

要肯定一个人的价值和潜能，就必须诚实相待，以他的潜能，而不是他的行为来评估他。歌德说过："以一个人的现状来看待他，他就会维持现状；以一个人的能力和应有的成就来看待他，他就会朝这个目标去发展。"这并不是说无条件地信任他，而是要尊敬他。

有人说，你必须先喜欢自己，才能喜欢别人；若不了解自己，无法控制掌握自己，就很难喜欢自己。

真正的自我价值来自掌握自我。如果我们的动机、言语和行动，是来自人际关系的技巧（个性面），而非来自内在的核心（人性面），别人会感受到那股不安全感或表里不一。我们就无法创造并维系有效的和谐关系。

柯维与弗洛姆

柯维一贯强调"由内到外"的自身修为。在谈到建立良好的人际关系方法时，他再次重申了这一观点。他说：要想克服难题、幸福与成功持久，唯一的答案就是"由内到外"。"由外到内"的人不会愉快，老觉得自己是牺牲品，处处受限，因而一直抱怨使他们陷入困境的人和环境。

由内到外意即从自身做起，从内在的规范、人格和动机开始。想要有美满的婚姻，就要先有颗善良的心，散发积极的能量，避开消极的能量；想要有位讨人喜欢、听话的小孩，就要先做一位善体人意、有爱心、言行合一的父母；若想在工作上拥有更多的自主权，就要先做一位负责、热心助人、有贡献的员工；想要让人信任你，先要让自己信任自己；想要得到公众认同，就要先要培养人格上最基本的优点。

在柯维的经验中，从没有过由外到内克服难题的，更别说持久的幸福和成功。由外到内会造就满腹牢骚的人，他们觉得受人遗弃，处处动弹不得。柯维见过不美满的婚姻，夫妻都要求对方改变，都指责对方的过错，试图改造对方。他也见过劳资争议，双方花了大量时间和精力，试图立法强迫对方相信彼此已建立了互信的关系。

许多公司和文化中都无法解决某些根本问题，根源即在于社会规范是由外到内的。

个人是人际关系的基础，能战胜自己才能赢得胜利。人格与独立的力量，是和他人进行真正、有效沟通的基础。

已故的联合国秘书长哈马舍尔德（Dag Hammarskjold），曾经说过一段语重心长、发人深省的话："将自己完全奉献给一个人，比为解救大众而献身，境界又更上层楼。"

换言之，有人可以为数千名民众每天付出八九个小时，或每星期五六天，一副全心投入的样子；但对自己的配偶、子女或亲密的工作伙伴，却无法建立一种深入、有意义的关系。重建这种关系，需要更高尚的人格，更多的谦卑、勇气和力量。

公司里许多问题都肇因于合伙人、经营者与所有者之间，总裁与执行副总裁之间的龃龉。要面对并解决这些问题，比为众人服务、完成计划，需要更高尚的人格。

下列三项人格特征是相当重要的：

正直。柯维将正直定义为：加诸自己身上的价值观。我们如果清晰地界定自己的价值，每日积极主动地权衡轻重，排出优先顺序，并信守承诺，就能培养自知之明与自我价值。如果不能付诸实现，所有承诺都毫无意义。我们心知肚明，别人也不是傻瓜。当别人感觉到我们表里不一，就会起戒心。

成熟。柯维认为成熟是兼顾勇气与体谅之后的产物。成熟的人有勇气表达自己的感情和信念，同时兼顾到他人的感情和信念。缺少成熟的心智和情绪上的力量，就会试图借助地位、权力、年资、关系、资格来影响别人。

勇气着重在得到最终的结果，体谅则着重在其他关系人的长期利益上。成熟管理的基本任务，在于增进所有相关人士的生活品质和水准。

丰富的心智。首先我们要有一个信念：大家都有份。这种心智源自丰富的个人价值感和安全感。它主张所有成员都应分享赞赏、利润和责任。它造就许多创造性的新机会，将个人的喜悦和充实向外传达；相信积极的沟通、成长与发展，会带来无限的机会。

许多人深为资源不够分配所苦。他们将生活看成是一块固定的饼，当别人拿了一大片，自己的一份就少了。有这种心态的人，不容易与人分享赞美、权力、利润或声誉。他们对于别人的成功，甚至家人或亲密朋友和伙伴的成就，不能与有荣焉。当别人得到特别的认同或成就时，就像是从他们身上割下一块肉似的。

正直、成熟、愿意与人共享的人，势必拥有超出操纵技巧之外的真诚。这种人的人格魅力不断向四处散发、传送。

著名心理学家弗洛姆也是一位爱的艺术大师。柯维对他的理论十分推崇。在柯维之前，他也提出过建立良好人际关系的策略。这些策略注重品格修养，由内至外，可以说与柯维的学说有异曲同工之妙。

弗洛姆认为：我们传授着知识，但是我们疏漏了另一项教育，那是在人性发展上最重要的教育，而这种教育唯有由成熟的、充满爱心的人出现在受教育者的生活中才能给予，而且也只要他出现在生活中即可以给予此种人性教育。在西方文化的早期，或在中国及印度，最受尊重的是具有杰出精神品格的人。做一个教师，其首要的任务不是传播知识，而是传授做人的态度。在现代资本主义社会中，最受人羡慕和竞相模仿的绝不是具备杰出精神品格的人。人们所羡慕追随的是那些出风头的人，是那些给一般人替代性的满足的人（即其行为代替一般人满足了他们自己的愿望，而一般人也想做那种人），电影明星、广播娱乐节目主持人、专栏作家以及重要的商业或政府人物——这些人是一般人竞相模仿的对象。这些人主要的特点是常常制造新闻。然而，我们的情况似乎并非完全无望。如果我们想一想像史怀哲这样的人能够在美国如此出名；如果我们能够看出来还有许多可能性让我们的年轻人认识现在生活着的以及历史上的许多伟大的人的人格——这些人向我们显示出人类以人的身份所能达到的成就，而不是以娱乐者（广义的）的身份所达成的成就；如果我们想一想自古以来伟大的著作和艺术，则似乎还有机会创造出一个良好的人性运作的景象，并由此使得人们对恶劣的运作具有敏锐的感觉。如果我们不能把人格成熟的生活保持一个活生生的景象，则我们确实面临着整个传统文化破灭的危险。这个传统文化主要的并不是奠立在某些知识的传授上，而是奠立在某些人性特征的传授上。假如今后的几代不再能见到这些人性特征，则数千年的文化将要破灭——尽管知识得以传授，并且继续发展。

到现在为止，我所讨论的是实践任何艺术所共同具备的必要条件。现在我要讨论爱的能力所特需的一些品格。依照我们前面所说过的爱之本性，要能够达成爱，主要的条件是克服自己的自我陶醉（自恋）。自我陶醉，这种人格方向，是只把存在于自己之内的东西认为是真实的，而认为外在世界的一切现象其本身没有真实性，只从它们对自己有利或有害来看待它们。自我陶醉的反面是客观；客观是一种能力，是以人和物本来的样子来看他们并且能够把这个客观的图像同由自己的愿望和惧怕所形成的图像分开。一切形式的精神病都表现出没有客观能力，是极端的没有客观能力。对精神失常的人而言，唯一真实存在的东西，是他身心之内的东西，是他惧怕和渴望的东西。他之看外在世界，是把它当作他内在世界的象征，是他的创造品。我们每个人在做梦的时候都是如此。在梦里我们制造事件、上演戏剧，而其内容则是我们的惧怕和愿望的表现（虽然有时也表现我们的洞察及判断），并且在我们睡眠的时候，我们相信这些梦境像我们醒着的时候所察觉到的东西一样真实。

神智失常和做梦的人，完全无法用客观的方式看外在世界；

但是我们每个人都或多或少是神智失常的，或多或少是昏昏欲睡的；我们每个人对世界都有不客观的看法，都有被我们自我陶醉的人格方向所扭曲的看法。这是否还需要我举例子？任何人只要观察自己、自己的邻人，看看报纸，都可以随处发现例子。他们因自我陶醉而扭曲事实的真相，依他们自我陶醉的程度而有不同。例如，有一个女人打电话给医生，说当天下午要去医生诊所。医生说那个下午他没有时间，不过次日可以见她。她的回答是：但是，医生，我到你诊所只要五分钟就可以了。她不能了解虽然她五分钟就可以到，却不能节省他的时间。她之体验这个情况是自我陶醉式的：因为她节省了时间，所以他也节省了时间；对她而言，唯一真实的东西是她自己。

比较不严重的——或只是比较不明显的——是人与人的关系中常见的一些扭曲。有多少父母亲，他们之看待孩子的反应，仅是看他是不是服从，是不是给了他们乐趣，是不是满足了他们的虚荣心等等，而从没有想到孩子自己怎么想，怎么感觉，甚至从来没有兴趣在这方面去努力。有多少丈夫认为他们的妻子专权独霸，因为他们自己对母亲的依赖使他们把任何要求都解释成为对他们自由的约束。有多少妻子以为她们的丈夫愚笨而没有出息，因为丈夫不能符合她幼时所建造的白马王子的幻想。

就每个国家对于外国的关系而言，客观性的缺乏是令人惊愕的。日复一日、年复一年，另一个国家被我们说成是根本败坏、根本邪恶的，而我们自己的国家则永远代表一切善良、一切高贵。我们用某一个标尺来衡量敌人的每一件行为——却用另一个标尺来衡量我们自己的行为，敌人的善良也被我们当作是特殊的邪恶的标记，是想用来欺骗我们和全世界的，而我们自己的坏行为则是必要的，是有道理的，因为它们的目的崇高。确实，如果我们审视一下国家之间的关系以及个人之间的关系，我们将会得到一个结论：客观是例外，而或轻或重的自我陶醉式的扭曲则是常规。

司掌客观思考的功能是理性；在理性后面，作为其根基的情感态度是谦卑之情。只有当一个人具有了谦卑之情，只有当他脱离了儿童期全知全能的迷梦，他才能够客观，才能够运用自己的理性。

把前述的讨论用到爱的艺术上，意义乃是：爱由相对性的对自我陶醉的克服而定，它需要谦卑之情、客观和理性的发展。我们整个的生活必须为此目的贡献出来。谦卑之情和客观是不分工的，正像爱之不分工一样。如果我对陌生人不能客观，则我对我的家人就不能真正客观，反之亦然。如果我想学习爱的艺术，我必须努力在每个情况之下保持客观，并且在我不客观的时候能够敏感地察觉到。一个人本身以及他的行为，可以因我的自我陶醉而被扭曲，但是真正的他又是另一个样子，这个真正的本象是与我因对他的兴趣、需要和惧怕所呈现的图形不同的，我必须努力着把我对他的图形与他自己本然的样子加以区别。能够获得客观和理性的能力，已经是在爱的艺术上走了一半了，但这必须是对我们所接触的每个人都客观和应用理性。如果有人想把他的客观保留给他所爱的人，以为对其他的人都可以免除客观，则他不久必将发现在两方面他都是失败的。

爱的能力由脱离自我陶醉的能力而定，由脱离对母亲和宗族的依恋能力而定，它由我们成长的能力而定，即在我们对自己及对世界的关系中，依建设性的人格方向而发展这种脱离、诞生和觉醒程序，需要有一种必需的品格：信心（信念）。爱的艺术之实践需要有信心。

信心是什么？难道一定是指对神的信仰或对宗教教条的信仰吗？信心是否必然与理性及合理思考相反或背道而驰？要了解信心的问题，我们必须区别合理的和不合理的信心。不合理的信心（信念）一词，我是指对一个人或观念的信心，其基础是建立在对不合理的权威的屈服上。与此相反，合理的信心则是建立在自己的思想及情感经验上的信念。合理的信心其首要的意义不是对某件特定事物的信心，而是我们信念中的坚实确定的性质，信心是充斥整个人格的一个性格特征，而不仅是对某件特定事物的信念。

合理的信心以建设性的智力活动和情感活动为根基。在合理的思考中——人们一般以为信心在其中没有地位——合理的信心是重要的因素，譬如说，科学家如何完成新发现？他一次一次做试验，一个一个搜集资料，难道未曾预料他要发现的究竟是什么吗？任何领域中，以这种方式而能达成重要发现的，殊为少见。同时，如果人们所追求的仅是一个幻念，则他永远不能获得重要的结果。在任何人类努力的场合中，创造性的思考常以我们称之为"合理的瞻望"为起始，而合理的瞻望则是以往相当的研究、反省思考及观察之结果。当科学家搜集了足够的材料，或完成了数学公式，以证明他原先的瞻望高度可靠，则他可以说已达成了试验性的假说。对于这个假说做更精细的分析，以便分辨出它的实用性，并且再搜集更多的资料来支持它，则能导致更为适当的假说，而终致或许导致一个广包性的理论。

在科学史中，充满了对理性及真理的瞻望的信心，例子不胜枚举。哥白尼、开卜勒、伽利略和牛顿，心中都充盈着对理性的信念。就是为了这个信念，布鲁诺（Bruno）被烧死在火刑架上，而斯宾诺莎被赶出教会的门庭。从理性的瞻望的孕育，到完成理论公式，每一步都需要信心：相信这个瞻望是一个合理的追求目标；相信这个假说是一个合理的命题，并且要相信最后的结论——至少在它的正确性被公认以前，对它的信心是绝对需要的。这种信心的根基是自己的经验，是对于自己的思考力、判断力和观察的信任。不合理的信念是仅因某某权威或大众说某件事物是真的，就把它当作真的，而合理的信念则是以独立的判断为依据，而这个判断是以自己建设性的观察及思考为基础，而不是以大部分人的意见为意见。

合理的信心不仅表现在思想和判断的经验领域中。在人类的关系中，任何有意义的友谊、有意义的爱，都不能缺乏信心。对某个人"有信心"，就是说我确信他的基本态度、他的人格核心，他的爱是可靠的，是不改变的。但这并不是说他的意见不会改变，而是说他基本的动机是不变的。譬如说，我确信对生命的尊重，对人性尊严的尊重是他人格的一部分，这一部分是不会变迁的。

以同样的意义，我们对自己有信心。我们察觉到自己有一个自我存在，我们的人格有一个核心，这是不变的，而且不论外在环境如何变迁，也不论我的意见和情感会有哪些变迁它都坚持存在，贯彻我的整个生命。存在于"我"这个字后面的真体就是这个核心，我之所以为我，我之所以确认和自己是同一个我，就是建立在这个核心上。除非我对于自己这个自我的坚持不变、具有信心，则我的自我认同感就会遭受威胁，我就要依赖他人的褒贬，以他人的赞扬作为我自我认同感的基础。只有对自己有信心的人，才能对他人守信，因为只有这样的人才能确定将来的他和今天的他是相同的，因此他将来的感觉和行动能够像现在所预期的一样。对自己有信心是诺言能力的条件，因此，像尼采所说，人可以由他作诺言的能力来定义。信心是人类生存的条件之一，就爱而言，这意指我们对自己的爱有信心，相信它能够使他人心中产生爱，相信它的可靠性。

对一个人有信心的另一个含义是我们对他的潜能有信心。这一种信心最原本的形式是母亲对新生婴儿的信心：相信他会活下去，会成长，会走路，会说话。然而，儿童在这方面的发展是十分规则的，因此对他的期望似乎用不着信心。但有些潜能则不一定能够发展出来，对这些潜能就需要有信心。相信孩子将来会爱，会幸福，会运用他的理性，相信他具有诸如艺术禀赋一类的特殊潜能。这些潜能是一些种子，如果将来条件适当，它们会发芽生长，但如果缺乏适当的条件，它们则会窒息。

这些条件中最重要的，就是在孩子的生命中具有影响力的人要对孩子的这些潜能有信心。是否有这个信心决定了教育与操纵的不同。教育乃是帮助孩子实现他的潜能。教育的反面是操纵，它是由于对潜能的成长缺乏信心，认为只有成人把正当的东西填入孩子的心中，把不正当的东西压抑下去，孩子才会变好。对机器人我们是不需具有信心的，因为它没有生命。

对他人的信心以对人类的信心为顶峰。在西方世界中，这个信心在犹太—基督教观念中表现出来，也在过去一百五十年来人道的政治思想及社会思想中表现出来。对人类的信心正如对儿童的信心，其基础在于我们相信人类的这些潜能只要获得适当的条件，就可以建立一个由平等、正义和爱的原则所统卫的社会秩序。人类到现在还未能完成这样一座建筑，因此对我们未来能否建立这样一座建筑需具信心。不过，正像一切合理的信心，这种对秩序的信心也并非只是一厢情愿的信心，而是根据人类的种种成就，以及每个个人的内在经验，根据他的爱和理性。

不合理的信念是对权力的屈服，是由于觉得这个权力有逼人的强度和全知全能的力量，并且是由于人们放弃了自己的能力和权力。但合理的信念则是建立在相反的体验上。我们之所以对一个思想有信心，是由于它是我们的观察及思考的结果。我们对自己、他人及全人类的潜能有信心，是由于我们体验到我们自己潜能的成长，是由于这个成长的真实性，是由于我们体验到我们的理性及爱的力量，并且我们体验的程度越深，我们的信心也越强。合理的信心的基础是建设性的人格；以信心而生活，意即以建设性的态度而生活。因此，信赖权力"独裁统治性的权力"，以及此种权力的运用，是信心的反面。信赖现存的权力，就等于不相信我们尚未实现的潜能之成长。这等于是仅凭现存的东西来展望人类的未来。然而这是严重的错误计算，是严重地看漏了人类的潜能，看漏了人性的成长，因之是严重的不合理性。对于权力只有两种态度，一种是未拥有权力的人对权力的屈服，一种是拥有权力的人欲继续拥有权力。虽然对大部分人来说，权力似乎是一切中最真实的东西，人类的历史却证明了它是人类一切成就中最不稳定的东西。由于信心和权力是互相排斥的，因此，一切原先建立在合理信念上的宗教及政治体系，一旦仰赖权力或与权力结盟，终必腐败而崩溃。

具有信心需要勇气，需要有敢于冒险的能力，需要有接受痛苦甚至失望的心理准备。任何人，如果坚持生活的第一要务是安全稳定，则不能具有信心；任何人，如果把自己关在自卫体系中，以占有及与人保持距离作为安全措施，则他就是把自己弄成一个囚犯。爱与被爱都需要勇气：有勇气判断某些价值是我的无上关心之物——然后做坚定的冲跃，并把所有的东西都投在这些价值上。

这种勇气与吹牛大王墨索里尼所说的"战战兢兢的生活"所意味的勇气完全不同。他那种勇气是虚无的勇气。那是建立在对生活的破坏性态度上，由于没有能力爱生命，而宁愿把它抛弃的勇气。绝望的勇气同爱的勇气是两相对立的，正如对权力的信念同对生命的信念是两相对的。

信心和勇气有可以实践的方法吗？确实，每一刻钟都可以实践信心。养育孩子需要信心；睡眠需要信心；开始着手任何工作都需要信心。没有信心的人就会过分担心他的孩子，或者会失眠，或者会没有能力做任何建设性的工作，或者会多疑善妒、不同任何人接近，或者会患上忧郁症，或者不能够做任何长久的计划。坚持自己的判断，即使大众的意见或某些未见的事实似乎在反对着它，坚持自己的见解，这些都需要信心与勇气：把生活中的种种困难、挫折与忧痛认作是一项挑战，克服它们就是使自己更坚强，而不把这些事情当作是不应发生在我们身上的不公平的惩罚——这是需要信心与勇气的。

信心与勇气的实践是从日常生活中的细节开始的。第一步是去注意我们在什么时候什么地方失去信心，要看穿我们用以掩遮它的合理化借口，要认清楚我们在什么场合行为懦弱，再要看穿我们用什么借口把这懦弱合理化。我们要去认清，每一次失去信心是如何削弱我们，而削弱之后又如何导致信心的再度失落，以致形成了一个恶性循环。于是我们将发现，当我们在意识中以为我们所惧怕的是不被爱之际，我们真正的——虽然常是无意识的——惧怕却是去爱。爱是把自己委身，而没有担保，是把自己完全给予出去，在这种给予中，希望我们的爱能够在所爱者的心中产生爱。爱是信心的行为，信心小的人爱也小。关于信心的实践，我还能说得更多吗？有些人可以，如果我是诗人或传教者，我将要试试说得更多些。但我既不是前者又不是后者，因此关于信心的实践，我甚至不必勉强去说得更多些，然而，我确信，任何人如果真正关心这个问题，他可以从小孩子学习走路中学习到信心。

　　有一个态度是同爱的艺术的实践不可分的，此前我们只是在字里行间提到它，现在则要把它明明白白地加以讨论，这个态度是：活动。前面我曾提到，活动的意义并不是"去做某些事"，而是内在的活动，是自己的能力之建设性的运用。爱是一种活动：如果我爱，我就不断地、主动地关心我所爱的人，但还不止于关心她或他。因为，如果我懒惰，如果我不经常处于清醒、敏锐与活动的状态，我就没有能力以主动的活动同我所爱的人相关。睡眠是唯一合宜的不活动状态；在我醒着的时候，是没有懒惰余地的。现在有许许多多人，他们醒着的时候是半睡的，而当他们睡眠或者要睡眠的时候却是半醒的。充分的清醒，这是不厌烦、不倦怠的条件。而不厌烦、不倦怠则是爱的主要条件。当我醒着的时候，思想活泼、感情活泼、眼睛耳朵活泼，避免内在的懒惰——不论其形式为接受、囤积或仅是平白浪费时光——这是建设性的态度，在其他领域中则采取非建设性的态度——这完全是错误的幻想。建设性的人格绝不允许有如此的劳力分工。爱的能力需要以强烈的、清醒的、充沛着活力的内心为其发源地，而这样的内心状态唯有在其他许多领域中以建设性的、活动的人格方向去生活才能获得。如果一个人在其他领域是以建设性的人格去生活，则他在爱情中也是建设性的。

讨论爱的艺术，不能只局限在个人之获得和发展前述的性格和态度上。有的艺术与社会是不可分的。如果爱意味着对所有的人的一种爱的态度，如果爱是一种人格特征，它必然不只存在于我与家人、与朋友的关系中，还存在于我对在工作、商务、职业（学业）中所接触的每个人的态度上。在对自己人之爱和对陌生者之爱间是没有"劳力分工"的。相反的，后者的存在是前者存在的条件。把这个洞察认真地看待，就意味着我们现在通常的社会关系要做激烈的改变。在我们这个社会中，到处可以听到人们嘴上宣扬着"爱邻人"的宗教理想，然而我们之间的关系事实上却是被公平原则所决定——这已是向着最好的方面说。公平意即在商品交易及服务交易中和情感交易中，不用欺诈与巧骗。在物资方面，在爱的方面，"你给我多少我就给你多少"，已经变成了资本社会中的普遍道德格言。我们甚至可说，公平原则是资本社会的特别的道德贡献。

这一个事实的根源在于资本社会的本质。资本主义以前的社会中，物品的交易是由直接的武力、传统或人与人之间的爱或友谊的约束来决定。在资本主义社会，市场上的交易原则是决定一切的因素。不论在商品市场、劳工市场或服务市场，每个人都是按照市场条件用他所卖的来换取他所需要的东西，既不用武力也不用欺诈。

公平原则很易于使人们误认为是基督的金言。"你愿别人如何对你，你便如何对待别人。"这句金言可以被误解为"你同他人交易要公平"。然而，事实上基督的金言原意乃是圣经上所说的"爱邻人如爱自己"。确实，基督教中的兄弟爱是完全不同于公平原则的，它意指爱你的邻人，这即是说，要觉得对他有责任，要觉得与他是一体；而公平原则则意味不要觉得有责任，不要觉得同他一体，而是要同他疏远，同他隔离；它意味尊重邻人的权利，但不要爱他。基督的金言在今日之变为最通行的宗教格言并非偶然，因为它可以用公平原则加以解释，而这是每个人都能够懂得并且愿意实行的。然而，要实践爱，首先必须把公平与爱的不同认识清楚。

然而，此处有一个很重要的问题产生。如果我们整个的社会及经济结构是建立在各人自寻利益上，如果这个结构是由自私原则所统御，仅受公平原则所左右，那我如何能够在这个社会架构中做事、行动，而同时又实践爱呢？因为爱的实践不正意味着放弃一切世俗利益，去分担最贫苦者的生活吗？基督教的僧侣们以及诸如托尔斯泰、史怀哲和西蒙·魏尔等人是以激进的方式提出并回答这个问题的。认为爱同我们社会中的世俗生活是不能并存的，尚有其他许多人。他们的结论认为，在今天谈论爱就等于是参与共同欺诈；他们认为在今天的世界里，只有殉道者和疯子才能够爱，因之一切关于爱的讨论都只不过是说教。这一个可敬的"我确实愿意做一个好基督徒——但是如果我真正去做基督徒，我非饿死不可"。这种"激进主义"的结果是道德的虚无。这些"激进思想者"和共享这些意见的一般人，实际上都是没有爱的机器人，这两种人之间唯一的不同点是后者不自知这个事实，前者则察觉到它，并且认识出它的"历史的必然性"。

培养高尚的人格

想要由内到外完成高尚人格，必先培养良知和服从良知。良知是人类独特的天赋，能以正确的原则察觉文化中的异同之处，并驱使人往良知靠近。

对运动员而言，体力和精神的训练相当重要，学者的良知训练也不可或缺。但训练良知所需的不只是纪律，还需要诚实的生活、澄明的思考和阅读启发性的作品。垃圾食物和缺乏练习会伤害到运动员；同样的，污秽、粗糙、色情也会造成内心的黑暗，麻痹我们最高层的感受，终究我们会以社会规范"有人知道我犯错了吗"取代自然良知"什么是对，什么是错"？

具备高尚人格的人，会学习管理生活中的每样事，比如时间、天赋、金钱、财物、关系、家庭，甚至自己的身体。他们了解，为达成崇高善意的目的，必须运用所有的资源，他们也希望能肩负重任。

这些人往往以德报怨，对无耐性报之以耐性；被诅咒时回以祝福；被欺凌时转过脸庞，淡忘与宽恕；以愉悦的心情过日子，相信人性本善，真理必将获胜，终于在群众中激荡出美丽的火花。

当一个人极力呼吁自己的主张、为自己辩护、以怨报怨时，就陷入了自我戕伤的境遇。他和对手在势力竞技场上，以毁灭性的操纵、暴力、退缩、漠视、诉讼或政治斗争等手腕，相互批斗、相互闪躲。

"施比受更有福。"当我们肯定别人，并坚信别人有成长与改善的能力时；当别人诅咒或批评我们，我们仍不以为意时，其实就已经培养了高尚人格。

缺乏信任就无法产生力量。如果不信任一起共事的人，就必须使用控制的手段，而不是授权。你若信任他们，彼此商议进度，就可朝授权及达成一致的体制而努力。有了统合的组织，可协助个人发挥生产力与绩效，以达成双赢的目标。

柯维在研讨会中经常向与会的经理主管说："有哪些人曾参加授权或参与式管理的训练？"多数人都举起手。他又问："在相互不信任时，若想授权给员工，会有什么结果？"他们都说："起不了作用！你必须采取更严厉的控制手段，以维持工作环境中表面上的井然有序。"

接着他又问："为何仍要持续管理训练呢？你们让人误解，问题已经解决了，其实只是处理表面症状而已。你们可能暂时解脱短痛，但仍未接触到长期问题。"

柯维再将问题提升到组织层次："有多少人认为应重组组织内部关系或建立组织内一致性？"一半的人举起手。"有多少人认为应针对体制改造？"只有三分之一举手。他又再问："若不先在个人和人际间下功夫，就直接在管理、组织上着力的话，会有什么后果？"回答是"惨不忍睹"。

我们一致的决议是，我们是在一个生态体系、一个整体环境中工作。

如果企业里所有人和管理阶层缺少高尚的人格与能力，就不会与他人分享权力、利润与共识。他们必须运用由内至外的方式，在人格及能力上努力，建立信任，授权他人才可能解决体制上的问题。

除非每位主管已达成由内至外的要求，否则即使口中不时挂着授权一词，仍将无法解决公司的基本问题，也无法真正授权他人。

我们必须在人格和能力上下功夫，以解决体制上的问题。记住！若想改善一个计划，就先在规划者身上用心。创造组织策略、体制与风格的是人，体制与风格只不过是人的四肢和心智的延伸。

第二十八章　EQ 人际学

　　人是有感情的动物。在人际交往中，要建立良好的关系，必然涉及处理好彼此的情绪。因此，我们可以说，人际关系学是离不开 EQ（即情绪智慧）的。一位优秀的领导人，也必然是具有高 EQ 的人。

　　认真对待情绪、情感，这正是 EQ 的任务。

杰伊的人际策略

　　六岁大的蓝尼原本与三岁半的弟弟杰伊在玩积木，不久便因杰伊将积木弄得乱七八糟而不耐烦，一怒之下咬了杰伊一口，杰伊立刻哇哇大哭。母亲一听跑进来斥责蓝尼，命他将积木收拾好。这对蓝尼而言显然是极不公平的处置，他止不住地哭了起来。母亲正在气头上，根本充耳不闻。

　　结果安慰蓝尼的是最不可能的人——杰伊，原来被欺负的人看到哥哥哭了反倒过来安慰他。下面就是兄弟俩的对话：

　　先是听到杰伊恳求的声音："蓝尼别哭，别哭了好不好？"

　　但蓝尼仍哭个不停，杰伊眼见恳求无效，转而向母亲求助："妈咪，蓝尼在哭。看，蓝尼在哭。"

　　接着他又转向哥哥，像妈妈似地拍拍他，一边安慰道："蓝尼乖，不哭。"

　　蓝尼仍抽噎不止，于是杰伊又采取另一项策略，帮忙将积木收拾好，同时很好心地说："我帮你收积木好不好？"

蓝尼依旧没有停止哭泣，计谋百出的杰伊又想以另一招——转移注意力。他拿出玩具车给哥哥，想让他忘记刚刚发生的小小悲剧。"车里有个人！蓝尼，你看这是什么？这是什么？"

蓝尼一点兴趣都没有，仿佛悲不可抑似地泪流不止。母亲看得不耐烦，终于使出传统的管教法宝："你想挨揍吗？"蓝尼嘀咕着说："不想。"

蓝尼可怜兮兮地哽咽着说："我是想不哭啊。"

"那就拜托你别哭了。"母亲的话坚定而带着愠怒。

这个故事显示出杰伊在处理别人的情感时懂得多么复杂的技巧。为了安慰哥哥，杰伊采取多种策略，包括恳求、求助另一个人（可惜母亲未伸出援手）、以身体语言安慰、帮忙收捡玩具、转移注意力等。显然这些策略是杰伊自己难过时体验过的，最值得注意的是，他在这么小的年纪就能随机应变，而且立刻满腔热情地派上用场。

当然并不是每个小孩子都这么善解人意，有的小孩子可能会借机报复，让哥哥哭得更凶。同样的策略也可用来嘲讽折磨对方，但即使是心怀恶意也是一种情感能力的表现，表示小孩有能力认知他人的情感，并采取行动进一步左右其情感。而左右他人的情感正是处理人际关系的关键艺术。

幼儿要展现这种人际能力以前，必须先达到某种程度的自制力，开始能够压抑自己的愤怒、难过、冲动或兴奋，尽管孩子的尝试常常失败。自身要能心平气和才可能掌握别人的情感，这种自制能力在两三岁的幼儿身上开始显现。孩子能够耐心等待而不哭泣，有时会采取说理求情等手段（当然有时还是会哭闹蛮来），不再一味乱发脾气，时而展现成熟的耐性。儿童约三岁时开始出现同情心的反应，杰伊会那么努力安慰哥哥便是出自同情心。由此看来，掌握他人的情感（人际关系的高度艺术）必须先具备两项技巧：自我掌握与同情心。

人际技巧便是以此为基础慢慢培养起来的，即使是最聪明的人，如果缺乏这方面的能力也很难有成功的人际关系，甚至给人傲慢、可厌或迟钝的感觉。具备这种能力的人与人接触时常可居主导地位，容易打动别人，能享有丰富的亲密关系，具说服力与影响力，同时又可让人觉得自在。

自我情感的表达是很重要的社交能力，保罗·艾克曼（Paul Ekman）指出社会对情感表达的时机与方式有一套规则，亦即他所谓的表情规则。不同文化在这方面可能有很大的差异。艾克曼及其日本同僚便曾请一群学生观看少年土著行割礼仪式的恐怖影片，借以研究学生的表情。这些日本学生当有较具权威的人士（如长者）在场时，脸上仅有些细微的表情。独自观看时（实际上被隐秘的录影机录下来），则明显地露出痛苦、恐惧、厌恶的表情。

这里试列举几种基本的表情规则。一是尽量抑制表情的表现：这是日本人在权威人士在场时的典型表现，譬如上述实验中的学生便都戴上了假面具。一是夸张的表情：前面提过一个孩子因被哥哥欺负，夸张地愁眉苦脸并颤抖着嘴唇向母亲哭诉，即是最佳例证。第三种是替代表情：有些亚洲国家认为拒绝别人太失礼，多会做虚假的应允。一个人运用这些策略的时机与技巧，与其 EQ 的高低有关。

我们每个人都很早就开始学习这些规则，其中一个管道是明确的言教。譬如说孩子生日时祖父送了一份他很不喜欢的礼物，我们可能会教孩子不可露出失望的样子，这就是表情规则的教育。但更多时候是透过身教的方式，简而言之就是有样学样。教育时应注意情感既是媒介，本身也承载一定的信息。当父母告诉孩子要"微笑着说谢谢"时，如果口气严厉面目冷淡，得到的恐怕是反效果，小孩子很可能皱着眉冷冷地简短说谢谢，听在祖父耳里自然也是两样：前者虽是误导的信息却让他很高兴，后者必然使他难过不已。

情感的表达方式对接受者的影响是立即的。小孩子学到的教训可能是"如果真情感会伤人，你应该隐藏起来，代之以较不伤人的假情感"。这样的规则已不只是社交礼仪的一种，更攸关我们的情感对他人的影响。谨遵规则才能达到最佳效果，反之则可能酿成灾难。

演员当然是表情达意的专家，他们就是凭借丰富的表情引发观众的反应。有些人的确具备天生的演员才华，但因为每个人接受的身教不同，情感表达技巧自是高下迥异。

与情绪共舞

越战初期一排美国士兵在某处稻田与越共激战，这时突然有六个和尚排成一列走过田埂，镇定地一步步穿过战场。

美国兵大卫·布西（David Busch）回忆道："这群和尚目不斜视地笔直走过去，奇怪的是竟然没有人向他们射击。他们走过去以后，我突然觉得毫无战斗情绪，至少那一天是如此。其他人一定也有同样的感觉，因为大家不约而同停了下来，就这样休兵一天。"

这些和尚的处变不惊在激战正酣时竟浇熄了士兵的战火，这正显示人际关系的一个基本原理：情绪会互相感染。这当然是个极端的例子，一般的憎爱分明没有这么直接，而是隐藏在人际接触的默默交流中。在每次接触中彼此的情绪互相交流感染，仿佛一股不绝如缕的心灵暗流，当然并不是每次交流都很愉快。这种交流往往细微到几乎无法察觉，譬如说同样一句谢谢可能给你愤怒、被忽略、真正受欢迎、真诚感谢等不同的感受。情感的感染是如此无所不在，简直可比拟为一种病毒。

我们在每一次人际接触中不断传递情感的信息，并以此信息影响对方。社交技巧愈高明的人愈能自如地掌握这种信息。社交礼仪其实就是在预防情感的不当泄露破坏人际和谐，如果将这套礼仪运用在亲密关系上必然让人感到窒息。情感的收放正是 EQ 的一部分，比较受欢迎或个性迷人的人通常便是情感收放自如的，让人乐于与之为伍。善于安抚他人情绪的人更握有丰富的社交资源，其他人陷入情感困境时必然会求助于他。事实上我们每个人都能促使彼此的情感转变，只是有时变好有时变坏。

情绪的感染通常是很难察觉的，专家做过一项简单的实验，请两个实验者写出当时的心情，然后请他们相对静坐等候研究人员回来。两分钟后研究人员回来了，请他们再写出自己的心情。注意这两个实验者是经过特别挑选的，一个极善于表达情感，一个则是喜怒不形于色。实验结果后者的情绪总是会受前者感染，每一次都是如此。

这种神奇的传递是如何发生的？很可能是我们会在无意识中模仿他人的情感表现，诸如表情、手势、语调及其他非语言的形式，从而在心中重塑对方的情绪。这有点像俄国导演斯坦尼拉夫斯基（Stanislavsky）所倡导的表演逼真法，亦即要演员回忆产生某种强烈情感时的表情动作等，以便重新唤起同样的情感。

日常生活的情感模拟是很难察觉的，瑞典乌普沙拉大学研究员伍夫·丁柏格（Uif dimberg）研究发现，人们看到一张微笑的脸时，会感染同样的情绪，这可以从脸部肌肉的细微改变得到证明，但这改变须透过电子仪器侦测，肉眼是看不出来的。

情绪的传递通常都是由表情丰富的一方传递给较不丰富的一方，也有些人特别易于受感染，那是因为他们的自主神经系统非常敏感，因此特别容易动容，看到煽情的影片动辄掉泪，和愉快的人小谈片刻便会受到感染（这种人通常也较易产生同情心）。

俄亥俄州大学社会心理生理学家约翰·卡西波（John Cacioppo）在这方面有相当深入的研究，他指出："光是看到别人表达情感就会引发自己产生相同的情绪，你并不自觉地在模仿对方的表情。这种情绪的舞动、传递与协调无时无刻不在进行，人际互动的顺利与否便取决于这种情绪的协调。"

观察两个人谈话时身体动作的协调程度（通常彼此并不自觉），可了解其情感的和谐度。诸如适时地点头表明赞同，或两人同时改变坐姿，或是一方向另一方倾斜，甚至可能是两个人以同样的节奏摇动椅子。这种动作的协调与史登所观察到的母子关系有异曲同工之妙。

动作的协调似有利于情绪的传送，即使是负面的情绪也不例外。有人做过下面的实验：请心情沮丧的妇女携同男友到实验室讨论两人的情感问题，结果发现两人的非语言信息愈一致，讨论完后男友的情绪愈糟，显示他已感染了女友的沮丧。

师生之间也有类似的情形，研究显示上课时师生的动作愈协调，彼此之间愈觉得融洽、愉快而兴趣高昂。一般而言，动作的高度协调表示互动的双方彼此喜欢。从事上述实验的奥瑞冈大学心理学家法兰克·柏尼瑞（Frank Bernieri）说道："你与某人相处觉得是否自在，其实与生理反应有关，动作协调才会觉得自在。而协调与否又与投入的程度有关，十分投入的双方正负面的情感都会紧密交织。"

简而言之，情绪的协调是建立人际关系的基础，这与前面所说的亲子情感的调和并无不同。卡西波指出，人际关系的好坏与情感协调能力很有关系。如果你善于顺应他人的情绪或使别人顺应你的步调，人际互动必然较顺畅。成功的领导者或表演者便是能够使千万人随着他的情绪共舞。拙于传递或接收情绪信息的人，在人际互动上总是滞碍难行，因为别人与其相处易感不自在，虽然他们可能说不出任何理由。

人际互动中决定情感步调的人，自然居于主导地位，对方的情感状态将受其摆布。这与生物学的生物时钟（Aietgeber）很接近。譬如说对跳舞中的两个人而言，音乐便是他们的生物时钟。在人际互动上，情感的主导地位通常属于较善于表达或较有权力的人。通常是主导者较多话，另一人较常观察主导者的表情。高明的演说家（如政治家或传道家）便极擅长带动观众的情绪，夸张地说就是玩弄对方的情绪于股掌间，这正是影响力的本质。

镜现术

情感协调是一个人所具有的最重要的交流技巧之一。无论是对于一个出色的演员还是一个优秀的推销商，无论是对于称职的父母还是亲密的朋友，无论是对于一个演说家还是一个政治家来说，真正需要的就是情感协调，这是一种强烈地吸引别人、联系别人、建立强大的人际关系的能力。

生活中，很多人举步维艰并非迫不得已。你从本书中所获得的所有技巧实际上就是与别人进行更多的情感协调的方式。通过与别人的情感协调，几乎可以使任何工作变得简单、容易、趣味横生。在生活中，无论你想干什么、看什么、创造什么或要体验什么，不管是精神上的自我实现或是物质上的充分成功，都会有一些人能帮助你既快且易地达到目标。他们知道怎样做才能使你快速地获得成效。要想谋取这些人的帮助，就要实现与他们的情感协调，和他们进行密切合作，让他们把你看作伙伴。

"异性相吸"这句话有一定的合理成分。当人们之间共同之处太多的时候。彼此之间的差异也会增加某种刺激。但什么人会对你有吸引力？你愿意花时间同什么样的人交往？你所寻找的人难道会是一个与你毫无共性的人吗？一个与你兴趣不投的人吗？你想玩时他要睡觉，你想睡觉他又想玩。当然不是这样的人，你要找的应是和你志趣相投的人。

当人们很多地方都彼此相像时，他们就会相互喜爱，人们会同一些与其兴趣大相径庭的人组成俱乐部吗？当然不会。只有当他们同是战友、同是集邮爱好者、同是棒球门票收集者时，他们才会聚在一起。因为共同的爱好造成了情感协调。

事实上，当我们说"人各有志"的时候，即是说人们之间的各种问题都是由于他们之间的某些差异所引起的。美国的黑人和白人之间问题何在？他们的矛盾就在于他们之间的差异——不同肤色、不同文化、不同风俗习惯，大量的差异就可能产生混乱。而相似则会趋于协调，这是历史经验的证明。在世界范围内，整个人类都是如此。

考察任何两个人之间的关系，你将发现，结成他们之间感情纽带的关键就是他们的共同之处。他们做同一件事情或许方式不同，但是共性首先使他们走到一起。想一想你所喜欢的人，他真正的吸引力何在？不正是他身上所具有的与你相同的东西吗？你不会认为：哇，这个家伙处处和我作对，真是个好人，你只会想，这个家伙精明，他处处都和我一样。反过来再看看你不赞成的人，他会是一个和你相像的人吗？你难道会认为：上帝，他和我的思维方式一样，真是个令人讨厌的人？

这是否意味着永远无法打破这种恶性循环：差异导致冲突，冲突扩大了差异，差异更加剧了冲突？当然不是这样，因为每种形态中既有差异，也有共性。美国的黑人和白人差异很大，但他们也有共同之处。不是吗？他们都分为男人女人，都有兄弟姐妹，都有畏惧心和凌云志。从互相倾轧走向和谐一致，就是从差异走向共同，真正交流的第一步就是要学会从你的世界走向他人的世界。什么东西能使我们做到这一点呢？情感协调技巧。

我们怎样创造情感协调呢？创造情感协调，就是创造和揭示共同之处。我们称这个过程为"镜现"。有很多方式可以寻找与他人的共同之处，从而进入情感协调。你可以通过共同的兴趣——如，服装式样、文娱活动等，也可以通过同一类型的朋友或熟人，还可以通过信仰等。通过这些共同点，就能发展友谊和联系。所有这些都是通过语言进行交流的。进行情感协调的一般方式就是交换彼此的信息。不过，研究表明，双方之间的交流只有7%是通过词语实现的，而38%是通过声调实现的。人们交流的大部分，占55%，是通过生理状况和身体语言实现的，一个人的面部表情、手势、姿态和举止比他的语言提供的信息更多。这就是像唐利克雷这样的人站起来攻击你、威吓你，却只能使你发笑的原因。又如埃迪·墨菲能用四个词就使你发笑，这并不是词语本身的力量，而他的表演——他的音色和形体——使你大笑不止。

因此，要是我们仅仅通过谈话的内容同他人进行情感协调，那就会失去和他人交心的最好方式。情感协调最好的方式之一是通过共同的生理状况来进行交流。伟大的催眠师米尔顿·埃里克森医生就是这样，他最善于"镜现"别人的呼吸方式、姿势、音色和手势。通过这样的行为，他能在几分钟里同别人进行完全的情感协调，根本不认识他的人也会毫无疑问地信任他。要是你能通过词语感染他人，那么把语言和生理状况结合起来，将获得不可思议的成功。

词语作用于人的意识的同时，生理状况也在作用于人的潜意识。而正是这种潜意识在想：嘿，这个人像我，他一定是好样的。一旦出现这样的情况，你就会对他产生极大的吸引力，你们之间就会产生情感协调。因为这种思维是无意识的，所以它就更具成效。不知不觉中，你们就会意识到这种联结力。

那么你怎样镜现别人的生理状况呢？你可以镜现什么样的生理特征呢？首先，镜现他的声音，反映他的音色和措辞，他的音调、节奏、音量。那么姿势、呼吸方式、眼神、身体语言、面部表情、手势及其他特殊生理动作又如何反映呢？生理状况的任何方面——从抬脚的方式到摇头的样子都可以反映。这听起来似乎很可笑。

如果你镜现别人，你知道会产生怎样的结果呢？他会觉得他好像找到了自己的情人，找到了一个完全理解他、能了解他内心世界的人，一个同他一样的人。但要同一个人发展协调的情感，不一定要镜现他的一切方面。如果你能从使用共同的声音和相同的面部表情着手，你就能学会同任何人建立可靠的亲密关系。

近几天，你可以试着镜现你同事的生理状况，模仿他们的手势和姿势、呼吸方式和声音，你和他是否都觉得你们之间更加亲密了。

一个人模仿他人的生理状况时，他不但能够体验到同被模仿者一样的状态，而且还能得到同样的内心体验，甚至于思想。如果你在日常生活中也这样做的话会怎么样呢？假如你是个很在行的模仿者，你能知道其他人在想些什么，那会怎么样呢？这些问题思考起来很费神，但那些优秀的交流者们随时都在考虑这样的问题。镜现是一门技巧，只能在实践中掌握，不过，你可以现在就开始利用它来达到你的目的。

反映别人的生理状况时应注意两点——敏锐的观察和灵活的行动。你可以做一个试验，选一人作为镜现者，另一人作为引导者，引导者在一两分钟里尽可能多地变换生理状况，变换面部表情、姿势和呼吸方式。这个试验可以和孩子们一起做，他们肯定喜欢。做完以后，比较一下记录，看看你镜现他人的程度如何。任何人都能成为一个优秀的镜现者，但你首先必须意识到人体姿态有千姿百态，你对这些姿势了解得越多，你的交流就能越成功。经过多次实践后，你就会不必有意识地考虑如何去反映别人的生理状况，你会自动地镜现你周围的人的姿势和生理状况。

有很多因素会对镜现产生影响。但最根本的是我们的三个基本的感觉系统。要记住，每个人都会使用这三个感觉系统，但我们很多人常对其中某个系统有强烈的偏爱。我们常常主要运用视觉系统或听觉系统或触觉系统。你要是能发现一个人最喜爱的感觉系统，那你就能进一步简化和别人发展情感协调的过程。

如果行为和生理状况是由一些偶然的因素所触发的，那么，你就得努力地去把其中每一个线索都汇集起来，但感觉系统像一把密码锁上的钥匙，可以给你很多提示。如我们在第8章讨论过的，有些行为是以视觉系统为主的反映，这些反映可以从语言中看出。像"我无法想象自己会做这样的事"之类的话，语言通常快，且呼吸急促、声音高亢、鼻音重，有人会提高嗓门，还会肌肉紧张，特别是在肩膀和腹部。偏重视觉系统的人一般都会突出这些特点。他们常有耸肩伸颈的习惯。

偏重听觉系统的人则爱用诸如"听起来好像是对的"、"这话引不起我的共鸣"之类的话语。而且声调抑扬、速度平稳，音质清晰、呼吸深沉、骨肉趋向平稳。当这类人交叉双手或胳臂时，常暗示着他偏重听觉系统。这样的人好耷拉着肩膀或歪着脑袋听。

偏重触觉系统的人爱用诸如"感到不对"、"我没接触过这事"之类的语言。他们的语言比较缓慢，常常在词句之间停顿一下，音调低沉。很多好动的人暗示着他外部触觉比较灵敏或注重触觉。肌肉松弛的人暗示着他内部触觉灵敏。手臂放松、掌心向上的人也偏重于触觉，体态端正的人也是这样。

还有其他一些喻示，但每个人的情况都不一样，因此需要细心观察，每一个人都有他自己的特点，当你知道了某人的主要感觉系统时，你就能大步地走进他的世界。

对于一个听觉灵敏的人，要是你想劝他去干某事，而你用快速的语调来说给他听，你也许就无法达到目的。他需要听你的建议和要求是否对他的脾胃，更需要看你说话的方式。事实上，他不会"听"你的，很简单，你说话太快，使他一开始就感到厌烦。另一个可能偏重视觉系统的人，被你看作是一个触觉灵敏的人，你用缓慢的声调把你对某事的感觉娓娓道来，他就会对你的慢条斯理感到恼火，而要你开门见山、一语中的。

为了说明这种种差异，我来举一个例子，一座房子临着僻静安谧的街巷，几乎每日每时你都能出来散步，迈进这鸟语虫鸣的世界。像亲临小说中描写的意境里，你情不自禁地在这里流连：踏着夕阳，你漫步在花坛旁，听着鸟儿歌唱。微风拂过柔枝，飘荡在屋前廊下，沙沙作响。

另一座房子则别有韵味，你一看到它就觉得赏心悦目，从那长长的白色回廊，到那粉刷精致的桃色墙壁，到处都开着窗户，房间里洋溢着明媚的光亮。你看个不够，从那盘旋式楼梯到那精雕细镂的栎木门窗，你能看到房里房外的每个角落，时时都会看到新奇的事物。

第三座房子不易描述，你只有自己去体验，它的构造坚固牢靠，房间特别温暖，给你一种安全感。坐在屋里，你会觉得就像在进行蒸汽浴一样怡然自得。

这三个例子所谈的实际上是同一座房子。只不过从不同角度给予描述。第一座房子是从听觉的角度，第二座是从视觉角度，第三座是从触觉角度来描述的。如果你带一些人来观察这同一座房子，考虑他们的反应，你将能获得以上三种不同的描述方式。通过每个人的描述，你就能确定他所偏重的感觉系统。但不要忘记，一般人有可能同时使用这三种系统。交流的最基本方式就是迎合对方的这三种系统而把重点放在他最敏感的一种系统上。

让我们再举个例子，来说明镜现的潜在价值。有一次，柯维去了一趟纽约，一天，他想放松一下自己，就去了中央公园，在一把长椅上坐了下来。不久，他注意到一个人坐在他对面的不远处。柯维就开始模仿起他来（一养成这种习惯你就很难不这样做），柯维准确地模仿他的姿势、动作。柯维像他那样坐着，像他那样呼吸，随手做着同样的事。他用面包屑喂鸟，柯维也这样做，他侧了一下脑袋，柯维也来那么一下，接着他抬头望了一眼天，柯维也抬头望望天，他看看柯维，柯维就看看他。

不一会儿，他就向柯维走了过来。不用惊奇，柯维完全引起了他的兴趣，因为他认为柯维像他一样。他们开始交谈起来，柯维模仿着他的声音和措辞，只几分钟他就说："很显然，你是个非常聪明的人。"他为什么这样认为？因为他觉得他们相像。不久他告诉柯维，他觉得他对柯维比对他结识了长达25年的人要更了解。又过了一会儿，他就主动表示愿为柯维效劳。

柯维在向一些人谈到镜现时，他们都很紧张，说这样做不自然，好像在受人操纵。说不自然是荒谬的。任何时候，你都处于与人交往的关系中。对你来说，模仿他的生理状态、行为举止等等是很自然的事，在柯维每期的研究班里，总有人对镜现表示反感。柯维就简单地指出，要是他观察旁边的某个人，他就会注意到他们俩的坐姿相同，都交叉着腿，他俩的头都向着一个角度倾斜，等等。总之，他们在相互模仿。因为他们在过去几天里已形成了一种情感协调。随后，柯维问其中的一人，他觉得另一个人怎么样？他就会回答："好"或"感到亲近"。然后柯维又叫那另一个人改变他的生理状况，以一种完全不同的姿势坐着，再问第一个人时，柯维得到的回答是"感到疏远"或者"感觉不到什么"。

如此看来，镜现是情感协调中的自然过程，是一种无意识的行为。在这一节里，我们学习进行情感协调的秘诀，就是要使我们能随心所欲地与任何人甚至是陌生人进行情感协调。至于说镜现是在受人操纵，那么你说说，按照你自己的正常声速和音调说话，与真正发现对方所擅长的交流方式，而进入他的世界，哪个更需要有意识地努力呢？请记住，当你在镜现他人的时候，你就是在体验他的感觉。如果你一心去操纵某人，那么你开始镜现他时，就会立刻感到像他一样——这样一来，你就是在操纵你自己。

镜现别人，不必放弃自己的个性，你并不是只用视觉系统或只用听觉系统或只用触觉系统，你应该努力变得灵活些。镜现只不过是创造彼此生理状况上的共性。柯维在镜现他人时，能从他的感受、体验和思想中受益。这是一种强烈的、美好的、能与他人共享世界的体验。

经过不断实践，你就能进入任何你与之交往的人的内心世界。这将成为你的第二天性，你会常常无意识地这样做，当你开始有效地镜现他人时，你将认识到，这并不只是使你同别人进行情感协调和了解别人。如果你能和某人建立协调的情感，要不了多久你就能改变他的行为，使他适应你的行为。

润滑油：人际关系四技巧

瑞奇与罗杰上同一家幼稚园，下课时间他们和其他小朋友在草地上奔跑。瑞奇突然跌倒碰伤膝盖，哭了起来。所有小朋友都照样往前跑，只有罗杰停下来。瑞奇慢慢停止哭泣，这时罗杰弯下腰抚摸自己的膝盖说："我也受伤了。"

汤玛士·海奇（Thomas Hatch）认为，罗杰的表现是人际智能的最佳范例，海奇与嘉纳同样服务于实行多元智能教育的宽广学校（Spectrum）。罗杰对同伴的情感表现出异常得敏感，而且很快地与他建立关系，他是唯一注意到瑞奇的处境而尝试安慰他的人，虽则他的安慰方式不过是抚摸自己的膝盖。这个小动作却显示出建立人际关系的能力，这种技巧是维持任何亲密关系（婚姻、友谊或事业伙伴）的关键。一个稚龄孩童已显出这样的技巧，长大后必发展出更成熟的人际能力。

海奇与嘉纳指出入际智能的四大要素是：

1. 组织能力。这是领导者的必备技巧，包括群体的动员与协调能力。剧院的导演与制作人、军队指挥官及任何组织的领导者多具备这种能力，表现在孩子身上则常是游戏场上的带头者。

2. 协商能力。这种人善于仲裁与排解纷争，适于发展外交、仲裁、事业购并等事业。表现在小孩子身上则常为同伴排难解纷。

3. 人际联系。亦即罗杰所表现的同情心，这种人深谙人际关系的艺术，容易认识人而且善体人意，适于团体合作，更是忠实的伴侣、朋友与事业伙伴，事业上是称职的销售员、管理者或教师。像罗杰这样的小孩几乎和任何人都可相处愉快，容易与其他小朋友玩在一起，自己也乐在其中。这种孩子最善于从别人的表情判读其内心情感，也最受同伴的喜爱。

4. 分析能力。敏于察知他人的情感动机与想法，易与他人建立深刻的亲密关系，心理治疗师与咨询人员是这种能力发挥到极致的例子，若再加上文学才华则可能成为优秀的小说家或戏剧家。

这些技巧是人际关系的润滑油，是构成个人魅力与领袖风范的根本要件。具备这些社交智能的人易与人建立关系，长于察言观色，领导与组织能力俱强，更是鲁仲连式的人才。这种人可说是天生的领导者，能够担任集体情感的代言人，引导群众走向共同的目标。也因为与其共处是如此愉悦自在，这种人总是广受欢迎。

不做社交变色龙

人际能力其实是建立在其他 EQ 的基础上，譬如说社交能力好的人必善于控制自己的情感表达，懂得因应对方的招式拆解，进而随时对自己的表现做微调，以达到预计的效果。从这个观点来看，人际能力高明的人实际上与高明的演员无异。

然而你必须同时清楚掌握个人的需要，才不致成为一个空洞的交际人，虽广受欢迎而内心空虚无主，明尼苏达大学心理学家史耐德便是持这种看法，他研究发现有些高明的社交变色龙极善于提升自我形象，其心理状态却正如文学家奥登（W. H. Auden）所说的，其自我观感"迥异于为使自己受欢迎而营造的形象"。如果你的社交技巧超越自知之明，便可能发生这种现象，社交变色龙原就具备了见人说人话，见鬼说鬼话的本领。史耐德发现这种人通常能给人绝佳的印象，但极少有稳定而满意的亲密关系。当然，比较理想的情况是在忠于自我与社交技巧之间取得平衡。

社交变色龙很容易为了赢得认可而说一套做一套，他们在公开场合与私下生活戴的是不同的面具。心理分析家海莲娜·戴伊志（Helena Deutsch）称之为"面具型性格"，可根据周遭人们的反应弹性变换性格。史耐德说道："有的人公私场合表现出一致的性格，有的人却像万花筒似地让人眼花缭乱。就好像伍迪·艾伦创作的人物赖利格（Zelig）一样急于与周围的人打成一片。"

这种人会先观测对方的期望再做回应，而不会袒呈心中的感受，而且会为了维持良好的关系故意对自己不喜欢的人表示友善。在不同的情况下，他们可以有判若两人（或多人）的表现，一会儿是活泼的花蝴蝶，一会儿是保守的谦谦君子。当然，某些行业确实需要这样的技巧，如演艺界、法律、销售、外交、政治等。

有的人会成为随波逐流的变色龙，有的人却能在社交技巧与真实情感间取得平衡，关键因素在于是否能忠于自我，亦即无论如何都能坚持人心深处的感受与价值观，甚至可能为了揭穿谎言不惜与人对立，而这种勇气正是变色龙所缺乏的。

社交障碍

西索是个聪明人，是大学外语系的高才生，也是杰出的翻译人才。但他在某些方面却又十足低能，连最简单的社交技巧都缺乏，不懂得如何与人交往，长时间相处更是捉襟见肘。总之，他拙于最基本的人际交往，尤其是与女性共处时更是如此，以致西索怀疑自己是否"本质上有同性恋的倾向"，并因此求助心理医生，实际上他完全没有这方面的问题。

西索向医师袒呈，他真正的问题是害怕别人对他的话不感兴趣，使得原本已很笨拙的社交技能更加不堪。他与人相处时常因紧张过度而在不适当的时候吃吃傻笑，别人讲笑话时又僵立无反应。他自陈这个问题可溯自童年时期，并自称一生中只有与哥哥在一起才得自在，离开家庭后他的笨拙便显露无遗，成为社交上的低能儿。

引述这个故事的是乔治·华盛顿大学心理学家提金·菲利普，他认为西索的问题源自孩提时未能学习基本的社交互动。西索小时候应该学到的是：坦然直接地与人对话，主动与人接触，交谈时要积极投入而不是被动地答是或不是，适时表达，进出时让他人先行，做客时耐心等候被接待，常说请和对不起，以及许多我们三岁就开始学习的基本道理。

我们很难判断西索的问题究竟源于长者疏于教导，或自己的学习能力太差，却可由这个故事窥知人际互动的意义与不成文的社交规则。这些规则的意义在于使人际互动的双方都感自在，不懂规则的人不只是缺乏社交手腕，更拙于处理他人的情感，所到之处总是造成不快或不安。

我们周遭不乏西索这样的人：总有人不知适时结束谈话，对一切明喻暗示皆视若无睹地继续高谈阔论，或者不停地谈论自己，对其他人一概没有兴趣，不管你如何尝试把话题转开，他们依旧坚定不移，或者不断刺探他人的隐私。这些违常的社交手段都显示出人际互动的基本课程没有及格。

心理学有个名词叫非语言信息障碍，意指对非语言的信息缺乏认知能力，据统计约有十分之一的孩童有这方面的问题。这些孩童表现在外的可能是对个人的空间认识不清，与人谈话时会站得太近或者把自己的东西放在别人的地方，或是对身体语言或脸部表情的认知或运用不当，或是不善以音调表达情感，以致说话时声音太尖锐或太单调。

人际技巧拙劣的孩子常会被同伴排挤，因此有不少人致力研究如何发现孩子的社交问题。这类孩子之所以不受欢迎倒不是因为会欺侮同伴，多半是因为不懂得与人面对面相处的基本规则，特别是不成文的规则。语言表达能力较差的孩子，可能被视为愚笨或教育程度差，但如果是拙于非语言的人际互动规则，同伴可能认为他很"奇怪"而退避三舍。这类孩子可能不知道如何以适当的方式加入游戏，或者碰触别人时让人觉得不自在而不是亲密。这类孩子通常很不善于非语言的情感表达，因而会不自觉地传递让人不安的信息。

艾莫瑞大学心理学家史蒂芬·诺威基专门研究儿童的非语言能力，他指出："拙于判讯及表达情感的孩童常易有挫折感。对别人的反应常觉莫名其妙。要知道任何行为都附带有非语言的情感表达，你不能停止脸部表情或姿势，也不可能隐藏语调。如果你传递的是错误的情感信息，你将无法理解别人的反应：可能被拒绝了还不明白为什么。譬如说你自觉表现出很高兴的样子，给别人的印象却是过于地激动或愤怒，于是其他孩子也对你表示愤怒，结果你必然是一头雾水。渐渐地你觉得无法掌握他人的反应，也无法预测自己所造成的印象，于是无力、沮丧、冷漠等感受便慢慢浮现出来。"

这类孩子不但易被孤立，课业的表现也多不尽如人意。拙于社交的孩子可能误解老师的意思或做出错误的反应，因此而产生的困惑与焦虑又会影响学习效果。专家曾对儿童的非语言敏感度做过实验，发现误读情感信息的孩子课业表现不如其他同等 IQ 的孩子。

社交技巧的学习

每个孩子都会面临一个重要的关卡，这时他的社交技巧就面临最痛苦而无从逃避的考验：面对一群正在玩耍的孩子而觉得不得其门而入。在这关键的一刻别人会喜欢你或厌弃你，接纳你或排挤你，都是毫无掩饰地公然表现。研究儿童心理发展的人，特别喜欢研究这个关键时刻，他们发现人缘好与不好的孩子，采取的策略有很大的差异，这个发现更突显出对各种情感与人际信息的注意、解信与因应能力有多重要。看到一个孩子徘徊在一个游戏的团体之外却不得其门而入，的确让人很心疼，但这却是多数孩子共有的经验，即使是最受欢迎的孩子有时也会被排拒。一项针对小学二三年级学生所做的调查发现，最受欢迎的同学想要加入一个游戏的团体被拒的概率是 26%。

幼儿在排拒他人时，常间接表达出负面的情感判断，有时甚至坦白得有些残忍。下面是几个五岁大孩子的对话。芭芭拉、南茜与比尔正在玩狗熊与积木，琳达旁观了几分钟，尝试走过去坐在芭芭拉旁边，开始玩狗熊。芭芭拉转向她说："你不可以玩！"

"可以，"琳达反驳，"我也可以玩。"

"不可以，"芭芭拉不客地说，"我们今天不喜欢你。"

这是所有孩子都害怕听到的一句话：我们讨厌你。因此他们在加入一个新团体时都会格外谨慎。这种焦虑感和成人并没有太大的不同。譬如说我们参加一个与会者都不太认识的派对，看到一群状甚熟稔的人聊得正起劲，又不知如何加入，可能会产生同样的焦虑。诚如某研究人员所说的，正因为这个关键时刻对一个孩子非常重要，"我们可以从中很快判断出孩子的社交技巧"。

通常新加入的人会先旁观一会儿，然后尝试性加入，谨慎地慢慢采取主动。影响孩子是否被接纳的重要因素，包括是否能进入该团体的指涉架构，亦即明白正在玩的是什么游戏，哪些行为是不适当的等等。有两大禁忌几乎一定导致被排拒：太急于取得领导地位及与其他人显得不搭调。人缘差的孩子却常常会犯了大忌，比如以蛮硬的姿态加入，突然改变话题，急于表达自己的意见，直截了当反对别人的意见等等，目的显然都是要引起别人的注意。只可惜效果往往适得其反，不是被忽略就是遭排斥。相反的，人缘佳的孩子会先观察一段时间再加入，并表现出接受该团体的意见，而且会等到自己的地位获认可后再主动提出意见。

前面提到表现出高度人际智能的罗杰，海奇观察发现，罗杰要加入一团体以前会先做观察，然后模仿其他孩子的行为，最后主动与人交谈，进而完全加入，这的确是很高明的策略。举个例子，罗杰与瓦伦玩一种游戏，将小石子当作炸弹放入袜子里。瓦伦问罗杰他要坐直升机或飞机，罗杰并不直接回答，且反问他："你是坐直升机吗？"

这段看似无关紧要的对答正显示罗杰对别人的想法很敏感，且懂得据此维系彼此的关系。海奇的观察是"罗杰时时留心玩伴的想法与做法，因而能真正地玩在一起。我看到的许多小朋友都只是坐上自己的直升机或飞机，然后便各自分飞"。

柔道般的 EQ

如果说安抚他人的痛苦的情绪是社交技巧的表现，那么妥善对待一个盛怒的人，可能是最高难度的表现。根据我们对愤怒的控制及情绪感染的研究，面对一个愤怒的人最有效的方式可能是转移他的注意，对他的感受表现同情心，进而带引他产生较愉悦的感受：这种以柔克刚的道理与柔道相仿佛。

下面转述的泰瑞·道森（Terry Dobson）所说的一个故事就是极佳的例子。道森是 50 年代最早去日本学习气功的美国人之一。有天下午他坐东京地铁回家，车上遇到一个酒气冲天的壮硕男子，看样子是个工人，脸色阴沉沉地仿佛要打架滋事。这人一上车来就颠颠倒倒，把一车子的人吓得半死，只见他高声咒骂，把一个怀抱婴儿的妇人撞得跌在一对老夫妇身上，老夫妇吓得与其他乘客奔逃到车厢另一端。那醉汉又继续冲撞别人，但因醉得太厉害而失去理智，忽然抓住车厢正中央的一根铁柱子，大吼一声想将它连根拔起。

当时的泰瑞每天练八个小时的气功，体能正处于最佳状况，这时他觉得应该站出来干预，以免其他人不幸受伤。但他想起气功老师的话："气功是一种调和的艺术，心存干戈之念便破坏了与宇宙的和谐。如果你想要让别人屈服，自己已立必败之地。学气功是为了解决冲突，而不是制造冲突。"

泰瑞开始学艺时已答应老师绝不主动寻衅，只有自卫时方可动武，现在他自认终于有机会小试身手，而且理由绝对充分。此时其他乘客都僵坐不敢动弹，泰瑞便慢条斯理地站了起来。

醉汉一看见他便吼道，"啊哈！一个外国佬！教你认识认识日本礼仪！"接着便作势准备出击。

就在醉汉将动未动之际，突然有人发出一声洪亮而且愉快得有些奇怪的声音："嗨！"

那仿佛是好友久别乍逢的欣喜，醉汉惊奇地转过身，只见一个年约70身着和服的矮小日本老人。老人满脸笑容地对醉汉招了招手说："你过来一下！"

醉汉大踏步走过去，怒道："凭什么要我跟你说话？"这时泰瑞目不转睛地注意他的动作，准备一有不对劲立刻冲过去。

"你喝的是什么酒？"老人眼睛充满笑意地望着醉汉。

"我喝清酒，关你什么事？"醉汉依旧大吼大叫。

"太好了，太好了"，老人热切地说，"我也喜欢清酒。每天晚上我都和太太温一小瓶清酒，拿到花园，坐在木板凳上……"接着他又说起后园的柿子树……

然后老人愉快地问他："你一定也有个不错的老婆吧！"

"不，她过世了……"他哽咽地开始说起他的悲伤故事，如何失去妻子、家庭和工作，如何感到自惭形秽。

这时泰瑞要下车了，他走过时听到老人鼓励醉汉把所有的心事都说出来，只见醉汉斜倚在椅子上，头几乎是埋在老人怀里。

这就是 EQ 的精彩表现。

付出——重要的交际手腕

交际的目的可以说是为了在互惠的原则下达到共存共荣。这种情况之下的利益就不只是金钱或地位，这些实质的收获，还必须包括精神的食粮、上进心、丰富的知识及虔诚的信仰。

交际的技巧就在于随时随地的付出，但有付出就必须要有收获，这样才能永久地持续下去，这种互惠的精神也就是延续交际的力量。

"施比受更有福"是欧美人深信不疑的法则。这虽然是从基督教教义而来，并非处世技巧，但这句话早已根深蒂固地存在于每一个欧美人的心中。

现实主义当道的今天，人人都只知道追求自己的利益，逃避对自己不利的事。但大家都忘了，你怎么对待别人，别人就怎么还给你。一味地追求功利，如何能交到真心的朋友呢？

要开拓自己的交际范围，使自己永远拥有真正的朋友，就必须保持着"为朋友两肋插刀"的决心。同是还要有施恩不望报的宽阔胸襟。

在商业社会中，最容易做的就是利用地位拉拢他人。但事实上，这却不是每个人都做得到的。如果公私处理得不好可能会惹祸上身，如果要从长计议，好好地部署一番，恐怕时间不允许，那么还有些可以利用的方法，例如不惜出钱出力尽量地帮助对方。

企业本身就是唯利是图的，若是为了企业本身的利益而公私不分倒没有关系。例如，利用下班时间或公司财物来讨好上司，上司也不觉得有何不妥，但员工要想从中得到一点好处，那可就难上加难了。

人一上了年纪，不论年轻时对公司多有贡献，也得面临坐冷板凳的日子。这时，如果交际范围不够广阔，那可真是前途一片黯淡。

随时随地的付出是很重要的交际手腕。但是，如果碰到不论自己怎么付出都得不到回报的人，这种人还是不要与之交往较好。

真心为朋友着想

现今世界是共存共荣的世界，如果一直都在等待别人的施予，交际范围便无法拓展。如果不先抱着为他人服务、为他人奉献的精神，就无法成就圆熟的人际关系。

在现实的社会里，拓展彼此的交际领域，必须要有某种共同利益才可能成立，这是个不争的事实。在这样的情况下，若想要成为团体的中心，就必须要先想到他人的利益。并且时时以"为人谋福利"的理念努力去做，圣经也有"施比受更有福"的训示。

要为他人奉献，前提是自己必须在精神上、肉体上、时间上、金钱上都有充裕的准备。但是，奉献的心意并非是以金钱直接表达就可以做得到的，而是必须以诚意及真心的关怀来表达。

现代是功利主义盛行的时代，虽然这个社会上还有许多奉献出自己的心力来服务社会的义工，像国际扶轮社或是狮子会就是以服务大众为宗旨的。然而，加入这些活动的人当中，究竟有多少人真正地了解到奉献的真义？即使是加入义工的行列，有些只不过是抱着赶时髦的心态。有很多人加入扶轮社或狮子会都只是为了要借慈善之名来增加自己的声誉，或是抱着自我安慰的想法，没有真心奉献的心情，只是借着略微表示一下的关心与金钱上的奉献，来达到自我满足的目的。就形式而言，这种奉献自然还不及生命的牺牲奉献，所谓的奉献原来是指献身的意思。只是奉献一点零用钱就以为是什么大不了的事，这种想法未免也太幼稚可笑了。

朋友之间的互相奉献，自然还胜过这种程度。然而，全心全力以牺牲奉献的精神对待他人，这对现代人而言简直就是神话。尽管如此，奉献精神仍是交际手腕中不可或缺的要素。

然而，何谓奉献呢？这本来是指表达对神明感谢的形式。但在朋友关系之中，则是指将"心"交付给对方的意思，也就是说，真心地为朋友着想。

克制不正当欲望

有欲望的才是人类。也就是说，人总是随时注意着周遭与同伴，随时随地准备在其中谋求优势感和利益。如果一个人连这点兴趣都没有，这个人可就如同行尸走肉一般。

竞争意识会一直持续到生命的最后一刻。羡慕他人，当朋友比自己好的时候就会心存嫉妒。除非是相当有修养的宗教家，否则，每个人的内心深处都有这样的念头。

这儿要探讨的并不是人性的问题，而是在交际技巧上，该如何克制内心的欲望，使之不表现于外在。

所谓交际手腕指的就是克制内心的欲求，而谋守朋友交往的原则。这并不是假象，而是借着协调与妥协来达到交往的目的。

古代有"金石之交"或"金兰之交"这些形容坚固友谊的成语，这在现代社会中已成了绝无仅有的罕事。以现代人而言，能够贯彻交友原则的人简直可说是大圣人。

嫉妒、羡慕都是人性的弱点。不论你多么逞强地在压抑它，你还是会希望自己超越他人。这种本性若是正常而良性的发展，便能产生向上心及竞争力，这本来并没有什么不好，但是，如果这心态扩展到朋友的交往上，那可就不妙了。

某种程度的羡慕可以直接向对方以言语表达，这是非常好的表现。因为每个人都喜欢听赞美的话，你的羡慕将会令对方感到无比地高兴。但是，如果失去了内心的警惕而燃起了妒意，这妒意经过不完全的燃烧后，会使双方都受到了伤害。

正当的褒奖是身为朋友的人很重要的一项任务。这除了需要有勇气把不易说出口的话坦白地说出口，更需要有勇气面对自己的弱点。

然而，若是以轻蔑的语气对朋友说："你蛮能干的嘛！""算你厉害！"这非但不是表达你的敬意，而是向对方表达你的自负与轻视，这可是友情的致命伤。

古人说"士为知己者死"，这句话对现代人而言简直就是天方夜谭。如果你看到了对方的优点，就必须以虚心的态度来认同对方。这虽然还谈不上让对方视你为知己，但对你自己本身也会有好的效用。有了善意的认同，才能够以冷静的思考来反省自己不如对方的地方，并且能够努力改进来超越对方。如果只是一味地嫉妒却不自我反省，这样得罪了朋友，对自己也一点好处也没有。

第二十九章　设身处地的聆听者

我们知道，倾诉是被人了解，而倾听却是了解他人。当一个领导人了解这个道理后，就会改变自己说话的态度。他会说："这是我的想法"、"依我之见"、"就我来看"，这种让别人也有参与感的话语。他这么说，也就是告诉他们："你们也很重要。你们的观点与感觉同样值得尊重。"

沟通的形态

如果你父亲正在医院里，你十岁大的儿子昨天在学校打架，打掉了两颗门牙，你自己又正头痛——但是这时在办公室或街上偶然遇见一个朋友，问你"好吗"时，你很可能会回答："我很好！"许多交谈都是形式上的，习惯性的自我防卫决定了我们的回答。在多数的场合，这种敷衍是无可厚非的。当人们问你"好吗"的时候，只是在表达他的友善，并不期望听你讲半天你的健康情形。问题是，这些肤浅的、形式的回答，无伤大雅的小谎，防卫的搪塞，多年来已经成为习惯，因此就很难直接、真诚和开放地沟通，即使有心这样做。我们从出生以来，就学到"给人好印象比真实来得重要"。小时候，我们很惊讶地发现，父母吵得很凶时，有朋友打电话来，他们还能平心静气地和朋友说话。我们也听过妈妈告诉爸爸说，她一整天都很好，其实一个钟头前她还在我们面前大哭。我们年龄愈长，这种事见得愈多，自己也开始这样做。

我们想尽量诚实，却有困难：比方如果说出不去玛莎姑妈家，是因为她家里有一股怪味，没有人听了会高兴。我们学会闭上嘴巴，隐藏真情。这好像是活在世界上唯一的方法，而这确能帮助我们好好过活。当我们发现事情的确很重要时，才回头坦率面对它，但是已经太迟了。

人们在婚姻生活中，常呈现出事物美好的外表，而隐藏真情。当然刚开始是出于爱，因为我们不喜欢让不完美去伤害对方，使他失望。渐渐长大以后，又从父母和周围的环境撷取教训，知道为了保存美好的印象，必须用委婉的欺骗，甚至也需要彻底的狡猾。为了达到封闭的婚姻中不实际的要求，我们甘心欺骗，无形中使我们不能和对方真诚开放地沟通。

在建立开放的婚姻时，诚实、自由的表达沟通很重要。但是你如何打破树立多年的自我防卫之墙呢？如何解开习惯性的小欺骗之结呢？你怎样重新和他作深切的交往呢？

1. 无言的沟通

研究指出，我们和他人的沟通，有百分之七十是无言的，最奥妙的当然就是性关系。但是对方走路、站立的姿势、支着头、敲敲手指或者微笑、蹙眉都很重要，包含的意义常比说话更多，"尽在不言中"就是这个道理。每一个动作都有它的意义，可以由别人读出。有些人比较敏感，容易了解别人的"行为语言"，因此有时我们会说，感觉到别人的"震动"。对于惊鸿一瞥的陌生人，常常有这种感觉。但是对关系最亲密的人，却往往忽略。日久习惯了对方的"行为语言"，也就感觉不出它的意义了。有时候我们故意把它忽略，也许因为不耐烦，也许因为不愿去了解。

即使行为语言常被忽略或误解，无言的沟通仍旧比语言沟通简单明了，要订正错误应该也比较容易。你可以努力去接受对方无言的讯号，然后照他所"说"的去做。当海伦去看牙齿回来，下巴肿着，两眼无神。如果这时你还告诉她，地下室楼梯上从昨天就堆满一堆脏尿布，就太不近人情了。

时间因素很重要——不只要选择最好的时刻抓住机会，也要避开错误的时机。如果你在丈夫辛劳了一整天，垂头丧气地踏进家门时，就拿你一天的牢骚去轰炸他，那么就是完全忽略了无言的讯号，一场战争难免会爆发。

当然，有些人可能很想吵一架，有些则尽量避免。但是如果你睁大眼睛，探求对方的行为语言，读出他的心理状况，就比较能控制自己的反应。比方说，海伦的丈夫在潜意识里可能真的有不人道的感觉，不知道自己为什么见鬼娶了这个牙齿最坏的女人，因此对于牙医的账单常常耿耿于怀。但是他理智上知道海伦也是不得已的，不愿责怪她，于是转而痛恨那些尿布。但是如果他能让自己接受海伦的行为语言，了解她的痛苦，他就会为她难过，也不会在潜意识里想伤害她了。

2. 语言的沟通

学会读出对方的行为语言，也能帮你解开矛盾的讯息所带来的困扰。当我们沟通时，真正语言和行为语言所表达的意思相反，就产生矛盾的讯息。比尔可能对他的妻子说："我在听，我在听。"但是身体却一直倾向电视机，专心看电视。亚瑟也可能反复告诉他太太："我爱你。"但是她有理由怀疑他是不是真心，因为他从没有专心听她讲话，偶尔敷衍地亲亲她的脸颊。在床上也敷衍了事。

不论我们怎么"说"，行为语言永远不能装假。言语的说谎太容易。但要控制你的身体使它说谎，却太难。常常我们确信自己言语的表达，但是身体却表达另一种意思。

行为语言和真正的语言之间的矛盾，可以充分指出夫妻间的问题所在。如果夫妇俩正希望改变封闭的婚姻关系，建立两个人之间的开放关系，会发现这种矛盾正是帮助他们改进沟通的最好方法。发现这矛盾，能够显露出前所未知的需求、感觉和欲望。

在开放的婚姻里，没有必要说那些并非发自内心的话。比尔不在听的时候，就不必说："我在听，我在听。"如果他正专心看电视，而玛莉喋喋不休地讨论些不重要的事，就太不是时候了。但是如果她那些话的确很重要，她应该说，那比尔应该关掉电视机去听。否则，他也应该坦诚地说："玛莉，我们等会儿再讨论好吗？"玛莉能尊重他的喜好，因为有时候她也期望比尔为她着想。

能够发现对方矛盾的讯息，可以让你发现婚姻生活的小症结。当然，这不是建议比尔的妻子应该马上大叫："嘿！被我抓到了！你根本不愿听我说！"而应坦白讨论这个矛盾，对方的任何反应都能使你们更加了解这种矛盾如何影响你们的关系。指出比尔在电视机前真正表达的行为语言，可以使他们讨论一项封闭的婚姻合约——"你的时间是属于我的"，然后更能彼此尊重。

3. 非语言的沟通

学会读出对方的行为语言，能帮助你更了解他，使你选择最好的时间和最好的谈话方式。如果双方都能意识到无言沟通的重要性，也就能把它当语言来使用。因为我们对这种视觉沟通的了解还在蹒跚起步的阶段，多数人只能很敏锐地读出他人行为语言。但是行为语言是可以经过训练，而用作直接沟通的。逐渐注意对方，夫妇学会去读并解释对方无声的讯息，并做出反应。夫妇们也可以预先定好一套无言的信号，适合各种情况，就像我们用环帽和围巾，表示希望独自一个人，或者是参加宴会时作的信号，表示"累了"，或"该走了"。甚至可以发展一套无声的语言，排除不便说话的障碍，对他们的语言沟通是一大助力。

4. 触觉的沟通

用行为语言的视觉沟通只是无言讯息的一种而已。另一种"尽在不言中"的沟通方法是直接用身体。希望伸手碰触他人是人基本的心理需求。敏感训练和接触团体的团体辅导方法也已广泛流行。为什么流行得这么快？因为我们迫切需要重新唤醒我们的身体感。

婴儿首先由他的触觉认识世界。婴儿最初因为被抱、被抚摸被揽在怀里，而建立他的信心、依赖和温暖的亲密感。但是当我们逐渐长大，社会压抑这种身体亲密的需求——希望去触摸、去感觉。这样的情绪表达常常遭人非议，我们学会遏制小时候触觉和情感的敏锐，夫妇不会用身体表示最简单的情感——甚至同情和悲伤，你觉得奇怪吗？许多夫妻没有办法顺利地达到性协调，你觉得奇怪吗？你总不能训练一个人压制了二十五年不反应，之后又要求他在夫妻的性关系上表现良好。

夫妻需要再学习充分使用身体的表达，当作亲密沟通的方法，重新唤起他们肉体的感觉。字典上把"肉体的"定义为："肉感的"或"能给感官或贪欲以快乐的满足的"，最后又附注："有时是淫荡的"。可见在我们的语言里并不赞同"肉体的感觉"这个字眼。但是肉体的感觉并不是淫荡，在好的身体沟通中是绝对必需的。夫妇间相互的触碰可以表示彼此关切。

有很多种练习的方法可以帮助夫妇重新发现肉体感觉，我们在这里并不特别介绍某一种，因为适用于甲夫妇的方法不见得适用于乙夫妇，反之亦然。但是，除了你自己实际去实行一项计划外，你们也可以一起培养分享肉体感觉的能力：首先，要注意你自己和对方身体的需要和反应；第二，彼此触摸，经由触、嗅、视、听，积极探求引起肉体感觉的方法。我们在这里不预备谈性行为，虽然这也很重要。更加注意肉体的感觉，并表现在性行为上，能带来更大的性乐趣和更美好的分享。

柯维访问过的一位年轻太太的话，可以用来说明敏感性和肉体感觉的另一面："我们多半被灌输一种错误的观念，认为性高潮是消除紧张的最好方法之一——但是这不一定行得通。有时候我正值情绪低潮，不是激昂的紧张，只是心情晦暗，性并不能平复这种心情。这时候我有一种强烈的需要，被拥抱，紧紧地靠着。杰明了解，他紧抱着我，那种感觉，就好像他的力量正流向我。只要我紧紧地抱着他，就觉得好多了。那时我的需要的，并不是性关系。这是完全不同的心境。"

杰明自己也说："我能感觉到依莲需要被拥抱的时候，于是我们彼此分享。我并不是很标榜这些东方哲学，但是我们可以因此传达精神上和肉体上的力量。另一些时候，当我疲惫不堪、情绪低落、忧心忡忡的时候，她也知道。她伸手过来抚摸我、抱着我，我从她那儿得到力量。"这种沟通的方式听起来很简单，其实也是。但是它比一般夫妇关系需要更多开放的了解，注意对方的心境和无言的讯息。当然，不只要能读出对方的心情，还要愿意自己的也让对方了解。不只忍受对方恶劣的情绪，也要和他分担。亲密的身体上的共享，由这样的开放所得到的是一种乐趣，但却为某些人所否定，他们不愿卸下防卫，不愿美好的印象被破坏，甚至使对方无法发现他们真正的需求。但是在开放的婚姻里，很自然地，你会愿意被"读出来"。

应有的态度与行为

多数的沟通问题源于自我中心。我们从未以现实状况来看待这个世界，反而以自己的标准或"地图"来定义这块疆域。我们的感情、信念和行为深受经验的影响。

自我中心的问题，常造成"个性冲突"或"沟通不良"的复杂情结。自我中心的问题常纠葛不清，这是因为每个人都自认为已经客观地看待这个世界，并未加入自己的观点。他不但不知道自己的观念已扭曲，还自以为"你若不同意我，就是错误，因为我相信自己是正确的"。

若我们固持己见，让观点不同的人觉得自己错了的话，他们为了避免进一步受到伤害，只好将我们贴上标签，在心智与情绪上与我们永远隔离，除非我们付出代价，否则别人永远不会改变他们的看法。但若一方或双方了解到，自我中心是因为观点的不同，问题也就迎刃而解了。

某些态度与行为对保持沟通管道畅通，是相当重要的。

1. 应有的态度：信赖他人，不怀疑他人的诚心与心智健全。

关心彼此的关系，愿意沟通观念上的差异。抱着："请协助我从你的观点来看待事情"的态度。

接纳外来影响，并愿意改变自己。

2. 应有的行为：倾听以了解他人。倾诉而被了解。从双方的共同点开始沟通，慢慢进入歧见的根源。

具备了这些态度与行为，所有自我中心的问题，几乎都能轻易解决。

当一个人了解这层道理后，就会改变自己说话的态度。他不再说："绝对就是这样。"他会说："这是我的想法""依我之见""就我来看"这种让别人也有参与感的话语，等于是告诉他们："你们也很重要。你们的观点与感觉同样值得尊重。"

当别人批判或有异议时，我们将回答："天啊！你的看法不同，我想知道你是怎么看待此事的。"不赞同别人时，我们不会说："我是对的，你错了。"我们会说："我有不同的见解，请你参考参考。"

一个奇特的处方

如果你希望对方不再瞎猜你的感觉和需求，你必须要能把自己显露给对方。而为了显露自己，你必须了解自己。直到你对自己完全诚实，这样才能和对方坦诚开放地谈话。拨一点时间给自己。

在这段时间内不只做被动的沉思，还要积极地和心灵深处交谈，假想自己是另一个人，来和自己交谈。和自己的沟通包括自我显露、自我分析和重新估量。否则不可能带来好的改变。没有一个想改变现状的人，不先衡量现有的情况而作新的计划。所以，我们每个人必须先衡量自己究竟拥有多少，匮乏多少。

测一测你自己，除去内在和外在的面具。我们在别人面前总会戴上一些面具，但是我们也有内在的面具，把自己藏在那后面。清楚地看看你自己。对你、对别人，你真正的感觉是什么？试着客观地看你自己和你的行为，不用赞美，也不必责备。只是努力去了解为什么你会这样做，像一个旁观者那样去分析你自己。站在一个公正无私的观察者立场，会如何评断你的行为？

如果你对自己诚实，对你的行为做客观的分析。这时你可以开始和自己争论，解释你的行为，寻求迫使你这样做的外在原因。在办公室里老板对你大吼，你不能吼回去，闷了一肚子气回到家里，你对妻子大吼，她又对孩子吼，永无安宁。但是只要你和客观的你争辩，解释你的行为，是没什么不好的。哪一边"赢"了都无所谓。重要的是争辩本身，它让你有机会更了解自己。如果你碰巧是一个容易忧愁的人，常爱贬低自己、过分自责。那么你就该倒过来，让"客观"的自己称赞你的行为，指出可以挽回的部分。

有些人很自然地会分析自己，早就发现这样做能增加信心——如果你已彻底反省过，别人的批评不太会使你伤心。如果批评是对的，那么你更能接受错误而改正，不会沉迷在自怜和内疚中。反过来说，如果批评是不对的，你对自己的防卫会更好，因为争辩的两面你心里都很清楚。

你可以自己找到最好的指引，设计其他的方法去认识自己。分析家的书也可能有帮助，但多半是写一些人的个别案史，他们的情况可能和你完全不同。分析你自己的梦比较有用，因为那是属于你个人的。培尔斯博士在《完形心理学》一书中所提到的分析方法既有趣又有效。在这本书上培尔斯博士说明如何把梦作为自我探讨的工具。你只要取梦的一小段，从中抽出某一片段，然后假想是它，赋予它生命，给它声音。你假想自己是火车、蝴蝶、受惊的陌生人，其他任何梦中的东西或人，这样你就慢慢能了解自己的内在冲突，从更实际的事物中表现出来。

这种方法不见得对每个人都有用。但是你自己应该努力去发现更好的方法和自己沟通。了解自己为什么这样做，是很重要的第一步。你的自我了解成为你的一部分，你对自己所知愈多，也就愈能拿真正的你去和对方沟通。

有个故事正好可说明这一个概念。有位年轻人去看医生，抱怨生活无趣和永不休止的工作，心灵好像已经麻痹了。归根究底，他说："我只是在做做样子，我漫不经心。每件事都如此规律、机械化，生活中没有一点新鲜事儿。"

诊断后，医生证明他身体上毫无问题，却察觉到他内心深处有问题。

"我会给你一些药方，你必须要照指示服用一天。"医生告诉他的病人说："首先，你最喜欢哪个地方？"

"不知道！"病人很快回答。

"小时候你喜欢做什么事？"

"我喜欢海边。"

医生于是说："拿这二个处方，到海边去，你必须在早上九点，中午十二点，和下午三点分别打开这三个处方。你必须同意遵照处方，除非时间到了，不得打开，你做得到吗？"

"这真是闻所未闻。"病人有点怀疑。

"我想这对你会有帮助的。"医生说。

于是这位身心俱疲的年轻人拿了处方到海边去。他抵达时刚好将近九点，独自一人。没有收音机、电话、没有伴。他赶紧把处方打开，上头写着："注意倾听。"

"我真不敢相信，"他大叫，"三个钟头就为了这个！"一分钟不到，他就厌倦了。听着海鸥在上空盘旋，海浪拍打着岩岸，他不禁纳闷这三个小时要如何打发。"但我不能食言,"他想,"我要坚持下去,顶多是一天而已。"

他开始仔细思考"注意倾听"这个概念。他开始用耳朵去注意听,不久就听到以往从未听见的声音。他听到两个波浪声,听到不同的海鸟叫声,听到沙蟹的爬动,甚至听到海风低诉。一个崭新的、令人迷恋的世界正向他展开双手,让他整个人安静下来,他开始沉思、放松。中午时他已陶醉其中,他很不情愿地打开第二张处方。

这次处方上写着:"回想。"他原先有些摸不着头脑,不久就回想起儿时在海滨嬉戏的情景,一幕一幕掠过他的脑海。他记起与家人一同捡拾贝壳;记起在二次大战阵亡的兄长在海滨奔跑,高兴地庆祝假期开始的模样。怀旧的心情席卷而上,激起更多的感受和记忆。近三点时,他正沉醉在尘封的往事中。温暖与喜悦的感受,使他不愿去打开最后一道处方。

但他还是拆开了,"回顾你的动机"。这是最困难的部分,这是整件事的重心,他也知道,他开始自省,浏览生活中的每件事、每一个状况、每一个人。他很痛苦地发现,他很自私,他从未超越自己,从未认同更高尚的目标、更纯正的动机,他总是问:"这对我有什么好处?"

他发现造成他厌倦、无聊、呆板,对每件事都采取机械式、例行公事的态度的原因。接近六点时,他已完全静下来,他忆起许多事,也深入自己内心深处。经过这三道处方后,他下定决心要在生活上有所改变。

在重要问题上,真心倾听他人的不同说词,需要有相当的安全感,否则很容易暴露我们的弱点。我们也许可以接受改变,但若内心深处缺乏安全感,势将无法承担改变的风险,因为在内心深处,我们需要有预判与稳定。我们会在事前先预测结果,如此就不需再接触新事物,而这正是偏见与妄下论断的祸首。改变会造成不安定的阴影在多数人的心中挥之不去。

在倾听他人之后，受到影响而觉得必须改变，最好能对自己说："没关系，这没什么大不了。"因为在内心深处，我们会坚持那一套真正代表自我的价值与情感，这是不受他人的影响的内在价值，也是真正的自我。

了解与倾听

柯维永远记得有位朋友与他十多岁的孩子，关系已到水火不容的地步。他说："当我进屋时，他若在看书或看电视，会立刻调头走开。"关系恶劣可见一斑。

柯维建议他先试着去了解他的儿子，而不是要他的儿子先了解他。他回答；"我非常了解他，他只需要学习尊敬他的父母，并且感激我们为他所做的一切。"

"如果你要你的儿子吐露心声，就必须先假设你不了解他，但你愿意试试看。"

最后这位几乎束手无策的父亲同意试试。这将考验他的耐性和自我控制力，柯维要他先有所准备。

第二天晚上将近八点钟时，父亲凑到儿子身旁说："儿子，我对我们的关系不甚满意，我想做些改善。或许是我没有花时间真正了解你。"

"确实如此，你从未了解过我！"儿子回嘴说。

父亲内心有些光火，他几乎脱口斥责："你这不知反省的乳臭小子，竟敢以为我不了解你！我可是过来人，我知道你们的把戏。"

但他抑制冲动说道："儿子，或许我是没有，但我希望能做到。你能帮我吗？例如，上星期关于车子的争议，你能告诉我你的看法吗？"

仍在怄气的儿子，略带防备地娓娓道来。父亲也再度抑制自我辩解的冲动，继续倾听。他很高兴自己这么做了。

在他倾听的同时，不可思议的事情发生了。儿子开始软化，不久就丢盔弃甲，开始坦白直言他真正的问题和内心的感受。父亲对这一切讶异不已，几乎无法自抑。他也打开话匣，与儿子分享他过去的一切，和对儿子深刻的关怀与了解。多年来，他们第一次不再相互谩骂、戒备，而是真正尝试去了解对方，这是多么值得欣慰的事。

到了十点三十分左右，母亲进来了，建议大家上床睡觉。父亲说这是他们第一次的沟通，想继续下去。结果他们谈到午夜，讨论许多对双方极重要的事情。数日后这个父亲告诉柯维这段经过时，涕泗纵横地说："我觉得好像是找回了儿子，他也找回了父亲。"他很高兴能下定决心先去了解他人，再让他人了解自己。

沟通中最重要的是双方的关系。在沟通时常会产生许多枝节，这是因为人际关系的不良。关系触礁时，必须小心遣词用字，千万避免对别人不敬、使别人难堪或遭人误解。双方关系不和睦时，就会变得多疑与猜忌，鸡蛋里挑骨头，而不去了解话里的含意和目的。

另一方面，若双方关系和谐，几乎不用言传就能心意相通。当双方相互依赖，感情融洽时，即使有语病也不会引起误解，只是相视而笑，就能完整地传达意思。当关系不睦时，即使千言万语也是枉然，因为沟通的主角不是言语，而是人。

有效沟通的关键，在于人与人的关系。从与别人建立关系的那一刻起，沟通本质就改变了，我们开始建立互信与互谅。有这一认识后，不妨试试看与员工私下晤谈，与同业私下餐叙，与客户私下闲聊。这时，你的注意力将集中在那人身上，集中在他的兴趣、关切、需要、希望、忧虑和怀疑上。

有一张引人入胜的山区风景海报写着："让这山区拥抱你一

天"，不妨把宣传标语改成"让你的客户拥有你一小时"或"让你的先生、妻子拥有你一个晚上"。试着全心全意投注到他的身上，暂时忘记自己的兴趣、关心、忧虑和需要。全心对待你的经理、客户或配偶，让他们畅所欲言，你暂且只当一名听众。

建立和谐关系与达成相互谅解并非易事。我们都拥有两个世界——一个是内在、私有、主观的世界；另一个是外在、真实、客观的世界。前者可称为"地图"，后者则称为"疆域"。

没有人拥有一幅完美的地图，可以描绘出疆域或真实客观的世界。科学家不断尝试绘制更完美的地图，但只有造物者拥有完整又完美的地图。真正的科学家都不敢贸然声称自己的最新理论是事实，只说是截至目前的最佳解释。

用来观察疆域（客观世界）的地图或标准，会随着经验而改变，我们的行为也随之改变以反映新的标准。事实上，改变一个人行为的最快方法，就是改变他的地图或参考标准，以不同的方式称呼，赋予他不同的角色和责任，或把他放置在不同的环境中。

透明的自我

我们和自己沟通后的发现——在思想、信仰和自我概念各方面——都只是空想，除非我们能付诸行动，给予它真正的意义。因此我们只要能把自己表露给他人，也就能更了解自己。裘拉德博士在《透明的自己》一书中写道："把自己完全表露给另外一个人，不只能使你更深切地了解自己的需求和感觉，也知道自我肯定的价值是什么。"坦诚开放地向他人表露自己，是了解自己的重要途径。

而且这也是对方借以了解我们的重要方法。"透过自我表露，"裘拉德博士写道，"我让别人了解我的心灵。只有将它表露出来，别人才能知道并真正认识我。"夫妇间真正的亲密和相互的成长，是建立在这种开放自己、分享内在自己的能力上，不怕被评断——表露你的好恶、你的怀疑和希望。我们"抛弃伪装、防卫和口是心非"，成为赤诚可靠的人。

但是我们免不了会犹豫。怕这样的表露会把弱点暴露给别人，即使是配偶。当然平常和外面的世界沟通时，自我表露不可不慎。但面对我们所爱、所共同生活的人，还怕什么，压抑什么呢？

你可能会说，因为你顾虑到对方才隐藏真正的感情。其实这种顾虑多半是为你自己。怕自己不像他所期望的那样"好"、"坚强"，或怕他不赞同你的感觉。这种不安全感使得你表面上尽力保持美好，努力作个理想丈夫或妻子。但是人并不是理想的，只是"人"而已。隐藏真正的感觉只会妨碍个人成长，阻止人达到相互了解，而这只有透过自我表露才能达到。

夫妇之间的沟通容易被忽略的地方，也最重要的部分是，表露美好的感情。当你为一些事情深受感动，或看到动人的一幕而大有感触时，就应该把它表现出来，在那种感觉消失之前把它表露给对方。这种积极的自我表露，就是把你美好的感受告诉对方，夫妻因此能分享更重要的感觉，彼此更加了解。

革除攻击与批评的恶习

每一次往来的沟通一定有它发生时的背景。我们已经知道，对妻子的外表非常相似的两句评语，在不同的情况下具有完全不同的意义——一个是严厉的贬损，另一个是共享的玩笑。一个例子是有关"失了魂"这个词的使用。当海利说，"嗨！失了魂了！"然后把潘梅拉下，和他并坐在沙发上，那么这就是个亲昵的字眼。但是如果她从市场回来忘了买他要的东西，他又这么一说，她一定会立刻反击。

罗莎爱开玩笑。多半时候她丈夫彬文很能欣赏她这个特性。

但是很不幸，她不懂得适度的节制。即使他正挂虑一些事情，像工作上的困难、抽屉里待付的账单时，她照开玩笑不误。可能只是想让他开开心，但是在这个时候，却使他觉得被瞧不起，居然把问题看得这么严重。本来是善意的帮助，反变成恶意的批评。

这些例子可能很琐碎，但是婚姻生活的绝大部分其实都由这些琐事构成。如果你不能在小事上和对方好好相处，必定引起更大的问题。如果你注意沟通时的情况，敏感一些，那么许多误解和不合就可以避免了。有时候情况很明显，就像潘梅忘了买东西回来。但是有些时候，你要读出对方的行为语言，真正的情况才会显出来。

试着去注意当时的情况，一开始你可能觉得别扭，甚至很愚蠢。但是如果你真正努力去注意，到时候这就会成为习惯，不需要特别去注意。我们多半有这方面的坏习惯，和一般人或夫妇间彼此交谈时，常常不顾当时的情况。通常我们改正或放弃任何坏习惯，都会有一段自觉别扭的时候。但是久而久之，所得的好处证明这还是值得的。

时间常常和情况有关联。当你注意到情况，并配合对方的行为语言，就可以开始安排时间，作一些比较深入的语言沟通。为了避免使自己陷入不必要、不愉快的正面冲突，你可以暂缓一下，等到恰当的时候再说。如果你想告诉你太太，她买衣服已经快把预算花光，就不该在她买了东西，兴高采烈地冲进门来时，破坏她这时的快乐。那只有在伤害之外再加上侮辱。

安排时间的艺术其实很简单。小孩子经常用，虽然使用的是消极的方法。懂事的小孩能了解父母的心情，直到他认为情况对他有利时，才去认错或要零用钱。在你愉快或轻松的时候他冲进来，小孩子有把握你会答应，来满足他；如果他掉了一只手套，他一定会选个有朋友在场的时候告诉你，因为别人在时你不太可能对他大吼。

　　许多人还是脱不了这个消极的、操纵的方法。长大以后人们发现，封闭婚姻的规条要求他们操纵对方，就像小时候操纵父母一样。然而开放的婚姻就没有这种要求。如果彼此可能坦诚开放地沟通，也就没有必要诱骗他顺着你的意思做。只要不妨碍对方，你有充分的自由随自己的意思去做。但是从积极的方法上来说，时间的安排仍然很重要。你善解对方的行为语言，不是为了选择最好的时机去操纵他，而是挑个最好的时刻，对问题做完全的、开放的讨论。在封闭的婚姻里，时间安排的艺术用得太多，来隐藏真正的需求；而在开放的婚姻里，却积极地用来增进坦诚沟通的机会。

　　语言沟通已经够复杂了，又因为我们没有清楚地表达，而增加了复杂的程度和误解的可能。有时我们话中另有其意。"今天你到洗衣店把衣服拿回来了吗？"玛莉问鲍伯，鲍伯实际上没有去拿衣服，玛莉根本多此一问。但是她真正要说的是："你为什么这么晚回来？"这家伙又没有去拿衣服回来！或者，和朋友聚了一晚后，鲍伯可能对玛莉说："爱丽丝可真烧得一手好菜，是吗？"当然他真正的意思是："你为什么不能换几样可口的菜？"

　　在这种情况下，有些夫妇可能了解对方的本意，但是这样很容易造成不友善的反应。当我们说的是一件事，想要表达的又是另一种意思时，多半带着批评的意味。说话之前先想想，确定那就是你真正想说的。如果直截了当地清楚表达，听起来很粗鲁或令人不高兴，最好不要说出来。另一方面，如果它是在反映一些事情，非说不可，那么暂时保留一下，等到适当的时候再拿出来讨论。

　　当然也有一些时候，你很生气或懊恼，非马上说些话不可。先不要作鄙俗的批评，话里带刺，或乱七八糟大骂一顿，直接说出事实："我现在很生气。"在你情绪烦乱的时候，比较不容易清楚地表达自己，也就很可能不必要地伤害对方，把事情搅乱。假如这个时候你一定要说些话，好解除压力，先从你现在的感觉开始谈，而不要先责怪对方的错。在许多情形下，对方会立刻知道他做了什么令你不高兴的事情，也会道歉。但是如果你一开始就攻击他。可能伤了他，那么他的自然反应不是防卫自己（即使知道他错了），就是反击。

我们这里所提的技巧是根据奇诺特博士在他的畅销书《父母子女之间》所提的沟通原则为范本。虽然他的观念在父母子女间广为盛行，但也可以用在夫妇之间的沟通上。他的原则适用于各个年龄，只要是两个人之间的沟通。奇诺特博士的指示（可以用一句简单的座右铭表示：看到的才说，感受到的才讲，但是不要批评。）是建立在尊重、体谅和他所说的对别人"精神上的款待"上。

如果你认为你丈夫浇花浇了太多水，如果你认为你太太倒酒倒了太多，千万别说："看这儿，亲爱的，应该是这样做。"听起来够清楚，甚至也很礼貌，但是实际上意味着你是对的，他是错的。只要是话中有话，你永远不能作清楚地表达。只要是话中有话，就可能引起另一种解释。其实你也不一定对，每一个人都可能偶尔犯错，因此应尽量避免批评别人。说："我通常只浇半壶水，你觉得需要多一点水吗？"如果他能有理由的话，这给他机会说："嗯，今天早上花枯萎了不少。"如果他毫无理由，这也不会伤到他。

当你的观点和对方不同时，"看到的才说，感受到的才讲，不要批评别人"这个技巧使你能够表达你的观点。主要是在避免责难和批评。如果你直接攻击对方，抨击他的判断和看法，你就是侵略了他的自我领域，而且也会招致反击。使用这些原则，使你为自己划定自我领域的界线，只要清楚表达你所想的、所感受的，同时避免直接的攻击，承认对方的自我领域。这需要耐心、技术和恒久的练习，但是如果你革除攻击和批评的恶习，我们相信你会发现，这能大大减少家庭的冲突。同时你正进一步给对方自我的充分权利。

另一种"谈你感受到的"方法的应用是关于更深入的感觉和情绪的沟通。我们强调有好的礼貌、遵循习俗，于是失去了感情的亲密语言。我们把它留给作诗填词的人去表达我们的喜悦、失意、绝望和高兴。虽然有一些人因为外向的人格，比较容易表达，但对大多数人，情绪的语言已经被牺牲在传统的祭坛上，现在更是深深埋在困窘的棺材里。

我们即使把感觉掩盖在表面下，感觉依旧存在，只是很少表达出来让人知道，除非在生气中爆发——那是到了我们已经不能自持的时候。男人尤其相信不应该表达感觉，认为这样就是没有男子气概。其实恰恰相反——有什么比害怕承认自己最深处的感觉更懦弱的？打倒困窘！它使我们不能说出真正的感觉。除非清楚地说出来，否则对方不可能知道我们的感觉。而且如果不告诉对方我们觉得如何，又怎能要求他尊重这些感觉呢？

同情与认同

有效的双向沟通需要掌握沟通的内容与目的，并学习以理性和感性的言语表达。基本上理性与感性的言语不同，感性的言语更具说服力和吸引力。这也是为什么我们先要用眼和心去听，再用耳去听。我们不应预存立场或抱持排拒的心理，应该尝试去了解沟通的内容。我们应该挪出充裕的时间，养足耐性，先去了解他人，并且不畏惧表达自己的感受。

要有效地表达自己的观点，先要清晰地了解对方的见解。

全神贯注、完全投入，且超越自己的执着，尝试以对方的观点来看事物，这一切需要勇气、耐性和内在的安全感。那意味着自我学习和改变，进入他人的意志，以他人的角度看这个世界，并不是人云亦云，而是要以他们的角度为基础，去了解他们的感受，这才是认同。

采取认同的态度，你愿意接纳别人，别人也肯定你在学习，是有可塑性的。记住，对他人产生影响力的关键，在于他人认为他们也可影响你。当我们学会倾听，先去了解别人，就会懂得如何沟通。

与其说沟通需要理解力，倒不如说必须信任与接受他人，接受他们的思想与感受。接受以下这项事实："他们虽和我不同，但从他们的角度来看，他们并没错。"

许多人际与企业间的沟通，都为社会价值所支配，强烈的社会规范常会让我们采取防备的姿态，受到社会和政治桎梏、受制于熟识的人、受制于形象、受制于想制造好印象、受制于变动不定的管理人甚至受制于敌人。

请问，你在家中和工作时，有多少时间和精力是消耗在防卫性的沟通中？有多少精力是花费在与配偶、子女和客户无关的事情上？例如内心的挣扎、部门间的斗争和私人间的冲突。多数人承认，百分之二十到百分之四十的时间和精力都浪费掉了。

我们通常会采取补救措施，这些方法一开始都相当引人注目，但不久就陷入泥淖。当政治手腕、防卫性沟通、人际斗争、部门竞赛、预存立场和私下操纵到处弥漫之际，新的构思自然没有生存空间。新措施提出不久，各种阻力就蜂拥而至。这种气氛日渐膨胀，会消减任何新的构思。

新的措施着重在如何改善沟通过程，训练大家倾听和清楚表达自己的观点。有的则偏重解决问题的技巧，以及如何培养有效的团队合作。这些立意良好的努力旨在创造合作的精神，但因为公司文化已变得很政治化，大家自然会反抗这些新措施。整个公司文化变得讽刺十足，每一次的新措施，都被看成是无益、唐突、片断的努力。慢慢地整个公司文化就瘫痪了，士气消沉。生存、薪水和安全的问题，支配了一切。因为工作本身已失去内在的意义，许多人只好在工作外寻找满足，人们保有这份工作是为了赚钱，让他们满足其他需求。

除非在组织内培养以原则为中心的领导，只改善沟通将徒劳无益。成功的基础在于人和人际关系，忽视这项基础，改善措施势将失败或撤销。有效的沟通建立在信任上，信任则是以信誉为基础的，而并非政治手腕。

第三十章　一加一等于三

集思广益是人类最了不起的能耐。它不但可以创造奇迹，开辟前所未有的新天地，也能激发人类最大的潜能。集思广益的中心就是一种合作精神。

集思广益的观念也源自一种自然现象：全体大于部分的总和。比如两块木头所能承受的力量大于个别承受力的总和，两种药物并用的疗效也可能大于分开使用之和。这说明一加一等于三，甚至更多这一道理。

不惜冒生命危险的行动

不管什么事，只要确定了目标，要想达到它，非常需要"合作者"。无论做什么事情，由一个人来完成，那是不可能的。有人予以合作，事情才有希望成功。

一位日本青年改革者这样描述他寻求合作的艰难。他说，我是以人寿保险为抵押才从银行那里得到资金的。对我来说，除了我的生命，再没有什么别的东西可抵押了。到了关键时刻还真打算从医院的楼顶上跳下来的。大概银行方面也未曾有过"以自杀为条件"的贷款之事。最终银行相信了我的热情和信念。他们相信我绝不会给银行带来麻烦的这种"诚心"，体察到我的精神准备，所以才贷款给我的。

每当我去银行商量事情的时候，我一定在早晨八点三刻到银行等候。从来也没有因任何原因迟到或遗忘过。我又在认真调查和准备的基础上，制定了一份滴水不漏、万无一失的全面的建立医院计划表。考虑到万一发生意外事故，为了不给银行带来麻烦，我参加了巨额的人寿保险。我就这样把我要开办医院的热情和信念，用这种形式向对方表达出来的。

对我这样既没有资金，也没有抵押品，又没有担保人的人来说，除了用这样的行动使对方理解我以外，再没有别的办法让对方了解我的决心了。由于我豁出命去干，我的信念使对方理解了。这样，银行的分行行长才不怕丢自己的脑袋，大量贷款给我。

而我之所以能拼命到这个程度，正是在我的心中有了必胜的信念。我坚信：一定能做到，一定能成功。由于这种自信，我才敢于向超过自己实力一百倍的目标挑战，千方百计地去完成它。

从此，我便树立了这样的信念：只要自己坚信事在人为，并付诸行动，就必然产生奇迹。

当建院的用地有了指望以后，我便开始筹集资金。为此，我跑了二十多家银行进行交涉。可是对我这样既没有抵押品也没有保人的人，无论哪家银行都是不予理睬的。有的银行对我的话，连听都不听。若是一般人，到了这个地步，大概就死心了。然而我相信会出现奇迹，并不罢休。银行是不会轻易地把钱借给我这样身无分文的人的。每当我被银行拒绝时，精神反而更加振奋。过了几天，一如既往地又去那些先前被拒绝过的银行进行交涉。

与当年为了考取大阪大学医学系的考试生活相比，天天跑银行算得了什么呢？

德之岛的老前辈、上一代艺人朝汐和柔道馆的创业时期的奇才德三宝，他们为了争得国内冠军而进行奋斗，与他们艰苦奋斗的精神相比，我既没挨踢，也没有挨打，仅这一点，我还是幸运的。我这样想着便去银行，举行了一小时以上的"单独演出会"。

对我来说，唯一的财产就是一个"诚心"。要让这个眼睛看不见的东西能使对方看到它，只有行动。我只有把自己所有的一切毫无保留地让对方了解，除此之外，别无他法。

道理，自己也明白，可是每天都要去拜访那些没指望的银行，也是一件苦差事。受到银行的冷遇，迈着沉重的脚步往回走，心情被徒劳感所攫住，味同嚼蜡一般苦涩。这时，让我又从徒劳感中解脱出来，振作精神，再次登门去拜访银行的力量，正是来自我的信念："事在人为"起了作用。因为是它使我从高考应试生活开始，将不可能变为可能的。我认为正是有了这个信念，我才百折不挠地去跑那些没指望的银行的。

信念能感动人，这是事实。而且这时的"人"，既是自己，同时又是别人。连自己都不相信的事，怎能让别人相信呢？自己都不受感动，怎能让别人感动呢？我已经说过多次，没有行动的信念不是信念，它只能是一种自负。只有自己工作、拼命努力、全力以赴，用这样的精神才能打动别人的心，这时别人才能为自己出力。

当我从医疗金融贷款机关借来筹建医院的资金时，情况也是一样。

我用银行通融给我的资金买下地皮以后，下一步就是借资金建造医院，于是立即同医疗金融贷款机关进行了交涉。

我是什么事情都竭尽全力去办的人。譬如说，贷款机关的职员说要来看地皮，我不是在现场恭候，而是去贷款机关的门口迎接，陪同他，一路上不怕磨破嘴唇地讲啊讲啊，推销自己。说推销自己，虽有语弊之嫌，但对我这样既无资金也无实际成绩，又无后盾的人来说，除了让别人了解我这个人，了解我的思想的热情外，还能有什么办法呢？

当时，医疗金融贷款机关的贷款限额为八千二百万元。我当然申请了满限额的贷款。可是当时贷款有条件，那就是"凡通融五千万元以上的医生，必须具有十年以上医龄"。条件是严格的。要给未满十年医龄的医生提供贷款，还没有"先例"。

　　我毕业于大阪大学医学系还只有八年时间。我极力对他们说："我的医龄的确只有八年，这是事实，可是我一年之中没有休息过一天，一个星期里，我有六天住在医院里给患者看病。所以，跟一天只以八小时时间为患者看病的人相比，经验要多三倍，不信就请调查吧！"

　　我极力说明：我一天工作十六小时以上，那么一年三百六十五天的工作时间是五千八百四十小时。一般情况是除了星期日和节日，一年的实际工作日为二百六十五天，按每天八小时工作计算，实际工作时间是二千一百二十小时。那么我医龄虽是八年，如按实际工作时间进行换算的话，我的临床经验何止是十年，二十年也绰绰有余，这可以到我工作过的任何医院去调查。

　　然而除此之外，还有问题。要想真正建立一所急病急救、医疗体制齐备、能为患者治病的理想医院，最好有三百张病床。可是根据当时的力量，只能容纳八十张病床。于是我就根据这个数字提出申请。可就是这个数字也被卡住了。对方说："初建医院，贷款限额是四十张病床的建院费。要一下子搞八十张病床，可没有先例。先办一所拥有四十张病床的医院，有了实际成绩以后再逐渐扩建。我们都是这样指导的，因此，德田先生你也那样去做吧！"

　　可是，作为我的医疗思想来说，这八十张病床是最低限度了。我耐心地向对方做了说明。我列举了精密的数据，即将该地区的人口、现有的病床数、不足的病床数的比率以及往市外送急诊患者的实际情况等详细的资料拿出来给他们看。从而说明：如果再减少病床，那么病床马上住满，急诊患者无法住院，这样对医院的经营管理也非常不利，连急救人员都不能满足。

　　以上这些话与其在贷款窗口讲，不如在往返的电车上讲效果更好。不久，负责贷款的人不知是理解了我的诚意还是怎么的，口头上虽说没有先例，但我说的话他多少能听进去一点了。还替我出了不少主意。

首先对贷款的限额问题，他认为如果申请八千二百万元，那么银行审查时肯定通不过，那就有前功尽弃的危险。所以要我减掉两千万元，申请六千二百万元。这样，也已经打破了医龄在十年以下者为五千万元的这个"先例"。另外，他认为可以将医院的房子造得大一些，但关于病床问题，要我的报表上申请六十张病床。不仅如此，负责贷款的人还亲自给我修改了在报表上填写得不完备之处，以防审查时出现麻烦。

结果，贷款机关本部独自决定多贷给我一千万元，和大阪支店贷给我的六千二百万元加在一起，我借到了总共七千二百万元的资金。

这个日本青年的经历说明，要想成就一桩大事，没有他人的合作是不行的，而要赢得合作又是多么不容易。

赢得合作的关键

你的工作要得到别人的支持而不是反对，必须唤起别人合作的愿望，使他们直接或间接地看到自己的利益。人们都希望得到赏识，但这并不意味着可以通过奉承获得他们的合作。人们想要得到的是这样的一种赏识：承认他们正在做的工作是很有价值的，是值得花时间和精力去做的工作；他所做的事情，对他的人生旅程非常重要。

得到最佳合作的关键，是给予人们与他们才能相称的、有意义的工作，并且承认和肯定他们迈出的每一步。这就证明了这一事实：要不断地得到合作，就必须让人们做有意义的事情。

今天，大量工人不安心于本职工作的原因，是由于他们被迫去干低于人类应该干的工作。如果一个人的工作可以由机器来做，并做得同样好的话，那么，要他对自己的工作感到欣慰，那是很困难的。

当然，合作有着不同的等级。如果你善于运用心理学，你甚至可以得到从事次要工作的人员的合作。要做到这一点，应使他们认识到他们所做的工作与自己的幸福和前途是密切相关的，也可以借助于竞赛和奖励这类方法。

人们如果喜欢你，当你要求他们合作时，就易于得到他们赞同，因为喜欢你，就不会怀疑你的动机。有的时候，和你一道工作的雇员帮助你，仅仅是不忍看到你处于困难的境地，这种境地威胁着你的个人的幸福，而你急于摆脱它。

人们因为喜欢你而与你合作，所举的理由并不总是很讲得通的，但是人家既愿对你效力，你又何必多追究呢？

在人的本性中，有许多共同的品质和习惯性反应。他们在生活中，有很多相同的需要；他们用许多相同的方法，以表示他们的友好、真诚和对同情的理解。由于这些共同点，我们完全可以通过一些可行途径，来促进大多数人的合作。

这种能赢得别人合作的与人交往的方法，简单得出乎意料，以致总是被人们所忽略。人们没有任何理由不使用它们，除非妄自尊大或十足的愚蠢。

例如，这些做法是理所当然的：任何人与别人打交道时都应该表示友好，即使彼此间曾发生过某些不愉快的事，也应该如此。同时，除了用同行相见时拍拍肩膀，或捏碎骨头似的紧紧握手，以表示特别亲热之外，在与人相遇时，对任何人都可以致以亲切的问候和诚挚的敬意，表现出真诚的高兴。这样做有两方面的效果，一方面，对你自己有好处，说明你很有教养；另一方面，也创造了一种有利于合作的气氛。如果你这种友好态度是一贯的、持久的，人们同样会对你报之以友好。

还有一种简单的方法，就是避免无谓的争论。请记住：辩论很少能使人保持理智，它往往变成感情用事和丧失理性。没有人希望在辩论中失败，正因为如此，辩论才成为一场争夺。你可以因为赢得一场辩论而建立自己的威望，但如果你是以伤害别人的自尊作为自己胜利的代价的话，你就在你通往成功的道路上，为自己设置了一道人为的障碍。

反应迅速、能言善辩的人，往往通过践踏别人的自尊心来表现自己的能力。这种人恰恰会造成一种对合作不利的气氛，迫使别人赔礼道歉，要别人公开声明自己是错误的，打击别人的同时抬高自己。如果你想建立一支有效的公司"团队"的话，这些过失是必须避免的。如果这些过失是由于漫不经心而造成的，则更应受到指责，因为这样做违反了一条基本原则：任何人，都应该受到作为一个人所应该受到的尊重。

你是你自己世界的中心，你的同事也是他自己王国的国王。他可能会对你感兴趣，但这种兴趣很难与他寻求自我保护和对自己幸福的关心相比。如果你要想争取别人和你一道工作，你就必须考虑到这一点，设法使他成为人们注意的中心，或者显得引人注目。哲学家约翰·杜威说："希望得到重视，是人的本性中最深沉的迫切要求。"

为了得到一个人的合作，你首先必须从他的角度和观点观察事物：什么是符合他兴趣的？是否有他感兴趣的事因合作而受到损害？如果从他那方面看有明显的异议，你准备采取什么措施来改变这种状况？

在准备与他交谈时，要考虑好你的方法，谈论他所关注的问题，同时使他与你共处整个事物的中心位置。

用任何道理对一个人说明他对一个企业或一项事业的重要性，讨论和说服的手段是绝对不可缺少的。不成熟的讨论往往引起争吵，这对谋求对方的合作来说，是最为恶劣的气氛。重要的是要养成这样一种习惯：在某一特定情况下要设法找出并强调彼此的共同兴趣和利益。应该坦率地进行这种讨论，面对现实，毫不掩饰困难。但是，讨论的重点应该放在对他有吸引力的方面，而不是困难方面。

除了强调共同的利益之外，往往还必须采用说服的手段，才能使人同意与你合作。在这种情况下，推销工作的技巧将被证明是有效的。一个推销员，总是用生动的语言说服他的听众。通常，他从描述一种听众生活中所缺乏的、很想弄到手的东西入手，接着，他告诉听众怎样做才能达到这个目的，或者说，如果按照他指出的办法行动，你的要求就将开始得到满足。最后，推销员鼓励他的听众按他的建议行事。

要达到上述目的，这个推销员必须了解激发人们采取行动的基本因素。如果他打算获得明显的效益，他还必须了解他打交道的特殊对象。

尽管你的上司是一些普通领导者，你总是他们的一个部下。作为部下，有一条当部下的良好规范：即如果你当上了领导，你希望你的下属如何对待你，你便如何以此对待你的上司。

作为上司，你对你的下属会要求什么呢？你的要求将会形成一张相当长的思想、特点、品质的一览表——如忠诚、可以信赖、聪明、好学、合作、主动、不屈不挠，可能还有很多很多。假如你的表现在某种程度上可以说已具备了这些品质，那么，你将会与你周围的人很好地合作，有效地工作。

当部下的艺术和当领导的艺术一样重要。一个人在上升到领导职务以前，具备当部下的艺术是必要的。

热衷于对企业领导以及这些领导者的动机、能力加以冷嘲热讽，是目下的时尚。但是，任何一个明智的人只要稍加思考，就会觉得把所有的企业领导者都混为一谈，都装进一个模子，并且从中引出一般性结论，那是很无知的。

企业领导者，像政治家、教士、医师和机械工人一样，都是人。他们绝大部分是正直的、可以信赖的，否则，就不可能成为领导者。当然，在大量的苹果中，总有一些是烂的。问题在于，少数人的罪恶，不能归咎在大部分人身上。不应该因为某些高级经理应当受到谴责，而对作为一个"团队"的高级管理部门采取不尊重的态度。

在一个理想的世界里，所有的高级领导者都将流露出友好的神情和鼓舞人的目光。不幸的是，目前的世界并不是理想的。有些人发现自己正为这样一些上司工作，就像尼采曾经说过的：他们是有人性的，而且是"太富于人性了"。

他可能容易发脾气，或是只要他的拙劣的构想和计划出现错误，就要归咎于别人。或许他是这种类型的人：认为自己是天下仅有的一个勤快人和能人。

同这种人打交道，最好的方式是设法引出他的好的品质。并且尽可能使他抑制自己令人不快的品质。这些方式应该包含一些强有力的得体的幽默，少许无恶意的恭维话，提供他料想不到的帮助，发现一个共同的业余爱好或文娱兴趣。

还可以表现出对他寄以最好的期望，让他明白，你不希望看到无礼、虚荣心或其他不受欢迎的品质。通过沉着地拒绝接受他平日表现不好的品质，你会在他脑子里留下这样的印象：你希望他有一个什么样的形象。结果，他很可能努力使自己具有这种形象。极少数人会顽固到这种程度，对来自别人建议的压力毫无反响。

归根结底，主要取决于我们自己。人们给一个好的领导者下的定义是：他了解所有的在他上面的和在他下面的人们，并且热爱他们。

努力帮助我们周围的人取得进步是重要的，但发展我们自己更为重要。如果我们逐渐加重我们的职责，使我们随着时间流逝，变得更聪明、更有本领，为建设公司做出贡献，那么，我们将会发现，我们的企业生活会更有意义、更有价值。

许多人似乎是领导别人的权威，但是，有些问题恰恰就发生在他们身上。对某些人来说，也许是权力冲昏了他们的头脑。有些人，则因为对下级的工作负有责任而提心吊胆。不论是哪一种情况，如果他不学会怎样推动他的工作人员，就将损害他最终成功的机会。

下面是与下级打交道时应该遵循的简单的规律：

1. 清晰地说明所要达到的目的。在一个企业班组共同进行建设性工作之前，班组中每个人都必须了解工作程序，并且必须了解应该做好哪些工作才能取得胜利。所以，这些重要情况都必须向下级阐明。

2. 下达明确的指令。当你指挥一个下级做某件事情时，应同时将做好这项工作所需要的全部信息告诉他。请记住，他不可能阅读你的大脑，而且他也很难准确地猜测出你没有说出的情况。所以，你如果一开始就给他以清楚而完整的指令，将会节省许多时间，并节约公司很多资金。

3. 要大力赞扬。许多雇主抱有这样一种看法：对工作的报酬，只要付钱就足够了，而且雇员对公司的感激，是因为他们拿了公司的工资。这显然是错误的。大多数工作人员认为，他们已赚得了付给他们的工资，而他们也付出了自己的劳动，他们除了付出雇主支付了工资的工作时间外，不必向雇主再付出任何东西。当这种观点存在于雇主和雇员之间的时候，是很难造成最佳的合作气氛的。

雇主与雇员正确地打交道的方式是：对他们所做的工作付给公正的报酬，并对他们为你所做的一天辛勤工作表示感激，大力赞扬他们。赞扬，是一种几乎到处都可以找到肥沃土壤的种子。在接受赞扬的人身上，自尊心绽开鲜花，为了受到更多的赞扬，他们会更出色地工作。

给别人赞扬不需要消耗任何东西，但收效常常是无法估价的。

4. 要绝对地诚实和值得尊敬。必须使你的下级完全信任你，否则，你永远不可能在处境危急时得到他们真诚的合作。所以你必须光明正大地同他们在一起，不能有特殊的宠爱，不能有不公正的欺骗。最重要的是，你永远不要传播有关同事的流言蜚语，你应该劝阻"揭隐私"，你应该赏罚分明。

一个领导者对待工人像对待同事一样——他们是同他一道工作，而不是为他工作——就能在工作关系中处于有利地位。他的全体职工将永远不会指责他忘记了工人也是人，或者说他对待雇员就像对待机器一样，正相反，他们会认为自己是企业中的合作者，是企业班组中的成员。

集思广益，众志成城

合作的最高境界是人人都能参与的工作和管理，大家为企业的发展出谋划策、拼命工作，形成一种集思广益、众志成城的新局面。

领导学大师柯维认为集思广益是人类最了不起的能耐。集思广益不但可以创造奇迹，开辟前所未有的新天地，也能激发人类最大潜能，即使面对人生再大的挑战都不足惧。

集思广益的观念源自一种自然现象：全体大于部分的总和。有些不同种的植物生长在一起，根部会互相缠绕，土质因而改善，植物也比单独生长时更为茂盛。两块木头所能承受的力量大于个别承受力的总和，两种药物并用的疗效也可能大于分开使用之和，这说明一加一等于三，甚至更多。

要形成集思广益的局面，一个领导者必须有宽广的胸襟和气度，能够容纳异己、博采众长。

洛克菲勒就有这样的胸襟和气度——当然，是在发财的前提下。

他从敌人当中选出最有生存竞争力的强者，并吸收到自己的阵营中。美孚石油公司的高层领导者中，大都是由这种先成敌人再成为伏兵的强者组成的，这个阵容不断得以巩固。他在产油地区埋下的第一个伏兵就是亚吉波多——一个曾经激烈反对过洛克菲勒的人。一天晚上，亚吉波多在家中宴请同行业的企业主，这时他可发挥了他的伏兵作用。

"怎么样？我也在考虑，今后在这种地方进行独立经营是越来越困难了。"大家都陷入了沉思，亚吉波多说出了这种明显为美孚石油公司的垄断合并帮腔的话。

"你们看看，他们不是一个个都相继倒闭、破产了吗？如何？要不要和我一起做做这种过分的事？"

后来，亚吉波多又在泰塔斯维成立了艾克美（ACME）公司，帮助洛克菲勒收购同类行业的股票……

亚吉波多不久就被提升为美孚石油公司的副董事长，在洛克菲勒退休后，便出任了第二任董事长。

身为领导者，必须能够不受细节或感情的束缚，要凡事包容。如此，才能揽到各种人才。如果能更进一步地使这些人才适得其所，那么功效就更大了。

在中国的春秋时代，有位霸主齐桓公，他的成就靠的是宰相管仲的辅佐。但管仲曾因王位继承的问题与他作对，甚至刺杀齐桓公未成。因此齐桓公即位时，曾想惩罚管仲，但后经鲍叔牙的劝说"大王若想称霸天下，就得起用管仲"，而终立管仲为相。管仲为报齐桓公的知遇之恩，在政治上大展才华。不但使齐国兵强国盛，更使齐桓公得以称霸天下。

如果齐桓公对于曾经和自己敌对的人，缺乏包容之心，又不肯接受鲍叔牙的忠言，或许就不会有日后的成就。正因他能够包容管仲，并将政治的实权交给管仲，这种开明的做法，为他带来了日后的大业。

丰臣秀吉说："织田信长是一位伟大的人物，可是对于敌人，他不但憎恶他们，更用严厉的手段报复，因此才会有明智光秀的叛变。但我对于曾经和我为敌的人，只要他们肯归顺我，我会不念旧恶，反而诚恳地对待他们。所以，我能够很快地平定天下。"

仔细想一想，如果对于敌人不能够包容，会使他们认为，"反正已走投无路，只好殊死一战了"。反之，如果有"投降仍能得到礼遇"的保证，那么对方就不会考虑作无谓的困兽之斗了。所以不但对于自己的敌对者如此，就是对于和自己有不同嗜好、主义或主张的人，也要有包容的心。

"宰相肚里能撑船"，一个经营者必须有凡事包容的胸襟。

一位优秀领导人随时都应敞开胸怀、集思广益，接纳一切稀奇古怪的想法，同时也贡献一己的浅见，乍看之下，这似乎把确立的目标弃之不顾，其实正好相反。在沟通之初，谁也没有把握事情会如何变化，最后结果又会如何。但安全感与信心使你相信，一切会变得更好，这正是你心中的目标。

很少人曾在家庭或其他人际关系中体验过集体创作之乐，反而习惯于多疑闭锁的个性。这常造成一生中最大的不幸——空有无尽的潜力，却无用武之地。

一般人或多或少有过"众志成城"的经验，例如一场球赛暂时激发了团队精神；或是在急难中共同发挥人溺己溺的精神，挽回一条生命。不过，这些通常都被视为特例，甚至奇迹，而非生活的常态。其实这些奇迹可以经常发生，甚至天天出现。但前提是必须勇于冒险，肯博采众议。

领导者要让每一个人的头脑都激荡起来，各抒己见、畅所欲言，这样才能体会到意想不到的效果。柯维以自己生动的事例说明了这一点。

他说：我永远忘不了曾教过一班大学生，课程名称是"领导哲学与风格"。记得开学三周左右，有一位同学在口头报告中，坦白道出自己的亲身经验，内容相当感人而且发人深省。全班都深受感动，十分佩服这位同学的勇气。

其他同学受到影响也纷纷发表意见，甚至对内心深处的疑虑出毫无保留，那种信赖与安谧的气氛令人前所未有的开放。原先准备好的报告被搁置一旁，众人畅所欲言，展开一场脑力激荡。

我也完全投入，几乎有些浑然忘我。我逐渐放弃原订的教学计划，因为有太多不同的教学方式值得尝试。这绝不是突发奇想，反而给人稳当踏实的感觉。

最后，大家决意抛开教科书、进度表与口头报告，另订新的教学目标与作业，全班兴致勃勃地策划整个课程内容。又过了大约三周，大伙强烈渴望公开这一段经历，于是决定把学习心得汇集成书。大家又重新拟定计划、重新分组。

每位学生都比以往加倍努力，而且是为另一个截然不同的目标而努力。这段历程培养出罕见的向心力与认同感，即使在学期结束后仍然持续不衰。后来这班学生经常举行同学会，直到现在，只要我们聚在一起，对那个学期的点点滴滴仍然津津乐道。

我一直很好奇，为什么在极短的时间内，这班学生就能够完全互信与合作。据我推测，多半是因为他们已是大四下的学生，个性相当成熟，对精彩的课程不再感到新鲜。他们渴望的是有意义的新尝试，所以那门课的转变对他们而言可谓"水到渠成"。

此外，身为老师的我也适时提供了催化剂。我认为纸上谈兵，不如实战演练，与其追随前人的脚步，不如另辟蹊径。

当然我也曾经与人合作失败，弄巧成拙，相信一般人都不乏类似的经验。只可惜有人对失败念念不忘，再也不肯作第二次尝试。例如，某些主管为了少数害群之马，而订定更严厉的法规，限制大多数人的自由与发展。又好比企业合伙人互不信任，借严密的法律条文保护自己，反而扼杀了真诚合作的可能性。

回顾过去担任顾问与教学的经验，我发现只要肯鼓起勇气，诚恳地言人所不敢言，总会获得相对的回馈，集思广益的沟通于焉开始。在热切的交流中，纵使话不成句，思路不连贯，也不会构成沟通障碍。如此得到的结论，有些固然不了了之，但多半能发挥不容忽视的力量。

我曾经与全体同事一起拟订公司的使命宣言，留下了相当美好的回忆。

我们齐集于山间，浸淫在大自然的美景之中。起先，会议进行得中规中矩，等到自由发言时，却百家争鸣，反应极为热烈。只见共识逐步成形，最后形诸文字，成为这么一则使命宣言：

本公司旨在大幅提升个人与企业的能力，并且认知与实践以原则为中心的领导方式，达成值得追求的目标。

又有一次，我应一家大型保险公司之邀，主办当年度的企业会议。与筹备人员初步交换意见后，我发现以往的筹备方式是，先以问卷调查或访谈形式设定四五个议题，然后由与会主管发表意见。通常会议进行得井然有序却了无新意，只不过偶尔出现相持不下的激烈场面。

经我强调集思广益的优点，他们尽管有些不放心，仍同意改变形式。先由各主管以不记名方式针对主要议题提出书面报告，然后汇集成册，要求主管在会前详细阅读，了解所有的问题与不同的观点。如此一来，会议的重头戏不再是批评与辩护，而是聆听与集思广益。

在两天的会议期间，第一天上午，我们研习本书的准则四、五、六，其余时间则专注在集思广益的讨论上。会议不再令人感到无聊，人人都表现得很积极。到了会议的尾声，经由脑力激荡，大家对公司面临的主要挑战有更深一层的认识，所有的意见都受到重视，新的共识逐步成形。

一旦体会过集思广益、众志成城的个中滋味，眼前便会呈现一片崭新的天地，人也仿佛脱胎换骨。而且更加确信，未来还会有更多这类扩展视野的机会。

威力无比的智能坦克

为了实现集思广益的领导原则,一些大企业专门设立了战略参谋部。

这种战略职能组织就是处于企业内部,却能像置身企业之外的具有强烈客观性和独立性的职能机构,是企业实行战略管理的具体工作部门。它具有肩负企业命运的责任精神,既是企业战略管理的中枢,能够统筹全局、策定战略性行动方针,也有足够的力量,促使战略行动和计划方案的贯彻落实。

日本著名咨询专家大前研一对企业的战略职能部门有着独到的见解,他说:"对企业和公共事业机关来说,为解决重大决策问题而设立的班子,既不是智囊式的宏观通论者,也不是'老黄牛式'的埋头苦干者。这个班子应当由一些解决问题的专家组成,他们懂得怎样提出问题,怎样解决问题。设立这种决策班子的目的,不单单是为了取代现存的只知空谈不解决问题的闲置机构,更要成为企业最高决策人的真正战略参谋部。"同时,大前研一还提出了一个"智能坦克"的概念,要求战略职能部门具有帮助公司在市场竞争中冲锋陷阵的特殊素质。

正因为企业战略职能部门具有如此的特殊作用,世界上许多公司(尤其是大公司)都纷纷设立自己的"智能坦克",以适应日趋激烈的市场竞争。日本在 70 年代和 80 年代两次掀起"思想库热"。第一次是 70 年代前半期,现代思想库在日本社会上大量涌现,但企业自身建立思想库的则很少。第二次则是 1985 年以后,由于国际竞争风起云涌,日本公司迫切需要思想库的"参谋",许多企业创立了"公司思想库"。公司思想库的使命,主要是研究本公司的市场战略、开发新产品,并且提高本公司的信誉,如成立于 1975 年 5 月 31 日的日立综合计划研究所,就是旨在为公司的宏观和微观问题提供决策研究和决策咨询。日通综合研究所是日本通运公司的子公司，其创建目的是为了从理论与实践上研究发展流通经济，改善物资流通，降低物流成本，提高流通效益，开发流通技术等。

企业战略职能部门的设置大体有如下几种情况：

战略管理委员会：由企业高级管理层和各部门、各子公司经理组成，对企业实行战略决策，协调和推进战略管理工作。

具体战略职能部门：配备专门人员具体承担战略管理的运行和操作，并对整体战略和职能分战略进行检验、监督和指导。

类似于社会咨询顾问机构的公司思想库：其业务范围更广，对人员要求更高。

一般来说，企业经营管理实务的推动，主要依靠能力与经验，而企业经营的战略决策，更需要智慧与学识。这就对企业战略人才提出更高的要求。

企业在研究解决重大问题、实行战略管理过程中，除了充分发挥本公司战略职能部门的作用外，还要注意加强与社会管理咨询顾问机构的联系和沟通。通过与他们的合作，得到高质量、深层次、综合性和实用性强的咨询服务。

聘请顾问是国际惯例之一。管理咨询在国际上被公认为是第四产业，即以生产和销售规划、方案、设计和决策等智力产品为特征的高科技产品。

所谓管理咨询，是指由受过专门训练和具有资格的专家为各种组织机构提供专业化咨询服务。这种服务完全是以一种客观和独立的方式进行的，旨在帮助客户发现和界定在管理上存在的问题，并对这些问题进行科学而又中肯的分析。在此基础上提出解决问题的最佳方案，并且当有要求时，参与对解决方案的具体实施工作。

发达国家的管理咨询业相当发达。世界著名的智囊团美国兰德公司（Rand）正式成立于1948年5月，是世界上最早出现的多学科的综合性智囊机构。"兰德"是英文中"研究"与"发展"两词的缩写。该机构在组织上不依附于任何部门，并有确定课题的自主权。兰德公司除了有500多名研究人员以外，还从大学和研究所聘请了700多名博学多识的教授和专家担任顾问。该公司成立40多年来，每年发表数百篇研究报告，为美国政府及有关单位提供最迫切的、亟待解决的政策建议，其中许多研究成果被采纳。美国政府给予其高度评价，赞誉"兰德公司对公共事业做出了独特的贡献"。

目前，美国有各类管理咨询公司1万多家，年收入超过数十亿美元的就有十几家。其中有专门向美国《幸福》杂志排名前500的企业和政府机构提供咨询服务的全国性大型管理咨询公司，如麦金时公司、鲍兹·阿伦和汉米尔顿公司等；也有专门解决科技难题和应付挑战的思想库、智囊团，如兰德公司、斯坦福国际研究所等。

美国的经济发达与其管理咨询业的发达是密不可分的。咨询顾问公司以其特殊的功能，在企业战略管理中发挥着重要作用。管理顾问也许不能马上为企业带来明显的经济效益，但是它在提高企业领导的管理水平和职工的业务素质，增加企业知名度和无形资产方面会长期发挥作用。特别是管理顾问的以下作用是企业家所不能替代的，包括：

1. 提供独立的和不带偏见的判断。

2. 提出全新的观念和新鲜的方法。

3. 拥有对问题进行诊断并提出解决方案的能力。

4. 拥有一般人所没有的独特技巧。

5. 作为对现行工作人员和管理技巧的一种补充，减少了决策的风险和压力。

6. 为整个系统注入了新的战略，培训职员并提高企业的管理水平。

管理顾问机构能够站在聘请公司最高决策者的立场上，统筹战略全局和企业内各部门的经营活动，预测来自外部的威胁和机会，拟定针对性策略，通过改善公司的管理效能最大限度地获取经济效益。正因为如此，国外许多公司为了取得客观、公正和独立的咨询意见，喜欢聘请外部顾问，即专业化的顾问公司来对其企业发展进行咨询论证。一些著名的公司一般拿出 10% 的预算金来聘请管理顾问。这说明国外企业进行经营管理，十分注重集思广益。

美国通用电器公司的主要事业有电机、发电站、喷气式发动机、住宅建筑等。该公司在 60 年代中期曾一度陷入困境，当时的年销售额只有约 50 亿美元，销售额和收益 5 年间停滞不前，且利润率也很低。以擅长公司诊断、解决公司的经营战略和组织效率等问题而著称于世，规模宏大的国际咨询公司麦金时公司，与另外一家著名的波士顿咨询团通力合作，使该公司走出了困境。

他们首先对通用电器公司进行诊断。综合分析后，发现存在如下问题：

1. 经营混乱、管理不周，该公司有 25 个事业部和 110 个经营部门设置不合理。

2. 过分重视投资多、风险性大的大型项目。

3. 缺乏中期计划。

4. 生产线负责人只热衷于短期盈亏。

在此诊断分析的基础上，他们提出了改善通用电器公司战略行动计划的一系列措施：

首先，改组该公司的组织结构，取消 25 个事业部和 110 个经营部门，增设 43 个战略事业集团（SBV）。

其次，严格进行产品构成表平衡管理（PPM），并将这种方法用于中期战略规划。

再次，实行计算机、广播电视设备领域的"战略撤退"。

此外，新开辟组合式建筑和电子医疗器械事业。

经过双方的共同努力，通用电器公司的销售额翻了一番，达到115亿美元，盈利也创历史最高纪录，达到5.9亿美元。不仅新开辟的组合式建筑、电子医疗器械事业得以发展，且原有的原子能、喷气发动机等事业部门的效益也明显提高，整个经营状况发生了根本性的改善。据美国《幸福》杂志排名，通用电器公司在1987年美国50家最大的公司中居第6位，销售额为395.31亿美元，利润为29.15亿美元。

日本实力雄厚的野村综合研究所，是日本规模最大的、在国内外享有盛誉的民间咨询研究机构。该所的主要业务是战略决策咨询服务，为日本公司的全球出击立了下了汗马功劳。该所对日立制作所的研究和服务就是突出之例。

创立于1910年的日立制作所经过半个多世纪的创业岁月，发展成为世界闻名的大公司，产品行销世界许多国家和地区。这样一个公司从小到大、从弱到强、从默默无闻到享誉全球，其成功之道是世人感兴趣的问题。野村综合研究所的上野明先生对此进行了专题研究，完成了《日立制作所的研究》专题报告。他在报告中认为，促进日立成长发展有五大支柱，这就是：充满青春活力；研究开发费用超过设备投资；靠人才开发来培养后继人；重视财务战略的坚实经营；指向综合经营特色的产品战略。

聘请顾问，借用外脑来发展自己，决不仅仅是大公司要考虑的。在现代社会经济活动中，公司不论大小都处于日益激烈的竞争之中，公司不论大小都要实施致力于长期生存发展的战略。因而，对于那些没有力量建立企业思想库的中小公司来说，接受外部社会管理咨询服务，是其避免失败并迅猛发展、快速成长的有效途径。

第三十一章 做一流公关领导人

一位优秀的领导人必须是建立个人与公众联系的高手。他必须使自己在群众中享有声誉，否则，他就不能使他的成就散发光芒。

一位领导人，如果要使他的成就得到公认，他就必须坚持不懈地致力于向任何值得联系的个人或组织扩大这种公认的范围。只有这样，他才将获益匪浅。

一句话，一位一流的领导人，必然是一流的公关人，他当然深谙其中的艺术操作。

要得到公认，应该做什么

一个有雄心的领导者，必须使自己在群众中享有声誉，否则，他就不能使他的成就散发光芒。朝着企业成功的高峰攀登，每一次只能登上一个阶梯，如果在登上一较低阶梯之后就将它扔掉——就是他的外迁或成就没有被记载，而是被遗忘了——那么这部阶梯就会变得越来越不牢靠。

一个企业家所抱的目的之一，应该是要使他的成就得到公认。如果他是明智的，他就应该坚持不懈地致力于向任何值得联系的个人或组织扩大这种公认的范围。这样，他将获益不浅。这也就意味着，一个企业家，必须是建立个人与公众联系的行家。

大多数人认为，建立与公众的联系是一种社会活动，它的唯一的目标，就是为一个企业或公司赢得信誉。他们所说的公众是：股东、雇员、主顾、可能赢得的主顾、同一地区的居民、团体、供应商、政府部门以及其他与公司有关的团体或个人。

从广义上说，建立与公众的联系，对于那些希望获得并需要获得声誉和公认的个人，也具有同样的意义。他的公众，应该是那些由于这样或那样的原因他必须对他们施加影响的人：他的雇主、他的同事、他的同行、他的主顾、可能赢得的主顾和他的邻居等。就像他体现出的企业形象或个性可能有助于他的成功一样，一切对他的成就的有利的公认，也将有助于他的成功。

因报纸、杂志、电视和广播的宣传而获得名声，是一个人得到公认的一种形式。但是，这种宣传，绝不是他可以获得的唯一有效的公认。一个人的行为被公认，可以通过因为显著的成功而获得各种形式的嘉奖来取得。例如，公司的官方奖励、为一个企业团体发表演说而得到的感谢奖等等。也就是说，公认有多方面的内容。

一个人要得到公认，就必须以理应得到公认的方式进行工作。如果你没有取得成就，没有这种成就为你建立公众关系的努力添加能量，那么，他所得到的任何公认都将是短暂的，不可能予以扩散的，也是不会产生持久的效果的。

首先，我们必须考虑要得到公认，应该做些什么。

大多数成功的企业家都认为，在我们的经济生活中，应该为自己创造机会。美妙的事情并不是碰巧发生的，而是人们使它发生的。用一句与建立个人—公众联系有关的话来说，这就意味着：只有当你决心要做这一工作时，你才会采取有利于自己得到公认的行动。就像那些值得我们花时间和精力去达到的目标一样，这也需要有决心、有创造性。

可创造性开拓的领域

取得成就的可能性，在相当大的程度上与这些因素有关：一个人在公司里的处境、他的经历、他的经验、他与上级下属的关系；同时，他的公司的政策、采取的行动和目标、他的公司的竞争地位与财政状况，也都会对他取得成就的可能性产生影响。但是，尽管有这么多限制性的因素，一个人成功的机会仍是很多的。下面是一些可以创造性开拓的领域。

1. 合理化建议。有些公司使用意见箱，对有价值的想法给予刺激性的奖励；有的公司通过召开座谈会、专题讨论会、发表独创性意见会，或通过写报告和备忘录，以鼓励人们提建议；还有些公司则通过非公开的努力，从雇员中得到有益的建议。但是，即使是这样的公司，也不可能一直完美无缺地生存下来，除非它们从人们富有创造性的大脑中，不断地发掘新的思想。

这也就是说，任何企业，都必须以富有创造性的思想，作为它们发展和繁荣的主要食粮。它们在生产新的产品、提高生产率、节省劳动力和节约成本、新的分配方法、更好的管理办法、丰富资料贮存、检索和分析系统等等方面，都需要好的建议。如果一个企业家能提出这些建议，他所做的贡献就会得到公认。

没有完美无缺的公司。几乎任何人在检查他的公司的工作中，都能发现问题，找到改进一项技术或一项工作的适当的方法。从认识这一点到完成这一点，即把一项合理化建议变为现实，两者之间的距离近在咫尺。谁想出了这样的建议，谁就会获得与此相称的公认。

但是，在这里有必要提出一个警告：在很多情况下，好的建议也会引起别人的反感，除非这项建议已成为正式计划的一部分，对它的优越性和不足之处，都已得到充分的讨论。

还有一个隐藏的危险：由于公司的现行政策或公司里某些人的反对，使得所提的建议因为这样或那样的理由，不可能实现。这种建议，几乎会引起内部冲突，所以当你提合理化建议的时候，有一个原则必须考虑，那就是要使建议具有建设性，而不致招惹麻烦。

2. 赢得奖励。大部分公司都认识到这一点：一个有雄心的企业家，需要的不只是金钱。引人注目、胜过别人、与对手竞争并力争取胜，是一切有雄心的企业家本能的强烈欲望。这就是竞争性的比赛如此受欢迎的一个原因，甚至对观众来说都是这样。基于对这一点的理解，许多公司连续举办一系列的竞赛，奖品五花八门，从西服翻领上的不值钱的小玩意儿，直到花费昂贵的环球旅行。

几乎所有部门都可举行不同级别的竞赛：表彰销售、安全建议、团体活动、出版物、友谊、礼貌、可靠性以及其他可以鼓励竞争的比赛。

由于公司对竞赛的优胜者给予公开的奖励，这自然是一种公认的形式。因此，任何一个人，只要能够正确理解这种公认对他的事业的价值，他就应该尽力赢得更多的竞赛。而且，只要他努力，他就很可能获得成功。对这个问题的研究表明：一个专心考虑比赛的人，享有很大程度的一次又一次获胜的权利。正如我们所看到的，他们连战连捷，一方面是由于他们自己的奋斗，而另一方面则是因为其他人不参与比赛。

3. 做自愿的参加者。曾经在军队中服役过的人，都听到过这个"忠告"："不白白地自愿参加。"但如果你仔细想一下，你就会发现，凡不顾这一"忠告"的自愿参加者，通常都最终成了领袖或英雄。

在企业中也同样如此。那些遇事从来不自愿参加的人，一般都始终是个平庸的无足轻重的人。而自愿去完成困难的任务或不受欢迎的任务的人，例如撰写报告、在公司组织郊游时留在办公室里值班等，最终总是成了得到公认的人。

如果运用审慎得当，"自愿参加"可以作为一个人为自己创造机会的一种奇异的媒介物。他可以自愿参与更多的工作，或担负更多的责任。他可以想象分派给自己的任务，尤其是这样的任务：他需要它，但在没有完成之前，他还缺声誉，还不是公认的能完成这项任务的人。在大多数公司里，大部分工作人员只喜欢做自己熟悉的工作，而有雄心的人则应该是例外，这对他们朝着成功的顶峰攀登，将产生越来越大的影响。所以，那些自愿参加者一步一步进入公司的最高管理部门是完全可能的。但是他们必须做得得体，并谨慎地寻求取得成就的方法。

通过新闻，扩大影响

一个企业家，在他的公司之外有许多工作可做，以赢得有助于其事业的名望。他可以参加演讲者俱乐部，在专业杂志上发表论文、著书立说，参加为自学成材而设立的函授课程，参加夜校课程的学习，参加研究会，接受团体组织中被推荐的职务，自愿参加慈善、宗教、民事等方面的服务工作。此外，阅读每天的报纸，从它刊载的有关企业领导人的活动中，还可发现某些可做之事。

通过报纸、杂志、电视和广播这类新闻工具，以扩大影响、取得声誉，无疑是重要的，关于这个问题，可以说并无深奥和神秘之处，方法很简单，从创造新闻开始。人们在寻求个人声望的过程中，如果没有什么新闻可提供时，往往会走上歧路。其结果不但不能赢得任何东西，反而会使新闻工作者对他们失去兴趣。

什么东西可以称之为新闻？这取决于特定的宣传工具，和这种宣传工具所迎合的特定的群众。但是，下面一些基本原理，可以作为新闻创造的指南：

1. 新发生的事情，通常都有成为新闻的可能性。一般说来，任何新的东西都是新闻。所以，一个领导者的晋升、职务调整、新的发明、新的销售技术、新的产品或一个新的服务机构，都是新闻。如果将它们适当地编写出来，这些新闻通常都能在某些宣传工具上发表。

可是，一项新闻，并不是不加选择地对任何宣传工具都有新闻价值。一位不重要的雇员的工作调动或提升，很难说有什么新闻价值，最多在他自己公司的出版物或者母校的校友会刊上发表就可以了。

一条新闻的写作，必须根据这一情况来考虑：特定的宣传工具是否对它感兴趣。同时，还应该使它具有"吸引力"。例如，一项新产品系列的新闻发布，往往是通过一次有著名人士参加的记者招待会、一次慷慨丰盛的酒宴或一次提供酒菜的自助午餐而进行的，还要作具有吸引力的介绍，提供给记者成套的产品照片和新闻报道，为了迎合不同宣传工具的需要，往往要使它分别带上三四种不同的新闻色彩。

这一使新闻具有吸引力的办法，在个人与公众的联系中特别重要。例如，获得一次销售奖，这对一个面向普通大众的新闻刊物来说，并没有很大的吸引力。但是，如果这次奖品是在每年度召开的销售大会的一次宴会上颁发的，那么这则新闻就颇富吸引力了。而且，如果还有与此相关的其他新闻特点，比如说，这次的奖品是一位国内或国际上的知名人士亲手颁发的，那么，它得到广泛宣传的可能性是极大的。

2. 另一种可能得到广泛宣扬的新闻形式，是那种奇异的消息。当埃尔墨·利特曼到夏威夷时，他就是由于做了一件出乎人们意料的事，一夜之间成了知名人士。他在到达夏威夷的那天下午，遇到了一艘进港的船只，他用夏威夷人戴在颈上的花环，和夏威夷传统的"阿洛哈"欢迎词，向每一位上岸的旅客表示欢迎。在往后的 18 个月里，他扩大了自己的游览范围，到了檀香山，并以同样的方式欢迎所有的到港船只。这一简单的、出人意料而又富有想象力的行动，为他赢得了数以百计的终生朋友和数以千计的全国范围的杂志、遍及世界的报纸的宣扬。

关于埃尔默不落俗套的故事，和他不可思议的创造新闻的能力，还可以举出另一个例子。在向知名人士推销保险时，他构思出了一种别出心裁的保险。他曾保险吉米·杜兰特的鼻子，一位著名喜剧演员的突出的眼球等等，并将诸如此类的保险推广到娱乐性行业所有的真正的名人身上。这一想法，使埃尔默的名声大振，他像所保险的著名演员一样出了名。

3. 特别事件具有新闻价值。当一位企业家发表一次公开演说时，他就在制造新闻。而且，如果他头脑机灵，使自己的演说具有新闻价值，那么，他就可以从这件事中获得声誉。发表有新闻价值的演说的一种办法，就是选择一个能引起争论的主题，或者对手是一个容易引起争论的人物。当温斯顿·丘吉尔进入下院时，他还是一个青年，但他马上开始批评首相的观点。开始，他被认为是一个自命不凡的人，但不久之后，温斯顿·丘吉尔和首相一样有名了。

当然，许多人的演说虽没有引起争论，也同样使他获得了名声。问题在于，对演说者来说，必须首先明确的重要的事情是：什么样的演讲题目能刺激或触动他的听众，同时可以为自己赢得声誉。

由于演说是一个极好的引人注目的办法，一个已经接受过这方面训练的领导者，应该向演说家俱乐部注册，并且准备在任何适当的时候接受发表演说的邀请。

还有一些可以主动参加的制造声誉的活动。例如，当亚历山大·汉密尔顿学院完成一项有关青少年购买市场的研究项目时，从事这一工作的研究人员有责任把这个科研项目向美国全国广播公司介绍，说明在调查中获得的情况能引起普通电视观众的兴趣。结果，他就可以在全国联播的最佳电视时间内接受采访。

此外，企业家还有可能在电视、广播的专题讲话节目中露面，或者主持各种形式的节目，其范围从社论广播，到对从事不寻常事项研究的人物进行采访。

我们已经知道，要得到有利的宣传，必须掌握多种新闻形式中的至少某一种形式。但是，创制新闻只是全部过程的第一步，另一个必要的步骤是，在大多数情况下，应该找到某个人去发表、广播或播映这些新闻。因此，问题就上升到一个企业家是否应该培养与编辑、出版者、记者、广播员或评论员的友谊这一点上来。

回答是肯定的，他应该去培养这种友谊。所有的知名人士，包括美国总统在内，都有新闻界的朋友。这些新闻界的朋友，都是些有吸引力的、表达能力很强的、很有见地的人物。作为一个社会集团，他们思想敏锐，随时知道周围正在发生的事情，他们是值得交往的。如果你不去乘机滥用他们的友谊的话，他们会是一些很好的朋友。实际上，在发表新闻（必须是真实的）方面，他们是相当起作用的。

那么，一个企业家应该怎样找到有益于友谊的环境，应该怎样与新闻界人士进行接触呢？有些人在这方面的成功的例子，可以说明某些可行的途径。

1. 到新闻发生的地方去。一位著名的纽约企业家说，他在与编辑、记者交往方面，有一个简单的秘密，那就是"我一定出现在有这种活动的地方"。

在每一座城市的每一个工作日里，都有一些有价值的、可能发生的事件的新闻报道，至少在某一行业的角度看来是如此。这些新闻报道，都是由各个新闻单位的代表采访得来的。所谓可能发生的事情，包括这样一些活动：记者招待会、杰出人物的讲演、地方组织主办的企业午餐聚会等等。如果一个天性爱好交际的人，经常出席这类活动，就会逐渐有机会广泛结识采访新闻的记者和其他新闻界人士。在这些交际中，他能否和新闻界人士建立永久的友谊，这当然在很大程度上取决于他自己，但是，他至少打开了通往这种可能性的大门。

2. 要对新闻界有所帮助。他是否曾经有过这种疑惑：报纸或电视台，怎么能如此迅速地得到新闻报告？几乎每一次偶然事故、火警、逮捕或导演事件，怎么能在发生仅仅数小时甚至是几分钟之内就被报道了呢？原因之一，就是新闻界利用了通讯员。

通讯员是在新闻发生时向新闻单位报警的兼职记者。有些通讯员，在对全局有重要意义的位置上工作，如市政府或防火部门，他们能相当可靠地提供重要的消息。对这些人的每一篇稿件，通常都要付给稿酬。但是，还有另外一些人，他们只是作为新闻界的朋友而提供帮助。

任何一个希望为新闻界提供帮助的人，都算是一位非正式的记者。有一个具有国际市场的拖拉机公司的总经理，他无论旅行到哪里，都扮演一个类似大通讯员的角色，保持耳朵和眼睛的高度警觉，这成了他的习惯。他以各种新闻形式，报道了大量的奇闻趣事，从偶然事件，到奇异的外国菜单。他通过传递有新闻价值的趣闻这一不寻常的癖好，所结识的新闻界朋友几乎遍布世界上任何一个地区。

当你有一条希望发表的新闻时，如果你对编辑、记者或报刊专栏作家很熟悉，当然是有帮助的。但是，要使你的报道能得到一个广泛宣传的机会，你必须走出自己的友好的圈子，必须使用那些从事公众联系职业的老手所具有的发布技术。

在发布技术方面，必须认识到这一点：要得到宣传，就必须花钱。新闻必须创作，必须打字、复印、邮寄或送往专线电报发稿系统。这部分开销，无论新闻稿是否被采用都是要花的。一个企业家必须耐心地把这些工作做好。

如果每一个企业家，对创作和发布他的新闻稿都很熟练，这当然是很理想的，但事实上并非如此，要掌握编辑、电台记者那样的写作新闻稿的能力，不是那么容易的事。大部分企业家都认为，他们将这件工作交给专业人员去完成，会节省时间、节约费用。但是，即使如此，一个企业家也应该有足够的知识，能把握作品的质量，并对使用什么样的新闻渠道做出决策。

运用宣传，获得效益

当一项宣传开始出现在报刊、电台或电视上时，它的影响是相当大的。但是，往往有这种情况，那些你非常希望他能知道这一新闻的人，却没有看到或没有听到。而且，还有许多人虽然看到了，不久之后却又忘了。基于这种原因，精明的企业家会充分地利用这些宣传，并从中得到最大的效益。

下面是几种能获得最大成效的方法：

1. 重印。当一个人得到有利的宣传时，他应该谋求"再版"，然后把这些复制品送给一些他希望能影响的关键性人物。许多企业家，把这些复制品插在他们的出版物中，作为广告广为宣传。

2. 陈列。就像一家饭店常做的那样：将一条"餐馆漫游"专栏记者所写的博得人们喜爱的新闻报道放大张贴。一个企业家，也可以将已发表的新闻报道放大，展览版面或广告牌。如果在原来的文章或报道中插上图片，尤其能给人以深刻的印象。

3. 磁带记录。许多曾在电台、电视里露面或讲话的企业家，通常把这个过程记录在磁带上。然后，把这些磁带送到其他的电台或电视台，使之得到最大限度的利用。或者把磁带送给那些关键人物。

有些人比别人更善于赢得声誉，原因是简单的：他们追求宣传的创造性。他们注意做那些具有新闻价值的事，并且让新闻界了解他所做的事。他们十分明白记者、评论员、专栏作者需要能够广播或发表的材料，而他们正能适应这种需要。

有效的个人宣传是由这样一些人创造的：他们懂得什么是新闻，他们探索能够成为新闻的新鲜思想，并且付出了额外的努力，去准备成套的新闻材料。

这种寻求新闻创制途径的过程，应该成为雄心勃勃的企业家的第二属性。当他们获得声誉时，他应该像寻求宣传途径一样进行思考，以便将声誉换取最大的效益。